westermann

Autoren: Arndt Brockmann, Reinhold Duczek, Markus Fox, Günter Hellmers,
Dr. Stephan Hennig, Karin Jockel, Marianne Kiepe, Renate Villmow,
Dr. Volker von Creytz, Ralf Wettlaufer, Annika Wiegard

Herausgeber: Reinhold Duczek

Einzelhandel

3. Ausbildungsjahr im Einzelhandel:
Lernfelder 11 bis 14

4. Auflage

Bestellnummer 222334

Die in diesem Produkt gemachten Angaben zu Unternehmen (Namen, Internet- und E-Mail-Adressen, Handelsregistereintragungen, Bankverbindungen, Steuer-, Telefon- und Faxnummern und alle weiteren Angaben) sind i. d. R. fiktiv, d. h., sie stehen in keinem Zusammenhang mit einem real existierenden Unternehmen in der dargestellten oder einer ähnlichen Form. Dies gilt auch für alle Kunden, Lieferanten und sonstigen Geschäftspartner der Unternehmen wie z. B. Kreditinstitute, Versicherungsunternehmen und andere Dienstleistungsunternehmen. Ausschließlich zum Zwecke der Authentizität werden die Namen real existierender Unternehmen und z. B. im Fall von Kreditinstituten auch deren IBANs und BICs verwendet.

Zusatzmaterialien zu Einzelhandel – 3. Ausbildungsjahr

Für Lehrerinnen und Lehrer:

Lösungen zum Arbeits- und Schulbuch, 3. Ausbildungsjahr: 978-3-14-222352-0
Lösungen zum Arbeits- und Schulbuch, 3. Ausbildungsjahr, Download: 978-3-14-104957-2

BiBox westermann inkl. E-Book

BiBox Einzellizenz für Lehrer/-innen (Dauerlizenz): 978-3-14-222358-2
BiBox Kollegiumslizenz für Lehrer/-innen (Dauerlizenz): 978-3-14-103466-0
BiBox Kollegiumslizenz für Lehrer/-innen (1 Schuljahr): 978-3-14-107507-6

Für Schülerinnen und Schüler:

Arbeitsbuch, 3. Ausbildungsjahr: 978-3-14-222343-8

BiBox westermann inkl. E-Book

BiBox Einzellizenz für Schüler/-innen (1 Schuljahr): 978-3-14-222364-3
BiBox Klassensatz PrintPlus (1 Schuljahr): 978-3-427-81731-4

westermann GRUPPE

Druck und Bindung: Westermann Druck GmbH, Georg-Westermann-Allee 66, 38104 Braunschweig

ISBN 978-3-14-**222334**-6

Vorwort

Dieses Buch umfasst die Inhalte des 3. Ausbildungsjahres der Ausbildung zur Kauffrau/zum Kaufmann im Einzelhandel (Lernfelder 11 bis 14). Grundlage ist der aktuelle Rahmenlehrplan sowie der Stoffkatalog der zentralen Aufgabenstelle für kaufmännische Abschluss- und Zwischenprüfungen (AKA) in Nürnberg. Die Standardberufsbildpositionen, die in Zukunft obligatorisch in den einzelnen Bildungsgängen sein werden, sind in den Schul-, Arbeitsbüchern und in den digitalen Ergänzungen dieses Lehrwerkes weitgehend enthalten.

Das Lehrbuch enthält:

- eine übersichtliche Darstellung der für die Prüfung wichtigen **Ausbildungsinhalte,** deren Erarbeitung durch viele Übersichten und Abbildungen unterstützt wird,
- zu Beginn eines jeden Lernfelds einen Überblick über die zu lernenden Inhalte durch Bilder – Begriff – Botschaften - Beziehungen („**Advance Organizer**“), der den Schülern auch jederzeit Auskunft darüber erteilen kann, welche Lernfortschritte sie bereits gemacht haben,
- **Einstiegsimpulse** zu jedem Kapitel,
- **Aufgaben** zur Bearbeitung in der Klasse sowie
- **Kompetenzraster,** die den Schülern helfen, zu erkennen, ob sie alle wesentlichen Inhalte bereits gelernt haben. Je nachdem, welchen Wissensstand die Auszubildenden feststellen, werden sie zu den Förder- bzw. Forderaufgaben des Arbeitsbuches geführt, um ihre Kenntnisse zu festigen oder zu vertiefen.

Die Kompetenzraster und Advance Organizer sind unter www.westermann.de, Suche: 222334, auch als Downloads erhältlich.

Das Lehrbuch wird durch ein Arbeitsbuch ergänzt: Arbeitsbuch für das 3. Ausbildungsjahr, Best.-Nr. 222343.

Das Arbeitsbuch beinhaltet die gleiche Lernfeld- und Kapitelstruktur wie das Lehrbuch. Es hilft, den Lernstoff zu verstehen und zu üben. Das Arbeitsbuch enthält pro Lernfeld

- **Lernsituationen,**
  die sich auf die jeweiligen Kompetenzraster im Schulbuch beziehen und sich an den Gegebenheiten in den Ausbildungsbetrieben ausrichten. Den jeweiligen Lernsituationen schließen sich
- **Erarbeitungsaufgaben**
  zur Erschließung des Lernstoffs an sowie
- **Zusatzaufgaben**
  zur Übung und Festigung des Lernstoffs (Förderaufgaben) und
- **Forderaufgaben**
  zur Vertiefung der Kenntnisse.

In der 4. Auflage des Lehrbuches für das 3. Ausbildungsjahr wurde ein vollkommen neues Kapitel für den Bereich des E-Commerce aufgenommen. Die Autoren waren sich darin einig, dass die stark gestiegene Bedeutung des Onlinehandels und der besonderen elektronischen Methoden zur Akquirierung von Kunden in diesem Bereich in einem gesonderten Abschnitt Berücksichtigung finden sollte.

Das Autorenteam und der Verlag haben sich in diesem Titel für die Verwendung der weiblichen und/oder männlichen Form entschieden, um die bessere Lesbarkeit der Texte zu gewährleisten und um den noch vorhandenen Berufsbezeichnungen in den Lehrplänen zu folgen. Angesprochen sind selbstverständlich alle Geschlechter.

Für Verbesserungsvorschläge und Anregungen sind Verlag und Autoren stets dankbar.

Frühjahr 2022 *Verlag und Autoren*

Lernfeld 11
Geschäftsprozesse erfolgreich steuern 9

Advance Organizer | Geschäftsprozesse erfolgreich steuern ... 10

11.1 Erfassung der Warenbewegungen ... 12
11.1.1 Trennung der Warenkonten ... 12
11.1.2 Wareneinkauf und Warenbestand ... 13
11.1.3 Bestandsveränderungen und Wareneinsatz ... 15
11.1.4 Warenverkauf ... 16
11.1.5 Rohgewinn ... 16

Kompetenzraster, Kapitel 11.1 ... 18

11.2 Umsatzsteuer als durchlaufender Posten ... 18
11.2.1 Grundlagen der Umsatzsteuer ... 18
11.2.2 Vorsteuer und Umsatzsteuer ... 20
11.2.3 Besteuerung des Mehrwerts ... 22

Kompetenzraster, Kapitel 11.2 ... 25

11.3 Beschaffung und Abschreibung von Anlagegütern ... 25
11.3.1 Beschaffung von Anlagegütern ... 25
11.3.2 Abschreibung von Anlagegütern ... 27
11.3.3 Geringwertige Wirtschaftsgüter ... 29
11.3.4 Wirkung von Abschreibungen ... 30

Kompetenzraster, Kapitel 11.3 ... 32

11.4 Aufgaben des betrieblichen Rechnungswesens ... 33

11.5 Kosten- und Leistungsrechnung ... 36
11.5.1 Aufgaben und Aufgabenbereiche der Kosten- und Leistungsrechnung ... 36
11.5.2 Gliederung der Kostenarten und deren Verteilung auf die Kostenstellen 38
11.5.3 Kalkulation der Preise innerhalb der Kostenträgerrechnung ... 41

Kompetenzraster, Kapitel 11.4 und 11.5 ... 42

11.6 Deckungsbeitragsrechnung ... 43
11.6.1 Fixe und variable Kosten ... 43
11.6.2 Anwendung der Deckungsbeitragsrechnung ... 44

Kompetenzraster, Kapitel 11.6 ... 49

11.7 Nutzung von Kennzahlen zur Bewertung des Unternehmenserfolgs ... 50
11.7.1 Rentabilitätskennzahlen ... 51
11.7.2 Kennzahl zur Berechnung der Wirtschaftlichkeit ... 52
11.7.3 Kennzahlen zur Berechnung der Produktivität ... 54
11.7.4 Cashflow ... 54

11.8 Einsatz von Warenwirtschaftssystemen und kurzfristige Erfolgsrechnung ... 56
11.8.1 Kurzfristige Erfolgsrechnung ... 57
11.8.2 Kennzahlenanalyse mithilfe der kurzfristigen Erfolgsrechnung ... 58
11.8.3 Umsatzanalyse mithilfe der kurzfristigen Erfolgsrechnung ... 58
11.8.4 Preisanalyse mithilfe der kurzfristigen Erfolgsrechnung ... 59
11.8.5 Innerbetriebliche und zwischenbetriebliche Vergleiche ... 60

Kompetenzraster, Kapitel 11.7 und 11.8 ... 62

Lernfeld 12
Kunden gewinnen und binden 63

Advance Organizer | Wir entwerfen und beurteilen eine Marketingkonzeption 64

12.1 Bedeutung und Ziele des Marketing 66
12.1.1 Ursachen und Bedeutung von Marketing 66
12.1.2 Marketingziele 68
12.1.3 Marktsegmentierung 69

12.2 Marktforschung 71
12.2.1 Aufgaben der Marktforschung 71
12.2.2 Bereiche der Marktforschung 72
12.2.3 Methoden der Marktforschung 72

Kompetenzraster, Kapitel 12.1 und 12.2 76

12.3 Marketinginstrumente 77
12.3.1 Sortimentspolitik 78
12.3.2 Servicepolitik 81
12.3.3 Preis- und Konditionenpolitik 81
12.3.4 Kommunikationspolitik 83
12.3.5 Distributionspolitik 88

12.4 Einsatz der Marketinginstrumente 90
12.4.1 Marketingkonzepte 91
12.4.2 Marketing-Mix 92

12.5 Kundenbindungsmanagement 94

12.6 E-Commerce 102

Kompetenzraster, Kapitel 12.3 bis 12.6 113

Lernfeld 13
Personaleinsatz planen und Mitarbeiter führen 115

Advance Organizer | Personaleinsatz planen und Mitarbeiter führen 116

13.1 Aufgaben und Ziele der Personalwirtschaft 118
13.1.1 Aufgaben der Personalwirtschaft 118
13.1.2 Ziele der Personalwirtschaft 120

13.2 Planung von Personalbedarf und Personaleinsatz 121
13.2.1 Personalbedarfsplanung 121
13.2.2 Personaleinsatzplanung 123

13.3 Personalbeschaffung 126
13.3.1 Interne und externe Personalbeschaffung 128
13.3.2 Personalwerbung 130
13.3.3 Bewerbungsunterlagen 132
13.3.4 Eignungsprüfung 135
13.3.5 Vorstellungsgespräch 136
13.3.6 Arbeitsvertrag 137

Kompetenzraster, Kapitel 13.1 bis 13.3 141

13.4 Personalführung 142
13.4.1 Führungsmethoden (Managementmethoden) 143
13.4.2 Führungsstile 144
13.4.3 Mitarbeitergespräche 145

13.5 Personalverwaltung 146
13.5.1 Personalakte 146
13.5.2 Personalinformationssystem 148
13.5.3 Datenschutz und Datensicherung 150

Kompetenzraster, Kapitel 13.4 und 13.5 ... 151

13.6 Personalbeurteilung ... 152

13.7 Personalentwicklung ... 154

Kompetenzraster, Kapitel 13.6 und 13.7 ... 156

13.8 Mitarbeitermotivation ... 157
13.8.1 Motivation durch Entlohnungssysteme ... 158
13.8.2 Motivation durch Arbeitszeitgestaltung ... 158
13.8.3 Motivation durch Arbeitsplatzgestaltung ... 159
13.8.4 Motivation durch Personalführung ... 159
13.8.5 Motivation durch Karrieremöglichkeiten ... 159

13.9 Umgang mit Konflikten ... 160
13.9.1 Konfliktmanagement ... 160
13.9.2 Gesprächsführung ... 162

Kompetenzraster, Kapitel 13.8 und 13.9 ... 162

13.10 Personalentlohnung ... 163
13.10.1 Grundbegriffe der Personalentlohnung ... 163
13.10.2 Lohnformen ... 165
13.10.3 Gesetzliche Abzüge ... 168
13.10.4 Personalabrechnung ... 178

Kompetenzraster, Kapitel 13.10 ... 186

13.11 Beendigung von Arbeitsverhältnissen ... 187
13.11.1 Kündigung ... 187
13.11.2 Kündigungsschutz ... 189
13.11.3 Arbeitszeugnis ... 190

Kompetenzraster, Kapitel 13.11 ... 191

Lernfeld 14
Ein Einzelhandelsunternehmen leiten und entwickeln ... 193

Advance Organizer | Ein Einzelhandelsunternehmen leiten und entwickeln ... 194

14.1 Gründung und Leitung eines Unternehmens ... 196
14.1.1 Unternehmerische Zielsetzungen ... 196
14.1.2 Gründungsvoraussetzungen ... 197

14.2 Rechtliche Rahmenbedingungen unternehmerischen Handelns ... 198
14.2.1 Kaufmannseigenschaften ... 198
14.2.2 Firma ... 201
14.2.3 Handelsregister ... 203
14.2.4 Vollmachten für Mitarbeiter ... 205

Kompetenzraster, Kapitel 14.1 und 14.2 ... 208

14.3 Rechtsformen des Unternehmens ... 209
14.3.1 Wahl einer Rechtsform ... 209
14.3.2 Einzelunternehmen ... 210
14.3.3 Personengesellschaften ... 212
14.3.4 Kapitalgesellschaften ... 216
14.3.5 Eingetragene Genossenschaft (eG) ... 221

Kompetenzraster, Kapitel 14.3 ... 225

14.4 Kooperation und Konzentration ... 226
14.4.1 Gründe für die Zusammenarbeit von Unternehmen ... 226
14.4.2 Kooperationsformen ... 227
14.4.3 Konzentration ... 231

14.4.4 Vor- und Nachteile von Unternehmenszusammenschlüssen 233

14.5 Finanzierung 234
14.5.1 Finanzierung und Investition 234
14.5.2 Finanzierungsanlässe 236
14.5.3 Finanzierungsarten 236
14.5.4 Außenfinanzierung 237
14.5.5 Innenfinanzierung 245
14.5.6 Leasing und Factoring als Sonderformen der Finanzierung 247
14.5.7 Möglichkeiten der Kreditsicherung 249
14.5.8 Finanzierungsgrundsätze 252

Kompetenzraster, Kapitel 14.4 und 14.5 254

14.6 Sicherung der Liquidität 255
14.6.1 Ursachen und Folgen der Nicht-Rechtzeitig-Zahlung 255
14.6.2 Voraussetzung der Nicht-Rechtzeitig-Zahlung 256
14.6.3 Rechte des Verkäufers bei Nicht-Rechtzeitig-Zahlung 257
14.6.4 Anwendung der Zinsrechnung bei der Nicht-Rechtzeitig-Zahlung 258
14.6.5 Außergerichtliches Mahnverfahren 258
14.6.6 Gerichtliches Mahnverfahren 260
14.6.7 Verjährung von Forderungen 262

Kompetenzraster, Kapitel 14.6 264

14.7 Folgen finanzieller Fehlentscheidungen 265
14.7.1 Kennzeichen und Ursachen für Unternehmenskrisen 265
14.7.2 Außergerichtliche Möglichkeiten zur Behebung von Unternehmenskrisen 266
14.7.3 Gerichtliche Möglichkeiten zur Behebung von Unternehmenskrisen 267
14.7.4 Verbraucherinsolvenzverfahren 271

Kompetenzraster, Kapitel 14.7 277

Sachwortverzeichnis 278

Bildquellenverzeichnis 283

Geschäftsprozesse erfolgreich steuern

Lernfeld
11

Advance Organizer 10

11.1 Erfassung der Warenbewegungen 12

11.2 Umsatzsteuer als durchlaufender Posten 18

11.3 Beschaffung und Abschreibung von Anlagegütern 25

11.4 Aufgaben des betrieblichen Rechnungswesens .. 33

11.5 Kosten- und Leistungsrechnung.............. 36

11.6 Deckungsbeitragsrechnung 43

11.7 Nutzung von Kennzahlen zur Bewertung des Unternehmenserfolgs 50

11.8 Einsatz von Warenwirtschaftssystemen und kurzfristige Erfolgsrechnung.................. 56

Advance Organizer | Geschäftsprozesse erfolgreich steuern

Geschäftsprozesse steuern

- Umsatzsteuer als durchlaufender Posten
  - Absatzmarkt → UMSATZSTEUER *(zahlt Endverbraucher an den Einzelhändler)*
  - Beschaffungsmarkt → VORSTEUER *(zahlt Einzelhändler an den Lieferanten)*

  erhaltene Umsatzsteuer
  – gezahlte Vorsteuer
  Umsatzsteuerzahllast an das Finanzamt

- ① Wareneingang zu Bezugspreisen → Umsatzerlöse
- Anfangsbestand an Waren (Bezugspreis) ··· Schlussbestand an Waren (Bezugspreis) → Bestandsveränderungen
- ② Warenverkauf zu Nettoverkaufspreis → Wareneinsatz
- Umsatzerlöse / Wareneinsatz → Warenrohgewinn

- Betriebliches Rechnungswesen
  - Externes Rechnungswesen Finanzbuchhaltung
    Erträge
    – Aufwendungen
    = Reingewinn
  - Internes Rechnungswesen Kosten- und Leistungsrechnung
    Leistungen
    – Kosten
    = Betriebsgewinn

	Aktiva	Bilanz	Passiva
Anlagegüter neu →	Ausweis in der Bilanz (Anschaffungskosten)		

	GuV	
Abnutzung durch Gebrauch →	Aufwand in der GuV (Handlungskosten)	

	Aktiva	Bilanz	Passiva
Anlagegüter gebraucht →	Ausweis in der Bilanz (Buchwert)		

22233410

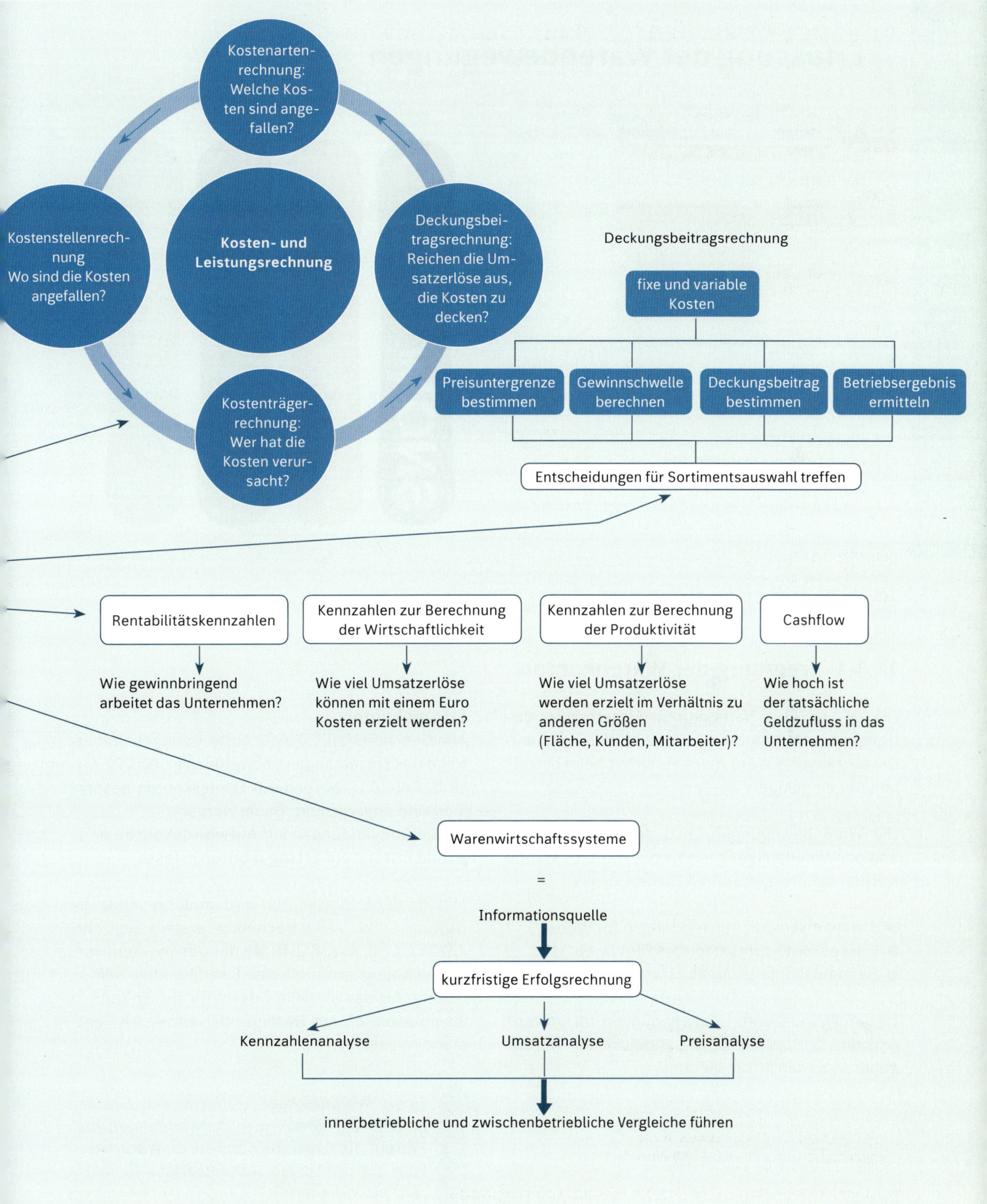
Kostenartenrechnung: Welche Kosten sind angefallen?
Kostenstellenrechnung Wo sind die Kosten angefallen?
Kosten- und Leistungsrechnung
Deckungsbeitragsrechnung: Reichen die Umsatzerlöse aus, die Kosten zu decken?
Kostenträgerrechnung: Wer hat die Kosten verursacht?
Deckungsbeitragsrechnung
fixe und variable Kosten
Preisuntergrenze bestimmen
Gewinnschwelle berechnen
Deckungsbeitrag bestimmen
Betriebsergebnis ermitteln
Entscheidungen für Sortimentsauswahl treffen
Rentabilitätskennzahlen
Wie gewinnbringend arbeitet das Unternehmen?
Kennzahlen zur Berechnung der Wirtschaftlichkeit
Wie viel Umsatzerlöse können mit einem Euro Kosten erzielt werden?
Kennzahlen zur Berechnung der Produktivität
Wie viel Umsatzerlöse werden erzielt im Verhältnis zu anderen Größen (Fläche, Kunden, Mitarbeiter)?
Cashflow
Wie hoch ist der tatsächliche Geldzufluss in das Unternehmen?
Warenwirtschaftssysteme
=
Informationsquelle
kurzfristige Erfolgsrechnung
Kennzahlenanalyse
Umsatzanalyse
Preisanalyse
innerbetriebliche und zwischenbetriebliche Vergleiche führen

11.1 Erfassung der Warenbewegungen

Emil Rehan ist Auszubildender im Sportgeschäft Aslan Board & Bike OHG. Er ist zurzeit in der Abteilung für Wintersport eingesetzt. Gerade sind die neuen Snowboards einer großen Markenfirma eingetroffen. Frau Aslan beauftragt Emil, die Boards sofort in die Auslage zu sortieren, auszupreisen und den Wareneingang für die Buchführung zu erfassen.

Emil überlegt, wie und zu welchem Preis dieser Vorgang nun korrekt in der Buchführung erfasst werden muss. Auf der Eingangsrechnung der Firma Blue Boarding GmbH steht ein anderer Preis als der, mit dem er eben die Boards ausgezeichnet hat.

11.1.1 Trennung der Warenkonten

Die meisten Geschäftsfälle im Einzelhandel betreffen den Wareneinkauf und den Warenverkauf. Die eingekaufte Ware muss zunächst beim Einzelhändler eingelagert werden.

Die Warenbewegungen, also der Wareneingang und der Warenausgang, sowie die Warenbestände werden auf drei getrennten Konten erfasst:

- Aufwandskonto „Aufwendungen für Waren“,
- Ertragskonto „Umsatzerlöse für Waren“ und
- Bestandskonto „Warenbestand“.

Das Aufwandskonto „Aufwendungen für Waren“ und das Ertragskonto „Umsatzerlöse für Waren“ gehören zu den Erfolgskonten.

Erfolgskonten
Alle Geschäftsfälle, die die Aufwendungen und Erträge des Einzelhändlers betreffen (vgl. BN 222331, LF 8, Kap. 8.1), werden auf Erfolgskonten gesammelt und abgerechnet. Dabei werden

- alle Aufwendungen auf **Aufwandskonten** und
- alle Erträge auf **Ertragskonten** erfasst.

Mithilfe der Erfolgskonten wird am Jahresende die Gewinn- und Verlustrechnung erstellt (vgl. BN 222331, LF 8, Kap. 8.2.4). Mit der Gewinn- und Verlustrechnung ermittelt der Einzelhändler seinen Gewinn für das aktuelle Geschäftsjahr. Er kann in ihr ablesen, ob ein Gewinn oder ein Verlust entstanden sind.

> ! *Einen **Wareneinkauf** verbucht der Einzelhändler auf dem Konto **„Aufwendungen für Waren“ als Warenaufwand,** einen **Warenverkauf** auf dem Konto **„Umsatzerlöse für Waren“ als Warenerlös.***

Bestandskonten

Alle Geschäftsfälle, die das Vermögen und das Kapital des Einzelhändlers betreffen, werden auf Bestandskonten gesammelt und abgerechnet. Aus den Schlussbeständen dieser Konten wird am Jahresende die aktuelle Bilanz erstellt (vgl. BN 222331, LF 8, Kap. 8.2.2). Möchte der Einzelhändler die Schlussbestände mit den Beständen am Jahresanfang vergleichen, kann er auf den Bestandskonten sehen, wie sich die Bestände verändert haben (vgl. Abb. 1).

> ! *Das Konto **Warenbestand** erfasst den Jahresanfangs- und den Jahresschlussbestand.*

Soll	Warenbestand Haben
Warenanfangsbestand am 1.1.	Warenschlussbestand am 31.12.

Abb. 1: Konto „Warenbestand"

11.1.2 Wareneinkauf und Warenbestand

Erfassung des Wareneinkaufs

Alle Wareneinkäufe werden beim Einzelhändler als Warenaufwand erfasst. Er muss immer darauf achten, dass er alle Wareneinkäufe zu Bezugspreisen erfasst.

Beispiel 1: Die Aslan Board & Bike OHG kauft bei der Firma Blue Boarding GmbH 50 Snowboards zum Einzelpreis von 180,00 €. Das Sportgeschäft erhält eine Rechnung, auf der Rabatt und Skonto aufgeführt sind. Für die Anlieferung der Ware liegt die Rechnung der Speditionsfirma über netto 562,00 € vor. Frau Aslan bezahlt die Rechnungen pünktlich und zieht sich den zulässigen Skonto ab.

Ermittlung Bezugspreis:

	Listeneinkaufpreis	9 000,00 €
–	Rabatt (10 % von 9 000,00 €)	900,00 €
	Zieleinkaufspreis	8 100,00 €
–	Skonto (2 % von 8 100,00 €)	162,00 €
	Bareinkaufspreis	7 938,00 €
+	Bezugskosten (lt. Speditionsrechnung)	562,00 €
=	Bezugspreis (Einstandspreis)	8 500,00 €

Der Bezugspreis für die 50 Snowboards beträgt 8 500,00 €. Mit diesem Betrag erfasst Frau Aslan den Einkauf aus dieser Rechnung als Warenaufwand. Für ein Snowboard ergibt sich damit ein Bezugspreis von 170,00 € (8 500,00 € : 50 Stück = 170,00 €).

> ! *Der **Wareneinkauf** wird mit dem **Bezugspreis** erfasst.*

Ermittlung des Warenbestands

Der Warenbestand im Einzelhandel wird durch Inventur ermittelt (vgl. BN 222331, LF 8, Kap. 7.7). Er wird am Jahresende als **Warenschlussbestand** erfasst. Der durch Inventur ermittelte Warenschlussbestand muss immer in der Bilanz ausgewiesen werden.

> ! *Der bei der Inventur ermittelte **Warenschlussbestand** ist der Wert für die Schlussbilanz.*

Der Warenschlussbestand des alten Geschäftsjahres ist immer gleichzeitig der Warenanfangsbestand des neuen Geschäftsjahres. Er heißt auch „Buchbestand", weil er bereits im Vorjahr in der Buchführung festgehalten wurde.

Am Jahresende werden Warenanfangs- und Warenschlussbestand miteinander verglichen. So wird festgestellt, ob die im Geschäftsjahr eingekaufte Ware auch tatsächlich vollständig verkauft werden konnte. Das ist nur der Fall, wenn der Warenschlussbestand genauso groß ist wie der Warenanfangsbestand. Nur selten stimmen die eingekaufte Warenmenge und die verkaufte Warenmenge überein.

Beispiel 2:

- Im Januar dieses Jahres verkauft das Sportgeschäft 34 Holzschlitten, die bereits im Oktober des Vorjahres eingekauft worden waren. Da aber kein Schnee lag, lief das Weihnachtsgeschäft im Vorjahr mit Schlitten sehr schlecht. Im Januar schneite es und die Nachfrage nach Schlitten war riesengroß.
- Das Sportgeschäft kauft im August dieses Jahres 50 Paar Wanderschuhe für Hochgebirgstrekking ein. Da aber – im Gegensatz zu anderen Jahren – im Oktober bereits eine dicke

Schneedecke im Gebirge liegt, werden bis zum 31. Dezember nur 30 Paar Wanderschuhe verkauft. Die restlichen Paare der Wanderschuhe wird Herr Aslan erst im neuen Jahr verkaufen.

Am Ende eines jeden Geschäftsjahres muss daher ausgerechnet werden, um wie viel der Schlussbestand vom Anfangsbestand der Waren abweicht. Den Unterschied zwischen beiden Beständen nennt man **Bestandsveränderungen.** Möglich ist eine Bestandsmehrung oder eine Bestandsminderung (vgl. Abb. 2).

Bestandsmehrung
Von einer Bestandsmehrung spricht man, wenn der Warenschlussbestand **größer** ist als der Warenanfangsbestand. Das bedeutet für den Einzelhändler, dass er nicht alle Waren im Geschäftsjahr verkaufen konnte, die er eingekauft hat.

Bestandsminderung
Von einer Bestandsminderung spricht man, wenn der Warenschlussbestand **kleiner** ist als der Warenanfangsbestand. Das bedeutet für den Einzelhändler, dass er mehr Waren im Geschäftsjahr verkaufen konnte, als er eingekauft hat.

Bestandsveränderungen	
Bestandsmehrung	**Bestandsminderung**
Warenschlussbestand > Warenanfangsbestand	Warenschlussbestand < Warenanfangsbestand
Warenschlussbestand in € – Warenanfangsbestand in € = Bestandsmehrung in €	Warenanfangsbestand in € – Warenschlussbestand in € = Bestandsminderung in €
Beispiel 3: Emil führt in der Aslan Board & Bike OHG die Inventur der Snowboards durch. Am 1.1. des Jahres standen noch drei Snowboards im Verkaufsraum. Der Bezugspreis je Board betrug 170,00 €. Heute, am Tag der Inventur, zählt Emil 17 Snowboards mit einem Bezugspreis von je 170,00 €. Es liegt eine **Bestandsmehrung** vor. Emil ermittelt die Bestandsmehrung: Warenanfangsbestand 3 Stück · 170,00 € = 510,00 € Warenschlussbestand 17 Stück · 170,00 € = 2890,00 € Bestandsmehrung 17 Stück – 3 Stück = 14 Stück 2890,00 € – 510,00 € = 2380,00 € Die Bestandsmehrung der Warengruppe Snowboard beträgt am Inventurtag 14 Stück mit einem Wert von **2380,00 €.**	*Beispiel 4:* Tamara Graf, Azubi im 3. Lehrjahr, führt in der Aslan Board & Bike OHG die Inventur der Holzschlitten durch. Am 1.1. des Jahres standen noch 38 Schlitten im Verkaufsraum. Der Bezugspreis je Schlitten betrug 30,00 €. Heute, am Tag der Inventur, zählt Tamara acht Schlitten mit einem Bezugspreis von je 30,00 €. Es liegt eine **Bestandsminderung** vor. Tamara ermittelt die Bestandsminderung: Warenanfangsbestand 38 Stück · 30,00 € = 1140,00 € Warenschlussbestand 8 Stück · 30,00 € = 240,00 € Bestandsminderung 38 Stück – 8 Stück = 30 Stück 1140,00 € – 240,00 € = 900,00 € Die Bestandsminderung der Warengruppe Schlitten beträgt am Inventurtag 30 Stück mit einem Wert von **900,00 €.**

Abb. 2: Die zwei Arten der Bestandsveränderungen

11.1.3 Bestandsveränderungen und Wareneinsatz

In seiner Gewinn- und Verlustrechnung darf der Einzelhändler nur Aufwendungen für die Warenmenge ausweisen, die er im laufenden Geschäftsjahr tatsächlich verkauft hat. Das ist der **Wareneinsatz.**

> ! *Der **Wareneinsatz (€)** ist*
> - *Menge der verkauften Waren*
> - *bewertet zu Bezugspreisen.*

Als Warenaufwand werden beim Einzelhändler alle Einkäufe des Geschäftsjahres zu Bezugspreisen erfasst. Es wird nicht berücksichtigt, ob auch alle diese Waren im selben Geschäftsjahr wieder verkauft werden. Für die Ermittlung des Wareneinsatzes müssen deshalb auch die Bestandsveränderungen berücksichtigt werden.

Wird bei der Inventur festgestellt, dass eine **Bestandsmehrung** vorliegt, wurde ein Teil der Waren, die in diesem Geschäftsjahr eingekauft wurden, noch nicht verkauft. Um diesen Teil der Waren muss der bisher erfasste Warenaufwand berichtigt werden (vgl. Abb. 3, linke Spalte).

Wird bei der Inventur festgestellt, dass eine **Bestandsminderung** vorliegt, wurde ein Teil der Waren, die bereits im Vorjahr eingekauft wurden, in diesem Geschäftsjahr verkauft. Um diesen Teil der Waren muss der bisher erfasste Warenaufwand berichtigt werden (vgl. Abb. 3, rechte Spalte).

Berechnung des Wareneinsatzes ...	
bei Bestandsmehrung (Teil der Waren, die in diesem Geschäftsjahr eingekauft wurden, wurde noch nicht verkauft)	**bei Bestandsminderung** (Teil der Waren, die im Vorjahr eingekauft wurden, wurde in diesem Geschäftsjahr verkauft)
Wareneingänge des laufenden Geschäftsjahres – Wert der **Bestandsmehrung** – = Wareneinsatz	Wareneingänge des laufenden Geschäftsjahres + Wert der **Bestandsminderung** + = Wareneinsatz
Beispiel 5: Emil ermittelt den Wareneinsatz für die Warengruppe Snowboard. Als Warenaufwand hatte Frau Aslan bisher nur die 50 Snowboards erfasst, die von der Firma Blue Boarding GmbH geliefert wurden. Diese hatten einen Wert von 8 500,00 € (Beispiel 1). Bei der Inventur hatte Emil eine Bestandsmehrung von 2 380,00 € errechnet. Das waren 14 Snowboards. (Beispiel 3) Berechnung des Wareneinsatzes: Wareneingang des laufenden Geschäftsjahres 50 St. 8 500,00 € – Bestandsmehrung 14 St. 2 380,00 € = Wareneinsatz 36 St. 6 120,00 € Für die Snowboards, die tatsächlich in diesem Geschäftsjahr verkauft wurden, ist ein Wareneinsatz von **6 120,00 €** einstanden. Probe: Wareneinsatz: verkaufte Menge · Bezugspreis Wareneinsatz: 36 Stück · 170,00 € = 6 120,00 €	*Beispiel 6:* Tamara ermittelt den Wareneinsatz für die Warengruppe Schlitten. Im laufenden Geschäftsjahr wurden 50 Schlitten zu je 30,00 € eingekauft. Die Anschaffungskosten betrugen 50 Stück · 30,00 € = 1 500,00 €. Die hat Tamara korrekt als Warenaufwand erfasst. Verkauft wurden aber 80 Schlitten. Bei der Inventur hatte sie eine Bestandsminderung von 900,00 € errechnet. Das waren 30 Schlitten, die dem Lagerbestand entnommen werden mussten. (Beispiel 4) Berechnung des Wareneinsatzes: Wareneingang des laufenden Geschäftsjahres 50 St. 1 500,00 € + Bestandsminderung 30 St. 900,00 € = Wareneinsatz 80 St. 2 400,00 € Für die Schlitten, die tatsächlich in diesem Geschäftsjahr verkauft wurden, ist ein Wareneinsatz von **2 400,00 €** einstanden. Probe: Wareneinsatz: verkaufte Menge · Bezugspreis Wareneinsatz: 80 Stück · 30,00 € = 2 400,00 €

Abb. 3: Auswirkung der Bestandsveränderungen auf den Wareneinsatz

11.1.4 Warenverkauf

Alle Warenverkäufe werden beim Einzelhändler als Warenerlöse zu Nettoverkaufspreisen erfasst. Die Einnahmen des Einzelhändlers aus dem Verkauf der Waren sind Erträge, man bezeichnet sie auch als Umsatzerlöse.

> ! *Der **Warenverkauf** wird mit dem **Nettoverkaufspreis** erfasst.*

Der Einzelhändler verkauft üblicherweise seine Waren zu einem höheren Preis als er sie eingekauft hat. Das ist notwendig, damit er neben den Ausgaben für Waren auch noch andere Aufwendungen (Löhne, Miete, Energie) und Gewinn erwirtschaften kann.

Beispiel 7: Die Aslan Board & Bike OHG hat im laufenden Geschäftsjahr 36 Snowboards verkauft.

Die Bezugskosten für die 50 Snowboards, die die Firma Blue Boarding GmbH geliefert hat, betragen 8 500,00 € (Beispiel 1). Der Handlungskostenzuschlagssatz des Sportgeschäfts beträgt 20 %, der Gewinnzuschlagssatz beträgt 10 % der Selbstkosten (vgl. BN 222331, LF 9, Kap. 9.2.3).

Bezugspreis (= Anschaffungskosten) je Snowboard:
8 500,00 € : 50 Stück = 170,00 € je Stück

Ermittlung des Nettoverkaufspreises:

Bezugspreis	170,00 €/Stück
+ 20 % Handlungskosten (170,00 € · 20 : 100)	34,00 €/Stück
= Selbstkosten	204,00 €/Stück
+ 10 % Gewinn (204,00 € · 10 : 100)	20,40 €/Stück
= Nettoverkaufspreis	224,40 €/Stück

In diesem Geschäftsjahr hat das Sportgeschäft Aslan 36 Snowboards an Kunden verkauft. Als Warenerlös wird der Betrag von 36 Stück · 224,40 €/Stück = **8 078,40 €** ausgewiesen.

11.1.5 Rohgewinn

Als Warenaufwand sind alle Wareneinkäufe erfasst. Dabei hat der Einzelhändler durch die Berücksichtigung der Bestandsveränderungen seinen Wareneinsatz ermittelt. Als Warenerlöse sind alle Warenverkäufe erfasst. Hier hat der Einzelhändler seine Umsatzerlöse ermittelt. Vergleicht er seine erreichten Umsatzerlöse mit dem errechneten Wareneinsatz miteinander, wird der **Warenrohgewinn** bestimmt.

> ! *Umsatzerlöse für Waren*
> *– Wareneinsatz*
> *= **Warenrohgewinn***

Der Warenrohgewinn gibt an, welchen Erfolg der Einzelhändler durch den Einkauf und Verkauf seiner Waren erzielt hat. Sind die Umsatzerlöse für den Verkauf der Waren größer als der Wareneinsatz, ergibt sich ein Warenrohgewinn.

Beispiel 8: Emil bestimmt in der Aslan Board & Bike OHG den Rohgewinn in der Warengruppe Snowboard. Den Wareneinsatz hat er bereits ermittelt. Dieser beträgt 6 120,00 € (Beispiel 5).

Die Umsatzerlöse für Waren betragen 8 078,40 €. Sie sind durch den Verkauf der 36 Snowboards entstanden (Beispiel 7).

Ermittlung Rohgewinn:

Umsatzerlöse für Waren	8 078,40 €
– Wareneinsatz	6 120,00 €
= Warenrohgewinn	**1 958,40 €**

Der Warenrohgewinn für die Warengruppe Snowboard beträgt 1 958,40 €.

Der Warenrohgewinn ist ein Zwischenergebnis in der Gewinn- und Verlustrechnung. Es ist noch nicht der endgültige Gewinn des Einzelhändlers.

Im Einzelhandel stellt der Warenrohgewinn eine sehr wichtige Größe dar. Er muss immer so groß sein, dass der Einzelhändler seine Handlungskosten davon bezahlen kann. Zu den Handlungskosten zählen beispielsweise Aufwendungen für Personal, Energie, Werbung oder Telefon (vgl. BN 222331, LF 8, Kap. 8.2.4).

Deshalb ist es wichtig, dass der Wareneinsatz möglichst niedrig gehalten wird. Je geringer der Wareneinsatz bei gleichen Verkaufspreisen, desto höher ist der Warenrohgewinn.

Möglichkeiten zur **Senkung des Wareneinsatzes** sind zum Beispiel

- kostengünstige Lieferanten auswählen (günstige Preise, möglichst hohe Lieferrabatte, geringe Bezugskosten),
- größere Mengen einkaufen (Mengenrabatte, geringere Bezugskosten),
- Skontoabzug in Anspruch nehmen,
- Möglichkeiten des Direktkaufs beim Hersteller prüfen,
- zuverlässige Lieferanten wählen (pünktliche Lieferung, kulanter Umgang bei Reklamationen, Flexibilität bei Lieferung).

Reingewinn

Ist der Warenrohgewinn genauso hoch wie die Handlungskosten, hat der Einzelhändler für sich noch keinen Gewinn erzielt. Der Warenrohgewinn muss deshalb immer größer als die Handlungskosten sein. Erst dann bleibt Gewinn für den Einzelhändler übrig.

Möchte der Einzelhändler seinen endgültigen Gewinn berechnen, muss er auch seine sonstigen Erträge und die sonstigen Aufwendungen (Handlungskosten) berücksichtigen.

! *Bei der **Ermittlung des Reingewinns** werden alle Erträge und Aufwendungen berücksichtigt.*

	Umsatzerlöse
–	Wareneinsatz
=	**Warenrohgewinn**
+	sonstige Erträge
–	sonstige Aufwendungen (Handlungskosten)
=	**Reingewinn**

Beispiele für **sonstige Erträge** sind:

- Zinserträge für Geldanlagen oder
- Mieterträge für vermietete Verkaufsflächen.

Beispiele für **sonstige Aufwendungen** (Handlungskosten) sind:

- Löhne und Gehälter für das Personal,
- Aufwendungen für Strom, Gas und Wasser oder
- Aufwendungen für Reparaturen im Verkaufsraum.

Beispiel 9: Die Aslan Board & Bike OHG hat für das laufende Geschäftsjahr folgende Zahlen ermittelt:

Umsatzerlöse für Waren	693 000,00 €
Wareneinsatz	459 000,00 €
Zinserträge	1 200,00 €
Personalaufwendungen	112 000,00 €
sonstige Aufwendungen	89 000,00 €

Herr Aslan ermittelt seinen Warenrohgewinn und seinen Reingewinn wie folgt:

	Umsatzerlöse für Waren	693 000,00 €
–	Wareneinsatz	459 000,00 €
=	Rohgewinn	234 000,00 €
+	übrige Erträge	1 200,00 €
–	übrige Aufwendungen	201 000,00 €
=	Reingewinn	34 200,00 €

Herr Aslan hat im Geschäftsjahr einen Rohgewinn von 234 000,00 € erreicht. Sein Reingewinn beträgt 34 200,00 €.

Aufgaben

1. Erläutern Sie den Unterschied zwischen „Bestandskonten“ und „Erfolgskonten“.
2. Nennen Sie je zwei Beispiele für Aufwendungen und Erträge in Ihrem Ausbildungsbetrieb.
3. Erläutern Sie,
   a) warum „Bestandsmehrungen“ von den Aufwendungen für Waren abgezogen werden müssen.
   b) warum „Bestandsminderungen“ zu den Aufwendungen der Waren addiert werden müssen.
4. Nennen und erläutern Sie drei Möglichkeiten, wie der Einzelhändler den Warenrohgewinn verbessern kann.

Kompetenzraster, Kapitel 11.1

Kapitel	Ich kann ...	nein	unsicher	recht sicher	ja
11.1	■ Erfolgskonten und Bestandskonten erklären und die Unterschiede nennen.				
	■ Bestandsminderungen und Bestandsmehrungen unterscheiden und erläutern, wie sie entstehen.				
	■ den Begriff Wareneinsatz definieren und die Auswirkungen von Bestandsveränderungen auf den Wareneinsatz erklären.				
	■ Möglichkeiten zur Senkung des Wareneinsatzes nennen.				
	■ den Warenrohgewinn berechnen und den Unterschied zum Reingewinn erklären.				

11.2 Umsatzsteuer als durchlaufender Posten

Tamara Graf hilft heute Frau Aslan in der Buchführung. Die monatliche Umsatzsteuerzahlung für das Finanzamt ist fällig. Frau Aslan beauftragt Tamara, alle Belege zu überprüfen, ob die Angaben zur Umsatzsteuer richtig sind. Danach soll Tamara die Steuerbeträge der Eingangsrechnungen und die Steuerbeträge der Ausgangsrechnungen getrennt addieren. Frau Aslan meint, sie würde die Steuer der Eingangsrechnungen vom Finanzamt zurückbekommen.

11.2.1 Grundlagen der Umsatzsteuer

Alle Einkäufe und Verkäufe eines Einzelhändlers sind mit Umsatzsteuer belastet. Rechtsgrundlage dafür ist das **Umsatzsteuergesetz (UStG).**

Im Umsatzsteuergesetz wird genau beschrieben, für welche Geschäftsfälle Umsatzsteuer anfällt und für welche nicht (vgl. Abb. 1).

§ 1 Abs. 1 Nr. 1 UStG

Der Umsatzsteuer unterliegen folgende Umsätze:

1. die Lieferungen und sonstigen Leistungen, die ein Unternehmer im Inland gegen Entgelt im Rahmen seines Unternehmens ausführt.
2. ...

22233418

Abb. 1: Voraussetzungen für Umsatzsteuerpflicht

Steuerentgelt

Bei jedem Verkauf an Kunden muss die Umsatzsteuer dazugerechnet werden (vgl. Abb. 2).

> **!**
> *Nettoumsatz (Entgelt)*
> *+ Umsatzsteuer*
> ***= Bruttoumsatz***

Entgelt ist immer der Nettowert einer Ware:
- Entgelt beim Einkauf = Nettoeinkaufspreis
- Entgelt beim Verkauf = Nettoverkaufspreis

Beispiel: Herr Aslan verkauft an einen Kunden ein Citybike. Der Nettoverkaufspreis beträgt 100,00 €. Zu dem Nettoverkaufspreis rechnet er die Umsatzsteuer dazu:

	Nettoverkaufspreis (Nettoumsatz)	100,00 €
+	Umsatzsteuer	19,00 €
=	Bruttoverkaufspreis (Bruttoumsatz)	119,00 €

Steuersätze

In Deutschland gibt es für die Umsatzsteuer zurzeit
- einen **Regelsteuersatz** mit 19 % und
- einen **ermäßigten Steuersatz** mit 7 %.

Wann der Einzelhändler den ermäßigten Steuersatz anwenden muss, ist im Umsatzsteuergesetz genau festgelegt. Der ermäßigte Steuersatz von 7 % gilt unter anderem für
- Grundnahrungsmittel (Brot, Milch, Fleisch, Gemüse),
- Blumen und Pflanzen oder
- Bücher und Zeitungen.

Für alle anderen Umsätze, für die der ermäßigte Steuersatz nicht gilt, muss der Einzelhändler 19 % Umsatzsteuer berechnen.

Beispiel: Herr Aslan verkauft einem Kunden ein Paar Inlineskater. Den Nettoverkaufspreis hat er mit 55,00 € kalkuliert. Er ermittelt den Bruttoverkaufspreis.

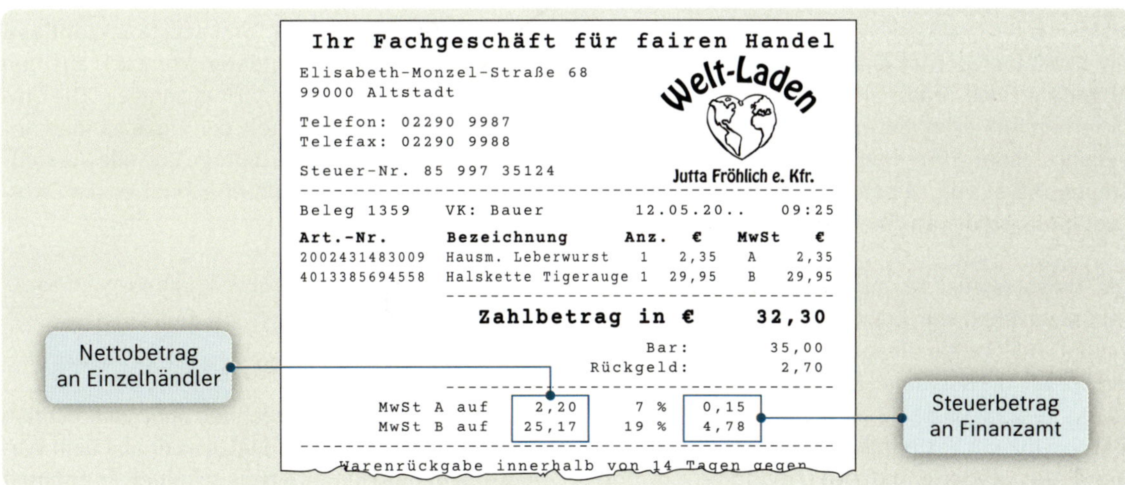

Abb. 2: Ausweisung der Umsatzsteuer auf einem Kassenbon

Nettoverkaufspreis	55,00 €	(100 %)
+ **Umsatzsteuer 19 %** (55,00 € · 19 : 100)	10,45 €	(19 %)
= Bruttoverkaufspreis	**65,45 €**	(119 %)

Herr Aslan muss von seinem Kunden 65,45 € für die Skater verlangen.

Frau Rebmann von der brutto=netto OHG verkauft Weintrauben. Der Nettoverkaufspreis für 1 kg beträgt 3,72 €. Sie ermittelt den Bruttoverkaufspreis.

Nettoverkaufspreis	3,72 €	(100 %)
+ **Umsatzsteuer 7 %** (3,72 · 7 : 100)	0,26 €	(7 %)
= Bruttoverkaufspreis	**3,98 €**	(107 %)

Frau Rebmann zeichnet die Weintrauben mit 3,98 €/kg aus.

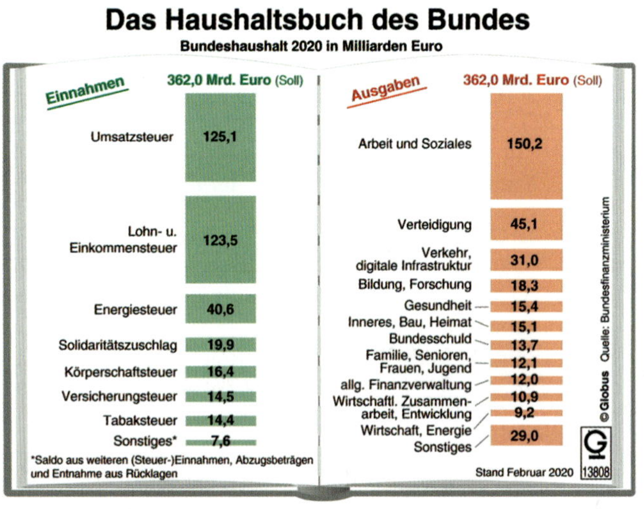

Abb. 3: Das Hauptbuch der Nation

Die Umsatzsteuer ist eine gesetzlich festgelegte Abgabe an den Staat. Sie wird für Umsätze aller Unternehmen erhoben und vom Endverbraucher bezahlt. Jeder Einzelhändler muss die Umsatzsteuer, die er von seinem Kunden über den Verkaufspreis erhält, an das Finanzamt überweisen.

Die Umsatzsteuer ist eine **indirekte Steuer.** Sie wird nicht direkt vom Kunden an das Finanzamt gezahlt. Der Einzelhändler zahlt die Umsatzsteuer für die Waren, die der Kunde bei ihm gekauft hat.

Das Finanzamt verteilt die Umsatzsteuer auf den Bund, die Länder und die Gemeinden für öffentliche Aufgaben. Solche Aufgaben, die mithilfe der Umsatzsteuer bezahlt werden, sind zum Beispiel die Bundeswehr, die Bundespolizei, das Bildungssystem oder der Straßenbau. Aber auch Abgaben an die Europäische Union müssen geleistet werden.

Die Umsatzsteuer ist die größte Einnahmequelle des Staates (vgl. Abb. 3).

11.2.2 Vorsteuer und Umsatzsteuer

Umsatzsteuer entsteht beim Einkauf und beim Verkauf von Waren. Die Umsatzsteuer beim Einkauf von Waren nennt man **Vorsteuer.** Die Umsatzsteuer beim Verkauf von Waren nennt man **Umsatzsteuer** (vgl. Abb. 4).

Umsatzsteuer als durchlaufender Posten

Weil der Einzelhändler die Vorsteuer, die er beim Wareneinkauf bezahlt hat, vom Finanzamt zurückbekommt, und die Umsatzsteuer, die er beim Warenverkauf an das Finanzamt zahlen muss, von seinem Kunden erhält, ist die Umsatzsteuer für ihn ein **durchlaufender Posten.** Sie hat keinen Einfluss auf den Gewinn des Einzelhändlers, sie belastet ihn wirtschaftlich nicht.

Die gezahlte Vorsteuer kann der Einzelhändler monatlich sofort von seiner Umsatzsteuerschuld abziehen. Er muss selbst ausrechnen, welchen Betrag er an das Finanzamt bezahlen muss. Dieser Betrag heißt **Umsatzsteuerzahllast.** Dazu füllt er einen besonderen Vordruck aus und reicht ihn jeden Monat beim Finanzamt ein. Die Umsatzsteuerzahllast ermittelt der Einzelhändler, indem er alle Umsatzsteuerbeträge und alle Vorsteuerbeträge addiert. Danach errechnet er die Differenz aus beiden.

> **!**
> *Umsatzsteuer*
> *– Vorsteuer*
> *= Umsatzsteuerzahllast*

Beispiel: Herr Aslan berechnet nun, was er dem Finanzamt wirklich an Umsatzsteuer aus dem Warenverkauf des Hometrainers schuldet. Er ermittelt die **Umsatzsteuerzahllast.**

Vorsteuer	Umsatzsteuer
■ wird vom Einzelhändler beim **Einkauf** von Waren bezahlt ■ gezahlte Vorsteuer bekommt der Einzelhändler vom Finanzamt erstattet, weil er nicht Endverbraucher der Ware ist ■ ist eine **Forderung** gegenüber dem Finanzamt	■ wird vom Einzelhändler beim **Verkauf** von Waren berechnet ■ Umsatzsteuer beim Verkauf muss der Einzelhändler an das Finanzamt weitergeben ■ ist eine **Verbindlichkeit** (Schuld) gegenüber dem Finanzamt
Beispiel: Herr Aslan kauft bei der Firma Sport und Fashion GmbH in München einen Hometrainer und erhält folgende Eingangsrechnung: Nettobetrag 500,00 € + 19 % Umsatzsteuer 95,00 € = Bruttorechnungsbetrag 595,00 € Herr Aslan zahlt den Bruttorechnungsbetrag an die Firma Sport und Fashion GmbH in München. Die darin enthaltenen und auf der Rechnung ausgewiesenen 95,00 € Umsatzsteuer sind für Herrn Aslan **Vorsteuer.** Diese 95,00 € bekommt Herr Aslan vom Finanzamt erstattet.	*Beispiel:* Herr Aslan verkauft den Hometrainer an einen Kunden und erstellt folgende Ausgangsrechnung: Nettobetrag 600,00 € + 19 % Umsatzsteuer 114,00 € = Bruttorechnungsbetrag 714,00 € Der Kunde zahlt den Bruttorechnungsbetrag bar. Herr Aslan erhält also von seinem Kunden zusätzlich zum Entgelt Umsatzsteuer von 114,00 €. Diese **Umsatzsteuer** schuldet Herr Aslan dem Finanzamt und muss sie demzufolge an das Finanzamt abführen.

Abb. 4: Unterscheidung von Vorsteuer und Umsatzsteuer

	Umsatzsteuer der Ausgangsrechnung	114,00 €
–	Vorsteuer der Eingangsrechnung	95,00 €
=	Umsatzsteuerzahllast	19,00 €

Herr Aslan muss an das Finanzamt nur noch 19,00 € bezahlen, weil er seine Forderung gegenüber dem Finanzamt mit seiner Verbindlichkeit verrechnen darf.

In der Regel ist die eingenommene Umsatzsteuer größer als die an Lieferanten gezahlte Vorsteuer. Der Einzelhändler muss monatlich einen bestimmten Betrag an das Finanzamt zahlen. Es kann aber auch Monate geben, in denen er eine größere Summe Vorsteuer bezahlt hat, weil er zum Beispiel sehr viele Waren eingekauft hat. Dann ergibt sich bei der Berechnung der Umsatzsteuerzahllast ein negativer Betrag.

Der Einzelhändler bekommt dann die zu viel gezahlte Vorsteuer vom Finanzamt zurücküberwiesen. Dieser Betrag heißt **Umsatzsteuererstattung.**

> **!** *Umsatzsteuer > Vorsteuer*
> **= Umsatzsteuerzahllast**

> **!** *Umsatzsteuer < Vorsteuer*
> **= Umsatzsteuererstattung**

Beispiel: Herr Aslan berechnet für den zurückliegenden Monat seine Umsatzsteuerzahllast. Dabei stellt er fest, dass seine Vorsteuerbeträge größer sind als seine Umsatzsteuerbeträge.

	Umsatzsteuer aller Ausgangsbelege	4 200,00 €
–	Vorsteuer aller Eingangsbelege	4 862,00 €
=	Umsatzsteuererstattung	– 662,00 €

Herr Aslan bekommt vom Finanzamt 662,00 € als Umsatzsteuererstattung überwiesen.

Abb. 5: Darstellung eines umsatzsteuerlichen Vorgangs in der Aslan Board & Bike OHG

Anforderungen an eine Rechnung

Die bezahlte Vorsteuer kann sich der Einzelhändler nur von seiner Umsatzsteuerschuld abziehen, wenn er die Ware erhalten hat und eine ordnungsgemäße Eingangsrechnung dazu vorliegt, die alle notwendigen **Bestandteile einer Rechnung** enthält (vgl. BN 222331, LF 8, Kap. 8.4.3). Die Vorsteuer ist für den Einzelhändler sehr viel Geld, das er vom Finanzamt zurückerhalten möchte. Deshalb müssen alle Mitarbeiter darauf achten, dass Wareneingangsrechnungen die erforderlichen Merkmale aufweisen.

Ausnahmen gibt es lediglich für Rechnungen, deren Gesamtbetrag nicht größer als 250,00 € brutto ist. Diese Rechnungen heißen **Kleinbetragsrechnungen.** Sie müssen bestimmte Mindestangaben enthalten (vgl. Abb. 6).

Aus der Kleinbetragsrechnung muss der Einzelhändler die Vorsteuer selbst errechnen (vgl. Abb. 7).

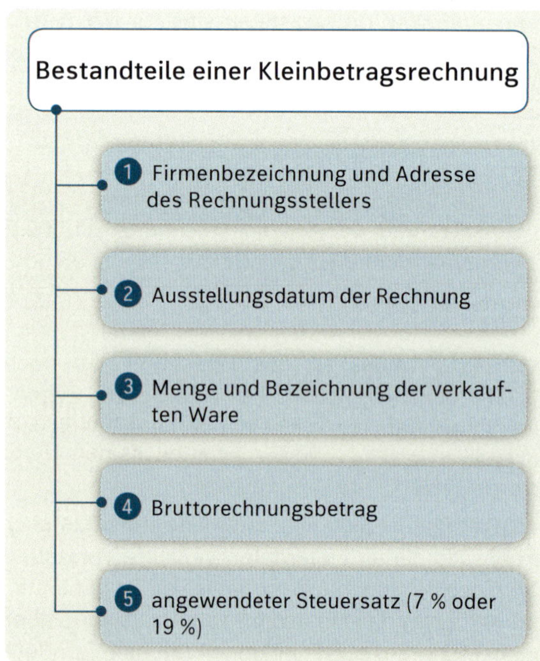

Abb. 6: Notwendige Bestandteile einer Kleinbetragsrechnung

11.2.3 Besteuerung des Mehrwerts

In jeder Phase oder Fertigungsstufe, die eine Ware durchläuft, wird immer nur der **Mehrwert** dieser Stufe besteuert. Vor Einführung des Umsatzsteuergesetzes 1973 wurde die Umsatzsteuer als Mehrwertsteuer bezeichnet. Der Mehrwert sind immer die Kosten und der Gewinn der jeweiligen Stufe. Um diese beiden Positionen erhöht sich der Preis der Ware.

Im Einzelhandel ist der Mehrwert der Ware die Differenz zwischen Nettoverkaufspreis und Bezugspreis. Er beinhaltet die Handlungskosten und den Gewinn des Einzelhändlers.

> **!**
> *Nettoverkaufspreis einer Ware*
> *– Bezugspreis (Nettoeinkaufspreis) einer Ware*
> ***= Mehrwert der Ware***

Beispiel: Herr Aslan kauft beim Sportgerätehersteller in Leipzig Laufbänder ein. Der Bezugspreis pro Laufband beträgt 2200,00 €. Herr Aslan kal-

Der Einzelhändler errechnet die abziehbare Vorsteuer …	
bei einem mit 19 % angegebenen Steuersatz	bei einem mit 7 % angegebenen Steuersatz
abziehbare Vorsteuer $= \frac{\text{Bruttorechnungsbetrag} \cdot 19\,\%}{119\,\%}$	abziehbare Vorsteuer $= \frac{\text{Bruttorechnungsbetrag} \cdot 7\,\%}{107\,\%}$
Beispiel: Herr Aslan kauft im Schreibwarengeschäft in Altstadt Kassenrollen für seine Registrierkasse ein. Er erhält dafür folgenden Beleg:	*Beispiel:* Herr Aslan kauft im Blumengeschäft in Altstadt einen Blumenstrauß zum Geburtstag für seine Verkäuferin Frau Haselmeier. Er erhält dafür folgenden Beleg:
Ermittlung der abziehbaren Vorsteuer: $\frac{39{,}27\,€ \cdot 19\,\%}{119\,\%} = \mathbf{6{,}27\,€}$	Ermittlung der abziehbaren Vorsteuer: $\frac{25{,}00\,€ \cdot 7\,\%}{107\,\%} = \mathbf{1{,}64\,€}$
Herr Aslan kann aus diesem Beleg 6,27 € als Vorsteuer abziehen.	Herr Aslan kann aus diesem Beleg 1,64 € als Vorsteuer abziehen.

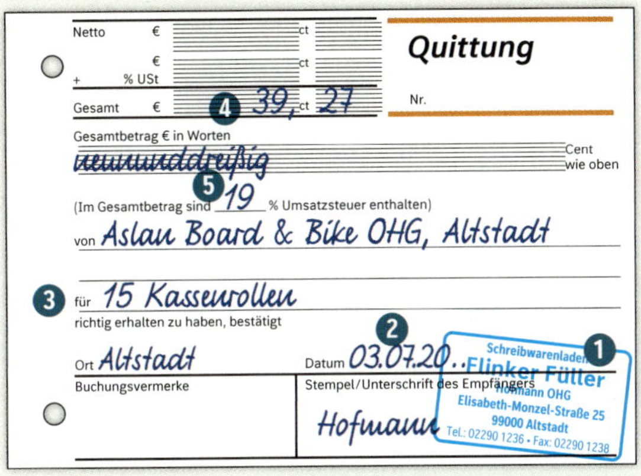

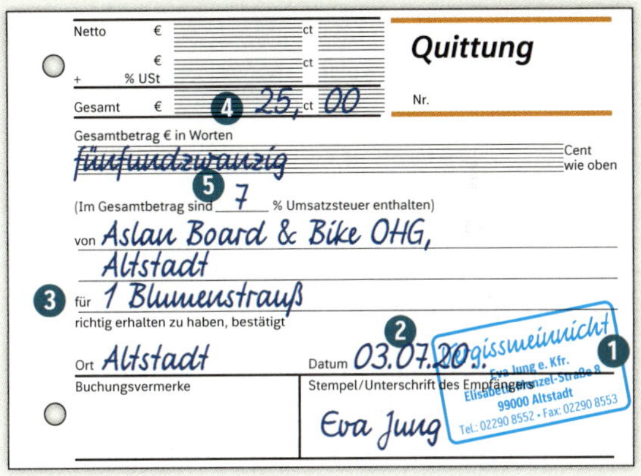

Abb. 7: Errechnen der Vorsteuer aus einer Kleinbetragsrechnung

kuliert im Sportgeschäft mit 20 % Handlungskosten und 10 % Gewinn. Er ermittelt seinen Nettoverkaufspreis:

	Bezugspreis	2 200,00 €/Stück
+	20 % Handlungskosten (2 200,00 € · 20 : 100)	440,00 €/Stück
=	Selbstkosten	2 640,00 €/Stück
+	10 % Gewinn (2 640,00 € · 10 : 100)	264,00 €/Stück
=	Nettoverkaufspreis	2 904,00 €/Stück

Beim Einkauf hatte die Ware einen Wert von 2 200,00 €. Beim Verkauf hat die Ware einen Wert von 2 904,00 €.

Der **Mehrwert,** der auf der Einzelhandelsstufe bei Herrn Aslan entstanden ist, beträgt
2 904,00 € – 2 200,00 € = **704,00 €**

Der Betrag, den der Einzelhändler monatlich an das Finanzamt zahlen muss (Umsatzsteuerzahllast), ist immer nur der Steuerbetrag auf den Mehrwert, den der Einzelhändler in diesem Monat geschaffen hat.

! *Umsatzsteuerzahllast*
= Mehrwert · Steuersatz

Beispiel: Herr Aslan verkauft an einen Kunden eine Sprossenwand für 1 368,50 €. Er erklärt seinen Auszubildenden, dass die Sprossenwand bis zum Verkauf in seinem Ladengeschäft zuvor weitere vier Fertigungsstufen durchläuft:

1. Der forstwirtschaftliche Betrieb
Er rodet das Holz für die Sprossenwand im Wald. Dieser Betrieb ist der erste in der Kette, er hat deshalb keinen Vorlieferanten. Er verkauft das Holz für 119,00 € brutto an das Sägewerk.

Warenwert netto	100,00 €
+ 19 % USt	19,00 €
Warenwert brutto	119,00 €

2. Das Sägewerk
Hier werden die eingekauften Bäume gehobelt und für die Möbelherstellung zu Brettern gesägt. Die fertigen Bretter verkauft das Sägewerk für 595,00 € brutto an die Möbelfabrik.

Warenwert netto	500,00 €
+ 19 % USt	95,00 €
Warenwert brutto	595,00 €

3. Die Möbelfabrik
Die Möbelfertigungsfirma verarbeitet die eingekauften Bretter zu Stäben und Seitenwänden für die Sprossenwand und montiert alle Einzelteile. Die fertige Sprossenwand verkauft die Möbelfirma an den Sportgerätehandel Leipzig für 952,00 € brutto.

Warenwert netto	800,00 €
+ 19 % USt	152,00 €
Warenwert brutto	952,00 €

4. Der Sportgerätehandel
Er verkauft die Sprossenwand, die er beim Fertigungsbetrieb eingekauft hat, an das Sportgeschäft Aslan Board & Bike OHG für 1.190,00 €. Das ist die Eingangsrechnung, die Herr Aslan erhalten hat und seinen Azubis zeigt.

Warenwert netto	1 000,00 €
+ 19 % USt	190,00 €
Warenwert brutto	1 190,00 €

Abb. 8: Die Besteuerung des Mehrwerts am Beispiel der Sprossenwand in der Aslan Board & Bike OHG

Aufgaben

1. Die Umsatzsteuer wird immer auf das „Entgelt“ einer Ware berechnet. Erläutern Sie den Begriff „Entgelt“ und unterscheiden Sie das Entgelt beim Einkauf und beim Verkauf von Waren.
2. Nennen Sie fünf Warengruppen, bei denen der Umsatzsteuersatz 19 % beträgt.
3. Nennen Sie fünf Warengruppen, bei denen der Umsatzsteuersatz 7 % beträgt.
4. Begründen Sie, wann der Einzelhändler vom Finanzamt Umsatzsteuer erstattet bekommen kann.
5. Erläutern Sie den Begriff „Mehrwert“. Welche Bedeutung hat er für die Umsatzsteuer?

Kompetenzraster, Kapitel 11.2

Kapitel	Ich kann ...	nein	un-sicher	recht sicher	ja
11.2	■ die vier Merkmale nennen, die bei einem Geschäftsfall erfüllt sein müssen, damit für ihn Umsatzsteuer berechnet wird.				
	■ die Umsatzsteuersätze nennen und erläutern, wann sie anzuwenden sind.				
	■ den Unterschied zwischen Vorsteuer und Umsatzsteuer erläutern und die Umsatzsteuerzahllast berechnen.				
	■ die Bedeutung einer Rechnung für den Vorsteuerabzug erläutern und die notwendigen Inhalte einer Rechnung nennen.				
	■ erklären, wann es sich um eine Kleinbetragsrechnung handelt, welche notwendigen Inhalte sie haben muss und wie die abziehbare Vorsteuer aus ihr herauszurechnen ist.				
	■ den Begriff Mehrwert erklären und seine Bedeutung für die Umsatzsteuer erläutern.				

11.3 Beschaffung und Abschreibung von Anlagegütern

Lilli Fernandez bearbeitet die Eingangsrechnungen in der Buchhaltung der Aslan Board & Bike OHG. Frau Aslan hat einen neuen Firmenwagen gekauft. Ein tolles Auto, findet Lilli. Ihr liegt die Eingangsrechnung zur Bearbeitung vor. Sie überlegt: Wenn sie jetzt dieses teure Auto als Aufwand verbuchen muss, dann sieht das für das Sportgeschäft ganz schlecht aus. Die Aufwendungen würden dadurch viel höher sein als die Erträge. Lilli weiß, das bedeutet Verlust.

11.3.1 Beschaffung von Anlagegütern

Zum **Anlagevermögen** gehören die Teile des Unternehmens, die über einen längeren Zeitraum im Unternehmen verbleiben, um genutzt zu werden (vgl. BN 222331, LF 8, Kap. 8.2.1).

Anlagegüter sind alle Gegenstände des Einzelhändlers, die er nicht zum Weiterverkauf eingekauft hat, sondern selbst über einen längeren Zeitraum nutzen möchte. Dazu gehören z. B. Tische, Regale oder Kühltheken, aber auch Firmenfahrzeuge oder Kassencomputer. Anlagegüter bilden das Anlagevermögen und müssen in der Bilanz des Einzelhändlers ausgewiesen werden.

Beim Einkauf müssen Anlagegüter mit ihren Anschaffungskosten auf **Bestandskonten** erfasst werden. Sie gehören nicht sofort zu den Aufwendungen des Geschäftsjahres, denn sie werden über mehrere Jahre genutzt.

Zur besseren Übersicht führt der Einzelhändler mehrere Bestandskonten im Anlagebereich (vgl. Abb. 1):

- Bestand Grundstücke und Gebäude
- Bestand Fuhrpark
- Bestand Betriebs- und Geschäftsausstattung

Aktiva Bilanz	Passiva
A) Anlagevermögen **Grundstücke/Gebäude** **Fuhrpark** **Betriebs- und Geschäftsausstattung**	A) Eigenkapital
B) Umlaufvermögen	B) Fremdkapital
Bilanzsumme	Bilanzsumme

Abb. 1: Stellung der Anlagekonten in der Bilanz

Anschaffungskosten

Anschaffungskosten sind alle Ausgaben, die der Einzelhändler aufwendet,

- um den Anlagegenstand zu kaufen (Kaufpreis)
- und ihn betriebsbereit zu machen (Anschaffungsnebenkosten).

Anschaffungspreisminderungen muss er vom Kaufpreis abziehen.

  Kaufpreis des Anlagegutes
+ Anschaffungsnebenkosten
– Anschaffungspreisminderungen
= **Anschaffungskosten**

Beispiel 1: Lilli Fernandez ermittelt die Anschaffungskosten für den neuen und klimafreundlichen Firmen-Pkw mit Elektroantrieb. Ihr liegt dazu die Rechnung vom Autohaus Start aus Altstadt vor. Frau Aslan hat auf der Rechnung vermerkt, dass sie bei der Bezahlung der Rechnung 3 % Skonto abgezogen hat. Außerdem hat sie von Frau Aslan den Kassenbeleg über die Zulassungsgebühren von 200,00 € erhalten.

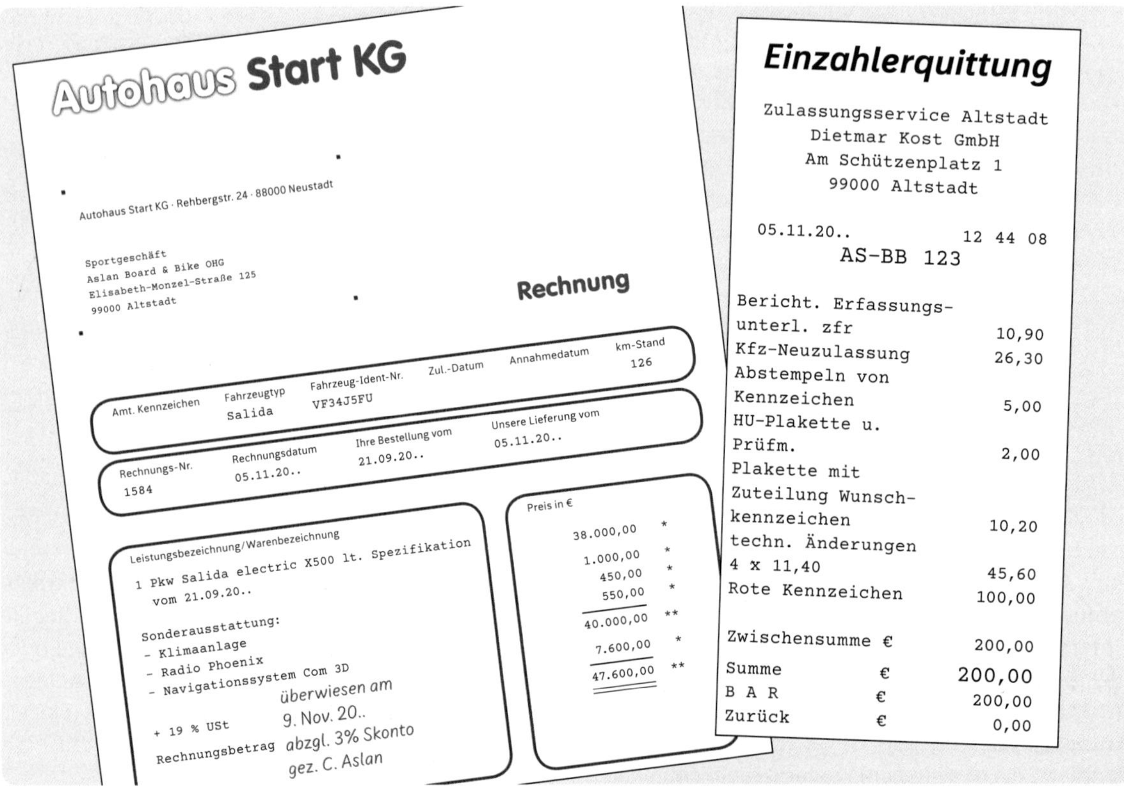
Autohaus Start KG

Autohaus Start KG · Rehbergstr. 24 · 88000 Neustadt

Sportgeschäft
Aslan Board & Bike OHG
Elisabeth-Monzel-Straße 125
99000 Altstadt

Rechnung

Amt. Kennzeichen	Fahrzeugtyp	Fahrzeug-Ident-Nr.	Zul.-Datum	Annahmedatum	km-Stand
	Salida	VF34J5FU			126

Rechnungs-Nr.	Rechnungsdatum	Ihre Bestellung vom	Unsere Lieferung vom
1584	05.11.20..	21.09.20..	05.11.20..

Leistungsbezeichnung/Warenbezeichnung	Preis in €	
1 Pkw Salida electric X500 lt. Spezifikation vom 21.09.20..	38.000,00	*
Sonderausstattung:		
- Klimaanlage	1.000,00	*
- Radio Phoenix	450,00	*
- Navigationssystem Com 3D	550,00	*
	40.000,00	**
+ 19 % USt	7.600,00	*
Rechnungsbetrag	47.600,00	**

überwiesen am 9. Nov. 20.. abzgl. 3% Skonto gez. C. Aslan

Einzahlerquittung

Zulassungsservice Altstadt
Dietmar Kost GmbH
Am Schützenplatz 1
99000 Altstadt

05.11.20.. 12 44 08
AS-BB 123

Bericht. Erfassungs-unterl. zfr		10,90
Kfz-Neuzulassung		26,30
Abstempeln von Kennzeichen		5,00
HU-Plakette u. Prüfm.		2,00
Plakette mit Zuteilung Wunschkennzeichen		10,20
techn. Änderungen 4 x 11,40		45,60
Rote Kennzeichen		100,00
Zwischensumme	€	200,00
Summe	€	200,00
B A R	€	200,00
Zurück	€	0,00

Anschaffungsnebenkosten bei Anlagegütern können sein:

- Notargebühren beim Grundstückskauf,
- Zulassungsgebühren beim Pkw-Kauf,
- Montagekosten beim Kauf von Computerkassensystemen.

Anschaffungspreisminderungen bei Anlagegütern sind z. B.:

- Rabatte beim Einkauf,
- Skontoabzüge bei der Rechnungsbezahlung,
- nachträgliche Preisnachlässe wegen geringfügiger Mängel.

Nicht zu den Anschaffungskosten gehören

- Geldbeschaffungskosten (Zinsen) und
- Vorsteuer der Eingangsrechnungen beim Kauf von Anlagegütern.

Anschaffungskosten Firmen-Pkw:

Kaufpreis netto	40 000,00 €
+ Anschaffungsnebenkosten netto (Zulassungsgebühr)	200,00 €
– Anschaffungspreisminderungen netto $\left(\text{Skontoabzug } \frac{40\,000{,}00\ € \cdot 3}{100}\right)$	1 200,00 €
= Anschaffungskosten netto	39 000,00 €

Lilli erfasst den neuen Pkw mit 39 000,00 € auf dem Bestandskonto Fuhrpark. Mit diesem Wert steht das neue Auto nun in der Bilanz:

Aktiva	Bilanz	Passiva
A) Anlagevermögen		
Fuhrpark	**39 000,00 €**	

11.3.2 Abschreibung von Anlagegütern

Die meisten Anlagegüter, die der Einzelhändler gekauft hat, um sie mehrere Jahre zu verwenden, nutzen sich durch den ständigen Gebrauch ab. Diese Anlagegüter heißen **abnutzbare Anlagegüter.** In einigen Unternehmen gibt es auch Anlagegüter, die sich trotz Nutzung über viele Jahre hinweg nicht abnutzen. Ein Beispiel ist der Grund und Boden. Diese Anlagegüter heißen **nicht abnutzbare Anlagegüter.**

Die Abnutzung eines Gegenstands bezeichnet man auch als **Verschleiß.** Für den Verschleiß gibt es verschiedene Gründe (vgl. Abb. 2).

Durch die Abnutzung verlieren die Anlagegüter an Wert. Diesen Werteverlust muss der Einzelhändler als Geldbetrag ermitteln. Man bezeichnet diesen Geldbetrag als **Abschreibung.** In der Praxis wird auch oft kurz der Begriff **„AfA"** für Abschreibungen verwendet. Dieser Begriff kommt aus dem Steuerrecht und bedeutet „**A**bsetzung **f**ür **A**bnutzung".

Abnutzung/Verschleiß durch ...	
ständigen Gebrauch **(Nutzungsverschleiß)**	*Beispiel:* Lilli hat sich zu Beginn ihrer Ausbildung einen Radiergummi gekauft. Sie benutzt ihn in der Berufsschule, denn sie verschreibt sich oft. Jetzt im 3. Ausbildungsjahr ist der Radiergummi nur noch halb so groß.
Umwelt- oder Witterungseinflüsse **(Ruheverschleiß)**	*Beispiel:* Lilli kommt jeden Tag mit dem Fahrrad zur Arbeit. Sie schließt es vor dem Geschäft an, wo es täglich acht Stunden im Freien steht. Ständiger Regen und Sonne haben dazu geführt, dass das Fahrrad zu rosten beginnt.
Modernisierung **(Verschleiß durch wissenschaftlichen und technischen Fortschritt)**	*Beispiel:* Lilli hat seit einem halben Jahr eine Xbox. In ihrer Freizeit spielt sie fast täglich im Netz. Emil hat sich gerade eben eine Xbox zugelegt. Sie hat eine viel bessere Grafikoberfläche und eine deutlich verbesserte Netzgeschwindigkeit.
Katastrophen **(Katastrophenverschleiß)**	*Beispiel:* Lilli erinnert sich noch gut an das letzte Hochwasser in Altstadt. Das ganze Sportgeschäft stand unter Wasser. Herr Aslan musste alle Regale der unteren Etage erneuern, die alten waren nicht mehr zu gebrauchen.

Abb. 2: Ursachen für Abnutzung durch Verschleiß

> ! ***Abschreibung** ist der in einem Geldbetrag ausgedrückte Wertverlust der Anlagegüter.*

Bereits beim Kauf der Anlagegüter muss der Einzelhändler schätzen, wie lange der Gegenstand halten und damit nutzbar sein wird. Diesen Zeitraum bezeichnet man als **Nutzungsdauer.**

> ! ***Nutzungsdauer** ist der Zeitraum, in dem ein Anlagegegenstand voraussichtlich nutzbar sein wird.*

Eine Schätzung der Nutzungsdauer ist nicht immer einfach. Deshalb gibt es **amtliche AfA-Tabellen.** Aus den Erfahrungen vieler Unternehmen wurden bestimmte Nutzungsdauern (ND) für einzelne Anlagegüter aufgeschrieben. Die AfA-Tabellen dienen dem Einzelhändler als Orientierung (vgl. Abb. 3).

Bezeichnung	ND in Jahren
Personal Computer	3
Notebooks	3
Mobilfunkgeräte	5
Personenkraftwagen	6
Registrierkassen	6
Geldzählgeräte	7
Kühleinrichtungen	8
Aktenvernichter	8
EC-Kartenleser	8
Raumheizgeräte (mobil)	9
Verkaufstheken	10
Büromöbel	13
Panzerschränke	23

Abb. 3: Auszug aus der amtlichen AfA-Tabelle für die allgemein verwendbaren Anlagegüter, Bundesministerium der Finanzen

Berechnung der Abschreibung

Der Einzelhändler ist verpflichtet, die Anschaffungskosten seiner Wirtschaftsgüter auf alle Jahre der Nutzungsdauer gleichmäßig zu verteilen. Der Teil der Anschaffungskosten, der auf ein Jahr entfällt, ist der **jährliche Abschreibungsbetrag.**

Diese Form der Abschreibung nennt man lineare Abschreibung. Der jährliche Abschreibungsbetrag bleibt über die gesamte Zeit der Nutzungsdauer gleich.

jährlicher Abschreibungsbetrag

$$= \frac{\text{Anschaffungskosten}}{\text{Nutzungsdauer}}$$

Beispiel 2: Lilli Fernandez ermittelt den jährlichen Abschreibungsbetrag für den neuen Firmenwagen. Die Anschaffungskosten hat sie bereits mit 39 000,00 € ermittelt (vgl. Beispiel 1). Aus der amtlichen AfA-Tabelle liest sie für Personenkraftwagen eine Nutzungsdauer von sechs Jahren ab (vgl. Abb. 3).

$$\text{jährlicher Abschreibungsbetrag} = \frac{39\,000{,}00\ €}{6\ \text{Jahre}}$$

jährlicher Abschreibungsbetrag = 6 500,00 €/Jahr

Der jährliche Abschreibungsbetrag für den neuen Firmenwagen beträgt **6 500,00 € pro Jahr.**

Der jährliche Abschreibungsbetrag wird in jedem Jahr der Nutzungsdauer als Werteverlust angenommen. Die ursprünglichen Anschaffungskosten eines Anlagegegenstands verringern sich jährlich um diesen Wert. Durch Abnutzung verliert der Anlagegegenstand an Wert. In der Bilanz muss deshalb in jedem Jahr ein geringerer Wert für das Anlagegut ausgewiesen werden. Diesen geringeren Wert bezeichnet man als **Buchwert.**

  Anschaffungskosten
– Abschreibungen
= **Buchwert**

Wenn die geschätzte Nutzungsdauer verstrichen ist, würde das bedeuten, dass das Anlagegut mit 0,00 € in der Bilanz stehen müsste, weil der Buchwert 0,00 € beträgt. Der Anlagegegenstand wäre dann vollständig abgeschrieben. Oftmals nutzt der Einzelhändler aber seine Anlagegüter länger als die geschätzte Nutzungsdauer. Er schreibt deshalb immer nur bis auf **1,00 €** ab. Dieser Wert bleibt als **Erinnerungswert** in der Bilanz stehen, solange ein Anlagegut genutzt wird.

> ! *Der **Erinnerungswert** am Ende der Nutzungsdauer beträgt 1,00 €.*

Beispiel 3: Lilli Fernandez ermittelt die jährlichen Abschreibungen für den Firmenwagen über den gesamten voraussichtlichen Nutzungszeitraum von sechs Jahren. Die Anschaffungskosten betrugen 39 000,00 €, der jährliche Abschreibungsbetrag beträgt 6 500,00 € (vgl. Beispiel 2). Die Abschreibung findet jeweils zum Ende des Nutzungsjahres statt.

Nutzungsjahr	**Abschreibung in €**	**Buchwert in €**
Anschaffungskosten		39 000,00
1.	6 500,00	32 500,00
2.	6 500,00	26 000,00
3.	6 500,00	19 500,00
4.	6 500,00	13 000,00
5.	6 500,00	6 500,00
6.	6 499,00	1,00
Buchwert am Ende des 6. Nutzungsjahres		1,00

Im letzten Nutzungsjahr schreibt Lilli statt der jährlichen 6 500,00 € nur **6 499,00 €** ab, damit ab dem 7. Nutzungsjahr 1,00 € als Erinnerungswert stehen bleibt.

Berechnung der Abschreibung mithilfe des Abschreibungsprozentsatzes

Der jährliche Abschreibungsbetrag kann auch mithilfe des Abschreibungsprozentsatzes ermittelt werden. Der **Abschreibungsprozentsatz** gibt an, wie viel Prozent von den Anschaffungskosten jährlich als Abschreibungen zu berücksichtigen sind.

Abschreibungsprozentsatz

$$= \frac{100\ \%}{\text{Nutzungsdauer}}$$

Der jährliche Abschreibungsbetrag, der sich mithilfe des Abschreibungsprozentsatzes ermitteln lässt, wird wie folgt berechnet:

jährlicher Abschreibungsbetrag

= Anschaffungskosten · Abschreibungsprozentsatz

Beispiel 4: Lilli Fernandez ermittelt die Abschreibungen für den neuen Firmenwagen mithilfe des Abschreibungsprozentsatzes.

Ermittlung des Abschreibungsprozentsatzes

$$\text{Abschreibungsprozentsatz} = \frac{100{,}00\ \%}{6\ \text{Jahre}}$$

$$\text{Abschreibungsprozentsatz} = 16{,}67\ \%$$

Ermittlung des Abschreibungsbetrags

jährlicher Abschreibungsbetrag

$$= 39\,000{,}00\ € \cdot 16{,}67\ \%$$

$$= \frac{39\,000{,}00\ € \cdot 16{,}67}{100}$$

$$= 6\,500{,}00\ €$$

Lilli errechnet einen jährlichen Abschreibungsbetrag in Höhe von 6 500,00 €.

Abb. 4: Der Abschreibungsprozentsatz erleichtert die Berechnung des Abschreibungsbetrags.

11.3.3 Geringwertige Wirtschaftsgüter

Nicht alle Gegenstände, die ein Einzelhändler einkauft, um sie über einen längeren Zeitraum selbst zu nutzen, gehören zum Anlagevermögen. Anlagegüter, bei denen die Anschaffungskosten 800,00 € nicht überschreiten, heißen geringwertige Wirtschaftsgüter.

! *Geringwertige Wirtschaftsgüter (GWG) sind Anlagegüter, deren Anschaffungskosten nicht mehr als 800,00 € betragen.*

Geringwertige Wirtschaftsgüter
- brauchen nicht als einzelne Posten in der Bilanz des Einzelhändlers ausgewiesen zu werden.
- Ihre Anschaffungskosten müssen nicht auf die Jahre der Nutzungsdauer verteilt werden.
- Sie können im Jahr der Anschaffung des Wirtschaftsguts in der Gewinn- und Verlustrechnung als Aufwendungen erfasst werden.

Beispiele für geringwertige Wirtschaftsgüter sind
- Taschenrechner oder Locher,
- Preisauszeichnungsgeräte oder Kartenlesegeräte,
- Bürostühle, Schreibtische oder Lampen,
- Paletten und Kisten,
- Kaffeemaschinen oder Mikrowellen zur Pausenversorgung der Mitarbeiter.

Voraussetzung für ein geringwertiges Wirtschaftsgut ist immer, dass der Gegenstand **selbstständig nutzbar** ist. Einen Drucker oder einen Monitor beispielsweise kann der Einzelhändler nur zusammen mit einem PC nutzen. Aus diesem Grund sind sie keine geringwertigen Wirtschaftsgüter, auch wenn sie nicht mehr als 800,00 € kosten.

Beispiel 5: Herr Aslan kauft im Fotogeschäft einen Bilderrahmen für netto 61,00 €. Er möchte seine Allgemeinen Geschäftsbedingungen im Verkaufsraum aushängen. Er wird den Bilderrahmen also mehrere Jahre nutzen.

Beurteilung: Der Bilderrahmen ist ein geringwertiges Wirtschaftsgut, weil die Anschaffungskosten nicht mehr als 800,00 € betragen und der Bilderrahmen selbstständig nutzbar ist. Herr Aslan erfasst 61,00 € sofort als Aufwand.

Anlagegüter, die bei ihrer Anschaffung mehr als 250,00 € netto, aber nicht mehr als 1 000,00 € netto kosten, darf der Einzelhändler in einem besonderen Posten in der Bilanz sammeln. Er bildet einen **Sammelposten.** Diesen Sammelposten muss er in jedem Jahr mit einem Abschreibungssatz von 20 % abschreiben. Auf diese Weise wird der Bilanzwert dieser Gegenstände verringert. Einen Überblick über die verschiedenen Möglichkeiten der Abschreibung gibt Abb. 5.

Beispiel 6: Herr Aslan kauft ein neues Kartenlesegerät für netto 365,00 €. Er wird es mehrere Jahre nutzen. Das Kartenlesegerät ist ein geringwertiges Wirtschaftsgut, weil die Anschaffungskosten 800,00 € nicht übersteigen und es selbstständig nutzbar ist.

Herr Aslan hat ein Wahlrecht:
- Entweder erfasst er das Kartenlesegerät mit 365,00 € sofort als Aufwand in seiner Gewinn- und Verlustrechnung. In der Bilanz erscheint das Kartenlesegerät nicht.
- Oder er nimmt das Kartenlesegerät in seine Bilanz auf und schreibt es über die Nutzungsdauer von acht Jahren (vgl. Abb. 3) ab.
- Oder er nimmt es in einen Sammelposten auf und verbucht am Jahresende nur 20 % der Anschaffungskosten als Aufwendungen in seiner Gewinn- und Verlustrechnung.

	Anschaffungskosten Sammelposten	365,00 €
–	20 % Abschreibungen	73,00 €
=	Buchwert	292,00 €

Das Kartenlesegerät steht am Jahresende mit 292,00 € in der Bilanz.

11.3.4 Wirkung von Abschreibungen

Die Abnutzung der Anlagegüter hat Auswirkungen auf den Gewinn des Einzelhändlers:
- Die Abschreibungen werden in jedem Jahr der Nutzungsdauer als Werteverluste angenommen.
- Diese Werteverluste erfasst der Einzelhändler in seiner Gewinn- und Verlustrechnung als Aufwendungen.
- Damit verringert er seinen jährlichen Gewinn.

22233430

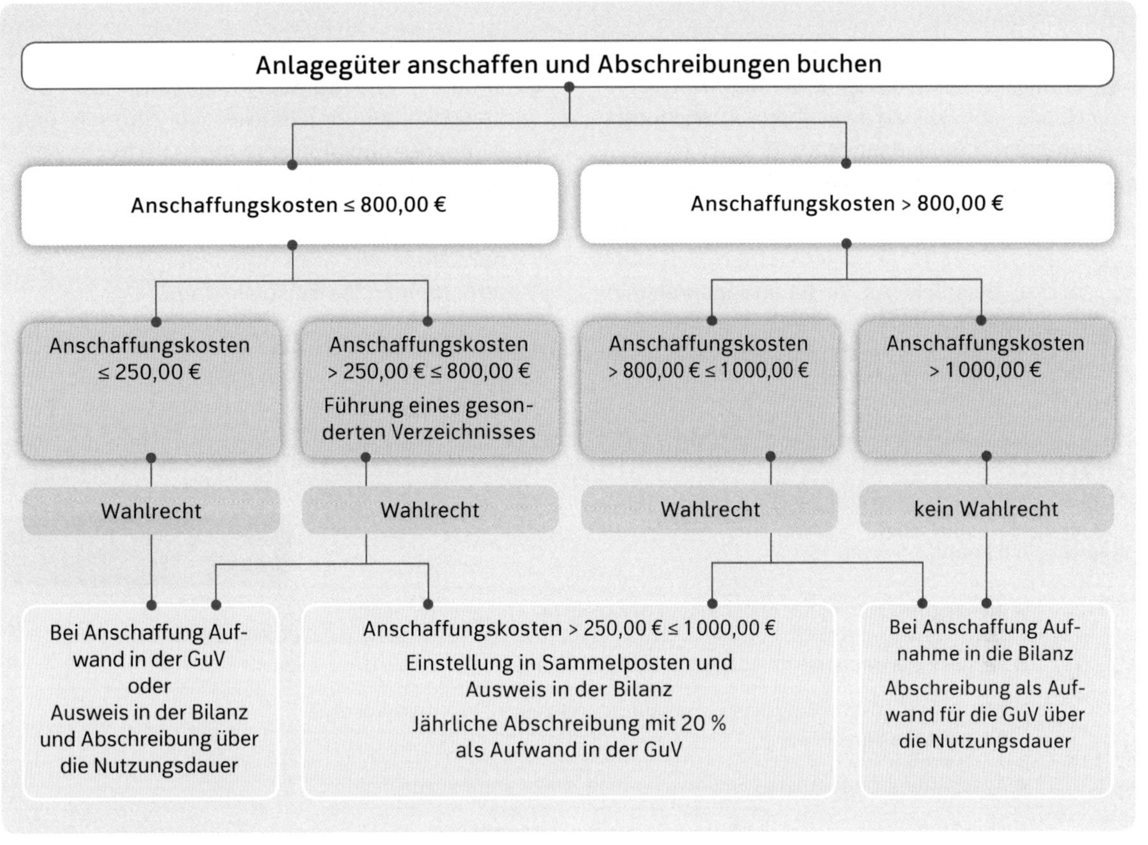

Abb. 5: Möglichkeiten der Abschreibung von Anlagegütern

Bei geringwertigen Wirtschaftsgütern hat der Einzelhändler die Wahl, ob er diese sofort als Aufwand oder nur teilweise über die jährlichen Abschreibungen verbucht. Damit kann der Einzelhändler seinen Gewinn aktiv beeinflussen.

Die Abschreibungen sind **Teil der Handlungskosten.** Da der Einzelhändler die Abschreibungen aber an niemanden bezahlen muss, kann er am Ende der Nutzungsdauer dieses Geld verwenden, um wieder neue Anlagegegenstände zu kaufen (vgl. Kap. 14.5.6).

Ein sehr hoher Gewinn bedeutet für den Einzelhändler auch immer, dass er sehr viele Steuern an das Finanzamt zahlen muss. Er wird deshalb immer versuchen, seinen Gewinn durch kluge Gestaltung seiner Abschreibungen möglichst gering zu halten, um Steuern zu sparen und diese Mittel für die Erneuerung und Erweiterung seines Betriebes zu verwenden.(vgl. Abb. 6).

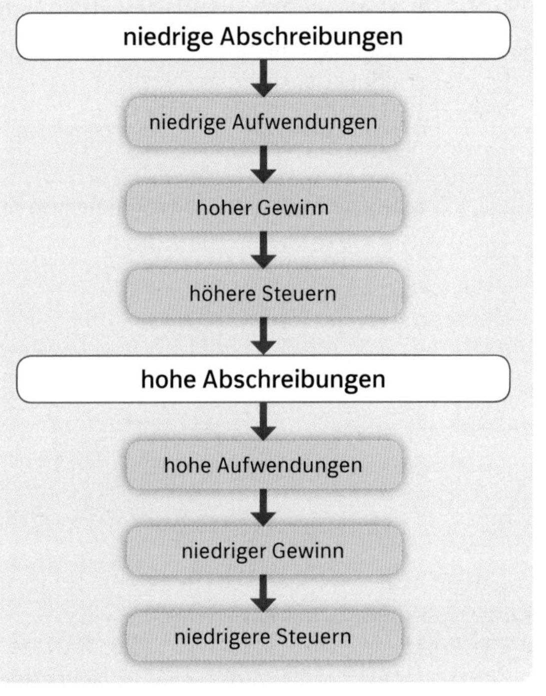

Abb. 6. Auswirkung der Abschreibungen auf den Gewinn

Aufgaben

1. Erläutern Sie den Begriff „Anlagevermögen“. Nennen Sie Beispiele aus Ihrem Ausbildungsbetrieb für Anlagegegenstände.
2. Nennen Sie
   a) drei Beispiele für Anschaffungsnebenkosten.
   b) drei Beispiele für Anschaffungspreisminderungen.
3. Erklären Sie, warum Anlagegüter auf Bestandskonten erfasst werden müssen und nicht sofort als Aufwendungen verbucht werden dürfen.
4. Erklären Sie den Unterschied zwischen abnutzbaren und nicht abnutzbaren Anlagegütern. Nennen Sie Beispiele dafür.

Kompetenzraster, Kapitel 11.3

Kapitel	Ich kann ...	nein	unsicher	recht sicher	ja
11.3	■ den Begriff Anlagegüter erklären und Beispiele für Anlagegüter nennen.				
	■ Beispiele für Bestände im Anlagebereich aufzählen.				
	■ den Begriff Anschaffungskosten erläutern und zeigen, wie man Anschaffungskosten berechnet.				
	■ Anschaffungsnebenkosten und Anschaffungspreisminderungen nennen.				
	■ abnutzbare und nicht abnutzbare Anlagegüter unterscheiden.				
	■ die Begriffe Verschleiß, Abschreibung und Nutzungsdauer erklären und erläutern, welcher Zusammenhang zwischen ihnen besteht.				
	■ die Abschreibung berechnen und den Buchwert bestimmen.				
	■ den Abschreibungsprozentsatz errechnen und die Abschreibung mit seiner Hilfe bestimmen.				
	■ die Auswirkungen der Abschreibungen auf den Gewinn des Einzelhändlers erklären.				
	■ geringwertige Wirtschaftsgüter nennen und erklären, warum diese Wirtschaftsgüter so heißen.				

22233432

11.4 Aufgaben des betrieblichen Rechnungswesens

Carolin Aslan ist für die kaufmännische Leitung der Aslan Board & Bike OHG verantwortlich. Auch für die monatliche Finanzbuchhaltung ist sie zuständig. Für das zurückliegende Quartal legt sie ihrem Mann eine Gewinn- und Verlustrechnung vor. Herr Aslan ist bestürzt über den hohen Verlust. Er schlägt vor, das Geschäft aufzulösen und die Räume an eine Fast-Food-Kette zu vermieten. Das würde mehr einbringen.

Ein Einzelhandelsunternehmen muss immer die gesetzlichen Vorschriften zur Buchführung erfüllen und einen Überblick über die finanzielle Situation haben. Dafür sorgt das betriebliche Rechnungswesen. Es erfasst den **Geschäftsprozess des Einzelhandelsunternehmens in Zahlen.** Im Einzelhandelsunternehmen besteht der Geschäftsprozess hauptsächlich aus dem Ein- und Verkauf von Waren und allen damit im Zusammenhang stehenden Tätigkeiten.

Die im betrieblichen Rechnungswesen ermittelten Zahlen liefern sehr viele Informationen über das Einzelhandelsunternehmen. Unter anderem kann man daraus ablesen, ob das Unternehmen einen Gewinn oder einen Verlust erzielt oder welche Warengruppe sich gut oder schlecht verkauft.

Diese Informationen interessieren nicht nur den Einzelhändler selbst, sondern auch viele andere Personen und Institutionen, zum Beispiel Finanzamt, Banken, Lieferanten, Mitarbeiter und Gewerkschaften oder Kunden.

Die Aufgaben des betrieblichen Rechnungswesens sind sehr umfangreich. Es besteht deshalb aus vier Teilbereichen, die sich gegenseitig ergänzen (vgl. BN 222331, LF 8, Kap. 8.3).

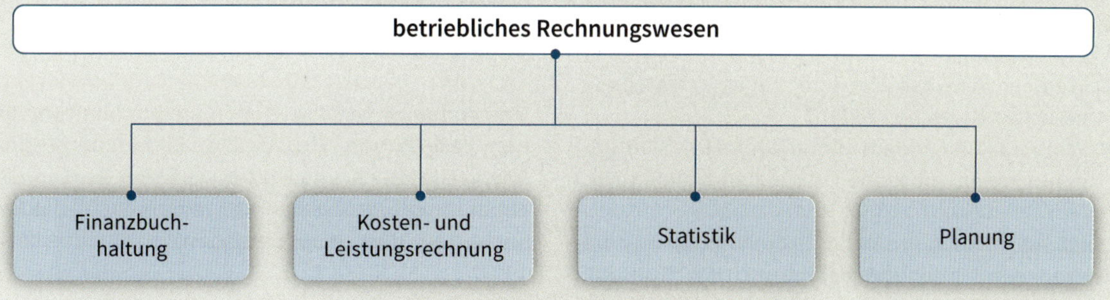

Abb. 1: Die vier Bereiche des betrieblichen Rechnungswesens

Externes Rechnungswesen

Die **Finanzbuchhaltung** ist das externe Rechnungswesen. Sie bildet das **Kernstück des betrieblichen Rechnungswesens.** Sie muss alle Geschäftsfälle dokumentieren, die zwischen dem Einzelhandelsunternehmen und der Umwelt stattfinden.

Geschäftsfälle zwischen Einzelhandelsunternehmen und Umwelt sind z. B.:

- Wareneinkauf bei Lieferanten,
- Warenverkauf an Kunden,
- Zahlungsvorgänge mit Banken (Kreditaufnahme und Kredittilgung),
- Zahlungsvorgänge an Mitarbeiter (Lohnzahlung),
- Steuerzahlung an das Finanzamt.

Um diese Geschäftsfälle lückenlos zu erfassen, werden in der Finanzbuchhaltung Grundbuch und Hauptbuch geführt. Am Jahresende ermittelt die Finanzbuchhaltung aus beiden Büchern die Bestände an Vermögen und Kapital für die Bilanz und die Aufwendungen und Erträge für die Gewinn- und Verlustrechnung (Jahresabschluss). Die Gewinn- und Verlustrechnung gibt Antwort auf die Frage, ob der Einzelhändler wirtschaftlich (Gewinn) oder unwirtschaftlich (Verlust) gearbeitet hat.

> ! *Die Finanzbuchhaltung ist das **externe Rechnungswesen.** Sie dokumentiert alle Geschäftsfälle.*

Internes Rechnungswesen

Die Informationen aus der Geschäftsbuchführung reichen aber für den Einzelhändler nicht aus. Er benötigt zusätzliche Informationen:

- Welche Warengruppe lieferte im letzten Jahr den größten Warenrohgewinn?
- Wer waren die „Renner“ oder „Penner“ der letzten Saison?
- Welcher Arbeitsplatz oder welche Abteilung verursacht welche Kosten?
- Wie weit kann er dem Kunden beim Preis entgegenkommen, um keinen Verlust zu erzielen?

Diese Information erhält der Einzelhändler aus der **Kosten- und Leistungsrechnung,** der **Statistik** und der **Planungsrechnung.** Sie bilden das **interne Rechnungswesen.** Die in diesen Zweigen des Rechnungswesens ermittelten Zahlen werden nur innerhalb des Einzelhandelsunternehmens verwendet. Sie dienen der Planung, Abrechnung, Steuerung und Kontrolle des betrieblichen Leistungsprozesses. Betrieblicher Leistungsprozess im Einzelhandel ist der Ein- und Verkauf der Waren.

> ! *Kosten- und Leistungsrechnung, Planung und Statistik gehören zum **internen Rechnungswesen.** Sie untersuchen den **betrieblichen Leistungsprozess.***

Beispiel: In der Gewinn- und Verlustrechnung der Aslan Board & Bike OHG wird der Gesamtgewinn ermittelt:

Gewinn- und Verlustrechnung Aslan Board & Bike OHG	**€**
Umsatzerlöse	852000,00
Wareneinsatz	689000,00
Warenrohgewinn	163000,00
Zinserträge	2000,00
Summe Erträge	854000,00
Personalaufwendungen	110000,00
Abschreibungen	25000,00
Spenden	10000,00
Verluste aus dem Verkauf von Anlagegütern	5000,00
Zinsaufwendungen	5000,00
Sonstige Aufwendungen	20000,00
Summe Aufwendungen	864000,00
Reingewinn	– 10000,00

Herr Aslan ermittelt in der Finanzbuchhaltung einen Verlust von 10000,00 €. Er hat insgesamt unwirtschaftlich gearbeitet. Aus den Zahlen der Finanzbuchhaltung kann er jedoch nicht die Ursachen für den Verlust ersehen.

22233434

Kosten- und Leistungsrechnung

Die Kosten- und Leistungsrechnung überprüft alle Zahlen der Finanzbuchhaltung. Sie muss untersuchen, ob wirklich alle Aufwendungen und Erträge der Gewinn- und Verlustrechnung durch den Ein- und Verkauf von Waren entstanden sind (vgl. Abb. 2).

Aufwendungen und Erträge, die bei dem eigentlichen betrieblichen Leistungsprozess, dem Ein- und Verkauf von Waren, angefallen sind, heißen

- **betriebliche** Aufwendungen (= **Kosten**) bzw.
- **betriebliche** Erträge (= **Leistungen**).

Werden die Leistungen und die Kosten gegenübergestellt, ermittelt der Einzelhändler sein Betriebsergebnis. Es gibt Auskunft darüber, ob der betriebliche Leistungsprozess erfolgreich war.

> ! *Leistungen*
> – *Kosten*
> = ***Betriebsgewinn** oder **Betriebsverlust***

Für die Gestaltung der Kosten- und Leistungsrechnung im Einzelhandel gibt es keine gesetzlichen Vorschriften. Der Einzelhändler kann das Betriebsergebnis für den gesamten Verkaufsprozess ermitteln. Er kann es aber auch in einzelne Warengruppen untergliedern, damit er zusätzliche Informationen erhält.

- **Kosten** sind Aufwendungen, die aus betrieblichen Gründen entstanden sind. – Dazu gehören immer der Wareneinsatz und die Handlungskosten.

- **Leistungen** sind Erträge, die aus betrieblichen Gründen entstanden sind. – Dazu gehören immer die Umsatzerlöse.

„Betriebliche Gründe" bedeutet:
Die Aufwendungen oder Erträge sind im betrieblichen Leistungsprozess, also durch den Ein- oder Verkauf von Waren entstanden.

Abb. 2: Grundbegriffe der Kosten- und Leistungsrechnung

Beispiel: Aus der Gewinn- und Verlustrechnung der Aslan Board & Bike OHG wird in der Kosten- und Leistungsrechnung der Betriebsgewinn ermittelt:

Gewinn- und Verlustrechnung Aslan Board & Bike OHG	**€**
Umsatzerlöse	852000,00
Summe Leistungen	852000,00
Wareneinsatz	689000,00
Personalaufwendungen	110000,00
Abschreibungenen	25000,00
Zinsaufwendungen	5000,00
Sonstige Aufwendungen	20000,00
Summe Kosten	849000,00
Betriebsgewinn	3000,00

Herr Aslan ermittelt in der Kosten- und Leistungsrechnung einen Betriebsgewinn von 3000,00 €. Mit seinem betrieblichen Leistungsprozess hat er wirtschaftlich gearbeitet. Begründung: Herr Aslan sortiert für die Kosten- und Leistungsrechnung aus dem GuV-Konto alles aus, was nicht durch den Ein- und Verkauf der Waren verursacht wurde:

- Spenden (Das Sportgeschäft hat für die Hochwasseropfer in Altstadt Geld zur Verfügung gestellt.) .... 10000,00 €
- Verluste aus Verkauf von Anlagegütern (Das Sportgeschäft hat einen alten Geschäftswagen mit Verlust verkauft.) .... 5000,00 €
- Zinserträge (Das Sportgeschäft hat einen Teil seines Kapitals auf Festgeldkonten angelegt und erhält dafür Zinsen.) .... 2000,00 €

Aufgaben

1. Stellen Sie in einem Organigramm dar, wie das betriebliche Rechnungswesen in Ihrem Ausbildungsbetrieb organisiert ist.
2. Nennen Sie Institutionen, die an Informationen über das Einzelhandelsunternehmen interessiert sind. Geben Sie Gründe an, warum diese Institutionen an diesen Informationen interessiert sind.
3. Nennen Sie jeweils drei Beispiele für
   a) Kosten
   b) Leistungen
   c) Aufwendungen, aber keine Kosten
   d) Erträge, aber keine Leistungen

11.5 Kosten- und Leistungsrechnung

Herr Aslan ist sehr zufrieden, dass sein eigentliches Verkaufsgeschäft doch erfolgreich war. Trotzdem meint Frau Aslan, dass die Kosten im Servicebereich zu hoch seien, dort lägen noch Einsparmöglichkeiten. Das interessiert Herrn Aslan sehr. Er möchte jetzt gern wissen, wie hoch die Kosten in jedem einzelnen Bereich des Sportgeschäfts sind. Vielleicht ist ja eine Umgestaltung des gesamten Verkaufsprozesses notwendig, um Kosten einzusparen.

11.5.1 Aufgaben und Aufgabenbereiche der Kosten- und Leistungsrechnung

Die Kosten- und Leistungsrechnung soll dem Einzelhändler helfen, richtige und schnelle Entscheidungen in seinem Unternehmen zu treffen. Dazu muss sie folgende **Aufgaben** erfüllen:

- **Kosten erfassen:**
  Sie muss alle Kosten erfassen, die durch den betrieblichen Leistungsprozess verursacht wurden. Diese Kosten heißen Gesamtkosten oder Selbstkosten.
- **Kosten kontrollieren und überwachen:**
  Das geschieht durch innerbetriebliche Kostenvergleiche (Zeitvergleiche) oder außerbetriebliche Kostenvergleiche (Betriebsvergleiche).
- **Kosten verteilen:**
  Die Kosten müssen auf die einzelnen Warengruppen oder Betriebsbereiche verteilt werden, um die Wirtschaftlichkeit nach Bereichen zu bestimmen.
- **Kosten kalkulieren:**
  Die Kosten- und Leistungsrechnung muss die Kosten für jeden Artikel kalkulieren und Verkaufspreise oder Höchstpreise beim Einkauf festlegen.
- **Kosten und Leistungen vergleichen:**
  Sie muss die Kosten den Leistungen gegenüberstellen und das Betriebsergebnis kurzfristig berechnen. Die Leistungen werden unterteilt

nach Warengruppen. Die Kosten- und Leistungsrechnung liefert dem Einzelhändler damit eine kurzfristige Erfolgsrechnung.

Zur Bearbeitung dieser umfangreichen Aufgaben wird die Kosten- und Leistungsrechnung in **drei große Teilbereiche** eingeteilt (vgl. auch Abb. 1):
- Kostenartenrechnung,
- Kostenstellenrechnung und
- Kostenträgerrechnung.

Kostenartenrechnung
Die Kostenartenrechnung klärt die Frage, welche Kosten angefallen sind. Sie erfasst die Kosten und gliedert und kontrolliert die Kosten nach Kostenarten.

Beispiel: Herr Aslan hat als Kostenarten unter anderem erfasst:
- Kosten des Wareneinsatzes,
- Personalkosten,
- Energiekosten und
- Werbekosten.

Kostenstellenrechnung
Die Kostenstellenrechnung beschäftigt sich damit, wo die Kosten angefallen sind. Sie verteilt die Kosten auf die Betriebsbereiche, in denen die Kosten entstanden sind und kontrolliert sie nach Bereichen. Der Ort, an dem die Kosten im Einzelhandelsunternehmen angefallen sind, heißt Kostenstelle.

Beispiel: Herr Aslan hat als Kostenstellen unter anderem eingerichtet:
- Warengruppenbereich Wintersport,
- Warengruppenbereich Trekking,
- Kassenbereich,
- Servicebereich und
- Verwaltungsbereich.

Kostenträgerrechnung
Die Kostenträgerrechnung schließlich geht der Frage nach, welche Waren oder Dienstleistungen die Kosten verursacht haben. Diesen Produkten, den Kostenträgern, sollen die Kosten auch zugerechnet werden.

Die Kostenträgerrechnung kalkuliert die Kosten für die einzelnen Artikel, Aufträge oder Warengruppen. Diese Kalkulation bildet die Grundlage für die richtigen Verkaufspreise. Jeder Kostenträger, also jedes Kalkulationsobjekt, muss dabei einen bestimmten Anteil der gesamten Kosten tragen.

Beispiel: Kostenträger in der Aslan Board & Bike OHG sind zum Beispiel:
- der einzelne Artikel: Schlitten,
- oder die Warengruppe: Wintersportgeräte,
- oder ein Kundenauftrag: Sportausrüstung Ski alpin für den Kunden Peter Müller.

Werden den Kosten der einzelnen Kostenträger die Leistungen gegenübergestellt, führt die Kostenträgerrechnung zur kurzfristigen Erfolgsrechnung.

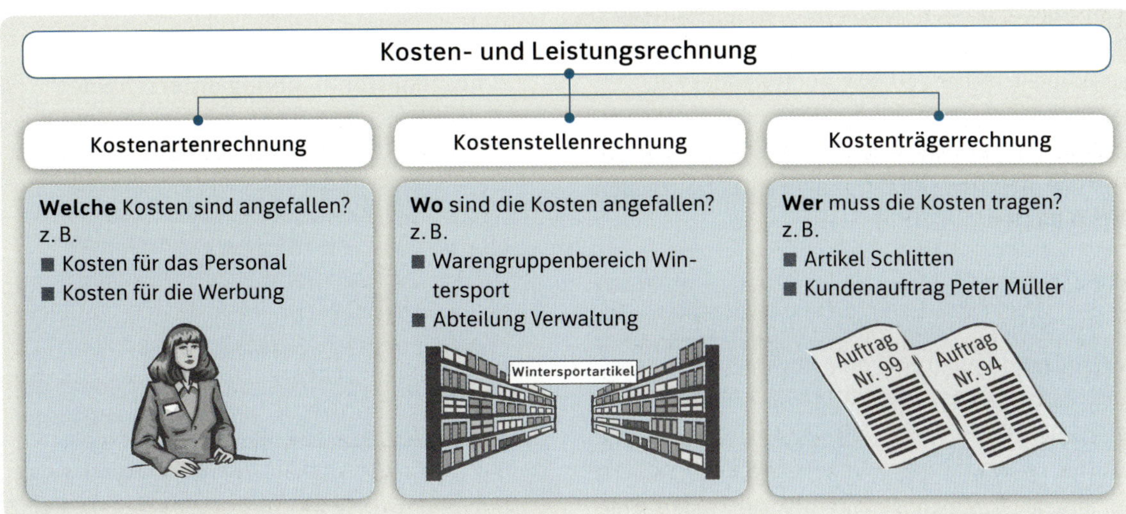

Abb. 1: Aufgabenbereiche der Kosten- und Leistungsrechnung

11.5.2 Gliederung der Kostenarten und deren Verteilung auf die Kostenstellen

Gliederung der Kosten in Einzel- und Gemeinkosten

Die anfallenden Kosten werden den einzelnen Warengruppen oder Bereichen im Einzelhandel zugeordnet. Hierfür müssen sie zunächst in der Kostenartenrechnung aufgegliedert werden.

In jedem Einzelhandelsunternehmen fallen Kosten an, die den Warengruppen direkt zugeordnet werden können.

Das ist beispielsweise immer beim **Wareneinsatz** der Fall. Jeder Einzelhändler kann genau sagen, welche Ausgaben er insgesamt getätigt hat, um eine Ware einzukaufen. Er ermittelt für alle Waren die Bezugskosten.

Beispiel: Herr Aslan kauft 100 Fußbälle für die Fitnessabteilung. Der Listeneinkaufspreis je Fußball beträgt 8,00 €. Vom Sportgerätehandel Leipzig erhielt er einen Einkaufsrabatt von 15 % und musste 30,00 € Verpackungskosten für die gesamte Lieferung zahlen. Ein Skontoabzug bei Rechnungsbezahlung war nicht möglich. Herr Aslan ermittelt die Bezugskosten der Fußbälle.

	Listeneinkaufpreis für 100 Fußbälle	800,00 €
–	Rabatt (15 % von 800,00 €)	120,00 €
=	Zieleinkaufspreis	680,00 €
–	Skonto	0,00 €
=	Bareinkaufspreis	680,00 €
+	Bezugskosten	30,00 €
=	Bezugspreis für 100 Fußbälle	710,00 €

Herr Aslan weiß genau, dass er für die Warengruppe Fußbälle bisher 710,00 € aufgewendet hat.

Kosten, die der Einzelhändler einer Ware oder einer Warengruppe direkt zuordnen kann, heißen **Einzelkosten.**

> **!** ***Einzelkosten***
> - *können immer **direkt** den einzelnen Warengruppen zugeordnet werden.*
> - *sind im Einzelhandel die Kosten des **Wareneinsatzes.***

In jedem Einzelhandelsunternehmen fallen aber auch Kosten an, bei denen der Einzelhändler nicht sofort sagen kann, wie viel er davon für eine einzelne Warengruppe aufgewendet hat. Diese Kosten betreffen immer mehrere Warengruppen gemeinsam.

Diese Kosten heißen **Handlungskosten.** Dazu gehören beispielsweise Personalaufwendungen, Aufwendungen für Energie, Abschreibungen oder Mietaufwendungen. Sie fallen immer für alle Warengruppen an und können nicht nur einer Warengruppe zugeordnet werden.

Beispiel: Herr Aslan zahlt monatlich 950,00 € an die Stadtwerke Altstadt für seinen Energieverbrauch. Diese Summe fällt für sein gesamtes Ladengeschäft und die Büros an.
Er kann nicht feststellen, wie viel von den Energiekosten dabei den Warengruppenbereich Wintersport oder den Warengruppenbereich Trekking betreffen, denn beide sind Teil seines Ladengeschäfts. Er muss die Energiekosten auf die Warengruppen aufteilen.

Kosten, die der Einzelhändler einer Ware oder einer Warengruppe nicht direkt zuordnen kann, heißen **Gemeinkosten.**

> **!** ***Gemeinkosten***
> - *können **nicht direkt** den einzelnen Warengruppen zugeordnet werden.*
> - *sind im Einzelhandel die **Handlungskosten.***

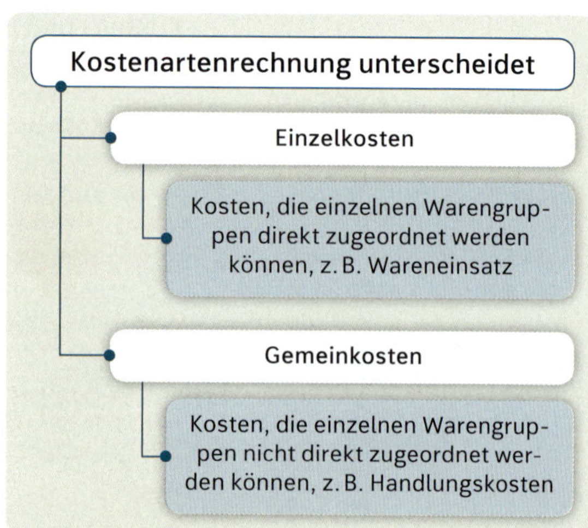

Abb. 2: Einzelkosten und Gemeinkosten

Verteilung der Gemeinkosten auf die Kostenstellen

Die Gemeinkosten im Einzelhandel betreffen oft mehrere Kostenstellen gleichzeitig. Jeder Einzelhändler muss überlegen, wie er diese Kosten auf die Kostenstellen verteilen kann, in denen sie tatsächlich angefallen sind (vgl. Abb. 3).

Bei einigen Kosten kann er das direkt von einem Beleg ablesen. Das ist zum Beispiel bei den Personalkosten der Fall. Jeder Mitarbeiter wird einer bestimmten Kostenstelle zugeordnet. Diese Kostenstelle wird auf der monatlichen Lohnabrechnung vermerkt. Anhand der Lohn- und Gehaltslisten kann der Einzelhändler nun sehen, wie viel Personalkosten in jeder Kostenstelle angefallen sind.

Aber auch andere Kosten lassen sich einfach zuordnen. Manche Werbeaktionen werden nur für eine bestimmte Warengruppe durchgeführt. Der Einzelhändler kann die gesamten Werbekosten, die für diese Aktion angefallen sind, gleich der richtigen Kostenstelle zuordnen.

> **!** ***Kostenstelleneinzelkosten***
> - *sind Gemeinkosten, die der Einzelhändler einer Kostenstelle direkt zuordnen kann.*
> - *werden mithilfe von Belegen oder Zählwerken für jede Kostenstelle abgelesen.*

Beispiel: Herr Aslan hat wegen des zeitigen Wintereinbruchs eine Sonderwerbeaktion für Trekkingräder durchgeführt. Die Rechnung der Werbefirma betrug 3000,00 € netto. Herr Aslan kann die 3000,00 € Werbekosten direkt seiner Kostenstelle „Verkauf Trekkingbereich“ zuordnen.

Ein großer Teil der Gemeinkosten kann jedoch nicht so einfach auf die Kostenstellen verteilt werden. Der Einzelhändler muss sich zum Verteilen dieser Kosten einen **Verteilungsschlüssel** überlegen. Der Verteilungsschlüssel gibt an, in welchem Verhältnis die Kosten auf die Kostenstellen verteilt werden sollen. Er zeigt den Anteil der Kosten, den jede Kostenstelle verursacht hat. Dabei muss der Einzelhändler diesen Schlüssel so wählen, dass alle Kosten möglichst genau der Kostenstelle zugeordnet werden, in der sie verursacht wurden.

> **!** ***Kostenstellengemeinkosten***
> - *sind Gemeinkosten, die der Einzelhändler einer Kostenstelle nicht direkt zuordnen kann.*
> - *werden mithilfe von Verteilungsschlüsseln auf jede Kostenstelle verteilt.*

Die richtigen Verteilungsschlüssel zu finden, ist in der Praxis nicht immer einfach. Häufig werden Kostenstellengemeinkosten verteilt

- nach dem **Verhältnis der Fläche,** die die einzelnen Kostenstellen nutzen (z. B. Miete oder Reinigungskosten).
- nach dem **Verhältnis des Rauminhalts,** der den einzelnen Kostenstellen zuzuordnen ist (z. B. Heizkosten oder Energie).
- nach dem **Verhältnis der beschäftigten Mitarbeiter** in den einzelnen Kostenstellen (z. B. Versicherungskosten oder Sozialkosten).
- nach dem **Verhältnis der vorhandenen Werte des Anlagevermögens** in den einzelnen Kostenstellen (z. B. Abschreibungen oder Zinsen).

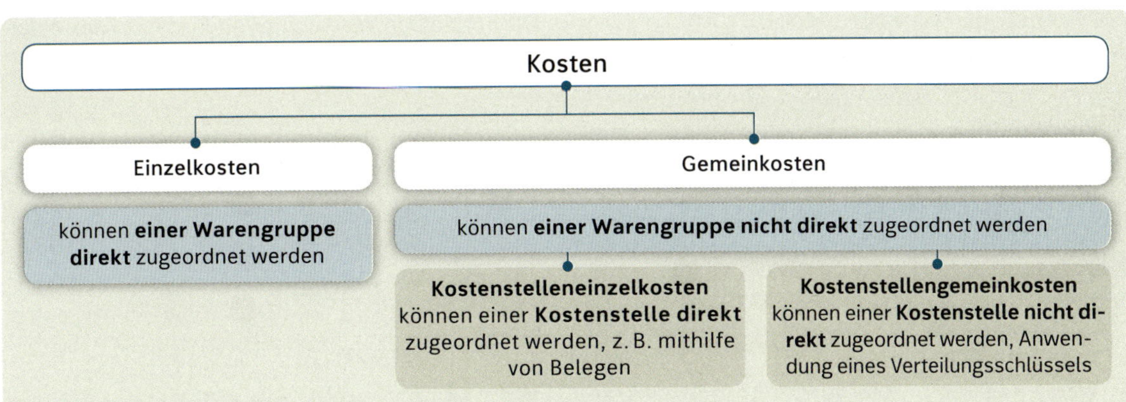

Abb. 3: Zuordnung von Einzel- und Gemeinkosten

Anwendung der Verteilungsrechnung

Ist der richtige Verteilungsschlüssel festgelegt, wendet der Einzelhändler die Verteilungsrechnung an. Bei der Verteilungsrechnung wird die Gesamtsumme einer Kostenart nach dem festgelegten Verteilungsschlüssel in Einzelpositionen für jede Kostenstelle aufgeteilt.

Beispiel: Herr Aslan möchte die Kosten seiner Miete auf die vier Kostenstellen des Verkaufs aufteilen. Die gesamte Miete im Monat beträgt 3000,00 €. Als Verteilungsschlüssel wählt er die Quadratmeter Verkaufsfläche.

Verteilungsschlüssel	Fläche
Verkaufsfläche Wintersportartikel	65 m²
Verkaufsfläche Badesportartikel	20 m²
Verkaufsfläche Fitnessartikel	40 m²
Verkaufsfläche Trekkingartikel	75 m²

Dabei sind folgende Schritte notwendig:

Schritt (1)
Die Quadratmeter für alle Kostenstellen werden addiert = Summe der Anteile.

Beispiel: Herr Aslan ermittelt die Summe seiner Anteile: ❶

Verkaufsfläche Wintersportartikel	65 m²
Verkaufsfläche Badesportartikel	20 m²
Verkaufsfläche Fitnessartikel	40 m²
Verkaufsfläche Trekkingartikel	75 m²
Summe der Anteile	**200 m²**

Herr Aslan muss seine Mietkosten auf insgesamt 200 m² verteilen.

Schritt (2)
Nun wird der Wert ausgerechnet, den ein einziger Anteil hat.

$$\textbf{Wert je Anteil} = \frac{\text{Gesamtkosten der Kostenart}}{\text{Summe der Anteile}}$$

Beispiel: Herr Aslan möchte 3000,00 € Miete verteilen, das sind seine Gesamtkosten der Kostenart Miete. Die Summe der Anteile für alle Kostenstellen hat er mit 200 m² ermittelt.

Er berechnet den Wert je Anteil in €/m²:

$$\text{Wert je Anteil} = \frac{3000{,}00\ €}{200\ m^2} = \mathbf{15{,}00\ €/m^2} \quad ❷$$

Herr Aslan muss nun für jeden Quadratmeter Verkaufsfläche **15,00 €** Miete ansetzen.

Schritt (3)
Mit diesem Wert werden die Anteile multipliziert, die auf eine Kostenstelle entfallen.

Kosten für die Kostenstelle
= Wert je Anteil · Anteil der Kostenstelle

Beispiel: Herr Aslan verteilt die Miete wie folgt auf seine Kostenstellen:

Kosten Wintersportartikel ❸
= 65 m² · 15,00 €/m² = **975,00 €**

Kosten Badesportartikel
= 20 m² · 15,00 €/m² = **300,00 €**

Kosten Fitnessartikel
= 40 m² · 15,00 €/m² = **600,00 €**

Kosten Trekkingartikel
= 75 m² · 15,00 €/m² = **1 125,00 €**

Die endgültige Verteilungstabelle ist in Abb. 4 dargestellt.

Kostenstellen	Anteile (Verteilungsschlüssel)	Kosten
Verkauf Wintersportartikel	65 m² —❸→	975,00 €
Verkauf Badesportartikel	20 m²	300,00 €
Verkauf Fitnessartikel	❶ 40 m²	600,00 €
Verkauf Trekkingartikel	75 m²	1 125,00 €
Gesamtsumme	**200 m²**	**3000,00 €**

Wert je Anteil (m²) = 3000,00 € : 200 m² = **15,00 €/m²** ←❷—

❶ addieren
❷ dividieren
❸ multiplizieren

Abb. 4: Verteilung der Mietkosten auf die vier Kostenstellen des Verkaufs

22233440

11.5.3 Kalkulation der Preise innerhalb der Kostenträgerrechnung

Bei der Kalkulation der Verkaufspreise muss der Einzelhändler alle bisher gewonnenen Informationen berücksichtigen. Er muss die Kosten für jeden einzelnen Artikel berechnen, damit er die Verkaufspreise nicht zu niedrig ansetzt. Die Ermittlung der Verkaufspreise nennt man **Kalkulation** (vgl. BN 222331, LF 9). Die Kalkulation der Kosten und Preise ist Aufgabe der **Kostenträgerrechnung.** Sie bestimmt, welche Ware welche Kosten tragen muss.

Der Einzelhändler verwendet als Kalkulationsverfahren die **Zuschlagskalkulation.** Sie besteht aus zwei Teilen:

- **Bezugskalkulation:** Ermittlung des Bezugspreises bzw. Einstandspreises
- **Verkaufskalkulation:** Ermittlung des Bruttoverkaufspreises

An dieser Stelle sollen wichtige Begriffe im Zusammenhang mit der Kalkulation noch einmal kurz dargestellt werden:

Selbstkosten

Die gesamten Kosten, die eine Ware oder ein Artikel tragen muss, sind die Selbstkosten. Sie bestehen immer aus den Kosten des Wareneinsatzes und den Handlungskosten.

Kosten des Wareneinsatzes
\+ Handlungskosten
= **Selbstkosten**

Handlungskostenzuschlagssatz

Der Handlungskostenzuschlagssatz gibt an, wie viel Handlungskosten bei jedem Artikel zusätzlich zum Bezugspreis berücksichtigt werden müssen.

Den Handlungskostenzuschlagssatz errechnet der Einzelhändler aus den Informationen der Kostenstellenrechnung. Er wird in Prozent angegeben.

Handlungskostenzuschlagssatz

$$= \frac{\text{Handlungskosten (Gemeinkosten)} \cdot 100}{\text{Wareneinsatz (Einzelkosten)}}$$

Beispiel: Herr Aslan ermittelt aus seinen Informationen der Kostenstellenrechnung für jede Warengruppe einen gesonderten Handlungskostenzuschlagssatz:

Warengruppe Wintersport:

Wareneinsatz	207 500,00 €
Handlungskosten	42 532,00 €

Handlungskostenzuschlagssatz Wintersport

$$= \frac{42\,532{,}00\text{ €} \cdot 100}{207\,500{,}00\text{ €}} = \mathbf{20{,}50\ \%}$$

Warengruppe Badesportartikel:

Wareneinsatz	103 700,00 €
Handlungskosten	25 825,00 €

Handlungskostenzuschlagssatz Badesportartikel

$$= \frac{25\,825{,}00\text{ €} \cdot 100}{103\,700{,}00\text{ €}} = \mathbf{24{,}90\ \%}$$

Warengruppe Fitness:

Wareneinsatz	197 800,00 €
Handlungskosten	32 244,00 €

Handlungskostenzuschlagssatz Fitness

$$= \frac{32\,244{,}00\text{ €} \cdot 100}{197\,800{,}00\text{ €}} = \mathbf{16{,}30\ \%}$$

Warengruppe Trekking:

Wareneinsatz	198 000,00 €
Handlungskosten	59 399,00 €

Handlungskostenzuschlagssatz Trekking

$$= \frac{59\,399{,}00\text{ €} \cdot 100}{198\,000{,}00\text{ €}} = \mathbf{30{,}00\ \%}$$

Gewinnzuschlagssatz

Der Gewinnzuschlagssatz gibt an, wie viel Gewinn bei jedem Artikel zusätzlich zu den Selbstkosten berücksichtigt werden soll.

Den Gewinnzuschlagssatz errechnet der Einzelhändler entweder aus Informationen früherer Abrechnungen oder er legt ihn individuell fest. Dabei muss er immer beachten, dass der Gewinnzuschlag nur so hoch sein darf, dass sich die Waren am Markt auch noch verkaufen lassen. Dem Einzelhändler nutzt ein zu hoch angesetzter Gewinnzuschlag nichts, wenn er seine Waren nicht mehr verkaufen kann, weil andere Anbieter preiswerter sind.

Gewinnzuschlagssatz

$$= \frac{\text{Gewinn} \cdot 100}{\text{Selbstkosten}}$$

Beispiel: Herr Aslan ermittelt den Gewinnzuschlagssatz auf der Grundlage seiner Vorjahreszahlen. Er konnte einen Gewinn von 221 720,00 € erzielen. Seine gesamten Selbstkosten betrugen 2 771 500,00 €.

Berechnung des Gewinnzuschlagssatzes

$$= \frac{221\,720{,}00\text{ €} \cdot 100}{2\,771\,500{,}00\text{ €}} = \mathbf{8{,}00\ \%}$$

Aufgaben

1. Erläutern Sie die Aufgaben der Kostenstellenrechnung. Erklären Sie den Begriff Kostenstelle.
2. Erläutern Sie die Aufgaben der Kostenträgerrechnung. Nennen Sie Beispiele für Kostenträger aus Ihrem Ausbildungsbetrieb.
3. Erläutern Sie die folgenden Begriffe. Erstellen Sie aus den Begriffen das Schema zur Berechnung des Kalkulationszuschlags aus drei Zuschlagssätzen, indem Sie die richtige Reihenfolge und die richtigen Rechenarten wählen.

   Begriffe: Bezugspreis, Bruttoverkaufspreis, Handlungskosten, Nettoverkaufspreis, Selbstkosten, Umsatzsteuer

Kompetenzraster, Kapitel 11.4 und 11.5

Kapitel	Ich kann ...	nein	unsicher	recht sicher	ja
11.4	■ erklären, warum die Geschäftsbuchführung zum externen Rechnungswesen und die Kosten- und Leistungsrechnung zum internen Rechnungswesen gehört.				
	■ die Begriffe Kosten und Leistungen definieren.				
	■ den Unterschied zwischen Reingewinn (Gesamtgewinn) und Betriebsergebnis erklären.				
11.5	■ die Aufgaben der Kosten- und Leistungsrechnung aufzählen.				
	■ Kostenarten-, Kostenstellen- und Kostenträgerrechnung auseinanderhalten und erläutern, welche Fragen diese im Einzelhandel beantworten müssen.				
	■ Einzel- und Gemeinkosten unterscheiden.				
	■ Gemeinkosten auf Kostenstellen verteilen.				
	■ den Begriff Selbstkosten erklären und erläutern, wie man die Selbstkosten für einen Artikel oder eine Warengruppe berechnet.				
	■ den Handlungskostenzuschlagssatz und den Gewinnzuschlagssatz berechnen und Verkaufspreise kalkulieren.				

22233442

11.6 Deckungsbeitragsrechnung

Lillis Mutter arbeitet in der neuen Kindertagesstätte in Altstadt. Die Kindertagesstätte soll mit Sportgeräten ausgestattet werden. Benötigt werden fünf große Trampoline. Die Kindertagesstätte hat für jedes Gerät maximal 300,00 € zur Verfügung. Lilli meint, dass die Trampoline in ihrem Sportgeschäft teurer sind. Sie spricht mit Herrn Aslan über die Anfrage ihrer Mutter. Herr Aslan meint, dass er bereit wäre, den Preis bis zur Preisuntergrenze abzusenken, denn die Kindertagesstätte als Kunden zu gewinnen ist für die Zukunft sicher sehr vielversprechend.

11.6.1 Fixe und variable Kosten

Die im Einzelhandelsgeschäft anfallenden Kosten lassen sich auch danach unterscheiden, ob sie

- mit steigender Absatzmenge zunehmen bzw. mit sinkender Absatzmenge abnehmen, wie z. B. die Kosten für den Wareneinsatz, oder
- trotz steigender oder sinkender Absatzmenge gleich bleiben, wie z. B. die Kosten für die Miete des Ladens oder die Werbekosten.

Kosten, die immer gleich bleiben, heißen **fixe Kosten (feste Kosten).** Kosten, die sich mit der Absatzmenge verändern, heißen **variable Kosten (veränderliche Kosten)** (vgl. Abb. 1).

Kosten

fixe Kosten	variable Kosten
verändern sich nicht mit der Absatzmenge	verändern sich mit der Absatzmenge
Beispiele:	***Beispiele:***
■ Miete für die Verkaufsräume	■ Aufwendungen für Waren bzw. Wareneinsatz
■ Abschreibungen für die Anlagegegenstände	■ variable Handlungskosten (umsatzabhängige Prämien für die Mitarbeiter, Aufwendungen für Verpackungsmaterial)
■ Löhne und Gehälter für die Mitarbeiter	

Abb. 1: Unterscheidung von fixen und variablen Kosten

Beispiel: Herr Aslan bezieht vom Sportgerätehandel in Leipzig Wanderstöcke und verkauft diese in seinem Geschäft. Der Bezugspreis für ein Paar Wanderstöcke beträgt 12,00 €. Herr Aslan hat jeden Monat fixe Kosten von 3000,00 € im Bereich Wanderstöcke (Miete, Abschreibungen). Er schaut sich die Entwicklung seiner fixen und variablen Kosten für die vergangenen sieben Monate an:

Monat	Absatzmenge in Stück	fixe Kosten K_f in €	variable Kosten K_v in €
Januar	300	3000,00	3600,00
Februar	250	3000,00	3000,00
März	400	3000,00	4800,00
April	500	3000,00	6000,00
Mai	480	3000,00	5700,00
Juni	200	3000,00	2400,00
Juli	250	3000,00	3000,00

Abb. 2: Entwicklung der fixen und der variablen Kosten im Bereich Wanderstöcke

Stellt man den Verlauf der variablen und fixen Kosten in einem Diagramm dar, kann man die Unterschiede noch einmal deutlich erkennen (vgl. Abb. 3).

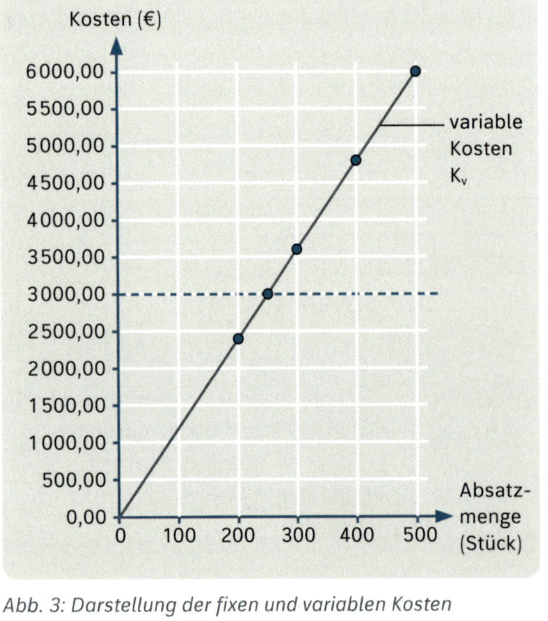

Abb. 3: Darstellung der fixen und variablen Kosten

11.6.2 Anwendung der Deckungsbeitragsrechnung

Oft ist es notwendig, dass der Einzelhändler seinen Preis sehr niedrig gestalten muss. Dann kann es vorkommen, dass er nicht alle Kosten erstattet bekommt, die er einkalkuliert hatte. Gründe dafür können sein:

- Die Konkurrenz bietet denselben Artikel sehr günstig an.
- Der Einzelhändler möchte neue Kunden gewinnen.
- Der Einzelhändler möchte sein Lager räumen, um Platz für das neue Sortiment zu haben.

Bei der Preisgestaltung muss immer darauf geachtet werden, dass zumindest ein Teil der Kosten über den Preis erstattet wird. Wie hoch dieser Teil sein muss, bestimmt der Einzelhändler mithilfe der **Deckungsbeitragsrechnung.** Voraussetzung ist die Einteilung der Kosten in fixe und variable Kosten. Der Einzelhändler kann so erkennen,

- welche Kosten direkt beim Verkauf eines Artikels entstehen **(variable Kosten)** und in jedem Fall gedeckt werden müssen.
- welche Kosten nicht direkt beim Verkauf eines Artikels entstehen **(fixe Kosten).** Auf die Erstattung dieser Kosten kann er auch einmal verzichten und sie später oder bei anderen Artikeln zusätzlich berücksichtigen.

! *Der **Deckungsbeitrag** ist der Betrag, der nach Abzug aller variablen Kosten von den Umsatzerlösen zur Deckung der fixen Kosten übrig bleibt.*

Der Deckungsbeitrag kann ermittelt werden

- für einen einzelnen Artikel (Deckungsbeitrag je Stück),
- für eine Warengruppe oder
- für das gesamte Sortiment.

	Umsatzerlöse netto
–	Wareneinsatz
–	variable Handlungskosten
=	**Deckungsbeitrag (gesamt)**

Der Einzelhändler verwendet die Deckungsbeitragsrechnung, um ...

- sein **Betriebsergebnis** für eine Periode zu ermitteln
- die **Preisuntergrenze** für seine Waren zu bestimmen
- die Absatzmenge zu ermitteln, die mindestens notwendig ist, um alle Kosten zu decken **(Gewinnschwelle)**
- **sortimentspolitische Entscheidungen** zu treffen (welcher Artikel soll besonders gefördert werden)

Abb. 4: Funktionen der Deckungsbeitragsrechnung im Einzelhandelsunternehmen

Beispiel: Deckungsbeitrag gesamt

Herr Aslan hat im zurückliegenden Quartal in der Badesportabteilung Umsatzerlöse von 129 600,00 € erzielt. Der Wareneinsatz betrug 103 700,00 €. An variablen Handlungskosten sind Verpackungskosten von 1 700,00 € angefallen. Herr Aslan ermittelt den Deckungsbeitrag für die Warengruppe Badesportartikel:

Umsatzerlöse netto	129 600,00 €
– Wareneinsatz	103 700,00 €
– variable Handlungskosten	1 700,00 €
= **Deckungsbeitrag gesamt**	**24 200,00 €**

Die Badesportabteilung liefert einen Deckungsbeitrag von 24 200,00 €. Dieser Betrag steht Herrn Aslan zur Verfügung, um fixe Kosten wie Miete und Gehälter zu bezahlen.

Nettoverkaufspreis
– Bezugspreis
– variable Handlungskosten
= **Deckungsbeitrag je Stück**

Beispiel: Deckungsbeitrag je Stück:

Herr Aslan hat für die Fußbälle, die er vom Sportgroßhandel Leipzig bezogen hat, einen Bezugspreis von 7,10 €/Stück ermittelt (siehe Beispiel Kap. 11.5.2). Er verkauft sie mit einem Nettoverkaufspreis von 11,50 €/Stück an seine Kunden weiter. Mit jedem Fußball erhält der Kunde zusätzlich ein Tragenetz mit einem Werbeflyer des Sportgeschäfts. Der Bezugspreis für ein Netz beträgt 1,00 €. Herr Aslan ermittelt den Deckungsbeitrag für einen Fußball.

Nettoverkaufspreis	11,50 €/Stück
– Bezugspreis	7,10 €/Stück
– variable Handlungskosten/Stück	1,00 €/Stück
= **Deckungsbeitrag je Stück**	**3,40 €/Stück**

Jeder verkaufte Fußball in der Fitnessabteilung liefert einen Deckungsbeitrag von 3,40 €/Stück. Dieser Betrag steht Herrn Aslan zur Verfügung, um fixe Kosten zu bezahlen.

Die Deckungsbeitragsrechnung erfüllt innerhalb des Einzelhandelsunternehmens verschiedene Funktionen (vgl. Abb. 4).

Betriebsergebnis für eine Periode ermitteln

Das Betriebsergebnis kann entweder positiv sein, dann handelt es sich um einen Betriebsgewinn, oder negativ sein, dann handelt es sich um einen Betriebsverlust. Um das Betriebsergebnis für eine Periode zu bestimmen, vergleicht der Einzelhändler seinen erreichten Deckungsbeitrag mit seinen fixen Kosten:

- Ist der erzielte Deckungsbeitrag größer als die fixen Kosten, hat er einen Gewinn erzielt.

> ! *Deckungsbeitrag > fixe Kosten*
> *= **Betriebsgewinn***

- Ist der erzielte Deckungsbeitrag kleiner als die fixen Kosten, hat er einen Verlust erzielt.

> ! *Deckungsbeitrag < fixe Kosten*
> *= **Betriebsverlust***

	Wintersport	Badesport	Fitness	Trecking	Gesamt
Umsatzerlöse netto	261 200,00	129 600,00	219 600,00	241 600,00	852 000,00
– Wareneinsatz	207 500,00	103 700,00	179 800,00	198 000,00	689 000,00
– variable Handlungskosten	5 300,00	1 700,00	5 200,00	4 800,00	17 000,00
= Deckungsbeitrag	**48 400,00**	**24 200,00**	**34 600,00**	**38 800,00**	**146 000,00**
– fixe Kosten					143 000,00
= Betriebsergebnis					**3 000,00**

Abb. 5: Ermittlung von Deckungsbeitrag und Betriebsergebnis in der Aslan Board & Bike OHG

Zur Bestimmung des Betriebsergebnisses müssen also zusätzlich die fixen Kosten berücksichtigt werden:

  Umsatzerlöse netto
– Wareneinsatz
– variable Handlungskosten
= Deckungsbeitrag
– fixe Kosten
= **Betriebsergebnis**

Beispiel: Herr Aslan hat für das letzte Quartal folgende Zahlen vorliegen:

Umsatzerlöse	852 000,00 €
Wareneinsatz	689 000,00 €
variable Handlungskosten	17 000,00 €
fixe Kosten	143 000,00 €

Er ermittelt sein Betriebsergebnis mithilfe der Deckungsbeitragsrechnung:

Umsatzerlöse netto	852 000,00 €
– Wareneinsatz	689 000,00 €
– variable Handlungskosten	17 000,00 €
= Deckungsbeitrag	146 000,00 €
– fixe Kosten	143 000,00 €
= Betriebsergebnis	3 000,00 €

Die Deckungsbeitragsrechnung als Periodenrechnung kann auch nach Warengruppen unterteilt werden.

Beispiel: Herr Aslan ermittelt sein Betriebsergebnis mithilfe der Deckungsbeitragsrechnung. Er unterteilt dabei in die vier Warengruppen Wintersport, Badesport, Fitness und Trecking. Herr Aslan kann erkennen, welche Warengruppe mit welchem Betrag an der Deckung seiner fixen Kosten beteiligt ist (vgl. Abb. 5).

Preisuntergrenzen für die Preisgestaltung bestimmen

Die Preisuntergrenze gibt an, wie weit der Einzelhändler mit seinem Nettoverkaufspreis nach unten gehen darf. Sie ist immer so hoch, wie die variablen Kosten für diesen Artikel sind, denn das sind die Kosten, die direkt beim Verkauf dieses Artikels anfallen. Wird dieser Artikel aus dem Sortiment genommen, fallen auch diese Kosten nicht mehr an.

! ***Preisuntergrenze** beim Verkauf*
= variable Kosten pro Stück

Wenn für einen Artikel keine variablen Handlungskosten anfallen, entspricht die Preisuntergrenze dem Bezugspreis. Für eine kurze Zeit hat der Einzelhändler die Möglichkeit, einen oder mehrere Artikel zu diesem Preis zu verkaufen, ohne dass er dabei einen Verlust erzielt. Bei einem breiten Sortiment hat er genügend andere Artikel, die mit ihren Deckungsbeiträgen seine restlichen Kosten decken.

Beispiel: Herr Aslan führt in seiner Sportabteilung Trampoline. Er hat sie für 299,00 € je Trampolin (Bezugspreis) beim Großhandel für Sportartikel in Leipzig eingekauft. Variable Handlungskosten dafür fallen nicht an.

Die Preisuntergrenze je Trampolin beträgt 299,00 €.

Herr Aslan kann der Kindertagesstätte in Altstadt die Trampoline für 299,00 € je Stück verkaufen. Er gewinnt dadurch einen neuen Kunden, der beim nächsten Einkauf den vollen Preis bezahlen wird.

Gewinnschwelle berechnen

Der Einzelhändler muss in jeder Periode eine bestimmte Menge an Waren verkaufen, damit die Umsatzerlöse aus dem Verkauf der Waren alle Aufwendungen decken. Erst danach wird ein Gewinn erzielt.

Diese Absatzmenge ist die **Gewinnschwelle,** die auch als **Break-even-Point** oder **kritische Absatzmenge** bezeichnet wird. Genau bei dieser Absatzmenge ist der Gesamtdeckungsbeitrag so groß wie die fixen Kosten.

> **!** *Die **Gewinnschwelle** ist der Punkt, an dem gilt:*
> - *Umsatzerlöse = Gesamtkosten*
>
> *oder*
> - *Deckungsbeitrag = fixe Kosten*

Die Gewinnschwelle wird mithilfe der **Stückdeckungsbeitragsrechnung** ermittelt. Dabei werden die fixen Kosten durch den Deckungsbeitrag je Stück geteilt.

Gewinnschwelle (Break-even-Point)

$$= \frac{\text{fixe Kosten}}{\text{Deckungsbeitrag je Stück}}$$

Beispiel: Herr Aslan möchte wissen, wie viele Wanderstöcke er verkaufen muss, um mit dem Absatz der Wanderstöcke einen Gewinn zu erreichen.

Der Bezugspreis für ein Paar Wanderstöcke beträgt 12,00 €. Variable Handlungskosten fallen in diesem Artikelbereich nicht an. Die fixen Kosten im Bereich Wanderstöcke (Miete, Abschreibungen) betragen monatlich 3000,00 €. Herr Aslan verkauft ein Paar Wanderstöcke für 18,00 € netto.

Herr Aslan ermittelt den Deckungsbeitrag je Stück:

Nettoverkaufspreis	18,00 €
– Bezugspreis	12,00 €
– variable Handlungskosten	0,00 €
= Deckungsbeitrag je Stück	**6,00 €**

Herr Aslan ermittelt die kritische Absatzmenge:
kritische Absatzmenge = fixe Kosten im Bereich Wanderstöcke : Deckungsbeitrag je Stück

= 3000,00 € : 6,00 €
= 500 Stück

Herr Aslan muss **500 Paar** Wanderstöcke verkaufen, damit er die **Gewinnschwelle** erreicht.

Herr Aslan überprüft sein Ergebnis:
Umsatzerlöse = Kosten
Umsatzerlöse = Absatzmenge · Nettoverkaufspreis
Umsatzerlöse = 500 Stück · 18,00 € = **9000,00 €**

Kosten = variable Kosten + fixe Kosten
Kosten = 500 Stück · 12,00 € + 3000,00 €
= **9000,00 €**

oder
Deckungsbeitrag = fixe Kosten
Deckungsbeitrag
= Absatzmenge · Deckungsbeitrag je Stück
Deckungsbeitrag
= 500 Stück · 6,00 €/Stück = **3000,00 €**
fixe Kosten = **3000,00 €**

Die Gewinnschwelle kann auch **grafisch** mithilfe eines Diagramms ermittelt werden. In das Diagramm werden die Kurve der Gesamtkosten und die Kurve der Umsatzerlöse eingezeichnet. Im Schnittpunkt beider Kurven kann man die kritische Absatzmenge ablesen.

Dazu muss zunächst eine Wertetabelle erstellt werden (vgl. Abb. 6). Im Diagramm ist die kritische Absatzmenge bei 500 Wanderstöcken abzulesen (vgl. Abb. 7).

verkaufte Wanderstöcke in Stück = Absatzmenge	variable Kosten in € (12,00 € · Absatzmenge)	fixe Kosten in €	Gesamtkosten in € (variable Kosten + fixe Kosten)	Umsatzerlöse in € (18,00 € · Absatzmenge)
0	0,00	3000,00	3000,00	0,00
100	1200,00	3000,00	4200,00	1800,00
200	2400,00	3000,00	5400,00	3600,00
300	3600,00	3000,00	6600,00	5400,00
400	4800,00	3000,00	7800,00	7200,00
500	6000,00	3000,00	9000,00	9000,00
600	7200,00	3000,00	10200,00	10800,00

Abb. 6: Wertetabelle zur Ermittlung der Gesamtkosten und der Umsatzerlöse

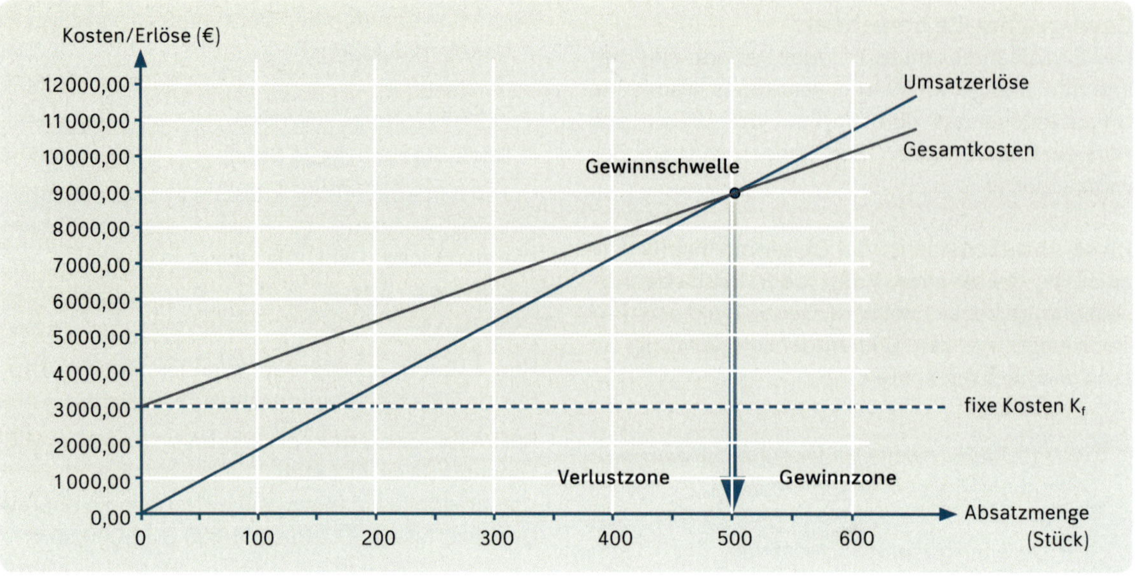

Abb. 7: Grafische Ermittlung der Gewinnschwelle

Sortimentspolitische Entscheidungen mithilfe der Deckungsbeitragsrechnung treffen

Der Einzelhändler nutzt die Deckungsbeitragsrechnung für wichtige Entscheidungen, die er für die Gestaltung seines Sortiments treffen muss.

Er vergleicht die Deckungsbeiträge der einzelnen Artikel. Jeder Artikel mit einem positiven Deckungsbeitrag je Stück verbessert das Betriebsergebnis, weil er immer einen Beitrag zur Deckung der fixen Kosten leistet.

> ! *Alle Artikel mit **positiven Deckungsbeiträgen** tragen immer zur Verbesserung des Betriebsergebnisses bei.*

Je höher der Deckungsbeitrag je Stück bei einem Artikel ist, desto größer ist der Beitrag dieses Artikels bei der Deckung der fixen Kosten des Einzelhändlers. Diesen Artikel sollte der Einzelhändler besonders fördern und versuchen, davon möglichst hohe Stückzahlen zu verkaufen.

Hat ein Artikel einen negativen Deckungsbeitrag je Stück, hat der Einzelhändler ihn entweder zu teuer eingekauft oder mit einem viel zu niedrigem Preis verkauft. Diesen Artikel muss der Einzelhändler eventuell aus seinem Sortiment entfernen oder versuchen, beim anderen Anbieter günstiger einzukaufen.

Beispiel: Herr Aslan untersucht seine Warengruppe Taucherbrillen. Obwohl er in der Saison 1140 Taucherbrillen verkauft hat, wundert er sich über den geringen Gewinn von 510,00 €. Er stellt folgende Deckungsbeitragsrechnung auf (vgl. Abb. 8).

Herr Aslan erkennt, dass nicht die Taucherbrille mit dem höchsten Verkaufspreis sein bestes Produkt ist. Den höchsten Beitrag zur Deckung seiner fixen Kosten hat die Brille „Wellenreiter“ mit dem niedrigsten Verkaufspreis geleistet. Dieser Artikel allein hat schon 3750,00 € fixe Kosten gedeckt. Die Taucherbrille „Aquafitness“ hat zwar denselben niedrigen Verkaufspreis, der auch zu einem hohen Absatz geführt hat. Aber durch diesen Artikel hat sich das Betriebsergebnis von Herrn Aslan um 2000,00 € verschlechtert. Hier ist der Deckungsbeitrag trotz des hohen Absatzes negativ. Herr Aslan kann nun wie folgt entscheiden:

- Er nimmt die Tauchbrille „Aquafitness“ aus seinem Angebot, weil der Deckungsbeitrag je Stück negativ ist und dieser Artikel damit nicht zur Deckung seiner fixen Kosten beiträgt.
- Er versucht, den Bezugspreis von 33,95 € zu reduzieren (durch Rabattverhandlungen, durch Lieferantenwechsel), um eventuell einen positiven Deckungsbeitrag je Stück zu erreichen.
- Er erhöht den Verkaufspreis um mindestens 4,00 €, damit die Preisuntergrenze erreicht wird.

22233448

	Taucherbrille Swimmingpool	Taucherbrille Wellenreiter	Taucherbrille Neptun	Taucherbrille Aquafitness	Gesamt
Nettoverkaufspreis	49,95 €	29,95 €	69,95 €	29,95 €	
Bezugspreis	41,95 €	14,95 €	55,95 €	33,95 €	
Deckungsbeitrag je Stück	**8,00 €**	**15,00 €**	**14,00 €**	**- 4,00 €**	
Absatzmenge	200 St.	250 St.	190 St.	500 St.	
Deckungsbeitrag gesamt	**1600,00 €**	**3750,00 €**	**2660,00 €**	**- 2000,00 €**	**6010,00 €**
fixe Kosten					5500,00 €
Betriebsergebnis					510,00 €

Abb. 8: Deckungsbeitragsrechnung der Warengruppe Taucherbrillen

Aufgaben

1. Erläutern Sie den Unterschied zwischen fixen und variablen Kosten. Nennen Sie je zwei Beispiele aus Ihrem Ausbildungsbetrieb.
2. Erläutern Sie, warum fixe Gesamtkosten sich nicht verändern, wenn die Absatzmenge steigt, die fixen Kosten pro Stück aber geringer werden.
3. Erklären Sie den Begriff „kritische Absatzmenge".
4. Erläutern Sie, wie der Einzelhändler mithilfe der Deckungsbeitragsrechnung sein Sortiment gewinnbringend gestalten kann.

Kompetenzraster, Kapitel 11.6

Kapitel	Ich kann ...	nein	unsicher	recht sicher	ja
11.6	■ fixe und variable Kosten unterscheiden und Beispiele nennen.				
	■ den Deckungsbeitrag für einen Artikel oder eine Warengruppe bestimmen und erläutern, warum er für den Einzelhändler eine wichtige Größe darstellt.				
	■ das Betriebsergebnis für eine Periode mithilfe der Deckungsbeitragsrechnung bestimmen.				
	■ die Bedeutung der Deckungsbeitragsrechnung für sortimentspolitische Entscheidungen erklären.				
	■ erklären, was eine Preisuntergrenze ist.				
	■ den Begriff Gewinnschwelle erläutern und die kritische Absatzmenge berechnen.				

11.7 Nutzung von Kennzahlen zur Bewertung des Unternehmenserfolgs

Nachdem Herr Aslan im letzten Kalenderjahr über den Verlust in seinem Einzelhandelsunternehmen bestürzt war, will er im laufenden Kalenderjahr die Sache früher in die Hand nehmen und überwachen. In einer großen Wirtschaftszeitung hat er gelesen, dass mithilfe verschiedener Kennzahlen die Kosten und Leistungen aller Mitarbeiter und Bereiche frühzeitig überprüft und verglichen werden können. Das will er unbedingt auch für sein Sportgeschäft nutzen. Denn einen weiteren Verlust möchte er sich nicht leisten. Dann kann er vielleicht nicht mehr mit der Konkurrenz mithalten oder muss sogar Mitarbeiter entlassen.

Kennzahlen sind Zahlen, die betriebswirtschaftliche Informationen in verkürzter Form zusammenfassen. Der Einzelhändler kann mit ihrer Hilfe sein Unternehmen besser planen, steuern und kontrollieren. Bei Veränderungen kann er schneller richtige Entscheidungen treffen. Wichtige Kennzahlen im Einzelhandel sind in der Übersicht dargestellt (Abb. 1).

Wichtige Kennzahlen im Einzelhandel

Rentabilitätskennzahlen
- Eigenkapitalrentabilität
- Gesamtkapitalrentabilität
- Umsatzrentabilität

Kennzahlen zur Berechnung der Wirtschaftlichkeit
- Wirtschaftlichkeit

Kennzahlen zur Berechnung der Produktivität
- Mitarbeiterproduktivität
- Verkäuferproduktivität
- Verkaufsflächenproduktivität
- Kundenproduktivität
- Teamproduktivität
- ...

Cashflow

Lagerkennzahlen (vgl. BN 222331, LF 7, Kap. 7.8)
- durchschnittlicher Lagerbestand
- Umschlagshäufigkeit
- durchschnittliche Lagerdauer
- Lagerzinssatz
- durchschnittliche Kapitalbindung
- Lagerzinsen

Abb. 1: Wichtige Kennzahlen im Einzelhandel

11.7.1 Rentabilitätskennzahlen

Ein Einzelhandelsunternehmen arbeitet dann **rentabel** (gewinnbringend), wenn alle Kosten einer Periode gedeckt werden können und außerdem ein Gewinn erwirtschaftet wird. Der Gewinn ist dabei der Zinsbetrag für den Einzelhändler, den er für seinen Eigenkapitaleinsatz erhält. Ob dieser Zinsbetrag ein guter Zinssatz ist, berechnet er mithilfe der Rentabilitätskennzahlen. Den so errechneten Zinssatz vergleicht er mit dem Zinssatz der Bank, den er dort für eine langfristige Geldanlage erhalten hätte. Ist der Zinssatz der Bank höher, muss der Einzelhändler schnell versuchen, den Erfolg seines Unternehmens zu verbessern. Sonst hätte er sein Geld viel besser auf der Bank anlegen können.

Rentabilität heißt also auch Verzinsung. Dabei wird immer der Gewinn zu einer Einsatzgröße in Beziehung gesetzt. Je nachdem, welche Einsatzgröße der Einzelhändler verwendet, gibt es auch unterschiedliche Rentabilitätskennzahlen.

> **!** *Die **Rentabilität***
> - *ist Maßstab für den Erfolg eines Unternehmens.*
> - *drückt das Verhältnis einer Gewinngröße zu einer anderen betrieblichen Größe aus.*

Eigenkapitalrentabilität

Zur Berechnung der Eigenkapitalrentabilität wird der Gewinn ins Verhältnis zum durchschnittlich eingesetzten Eigenkapital gesetzt.

> **!** *Die **Eigenkapitalrentabilität** drückt das Verhältnis des Gewinns zum durchschnittlich eingesetzten Eigenkapital aus.*

Das durchschnittliche Eigenkapital errechnet sich dabei

$$\frac{\text{Anfangsbestand} + \text{Schlussbestand}}{2}$$

Eigenkapitalrentabilität

$$= \frac{\text{Gewinn} \cdot 100\,\%}{\text{durchschnittliches Eigenkapital}}$$

Beispiel: Die Aslan Board & Bike OHG konnte im zurückliegenden Jahr einen Gewinn von 14 200,00 € erzielen. In der Eröffnungsbilanz wird ein Eigenkapital von 90 000,00 € ausgewiesen. Der Bestand an Eigenkapital in der Schlussbilanz beträgt 110 000,00 €. Herr Aslan ermittelt die Eigenkapitalrentabilität:

durchschnittliches Eigenkapital

$$= \frac{90\,000{,}00\,€ + 110\,000{,}00\,€}{2} = 100\,000{,}00\,€$$

Eigenkapitalrentabilität

$$= \frac{14\,200{,}00\,€ \cdot 100\,\%}{100\,000{,}00\,€} = 14{,}2\,\%$$

Herr Aslan hat mit seinem Einzelhandelsbetrieb eine Eigenkapitalrentabilität von 14,2 % erreicht. Das ist sehr gut, denn keine Bank hätte ihm Zinsen in dieser Höhe gezahlt.

Die Eigenkapitalrentabilität wird in der Praxis oft auch als **Unternehmerrentabilität** bezeichnet. Sie ist eine Kennzahl, die von den Unternehmenseigentümern (größerer Unternehmen) am meisten beachtet wird.

Gesamtkapitalrentabilität

Bei der Berechnung der Gesamtkapitalrentabilität werden zusätzlich zum Gewinn die Zinsen berücksichtigt, die der Einzelhändler für sein Fremdkapital aufbringen musste. Als Einsatzgröße wird deshalb auch das durchschnittliche Gesamtkapital gewählt.

> **!** *Die **Gesamtkapitalrentabilität** drückt das Verhältnis des Gewinns zum durchschnittlich eingesetzten Gesamtkapital aus.*

Gesamtkapitalrentabilität

$$= \frac{\text{Gewinn} + \text{Fremdkapitalzinsen} \cdot 100\,\%}{\text{durchschnittliches Gesamtkapital}}$$

Beispiel: Das Sportgeschäft Aslan konnte im zurückliegenden Jahr einen Gewinn von 14 200,00 € erzielen. Außerdem musste es 2 000,00 € Zinsen an die Bank für einen Kredit bezahlen. In der Eröffnungsbilanz wird ein Gesamtkapital von

120000,00 € auswiesen. Der Bestand an Gesamtkapital in der Schlussbilanz beträgt 140000,00 €. Herr Aslan ermittelt die Gesamtkapitalrentabilität:

durchschnittliches Gesamtkapital

$$= \frac{120000{,}00\ € + 140000{,}00\ €}{2} = 130000{,}00\ €$$

Gesamtkapitalrentabilität

$$= \frac{14200{,}00\ € + 2000{,}00\ € \cdot 100\ \%}{130000{,}00\ €} = 12{,}5\ \%$$

Herr Aslan hat mit seinem Einzelhandelsbetrieb eine Gesamtkapitalrentabilität von 12,5 % erreicht. Das ist auch sehr gut, denn er hat neben seinem Gewinn auch noch die Zinsen für die Fremdkapitalgeber erwirtschaftet. Solange die Gesamtkapitalrentabilität über dem Zinssatz für Fremdkapital liegt, kann Herr Aslan weitere Kredite aufnehmen, ohne seine Eigenkapitalrentabilität zu verschlechtern.

Die Gesamtkapitalrentabilität wird in der Praxis oft auch als **Unternehmensrentabilität** bezeichnet. Sie zeigt, wie ertragreich das Unternehmen für die Kapitalgeber, z. B. Banken, insgesamt arbeitet.

Umsatzrentabilität

Die Umsatzrentabilität gibt an, wie viel Euro Gewinn mit einem Euro Umsatzerlöse erwirtschaftet wurde. Dazu wird der Gewinn ins Verhältnis zu den erreichten Umsatzerlösen gesetzt. Für den Handel ist sie eine sehr wichtige Größe, weil sie für den Einzelhändler aussagefähiger ist als die übrigen Rentabilitätskennzahlen.

! *Die **Umsatzrentabilität** drückt das Verhältnis des Gewinns zum Umsatz aus.*

Umsatzrentabilität $= \frac{\text{Gewinn} \cdot 100\ \%}{\text{Umsatzerlöse}}$

Beispiel: Die Aslan Board & Bike OHG konnte im zurückliegenden Monat einen Gewinn von 3000,00 € erzielen. Im selben Zeitraum wurden 30000,00 € Umsatzerlöse erwirtschaftet. Herr Aslan ermittelt die Umsatzrentabilität:

$$\text{Umsatzrentabilität} = \frac{3000{,}00\ € \cdot 100\ \%}{30000{,}00\ €} = 10\ \%$$

Herr Aslan hat eine Umsatzrentabilität von 10 % erreicht. Das bedeutet, mit jedem Euro Umsatz hat er 10 Cent Gewinn erwirtschaftet.

Die **Umsatzrentabilität** wird in der Praxis oft auch als Umsatzrendite oder **Return on Sales** bezeichnet. Mit ihrer Hilfe kann der Einzelhändler Auswirkungen von Preis- und Kostenänderungen auf seinen Gewinn messen.

11.7.2 Kennzahl zur Berechnung der Wirtschaftlichkeit

Wirtschaftlichkeit ist ganz allgemein immer dann gegeben, wenn der Nutzen einer Handlung größer ist als die dazu aufgewendeten Kosten.

Wirtschaftlichkeit im Einzelhandelsunternehmen wird durch das Verhältnis aus **Erträgen** und **Aufwendungen** bzw. Leistungen und Kosten bestimmt. Sie gibt an, wie viel Euro Umsatzerlöse mit einem Euro Kosten erwirtschaftet wurden.

Wirtschaftlichkeit

$$= \frac{\text{Umsatzerlöse (Leistungen)}}{\text{betriebliche Aufwendungen (Kosten)}}$$

Beispiel: Die Aslan Board & Bike OHG konnte im zurückliegenden Monat 30000,00 € Umsatzerlöse erwirtschaften. Dafür waren Kosten in Höhe von 27000,00 € notwendig. Herr Aslan ermittelt die Wirtschaftlichkeit:

$$\text{Wirtschaftlichkeit} = \frac{30000{,}00\ €}{27000{,}00\ €} = 1{,}11$$

Herr Aslan hat im zurückliegenden Monat mit 1,00 € Kosten 1,11 € Umsatzerlöse erzielt.

Die Wirtschaftlichkeitskennzahl muss immer größer als 1 sein, nur dann arbeitet ein Unternehmen wirtschaftlich.

Ob der Einzelhändler mit dieser so ermittelten Wirtschaftlichkeitskennzahl auch dem **ökonomischen Prinzip** (vgl. BN 222331, LF 1, Kap. 1.2.3) genügt, lässt sich hier nicht ableiten. Dazu müssen entweder die Umsatzerlöse oder die Kosten als Sollgröße vorgegeben werden.

Kennzahlen	**Eigenkapitalrentabilität** (Unternehmerrentabilität) 	**Gesamtkapitalrentabilität** (Unternehmensrentabilität) 	**Umsatzrentabilität** (Umsatzrendite, Return on Sales) 
Ermittlung	Der Gewinn des Einzelhändlers wird zum durchschnittlich eingesetzten Eigenkapital ins Verhältnis gesetzt.	Zum Gewinn des Einzelhändlers werden die Zinsen, die er für das Fremdkapital gezahlt hat, addiert. Der Betrag aus beiden Größen wird zum durchschnittlich eingesetzten Gesamtkapital (Eigenkapital + Fremdkapital) ins Verhältnis gesetzt.	Der Gewinn des Einzelhändlers wird zu den Umsatzerlösen ins Verhältnis gesetzt.
Formel zur Berechnung	$\frac{\text{Gewinn} \cdot 100\,\%}{\text{durchschnittliches Eigenkapital}}$	$\frac{\text{Gewinn} + \text{Fremdkapitalzinsen} \cdot 100\,\%}{\text{durchschnittliches Gesamtkapital}}$	$\frac{\text{Gewinn} \cdot 100\,\%}{\text{Umsatzerlöse}}$
Aussage	Die Kennzahl gibt an, wie viele Zinsen der Einzelhändler mit seinem eingesetzten Eigenkapital erwirtschaftet hat.	Die Kennzahl gibt an, wie viele Zinsen der Einzelhändler mit dem gesamten Kapital erwirtschaftet hat und ob der Einsatz des Fremdkapitals sich für ihn gelohnt hat.	Die Kennzahl gibt an, wie viel Prozent der Umsatzerlöse dem Einzelhändler als Gewinn zugeflossen sind.
Zielgrößen	Die Eigenkapitalrentabilität sollte höher sein als der am Markt erhältliche Zinssatz für langfristig angelegtes Kapital.	Die Gesamtkapitalrentabilität sollte höher sein als der Zinssatz, der für das Fremdkapital gezahlt wurde.	Je höher die Umsatzrentabilität ist, desto größer ist der betriebliche Erfolg des Einzelhandelsunternehmens.

Abb. 2: Übersicht Rentabilitätskennzahlen

11.7.3 Kennzahlen zur Berechnung der Produktivität

Produktivität ist das Verhältnis zwischen dem Produktionsergebnis und den eingesetzten Produktionsfaktoren. Als **Produktionsergebnis** werden im Einzelhandel immer die Umsatzerlöse angesehen. **Produktionsfaktor** ist alles, was benötigt wird, um die Umsatzerlöse zu erzielen (z. B. Verkäufer und Verkäuferinnen, Verkaufsflächen oder Kunden). Daraus lassen sich unterschiedliche Produktivitätskennzahlen ableiten:

Mitarbeiterproduktivität: Umsatz je Mitarbeiter

$$= \frac{\text{Umsatzerlöse}}{\text{Anzahl der Mitarbeiter}}$$

Verkäuferproduktivität: Umsatz je Verkäufer/-in

$$= \frac{\text{Umsatzerlöse}}{\text{Anzahl der Verkäufer/-innen}}$$

Verkaufsflächenproduktivität: Umsatz je m² Verkaufsfläche

$$= \frac{\text{Umsatzerlöse}}{\text{m}^2 \text{ Verkaufsfläche}}$$

Kundenproduktivität: Umsatz je Kunde

$$= \frac{\text{Umsatzerlöse}}{\text{Anzahl der Kunden}}$$

Teamproduktivität: Umsatz je Team

$$= \frac{\text{Umsatzerlöse}}{\text{Anzahl der Verkaufsteams}}$$

Beispiel: In der Aslan Board & Bike OHG konnten im zurückliegenden Monat von den 30 000,00 € Umsatzerlösen 6 000,00 € von den drei Auszubildenden erreicht werden.
Herr Aslan ermittelt wie folgt die Produktivität seiner Auszubildenden:

$$\text{Umsatz je Auszubildender} = \frac{6\,000{,}00\ €}{3\ \text{Auszubildende}}$$

= 2 000,00 € je Azubi

Durchschnittlich 2 000,00 € hat jeder Auszubildende zu den Umsatzerlösen des letzten Monats beigetragen.

Die Kennzahlen zur Produktivität haben für sich allein betrachtet wenig Aussagekraft. Auch hier sind Sollvorgaben oder Vergleiche mit anderen Filialen erforderlich, um Entscheidungen ableiten zu können.

11.7.4 Cashflow

Cashflow ist der englische Begriff für Kassen- oder Bargeldzufluss. Zieht man von den **Einnahmen** einer Periode die tatsächlichen **Ausgaben** ab, erhält man den Cashflow der Periode. Der Einzelhändler kann so erkennen, ob er alle laufenden Ausgaben durch seine Einnahmen decken konnte und vielleicht sogar noch höhere Einnahmen hat.

Unter tatsächlichen Ausgaben sind alle Aufwendungen zu verstehen, die tatsächlich zu einem Abfluss von Geld geführt haben. Dazu zählen beispielsweise Zahlungen für das Personal, Miete, oder der Wareneinkauf. Nicht berücksichtigt werden bei der Berechnung des Cashflows Aufwendungen, die keine tatsächliche Zahlung verursacht haben. Dazu zählen beispielsweise die Abschreibungen.

	tatsächliche Einnahmen (Einzahlungen)
–	tatsächliche Ausgaben (Auszahlungen)
=	**Cashflow**

Beispiel: Herr Aslan möchte für den vergangenen Monat den Cashflow ermitteln. Dazu liegt ihm folgende Gewinn- und Verlustrechnung vor:

Umsatzerlöse	30 000,00 €
Wareneinsatz	11 000,00 €
Warenrohgewinn	19 000,00 €
Sonstige Erträge	0,00 €
Sonstige Aufwendungen	
Personalkosten	10 000,00 €
Abschreibungen	4 000,00 €
Miete	2 000,00 €
Reingewinn	3 000,00 €

Herr Aslan ermittelt den Cashflow:

	tatsächliche Einnahmen (Einzahlungen)	30 000,00 €
–	tatsächliche Ausgaben (Auszahlungen):	
	Wareneinsatz	11 000,00 €
	Personalkosten	10 000,00 €
	Miete	2 000,00 €
=	Cashflow	7 000,00 €

Herr Aslan konnte im vergangenen Monat alle seine Ausgaben durch seine Einnahmen decken. Außerdem hat er 7 000,00 € mehr eingenommen, die er jetzt für Investitionen oder Kreditrückzahlungen einsetzen kann.

Der Cashflow zeigt die Zunahme der selbst erwirtschafteten Mittel durch das Einzelhandelsunternehmen. Er wird häufig auch als Kennzahl für die Finanzkraft eines Unternehmens bezeichnet.

Aufgaben

1. Erläutern Sie,
   a) was „Rentabilität“ für den Einzelhändler bedeutet.
   b) welche grundsätzliche Information die Berechnung der Rentabilität für den Einzelhändler liefert.
2. Unterscheiden Sie zwischen der Eigenkapitalrentabilität und der Gesamtkapitalrentabilität.
3. Nennen Sie Gründe, warum die Kennzahl der Wirtschaftlichkeit immer ein Ergebnis erreichen sollte, das größer als 1 ist.
4. Erläutern Sie den Unterschied zwischen Wirtschaftlichkeit, Produktivität und Cashflow.

11.8 Einsatz von Warenwirtschaftssystemen und kurzfristige Erfolgsrechnung

Die Auszubildende Tamara Graf befindet sich im letzten Ausbildungsjahr und ist im Wintersportbereich der Aslan Board & Bike OHG eingesetzt. Im Monat Januar läuft hier immer das Hauptgeschäft. Von Frau Aslan erhielt sie den Auftrag, Absatz, Umsatz- und Einkaufsdaten getrennt nach Warengruppen sowie Artikeln für Januar zu ermitteln. Dann soll Tamara Graf die Daten mit demselben Zeitraum des Vorjahres vergleichen. In der Pause unterhält sie sich mit Lilli über diese interessante Aufgabe. Lilli ist bestürzt, sie meint, dass es ja Tage dauern würde, diese Zahlen zusammenzusuchen.

Warenwirtschaftssysteme dienen zur Erfassung, Verwaltung und Auswertung der Daten und Informationen, die in der Warenwirtschaft benötigt werden. Elektronische Warenwirtschaftssysteme nehmen als Informationsquelle einen großen Stellenwert ein. Sie sind direkt mit der Finanzbuchhaltung des Einzelhandelsunternehmens verbunden und liefern dem Einzelhändler z. B. Informationen über

- den Jahresumsatz,
- Tagesumsätze,
- den Rohgewinn,
- Umsatzstatistiken,
- Bestellvorgänge oder
- Zahlungseingänge.

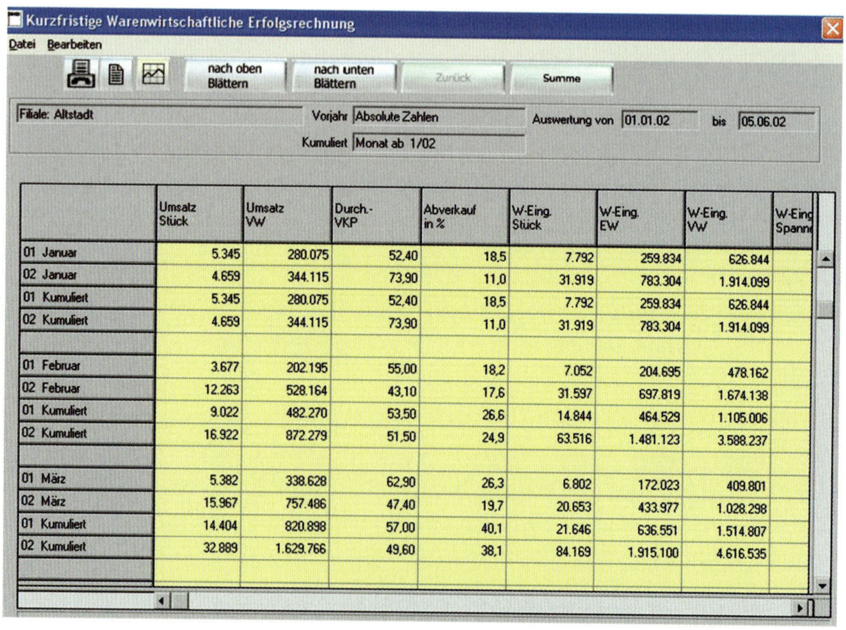

Kurzfristige Warenwirtschaftliche Erfolgsrechnung

Datei Bearbeiten

nach oben Blättern | nach unten Blättern | Zurück | Summe

Filiale: Altstadt | Vorjahr: Absolute Zahlen | Kumuliert: Monat ab 1/02 | Auswertung von 01.01.02 bis 05.06.02

	Umsatz Stück	Umsatz VW	Durch.-VKP	Abverkauf in %	W-Eing. Stück	W-Eing. EW	W-Eing. VW	W-Eing Spann
01 Januar	5.345	280.075	52,40	18,5	7.792	259.834	626.844	
02 Januar	4.659	344.115	73,90	11,0	31.919	783.304	1.914.099	
01 Kumuliert	5.345	280.075	52,40	18,5	7.792	259.834	626.844	
02 Kumuliert	4.659	344.115	73,90	11,0	31.919	783.304	1.914.099	
01 Februar	3.677	202.195	55,00	18,2	7.052	204.695	478.162	
02 Februar	12.263	528.164	43,10	17,6	31.597	697.819	1.674.138	
01 Kumuliert	9.022	482.270	53,50	26,6	14.844	464.529	1.105.006	
02 Kumuliert	16.922	872.279	51,50	24,9	63.516	1.481.123	3.588.237	
01 März	5.382	338.628	62,90	26,3	6.802	172.023	409.801	
02 März	15.967	757.486	47,40	19,7	20.653	433.977	1.028.298	
01 Kumuliert	14.404	820.898	57,00	40,1	21.646	636.551	1.514.807	
02 Kumuliert	32.889	1.629.766	49,60	38,1	84.169	1.915.100	4.616.535	

Abb. 1: Beispiel für Datenauswertung eines Warenwirtschaftssystems

Die Informationen können sich beziehen auf
- einzelne Artikel,
- Waren oder Warengruppen,
- Arbeitsbereiche und Arbeitsteams,
- Kostenstellen,
- Filialen oder
- das Gesamtunternehmen.

Man unterscheidet im Einzelhandel geschlossene Warenwirtschaftssysteme und offene Warenwirtschaftssysteme.

Geschlossene Warenwirtschaftssysteme

Hier werden alle Warenbewegungen eines Einzelhandelsunternehmens vom Einkauf bis zum Verkauf erfasst. Geschlossene Warenwirtschaftssysteme dienen der Erfassung aller Bestands- und Bewegungsdaten innerhalb eines Unternehmens.

Offene Warenwirtschaftssysteme

Der Einzelhändler hat bei offenen Warenwirtschaftssystemen zusätzlich die Möglichkeit über den elektronischen Datenaustausch auch mit Kunden, Lieferanten oder anderen Institutionen, wie beispielsweise Banken und Marktforschungsunternehmen, zusammenzuarbeiten.

Bestandteile und Aufgaben von Warenwirtschaftssystemen

Disposition und Einkauf:
- Erstellen von Bestellvorschlägen
- Einkaufshöchstwerte festlegen (Limitplanung)
- Terminüberwachung

Wareneingang:
- Übernahme der gelieferten Ware in den Bestand
- Auszeichnung mit maschinenlesbaren Etiketten

Bestandsführung:
- Inventurdurchführung
- Bestandskorrekturen vornehmen (Retouren, Diebstahl)
- Lieferung von Bewertungs- und Abwertungslisten

Warenausgang und Verkauf:
- Erfassung des Verkaufs über elektronische Scannerkassen
- bei offenen Warenwirtschaftssystemen Bezahlung über Electronic Cash

Artikelinformation und Statistik:
- Erstellung von Renner- und Pennerlisten
- Lieferung von Sortimentsinformationen
- Erstellung der Deckungsbeitragsberechnung
- Analyse durch kurzfristige Erfolgsberechnung

11.8.1 Kurzfristige Erfolgsrechnung

Die kurzfristige Erfolgsrechnung (KER) ist ein **zentrales Analyseinstrument** des Einzelhandelsunternehmens. Sie liefert dem Einzelhändler sehr wichtige Informationen für die Kontrolle und Steuerung seines Unternehmens. Sie bietet nicht nur eine Umsatzanalyse. Mithilfe der KER erhält der Einzelhändler auch wichtige Informationen, welche Auswirkungen z. B.
- Preisänderungen,
- erreichte Kalkulation,
- Wareneingang,
- Lagerbestand,
- und Lagerumschlag

auf die Umsatzhöhe haben.

Alle Daten kann er einem computergestützten Warenwirtschaftssystem entnehmen. Nur mit dessen Hilfe ist es möglich, Daten nach Warengruppen mit Preisabschlägen, erreichter Kalkulation, Warenroherträgen und Informationen zum Lagerbestand zu erhalten (vgl. BN 222331, LF 8, Kap. 8.6).

Im computergestützten Warenwirtschaftssystem muss die Ware artikelgenau erfasst werden. Je mehr Daten dabei pro Artikel eingegeben werden (in der Regel beim Wareneingang), umso genauer und besser wird die Auswertung und damit die KER sein. Dann kann der Einzelhändler alle Informationen bis zum einzelnen Artikel erhalten.

> ! *Aufgabe der **kurzfristigen Erfolgsrechnung (KER)** ist die kurzfristige, meist monatliche Kontrolle und Analyse der laufend fortgeschriebenen Daten, die den Verkaufserfolg bestimmen.*

Die kurzfristige Erfolgsrechnung unterscheidet sich von der Gewinn- und Verlustrechnung und der Bilanz. Gewinn- und Verlustrechnung und Bilanz muss der Einzelhändler aufgrund gesetzlicher Vorschriften einmal jährlich aufstellen. Es gibt jedoch keine gesetzliche Pflicht, dass der Einzelhändler eine KER aufstellen muss. Weil es aber so wichtig ist, alle Zahlen seines Unternehmens rechtzeitig zu kennen, wird heute in jedem Einzelhandelsunternehmen kurzfristig, in der Regel monatlich, eine kurzfristige Erfolgsrechnung erstellt (vgl. Abb. 2).

Alle Zahlen, die der Einzelhändler aus der KER über sein laufendes Geschäft erfährt, muss er mit Vorjahreswerten, Planzahlen oder auch Zahlen aus anderen Filialen oder Unternehmen vergleichen. Erst dann kann er Veränderungen erkennen und beurteilen, ob in seinem Einzelhandelsunternehmen gut oder weniger gut gearbeitet wurde.

Kurzfristige Erfolgsrechnung (KER) dient der		
Kontrolle betrieblicher Daten	**Analyse** betrieblicher Daten	**Planung** betrieblicher Daten

Gewinn- und Verlustrechnung (GuV)
ist dazu nicht in der Lage, weil

- in der GuV Ertrag und Aufwand, nicht Leistungen und Kosten festgestellt werden
- die GuV nur Ist-Größen aus der Vergangenheit, keine Plangrößen für die Zukunft enthält
- die GuV ihre Informationen für Kontroll- und Planungszwecke zu spät liefert

Abb. 2: KER und GuV

11.8.2 Kennzahlenanalyse mithilfe der kurzfristigen Erfolgsrechnung

Die kurzfristige Erfolgsrechnung liefert sehr viele Vergleichszahlen. Ganz wichtig für die monatliche Erfolgsanalyse ist dabei die Rentabilitätskontrolle.

In der kurzfristigen Erfolgsrechnung wird eine einfache Rentabilitätszahl verwendet, die für jede Warengruppe ermittelt werden kann. Weil die Handlungskosten nicht berücksichtigt werden, spricht man von der **Bruttoumsatzrentabilität.**

Bruttoumsatzrentabilität

$$= \frac{\text{Rohgewinn} \cdot 100\%}{\text{Umsatzerlöse je Warengruppe}}$$

11.8.3 Umsatzanalyse mithilfe der kurzfristigen Erfolgsrechnung

Der Umsatz ist im Einzelhandel der Wert mit der größten Beachtung. Am Umsatz kann das Nachfrageverhalten der Kunden abgelesen werden und der Einzelhändler kann feststellen, ob eine Ware ankommt oder nicht.

Umsatzanalysen innerhalb der kurzfristigen Erfolgsrechnung werden z. B. durchgeführt nach
- Warengruppen,
- Artikelgruppen oder
- Preislagen.

Sie bilden die Grundlage für Umsatzkorrekturen oder Anpassungen der Warenbeschaffung an den Umsatz.

Beispiel: Tamara vergleicht die Umsatzzahlen Januar der Wintersportgeräte mit denen im Monat Januar des Vorjahres. Dem computergestützten Warenwirtschaftssystem entnimmt sie die in der Tabelle dargestellten Daten (vgl. Abb. 3). Preisänderungen hat es gegenüber dem Vorjahr nicht gegeben. Tamara übergibt diese Informationen Frau Aslan. Gemeinsam mit ihrem Mann stellt Frau Aslan sich nun folgende Fragen:
- Warum sind die Warengruppen Snowboard und Skihelme so erfolgreich?
- Warum sind die Umsätze in der Warengruppe Abfahrtski so eingebrochen?
- Wodurch kann man den Umsatz der Warengruppe Abfahrtski wieder steigern?

Es gibt oft viele Gründe für unterschiedliche Umsatzentwicklungen oder für die Veränderung bei den Warengruppenanteilen. Ursachen können sein:
- ein verändertes Angebot (z. B. andere Lieferanten oder andere Marken),
- eine veränderte Warenpräsentation (z. B. Umgestaltung der Verkaufsfläche, neue Regale oder anderes Sichtfeld),
- eine veränderte Werbung (z. B. Medieneinflüsse oder Lieferantenwerbung),
- Veränderung der Wettbewerbsverhältnisse (z. B. neue Mitbewerber).

11.8.4 Preisanalyse mithilfe der kurzfristigen Erfolgsrechnung

Die kurzfristige Erfolgsrechnung liefert auch Informationen darüber, wie Preisabschläge oder Preisnachlässe auf die Umsatzentwicklung und die erreichte Kalkulation wirken.

Preisnachlässe können verschiedene Auswirkungen haben:

- Sie können den Umsatz erhöhen, weil eventuell eine größere Menge abgesetzt werden kann, wenn der Preis geringer ist.
- Preisnachlässe können aber auch genutzt werden, den Warenfluss zu beschleunigen, um die Lager für ein neues Sortiment frei zu machen.
- Preisnachlässe können den Umsatz mindern, wenn beispielsweise Fehlkäufe abgesetzt werden sollen.

Ziel des Einzelhändlers bei der Preisanalyse bleibt immer, möglichst die gewünschte Kalkulation und den damit verbundenen Rohgewinn einzuhalten und auch die Lagerkosten möglichst gering zu halten.

Beispiel: Tamara vergleicht die Umsatzzahlen Januar nun mit den Zahlen des Monats Februar. Im Februar zum Saisonausklang sollen die Lager leer werden und es wird verstärkt mit Preisnachlässen gearbeitet. Dem computergestützten Warenwirtschaftssystem entnimmt sie die in der Tabelle dargestellten Daten (vgl. Abb. 4). Das Ehepaar Aslan erkennt, dass der Umsatz des Monats Januar durch die Preisänderungen trotzdem erreicht werden konnte. Die Preisnachlässe haben zu Absatzsteigerungen geführt. Allerdings ist der Rohgewinn drastisch eingebrochen.

Entscheidend für die Preisanalyse ist die Höhe der erreichten Kalkulation. Der Preis sollte immer einen kosten- und gewinndeckenden Betrag erzielen. Für geplante und unvorhergesehene Preisnachlässe wird der Einzelhändler immer versuchen, einen entsprechenden Ausgleich zu schaffen. Das ist durch zusätzlichen Absatz oder günstigeren Einkauf möglich.

Warengruppenanalyse nach Umsatz

Warengruppen	Januar Vorjahr		Januar lfd. Jahr		**Veränderungen zum Vorjahr**		
	Umsatz in €	Anteil am Gesamtumsatz in %	Umsatz in €	Anteil am Gesamtumsatz in %	**Umsatz in €**	**Umsatzveränderung in %**	**Anteil am Gesamtumsatz in %-Punkten**
Snowboard	7000,00	18	10250,00	25	**3250,00**	**46**	**7**
Langläufer	6750,00	17	5550,00	13	**– 1200,00**	**– 18**	**– 4**
Abfahrtski	16800,00	42	12600,00	30	**– 4200,00**	**– 25**	**– 12**
Skihelme	3120,00	8	7360,00	18	**4240,00**	**136**	**10**
Skistöcke	1350,00	3	1275,00	3	**– 75,00**	**– 6**	**0**
Skibrillen	4860,00	12	4800,00	11	**– 60,00**	**– 1**	**– 1**
Wintersport	39880,00	100	41835,00	100	**1955,00**	**5**	0

Abb. 3: Daten aus dem Warenwirtschaftssystem der Aslan Board & Bike OHG

Warengruppenanalyse nach Rohgewinn							
Waren-gruppen	Januar lfd. Jahr						
	Stück-zahlen	ø Bezugs-preis in €	ø Verkaufs-preis in €	Warenein-satz in €	Umsatz in €	Rohgewinn in €	Rohgewinn je Stück in €
Snowboard	41	180,00	250,00	7380,00	**10250,00**	**2870,00**	70,00
Langläufer	37	100,00	150,00	3700,00	**5550,00**	**1850,00**	50,00
Abfahrtski	42	165,00	300,00	6930,00	**12600,00**	**5670,00**	135,00
Skihelme	92	54,00	80,00	4968,00	**7360,00**	**2392,00**	26,00
Skistöcke	51	18,00	25,00	918,00	**1275,00**	**357,00**	7,00
Skibrillen	80	43,00	60,00	3440,00	**4800,00**	**1360,00**	17,00
Wintersport A gesamt				27336,00	**41835,00**	**14499,00**	

Waren-gruppen	Februar lfd. Jahr							
	Stück-zahlen	ø Preis-nachlass in %	ø Bezugs-preis in €	ø Ver-kaufspreis in €	Warenein-satz in €	**Umsatz in €**	**Rohgewinn in €**	Rohgewinn je Stück in €
Snowboard	65	15	180,00	212,50	11700,00	**13812,50**	**2112,50**	32,50
Langläufer	55	25	100,00	112,50	5500,00	**6187,50**	**687,50**	12,50
Abfahrtski	75	45	165,00	165,00	12375,00	**12375,00**	**0,00**	0,00
Skihelme	53	0	54,00	80,00	2862,00	**4240,00**	**1378,00**	26,00
Skistöcke	60	10	18,00	22,50	1080,00	**1350,00**	**270,00**	4,50
Skibrillen	70	8	43,00	55,20	3010,00	**3864,00**	**854,00**	12,20
Wintersport A gesamt					**36527,00**	**41829,00**	**5302,00**	

Abb. 4: Daten aus dem Warenwirtschaftssystem der Aslan Board & Bike OHG

11.8.5 Innerbetriebliche und zwischenbetriebliche Vergleiche

Jeder Einzelhändler muss die Informationen, die sein Warenwirtschaftssystem ihm liefert, ständig mit anderen Zahlen vergleichen. Erst wenn er zwei Größen miteinander vergleicht, kann er Abweichungen feststellen und Ursachen für diese Abweichungen ermitteln. Er kann dann Entscheidungen treffen, welche eingeleiteten Maßnahmen gut waren und beibehalten werden sollen oder ob er Veränderungen in den Arbeitsabläufen vornehmen muss.

Zeitvergleich

Bei Zeitvergleichen werden die Daten unterschiedlicher Perioden miteinander verglichen. Perioden können dabei Tage, Wochen, Monate, Quartale oder Jahre sein.

Beispiel: Herr Aslan vergleicht seine Personalkosten des Monats November mit denen des Monats Dezember. Dabei stellt er fest, dass die Personalkosten im Dezember 25 % höher ausgefallen sind. Ursache waren die Überstunden des Weihnachtsgeschäfts. Herr Aslan weiß, dass sich die Personalkosten im Januar wieder normalisieren werden.

Herr Aslan hat einen **Zeitvergleich** durchgeführt.

Abb. 5: Betriebsvergleich ist der Vergleich verschiedener Filialen oder Unternehmen.

Plan-Ist-Vergleich

Bei einem Plan-Ist-Vergleich werden die Daten mit vorgegebenen Planwerten verglichen. Planwerte können sein

- eine geplante Umsatzhöhe,
- ein vorgegebener Rohgewinn,
- ein vorgegebenes Kostenbudget,
- geplante Ausfalltage oder
- eine geplante Rentabilität.

Beispiel: Herr Aslan vergleicht die Krankentage des Monats Februar für sein Verkaufspersonal mit den geplanten Krankentagen. Dabei stellt er fest, dass 15 Krankentage mehr angefallen sind als geplant, weil eine Magen-Darm-Erkrankung im Umlauf ist. Er muss nun für den Monat März entscheiden, ob er kurzfristig eine Aushilfe einstellt. Damit könnte Herr Aslan die erhöhten Ausfallzeiten überbrücken und würde keine Umsatzeinbußen riskieren.

Herr Aslan hat einen **Plan-Ist-Vergleich** durchgeführt.

Betriebsvergleich

Bei Betriebsvergleichen werden die Daten mit anderen Filialen verglichen. Betriebsvergleiche können aber auch als Branchenvergleiche durchgeführt werden. Dabei werden beispielsweise Daten einer Lebensmittelkette mit den Daten einer anderen Lebensmittelkette verglichen. Branchenvergleichszahlen werden meist von den Industrie- und Handelskammern veröffentlicht.

Beispiel: Herr Aslan vergleicht im Dezember den Umsatz pro Verkäufer seiner Filiale in Altstadt mit dem Umsatz pro Verkäufer seiner Filiale in Berlin. Dabei stellt er fest, dass der Umsatz pro Verkäufer in Berlin doppelt so hoch ist. Das liegt zum einen an der besseren Lage der Berliner Filiale, zum anderen aber auch an der Werbung des Einkaufscenters Berlin in den Medien. Herr Aslan überlegt nun, wie er den Umsatz pro Verkäufer durch Werbemaßnahmen in Altstadt ebenfalls verbessern kann.

Herr Aslan hat einen **Betriebsvergleich** durchgeführt.

Aufgaben

1. Nennen Sie zwei Unterschiede zwischen kurzfristiger Erfolgsrechnung und Jahresabschluss.
2. Erläutern Sie, aus welchen Quellen der Einzelhändler die Vergleichsdaten beziehen kann, wenn er folgende Arten von Vergleichen durchführen möchte:
   a) Zeitvergleich
   b) Plan-Ist-Vergleich
   c) Betriebsvergleich

Kompetenzraster, Kapitel 11.7 und 11.8					
Kapitel	**Ich kann ...**	nein	un-sicher	recht sicher	ja
11.7	■ wichtige Kennzahlen für den Einzelhandel nennen.				
	■ den Begriff Rentabilität erklären.				
	■ den Unterschied zwischen Eigenkapital-, Gesamtkapital- und Umsatzrentabilität erklären und diese Kennzahlen berechnen.				
	■ erkennen, wann ein Einzelhandelsunternehmen wirtschaftlich arbeitet und die Wirtschaftlichkeit berechnen.				
	■ den Begriff Produktivität erklären und Produktivitätskennzahlen berechnen.				
	■ den Cashflow im Einzelhandelsunternehmen erläutern und berechnen.				
11.8	■ erklären, wie die Arbeit mit einem Warenwirtschaftssystem im Einzelhandel funktioniert und welche Informationen Warenwirtschaftssysteme liefern.				
	■ die kurzfristige Erfolgsrechnung mithilfe des Warenwirtschaftssystems erklären und ihre Aufgabe im Einzelhandel nennen.				
	■ Analysen aufzeigen, die mithilfe der kurzfristigen Erfolgsrechnung im Einzelhandel möglich sind.				
	■ Beispiele für Zeitvergleiche, Soll-Ist-Vergleiche und Betriebsvergleiche nennen und die Unterschiede zwischen ihnen erläutern.				

22233462

Kunden gewinnen und binden

Lernfeld
12

	Advance Organizer	64
12.1	Bedeutung und Ziele des Marketing	66
12.2	Marktforschung	71
12.3	Marketinginstrumente	77
12.4	Einsatz der Marketinginstrumente	90
12.5	Kundenbindungsmanagement	94
12.6	E-Commerce	102

22233463

Advance Organizer | Wir entwerfen und beurteilen eine Marketingkonzeption

Der Kunde ist König?!

Primärforschung
Sekundärforschung

100 %
QUALITÄT
100 %
SERVICE
100 %
KOMPETENZ

DIGITAL
MARKETING
AD
SEO

-30%
-40%
-50%
-30%
-40%
-50%
G-STAR RAW
DIESEL
HILFIGER DENIM
GUESS
SALE
SALE
SALE
SALE
SALE

12.1 Bedeutung und Ziele des Marketing

„Jeder Kunde kann sein Auto in einer beliebigen Farbe lackiert bekommen, solange die Farbe, die er will schwarz ist."

Quelle: Zitat von Henry Ford (1863-1947). In: www.henry-ford.net. https://www.henry-ford.net/deutsch/zitate.html [08.12.2021].

Ford-Auto aus dem 20. Jahrhundert

12.1.1 Ursachen und Bedeutung von Marketing

Den idealen Markt, so wie er im folgenden Kapitel beschrieben wird, gibt es in Wirklichkeit gar nicht. Man stellt sich vor, dass es dort so ähnlich wie auf einem Wochenmarkt zugehen könnte.

Nur treffen sich nicht Kunden aus einer Stadt, die Äpfel oder Gemüse kaufen wollen und hier ein reichhaltiges Angebot von Bauern und Händlern finden. Auf diesem Markt treffen sich

- alle Kunden (Nachfrager) und
- alle Hersteller und Händler (Anbieter), die sich für ein bestimmtes Produkt interessieren und dies auch kaufen oder verkaufen wollen.

So gibt es z. B. den Markt für Computer, den für Autos oder den für Spielekonsolen. Es treffen sich alle Kunden eines Landes oder sogar der ganzen Welt. Auf diesem Markt sind die Preise wichtig. Aber nicht nur sie – wichtig für die Kaufentscheidung sind auch

- die Werbung,
- das Aussehen der Produkte,
- die Verpackung,
- der Service,
- der Vertrieb und
- der Marktüberblick.

Über all diese Dinge muss sich der Kaufmann Gedanken machen, denn er hat ja ein vorrangiges Ziel: Er will seine Produkte verkaufen und damit Gewinn machen. Er muss also nicht nur ständig sein eigenes kaufmännisches Verhalten, sondern auch das seiner Konkurrenten im Auge behalten. Dieses am Markt orientierte Denken und Handeln des Kaufmanns bezeichnet man mit dem amerikanischen Begriff Marketing.

! ***Marketing** ist eine markt- und kundenorientierte Unternehmensstrategie mit dem Ziel, einen Markt zu schaffen, zu vergrößern oder zu erhalten.*

Verkäufermarkt und Käufermarkt

Der Verkauf von Waren ist durch den Wandel von Verkäufermärkten zu Käufermärkten zunehmend schwerer geworden:

- Auf einem **Verkäufermarkt** liegt die Marktmacht auf der Seite der Verkäufer. Sie bestimmen z. B. die Preise und die Qualität der angebotenen Waren.
- Auf einem **Käufermarkt** werben sehr viele Anbieter darum, ihre Waren zu verkaufen. Hier haben die Käufer die Marktmacht.

Die wichtigsten Unterschiede zwischen Verkäufermarkt und Käufermarkt werden in der Übersicht dargestellt (vgl. Abb. 1).

Ohne die Beziehung zu den Kunden zu pflegen und alle seine unternehmerischen Initiativen an den Bedürfnissen der Kunden auszurichten, kann heutzutage kein Einzelunternehmen mehr erfolgreich sein. Die Hauptfrage lautet: Wo, wie, an wen und zu welchen Bedingungen können wir welche Produkte vermarkten?

Das Marketing muss auf die Unternehmensziele abgestimmt werden, vgl. Kap. 12.1.2.

Für den heutigen Käufermarkt spielt der Absatz oft die zentrale Rolle. Das heißt, dass die gesamte Unternehmenspolitik am Absatzmarkt ausgerichtet wird. Man nennt dies auch marketingorientierte Unternehmensführung. Leitideen dieser Marktorientierung können sein:

- **Kundenorientierung:** Welche Probleme und Bedürfnisse haben die Kunden?
- **Wettbewerbsorientierung:** Wie können die eigenen Waren und Dienstleistungen von denen der anderen Anbieter (Mitbewerber) unterscheidbar gemacht werden?

Je nach Größe des Unternehmens ist Marketing „Chefsache“ oder Aufgabe besonderer Stellen bzw. Abteilungen.

	Verkäufermarkt	Käufermarkt
Wer beherrscht den Markt?	Nachfrage > Angebot Der Markt wird vom Verkäufer beherrscht. 	Angebot > Nachfrage Der Markt wird vom Käufer beherrscht. 
Welche Probleme gibt es?	Anbieter können Preise und Qualität der Waren bestimmen.	Nachfrager kaufen nur die Waren, deren Preise und Qualität sie attraktiv finden. Verkäufer bieten viel mehr Waren an, als verkauft werden können.
Wo herrscht Konkurrenz?	Die große Konkurrenz der Nachfrager bewirkt, dass die Ware vom Handel verteilt und zugeteilt wird. Durch Probleme bei Produktion und Beschaffung haben die Verkäufer zu wenig Ware, um die Nachfrage zu decken.	Die große Konkurrenz der Anbieter bewirkt, dass die Ware von den Verkäufern beworben werden muss.
Ist Werbung notwendig?	nur in geringem Umfang	ja Werbung und intensive weitere Absatzpolitik sind notwendig.
Wer oder was steht im Mittelpunkt?	Die Ware steht im Mittelpunkt (Knappheitsmarkt).	Der Kunde steht im Mittelpunkt (Wohlstandsmarkt).

Abb. 1: Vergleich Käufermarkt – Verkäufermarkt

12.1.2 Marketingziele

Die Marketingziele sind auf die Unternehmensziele abzustimmen.

Unternehmensziele

Grundsätzlich strebt jedes Unternehmen einen angemessenen Gewinn an. Darüber hinaus können auch andere Zielvorstellungen, wie z. B. Wachstum, Marktmacht und Sicherung der Wettbewerbsfähigkeit, infrage kommen. Wenn allgemeine Unternehmensziele sich ausschließlich am Markt orientieren, spricht man von marktbezogenen Unternehmenszielen (vgl. Abb. 2).

Marketingziele

Die Marketingziele werden aus den Unternehmenszielen abgeleitet und sind Ausgangspunkt für den Einsatz von Marketinginstrumenten (vgl. Abb. 3). Es gibt quantitative und qualitative Marketingziele (vgl. Abb. 4).

Marketingziele	
quantitative Ziele	**qualitative Ziele**
Ziele, die mengenmäßig erfassbar sind	Ziele, die auf das Kaufverhalten ausgerichtet sind
z. B. ■ Umsatz ■ Gewinn ■ Wachstum ■ Marktführerschaft ■ Marktanteil	z. B. ■ Image ■ Bekanntheitsgrad ■ Qualität ■ Corporate Identity (vgl. Kap. 12.4.4) ■ Kundentreue
Beide Ziele sind auf den wirtschaftlichen Erfolg ausgerichtet.	

Abb. 4: Quantitative und qualitative Marketingziele

Marktbezogene Unternehmensziele	
allgemein	**am Beispiel der Trendino Computer-Shop GmbH**
Erschließung neuer Märkte	Erschließung des Onlinehandels als neuen Markt
Ausweitung der vorhandenen Märkte	Neueröffnung eines Computershops im Ruhrgebiet
Vergrößerung des Marktanteils	Steigerung des Marktanteils bei Computerspielen um 1 %
Steigerung des Jahresumsatzes	Steigerung des Jahresumsatzes von 37,2 Millionen € auf 42 Millionen € innerhalb von drei Jahren
Ersatz von umweltschädlichen durch umweltfreundliche Produkte	Übernahme der umweltgerechten Entsorgung von Altgeräten

Abb. 2: Beispiele für marktbezogene Unternehmensziele

Marketingziele	
allgemein	**am Beispiel der Trendino Computer-Shop GmbH**
Steigerung des Bekanntheitsgrades eines Produkts oder des Sortiments	Steigerung des Bekanntheitsgrades der Filiale um 10 % innerhalb eines Jahres
Verbesserung des Unternehmensimages innerhalb des nächsten Jahres	Beteiligung an der Finanzierung städtischer Sportveranstaltungen, z. B. der Altstädter Inline-Skater-Meile
Erhöhung der Handelsspanne	Erhöhung der Handelsspanne für Actionspiele um 15 %
Erhöhung der Rabattgewährung für Kunden ab einem bestimmten Mindestumsatz	Rabattgewährung von 3 % für Kunden ab einem Jahresumsatz von 500,00 €
Senkung der Lieferkosten	Senkung der firmenfremden Lieferkosten durch Wechsel der Spedition

Abb. 3: Beispiele für Marketingziele

22233468

12.1.3 Marktsegmentierung

Um den Plan für das Erreichen der Marketingziele aufstellen zu können, muss sich das Einzelhandelsunternehmen einen Überblick über den Markt verschaffen.

Beschreibung des Marktes

Um einen Markt zahlenmäßig beschreiben zu können, gibt es verschiedene Begriffe:

- Das **Marktpotenzial** gibt den möglichen Gesamtumsatz aller Einzelhändler an. Es beschreibt die gesamte Aufnahmefähigkeit des Marktes. Die Kaufkraft der Haushalte wird hierbei berücksichtigt. Das Marktpotenzial ist also die zu erwartende höchstmögliche Marktnachfrage.

  Beispiel: Möchte man das Marktpotenzial für den Verkauf von Fernsehapparaten in Altstadt feststellen, fragt man zunächst nach der Gesamtanzahl der Haushalte. In Altstadt gibt es ca. 60 000 Haushalte. Jeder Haushalt könnte im Durchschnitt 1,5 Fernseher besitzen. Die höchstmögliche Marktnachfrage nach Fernsehern liegt somit bei 90 000 Apparaten.

- Das **Marktvolumen** gibt den gesamten Absatz bzw. Umsatz einer Ware oder Dienstleistung auf einem Markt an.

  Beispiel: Das Marktvolumen für den Verkauf von Fernsehapparaten in Altstadt wird auf 15 Mio. € pro Jahr geschätzt.

- Der **Marktanteil** ist der prozentuale Anteil eines Unternehmens an dem gesamten Marktvolumen eines Marktes.

  Beispiel: Die Trendino Computer-Shop GmbH hat im letzten Jahr für ca. 1,5 Mio. € Fernseher verkauft. Damit hat die Firma in Altstadt einen Marktanteil von 10 %.

> **!**
> ***Marktpotenzial:***
> *höchstmöglicher Absatz oder Umsatz auf einem Markt*
> ***Marktvolumen:***
> *tatsächlicher Absatz oder Umsatz auf einem Markt*
> ***Marktanteil:***
> *prozentualer Anteil eines Unternehmens am Marktvolumen*

Beschreibung der Käufer

Auf dem Markt treten Käufer auf, die sich z. B. hinsichtlich

- Alter,
- Wohnort,
- Einkommen,
- Beruf oder
- Familienstand

unterscheiden. Der Markt stellt also keine Einheit dar. Daher wird versucht, den Markt so aufzuteilen, dass möglichst gleichartige Käuferschichten zu Gruppen zusammengefasst werden (Marktsegment). Diese können dann zielgerichtet angesprochen werden.

Beispiel: An einem Tag besuchen etwa 1 000 Kunden die Trendino Computer-Shop GmbH. Davon sind 200 Rentner, 500 Jugendliche, 200 junge Eltern und 100 allein lebende Erwachsene.

Durch die Schaffung von Marktsegmenten verspricht sich der Einzelhändler Wettbewerbsvorteile und eine Erhöhung der Kundenzufriedenheit.

Beispiel: Die Trendino Computer-Shop GmbH möchte den verschiedenen Käufergruppen ein jeweils altersgerechtes Angebot bieten. Daher werden für Rentner Geräte mit einfacher Bedienung und großen Tasten und für Jugendliche Handys mit vielen Sonderfunktionen und modernem Design verkauft.

> **!**
> *Die **Marktsegmentierung***
> - *ist die Aufteilung eines Marktes in einzelne Käufergruppen (= Marktsegmente).*
> - *verfolgt das Ziel, die Marketingpolitik auf den Bedarf dieser Käufergruppen auszurichten.*

Zur Bildung von Marktsegmenten können u. a. folgende Merkmale genutzt werden (vgl. Abb. 5):

- sozioökonomische Merkmale (beziehen sich auf die Lebensumstände eines Menschen),
- geografische Merkmale oder
- Verhaltensmerkmale (Kaufverhalten).

Abb. 5: Kriterien zur Bildung von Marktsegmenten

Aufgaben

1. Nennen Sie quantitative Marketingziele, die Ihr Ausbildungsbetrieb im laufenden Geschäftsjahr verfolgt.

2. Unterscheiden Sie den Verkäufermarkt vom Käufermarkt.
   a) Nennen Sie Gebiete, Ereignisse oder Bereiche, in denen auch heute noch Verkäufermärkte bestehen oder entstehen.
   b) Zeigen Sie mögliche Auswirkungen für die Verbraucher und die Verkäufer.

3. Erläutern Sie,
   a) was unter Marktsegmentierung zu verstehen ist.
   b) warum es für Unternehmen wichtig ist, Marktsegmente zu bilden.

4. Bestimmen Sie die Zielgruppe (= Marktsegment) für folgende Güter:
   a) Bürosoftware
   b) Damenschuhe
   c) Backpulver
   d) Designermöbel
   e) Sportliche Herrenjacken
   f) Markenjeans

12.2 Marktforschung

Die Verantwortlichen der Trendino Computer-Shop GmbH stellen fest, dass die Umsätze für Computerspiele stagnieren. Um die Wettbewerbsfähigkeit nicht zu verlieren, beschließt die Geschäftsleitung, mithilfe wissenschaftlicher Methoden den Computerspielemarkt zu analysieren. Ziel ist, wichtige Informationen für die eigene Sortimentsgestaltung zu erhalten.

12.2.1 Aufgaben der Marktforschung

Damit ein Einzelhändler erfolgreiche unternehmerische Entscheidungen treffen kann, benötigt er umfassende Kenntnisse über den gesamten Markt. Dazu ist es erforderlich, sich die notwendigen Marktinformationen durch **Marktuntersuchungen** zu beschaffen.

Die Marktforschung hat hierbei die Aufgabe, alle wichtigen Informationen über den Markt zu beschaffen. Zu diesem Zweck wird das Geschehen auf dem Markt und das Unternehmensumfeld beobachtet und analysiert. So erhält man Informationen über die **Marktteilnehmer:** das eigene Unternehmen, die Kunden und die Konkurrenten (Mitbewerber).

Zum **Unternehmensumfeld** gehören die Rahmenbedingungen, unter denen das Unternehmen handelt:

- ökonomisch (z. B. Größe des Betriebs oder Anzahl der Mitarbeiter),
- politisch/rechtlich (z. B. Rechtsform des Betriebs oder einzuhaltende gesetzliche Regelungen),
- technisch/kulturell (z. B. zu erwartende Änderungen in den Bedürfnissen der Kunden).

Bei der Beschaffung von Marktinformationen ist zwischen Marktforschung und Markterkundung zu unterscheiden. Die Marktforschung bedient sich wissenschaftlicher Methoden. Dazu gehören z. B. Vorgehensweisen aus der Mathematik bzw. Statistik, um die Datenmengen, die bei der Marktforschung entstehen, sinnvoll sammeln und auswerten zu können.

Die Marktforschung wird systematisch, also fachmännisch, betrieben. Ziele und Methoden werden zuvor genau geplant. Sie kann vom Einzelhändler selbst oder von einem Marktforschungsinstitut durchgeführt werden.

! *Die **Marktforschung** ist die systematische Beschaffung von Informationen über den Markt mithilfe wissenschaftlicher Methoden.*

Das unsystematische Sammeln von Informationen über den Markt, z. B. durch Gespräche mit Kunden oder Beobachtungen des Verkaufspersonals, nennt man **Markterkundung.**

12.2.2 Bereiche der Marktforschung

Nach den untersuchten Marktteilnehmern unterscheidet man die Nachfrageforschung und die Konkurrenzforschung.

- **Nachfrageforschung:** Sie sammelt Informationen über die möglichen Nachfrager, z. B.
  - zu ihrem Kaufverhalten,
  - zu ihren Bedürfnissen oder
  - zu ihrer Kaufkraft.

- **Konkurrenzforschung:** Es werden Informationen über die Mitbewerber gesammelt, z. B.
  - über die Anzahl der Mitbewerber,
  - über das Verhalten der Konkurrenten auf dem Markt oder
  - allgemeine Entwicklungen in der Branche.

Je nachdem, auf welchen Zeitraum sich die Marktforschung bezieht, unterscheidet man folgende Bereiche:

- Die **Marktanalyse** ist die einmalige Erforschung eines abgegrenzten Teilmarktes (= zeitpunktbezogen).

  Beispiel: Die Trendino Computer-Shop GmbH möchte wissen, wie viele der Altstädter, die älter als 60 Jahre sind, über einen Computer und Internetzugang verfügen.

- Die **Marktbeobachtung** ist die laufende Erforschung, die insbesondere die Veränderungen des Marktgeschehens erfassen soll (= zeitraumbezogen).

  Beispiel: Es soll beobachtet werden, ob unter den Einwohnern Altstadts das Interesse an E-Readern steigt.

- Die **Marktprognose** beschäftigt sich mit der Vorhersage zukünftiger Marktentwicklungen. Dabei berücksichtigt sie die Ergebnisse der Marktanalyse und der Marktbeobachtung.

  Beispiel: Es soll erforscht werden, wie das Sortiment von Elektro-Fachgeschäften in fünf Jahren beschaffen sein sollte.

12.2.3 Methoden der Marktforschung

Je nachdem, auf welche Art und Weise Informationen gewonnen werden, unterscheidet man zwischen Primär- und Sekundärforschung.

Primärforschung

Bei der Primärforschung werden vom Unternehmen selbst oder mithilfe eines Marktforschungsunternehmens Informationen ermittelt, die bislang noch nicht bekannt waren (vgl. Abb. 1).

Beispiel: Damit die Trendino Computer-Shop GmbH Auskünfte über die Preisvorstellungen der Kunden beim Kauf der neu einzuführenden Computerspiele erhält, werden eigens für diesen Zweck Umfragen gemacht.

Für die Primärforschung gibt es im Wesentlichen vier Methoden, die auf den folgenden Seiten erläutert werden:

- Befragung,
- Beobachtung,
- Experiment,
- Markttest.

Die Primärforschung ist aufwendig und damit auch recht teuer für das Einzelhandelsunternehmen.

Sekundärforschung

Bei der Sekundärforschung werden bereits vorhandene Informationen und Marktdaten ausgewertet.

Abb. 1: Primärforschung

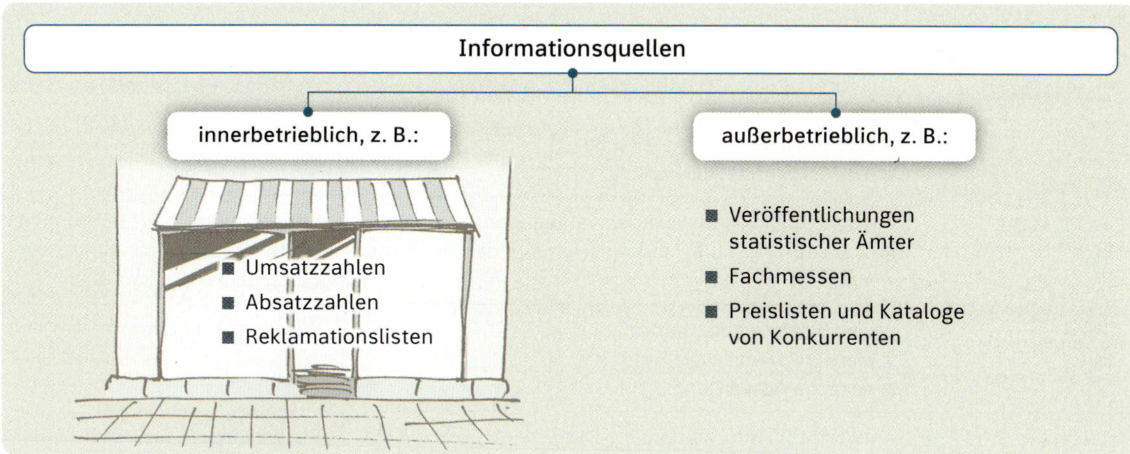

Abb. 2: Datenquellen zur Marktforschung

Für die Sekundärforschung bedient man sich sowohl inner- als auch außerbetrieblicher Quellen. Innerbetriebliche Datenquellen sind z. B. Statistiken über Auftragseingänge und Absatzzahlen, Reklamationslisten oder Warenpreislisten. Zu den außerbetrieblichen Datenquellen gehören z. B. Veröffentlichungen der statistischen Ämter, wirtschaftswissenschaftlicher Institute oder von Wirtschaftsverbänden (vgl. Abb. 2).

Befragung als Methode der Primärforschung

Die Befragung ist eine Erhebungsmethode zur Beschaffung von Informationen:

- Wird der gesamte infrage kommende Personenkreis in die Befragung einbezogen, so spricht man von einer **Vollerhebung.**
- Beschränkt man sich hingegen auf einen bestimmten Teil der Personen, so liegt eine **Teilerhebung** vor.

Für ein Einzelhandelsunternehmen ist die Vollerhebung oft zu teuer und zu zeitaufwendig. Stattdessen kommt das Modell eines repräsentativen Querschnitts infrage. Die ausgewählten Personen sollten möglichst genau die Eigenschaften der gesamten Käufergruppe abbilden. Somit hat die geringere Größe der Stichprobe keinen großen Einfluss auf die Qualität der Ergebnisse und ist als repräsentativ (= typisch für die Zielgruppe) anzusehen.

Beispiel: Die Zielgruppe von Computerspielen besteht aus Personen unterschiedlichen Geschlechts, Alters, Berufs und Einkommens. Würde sich die Trendino Computer-Shop GmbH bei der Befragung nur auf ledige Männer und Frauen unter 25 Jahren beschränken, so erhielte sie verfälschte Ergebnisse.

Die Befragung kann auf verschiedene Weise durchgeführt werden. Welche Befragungsart zum Einsatz kommt, hängt z. B. vom Umfang der Befragung oder den Kosten ab. Die einzelnen Befragungsarten weisen entsprechende Vor- und Nachteile auf:

- **schriftliche Befragung:**
  - trotz Versandgebühren relativ kostengünstig aufgrund niedriger Personalkosten
  - Abdeckung eines großen Einzugsgebietes
  - Einbezug schlecht erreichbarer Personen (z. B. Schichtarbeiter)
  - Intime Fragen werden durch die Anonymität ehrlicher beantwortet.
- **mündliche Befragung:**
  - Der Interviewer kann die Identität (auch Geschlecht, Alter usw.) und die Konzentration seiner Gesprächspartner leicht feststellen.
  - Eventuelle Verständnisprobleme können sofort geklärt werden.
- **telefonische Befragung:**
  - sehr preiswert, da keine Wegekosten anfallen
  - Personen gehen auch in ungünstigen Augenblicken ans Telefon.
  - Aufgrund der Anonymität ist die Auskunftsbereitschaft am Telefon in der Regel höher.
- **Onlinebefragung:**
  - sehr preiswert, da keine Wegekosten und keine Kosten für den Interviewer anfallen
  - keine weiteren Arbeitsschritte für die Auswertung erforderlich
  - Die flexible Weiterführung einer Befragung ist mittels Filterfragen möglich.

Art der Frage	Erläuterung	*Beispiel*
offene Frage	Antwort auf eine gestellte Frage muss selbst formuliert werden ■ detaillierte Informationen möglich ■ evtl. schwierige Auswertung	„Welche Computermarken kennen Sie?“
geschlossene Frage	Antwortmöglichkeiten werden vorgegeben ■ schnelle Erfassung und Auswertung der Antworten möglich	„Beabsichtigen Sie, Ihrem Kind zum Geburtstag einen MP3-Player zu schenken: Ja oder Nein?“
direkte Frage	gezielt Abfrage einer Information ■ klare Zielsetzung der Frage ■ einfache Auswertung	„Wie alt ist Ihr Laptop?“
indirekte Frage	Antwort soll Informationen liefern, derer sich die Befragten eventuell nicht bewusst sind ■ evtl. schwierige Auswertung	„Beabsichtigen Sie, sich innerhalb der nächsten sechs Monate einen neuen PC zu kaufen?“

Abb. 3: Arten der Fragestellung

Schriftliche Befragungen führt man mittels **Fragebogen** durch, die ausgewählten Personen direkt per Post zugeschickt, Zeitungen beigelegt oder an Geschäftspartner verteilt werden. Bei telefonischen und mündlichen Befragungen stellt der Interviewer zielgerichtete Fragen und trägt die Antworten in den Fragebogen ein. Es können Hersteller, Handelsunternehmen und Endverbraucher befragt werden.

Fragebögen werden genutzt, um gezielt Informationen über das Konsumentenverhalten zu gewinnen. Um einen Fragebogen zu entwickeln, sollte man sich mit der **Art der Fragestellung** eingehend beschäftigen. Bei der Auswahl der Fragestellung ist wichtig, welche Informationen beschafft und wie diese ausgewertet werden sollen (vgl. Abb. 3).

Für die Teilnahme an der Erfassung der Informationen gibt es oft einen Preis zu gewinnen. Dadurch erhöht sich die Rücklaufquote.

Panel

Eine spezifische Form der Befragung ist das Panel.

> **!** *Für ein **Panel** beantworten ausgewählte Haushalte über einen längeren Zeitraum hinweg mehrfach dieselben Fragen.*

Die Ergebnisse der einzelnen Panelerhebungen werden über den Zeitraum miteinander verglichen. Auf diese Weise erhält man Erkenntnisse über neue Entwicklungstrends. Panels können bei allen größeren Marktforschungsinstituten angefordert oder in Auftrag gegeben werden. Grundsätzlich ist zwischen Verbraucher- bzw. Haushaltspanels und Unternehmer- bzw. Einzelhandelspanels zu unterscheiden (vgl. Abb. 4).

Haushaltspanel	Einzelhandelspanel
Haushalte führen Einkaufsbücher (Zahl der gekauften Waren, Markennamen, Herstellernamen) und übermitteln diese Daten in regelmäßigen Abständen einem Institut. Dies geschieht heute meist durch Einscannen der Strichcodes, sodass Fehler minimiert werden.	Ausgewählte Einzelhandelsunternehmen geben Informationen über die Verkäufe.
werden für den deutschen Markt von folgenden Instituten und Arbeitsgemeinschaften durchgeführt:	
■ Gesellschaft für Konsumforschung ■ ACNielsen	■ GfK-Universalpanel-NonFood ■ Nielsen-Gebrauchsgüter-Index

Abb. 4: Unterscheidung von Haushalts- und Einzelhandelspanel

22233474

Weitere Methoden der Primärforschung

Beobachtung: Bei der Beobachtung wird das Verhalten der Verbraucher über einen längeren Zeitraum festgestellt. Man spricht dabei auch von einer zeitraumbezogenen Betrachtung. Sie findet in einer bestehenden Marktsituation (z.B. im Ladenlokal) ohne vorherige Unterrichtung der Zielgruppe statt. Für die Beobachtung werden im Einzelhandel sowohl Verkäuferinnen oder Verkäufer als auch technische Geräte, wie Spiegel, Lichtschranken oder Scanner, eingesetzt. Als Resultat der Auswertung wird ein Marktbeobachtungsbericht erstellt, der die wichtigsten Ergebnisse festhält.

Experiment: Mithilfe von Experimenten kann überprüft werden, ob eine Vermutung, z.B. über die Wirkung einer neuen Produktgestaltung, zutrifft. Das Experiment wird mit Personen durchgeführt. Häufig werden bei einem Experiment Beobachtung und Befragung miteinander gekoppelt, um möglichst viele Informationen zu gewinnen.

Markttest: Der Einzelhändler hat bei neuen Produkten die Möglichkeit, einen Markttest durchzuführen. Die neue Ware wird dann auf einem regional begrenzten Teilmarkt (Testmarkt) angeboten und der Verkauf erprobt, bevor sie auf dem Gesamtmarkt eingeführt wird. Der Testmarkt muss repräsentativ sein, d.h. die gleiche sozioökonomische Struktur aufweisen wie der Gesamtmarkt. Hierbei besteht jedoch die Gefahr, dass Konkurrenzunternehmen die Produktidee kopieren.

Ziel ist es, die Kundenreaktionen auf dem Testmarkt zu beobachten, um Rückschlüsse auf die Gesamtkundschaft ziehen zu können.

Beispiel: Die Trendino Computer-Shop GmbH beabsichtigt das neue Computerspiel „Sporttrends XXL“ auf den Markt zu bringen. Um die Absatzmöglichkeiten zu testen, wird dieses für drei Monate probeweise im Shop der Fußgängerzone angeboten, da hier das Kundenumfeld repräsentativ für Gesamtdeutschland ist.

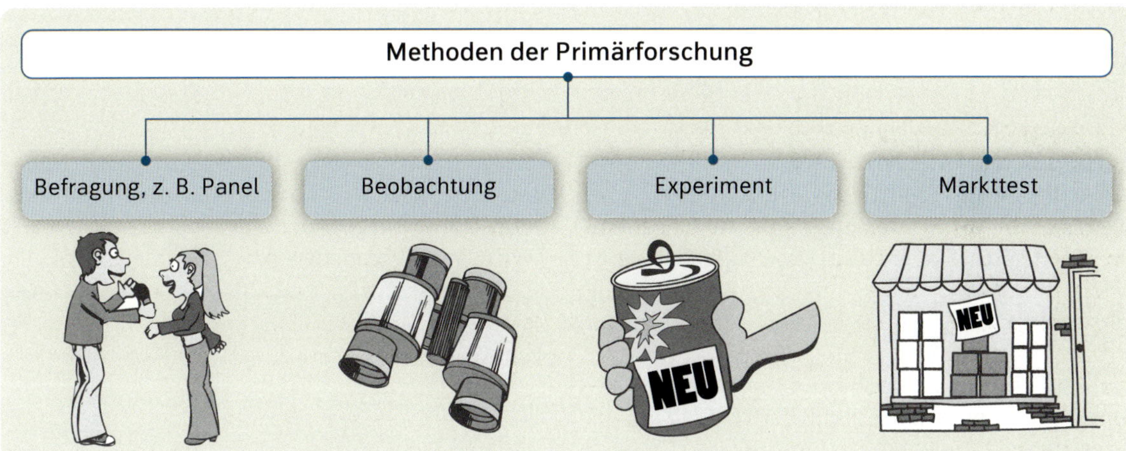

Abb. 5: Methoden der Primärforschung

Aufgaben

1. Erläutern Sie, warum es für den Einzelhändler notwendig ist, sich regelmäßig Informationen über den Markt zu beschaffen.
2. Unterbreiten Sie Vorschläge, wie sich ein Einzelhändler die notwendigen Informationen über das Konsumentenverhalten und die Konkurrenz beschaffen kann.
3. Erläutern Sie, warum die Marktforschung dazu beitragen kann, das Marktrisiko zu minimieren.

Kompetenzraster, Kapitel 12.1 und 12.2					
Kapitel	**Ich kann ...**	**nein**	**un-sicher**	**recht sicher**	**ja**
12.1	■ den Begriff Marketing erklären und die Bedeutung von Marketing für den Einzelhändler darlegen.				
	■ Verkäufermarkt und Käufermarkt voneinander abgrenzen.				
	■ Unternehmensziele und Marketingziele voneinander abgrenzen und jeweils Beispiele nennen.				
	■ die Begriffe Marktpotenzial, Marktvolumen und Marktanteil erläutern und ihren Zusammenhang anhand eines Beispiels darlegen.				
12.2	■ den Begriff Marktforschung erläutern und den Unterschied zur Markterkundung darstellen.				
	■ Nachfrageforschung und Konkurrenzforschung anhand von Beispielen erklären.				
	■ die Begriffe Marktanalyse, Marktbeobachtung und Marktprognose erläutern und unterscheiden.				
	■ Methoden und Datenquellen sowie Vorteile und Nachteile der Sekundärforschung nennen und erläutern.				
	■ Methoden, Vorteile und Nachteile der Primärforschung nennen und erläutern.				

22233476

12.3 Marketinginstrumente

Die Auszubildende Kathrin und ihre Oma möchten heute einen Großeinkauf tätigen: Am Wochenende feiert die Oma ihren 80. Geburtstag. Kathrin stellt nur noch ihre Schultasche ab und schon müssen sie los, um den nächsten Bus zu kriegen. Im Supermarkt arbeiten sie die lange Einkaufsliste ab. Der Einkaufswagen ist so voll bepackt, dass Kathrin Mühe hat, den Wagen zu schieben. Erst an der Kasse wird ihr bewusst, dass sie die eingekauften Sachen niemals allein tragen kann. Auch ihre Oma kann sie damit natürlich nicht belasten.

Die aufmerksame Kassiererin bietet den beiden an, ein Taxi zu rufen. Erleichtert nehmen sie das Angebot an.

Der Einzelhändler gewinnt aus der Marktforschung Erkenntnisse über seine derzeitigen Kunden und möglichen zukünftigen Kunden sowie über seine Mitbewerber. Aufgrund dieser Informationen kann der Einzelhändler seine Marketingziele überdenken oder neu formulieren. Die Marketingziele sind mit den Unternehmenszielen abzustimmen (vgl. Kap. 12.1).

Um die Marketingziele zu verwirklichen, stehen dem Einzelhändler verschiedene Instrumente zur Verfügung, die in diesem Kapitel erläutert und in der Abbildung kurz vorgestellt werden (vgl. Abb. 1).

Marketinginstrumente

Sortimentspolitik	Servicepolitik	Preis- und Konditionenpolitik	Kommunikationspolitik	Distributionspolitik
■ Welche und wie viele Waren und Dienstleistungen sollen wann angeboten werden?	■ Welche zusätzlichen Services und Leistungen sollen wem, in welcher Form, wann angeboten werden?	■ Zu welchen Preisen und Konditionen sollen welche Waren und Dienstleistungen wann und in welcher Form angeboten werden?	■ Wer soll durch welche Informationen und auf welchen Wegen wann und wie beeinflusst werden?	■ Wo sollen welche Waren und Dienstleistungen an wen und auf welchen Wegen wann verkauft werden?

Abb. 1: Marketinginstrumente und Fragestellungen

12.3.1 Sortimentspolitik

Die wichtigsten Begriffe rund um das Sortiment sind in der Übersicht noch einmal dargestellt (vgl. Abb. 2). Unter Sortimentspolitik versteht man die bewusste Gestaltung des Sortiments, d.h., hier trifft der Einzelhändler die gesamten Entscheidungen über die Zusammensetzung seiner angebotenen Warenpalette.

Der Einzelhändler bietet eine Vielzahl von Artikeln und Warengruppen an. Er wertet die Absatzzahlen regelmäßig aus und erkennt, bei welchen Warengruppen sich der Umsatz positiv entwickelt und wo er rückläufig ist. Mit verschiedenen Warengruppen streut der Einzelhändler das Risiko auf verschiedene Käufergruppen. Stellt er bei einer Käufergruppe einen Umsatzrückgang fest, kann dieser durch steigende Umsätze bei anderen Käufergruppen ausgeglichen werden.

> **!** *Die **Sortimentspolitik** umfasst alle Maßnahmen zur Planung und Gestaltung des Sortiments.*

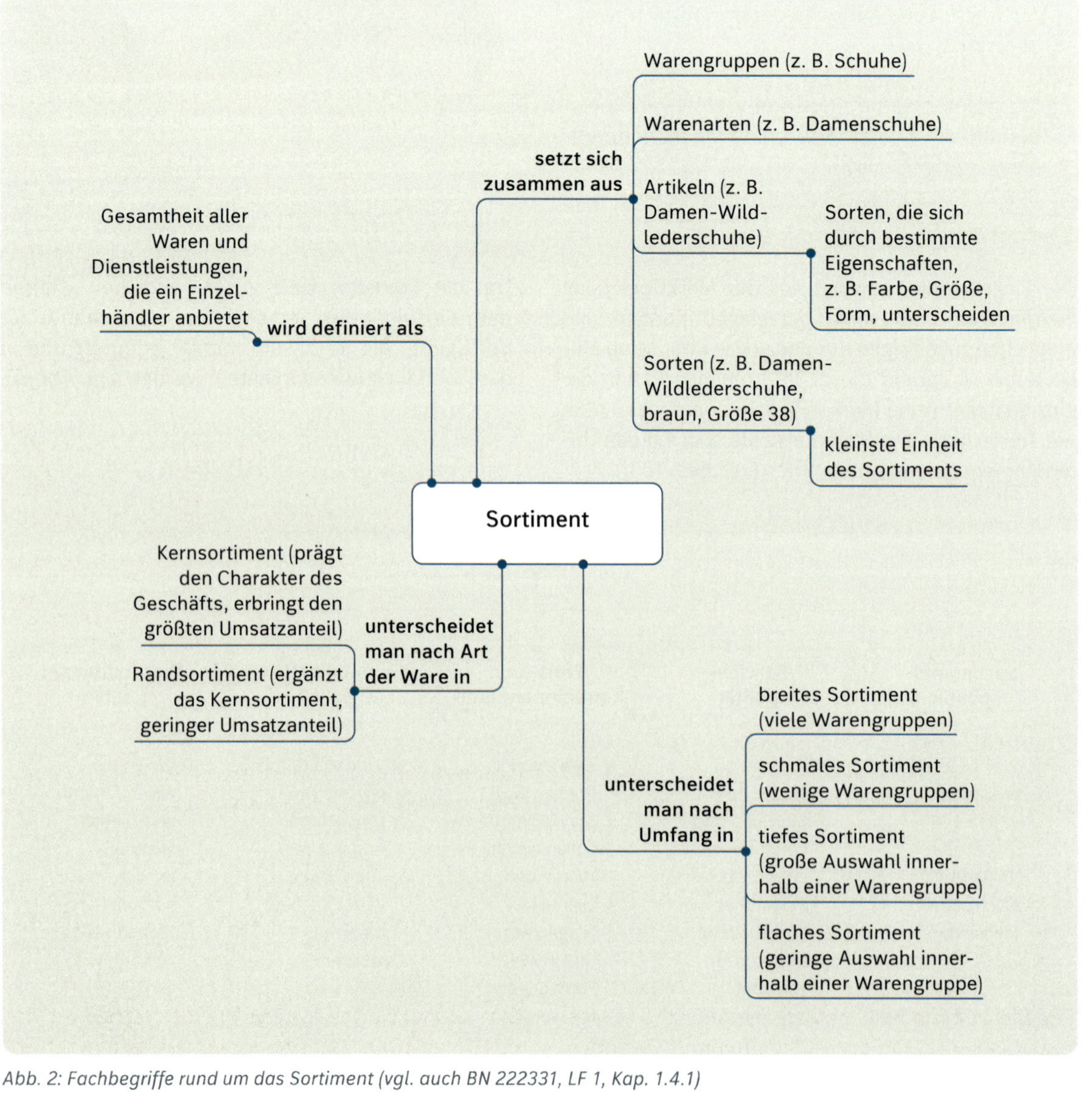

Abb. 2: Fachbegriffe rund um das Sortiment (vgl. auch BN 222331, LF 1, Kap. 1.4.1)

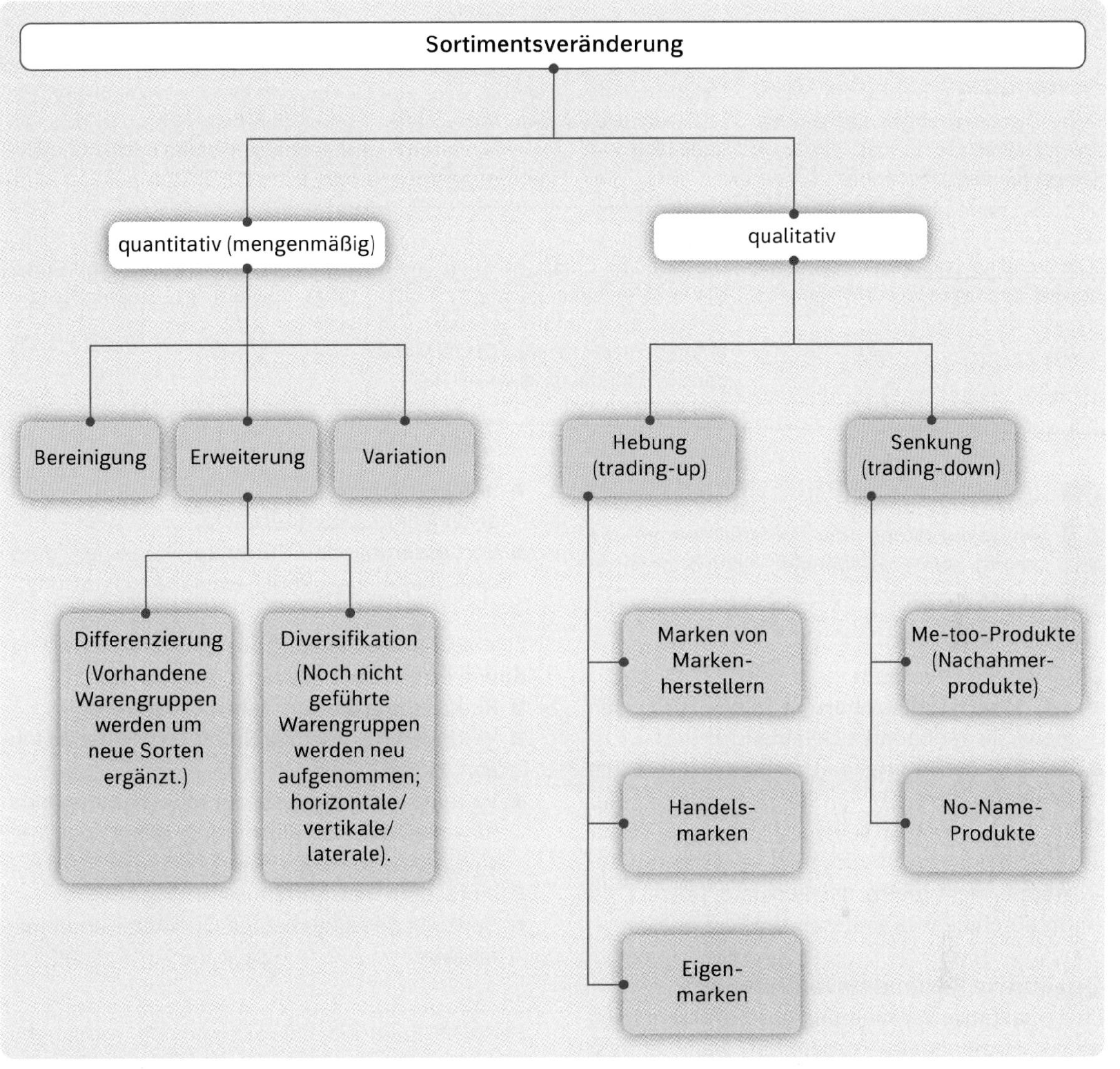

Abb. 3: Möglichkeiten des Einzelhändlers, sein Sortiment zu verändern (vgl. auch BN 222331, LF 6, Kap. 6.1.5)

Der Einzelhändler muss sein Sortiment also ständig anpassen. Alle Möglichkeiten, das Einzelhandelssortiment zu verändern, sind in der Übersicht dargestellt (vgl. Abb. 3).

Quantitative Sortimentsveränderung

Stellt der Einzelhändler fest, dass einzelne Sortimentsteile (Artikel, Warengruppen) nicht verkäuflich sind, werden diese aus dem Sortiment entfernt. Hier spricht man von der **Sortimentsbereinigung.**

Umgekehrt kann es sein, dass er zusätzliche Warengruppen in sein Sortiment aufnimmt (Veränderung der Sortimentsbreite), oder er eine Warengruppe um zusätzliche Artikel (Vergrößerung der Sortimentstiefe) ergänzt. Hier liegt eine **Sortimentserweiterung** vor.

Häufig wird eine Sortimentserweiterung mit einer Sortimentsbereinigung verbunden.

Wird das Warenangebot inhaltlich umstrukturiert, ohne dass die Gesamtzahl der angebotenen Artikel verändert wird, liegt eine **Sortimentsvariation** vor.

Eine Sonderform der Sortimentserweiterung ist die **Diversifikation.** Hier nimmt ein Unternehmen zusätzlich neue Produkte in sein Sortiment auf.

horizontale Diversifikation	vertikale Diversifikation	laterale Diversifikation
Es werden eng verwandte Waren oder Dienstleistungen der gleichen Wirtschaftsstufe in das Sortiment aufgenommen.	Das Unternehmen wird in einer vor- oder nachgelagerten Wirtschaftsstufe tätig.	Es besteht kein Zusammenhang zwischen den bisherigen und den neu angebotenen Waren oder Dienstleistungen.
Beispiel: Die Trendino Computer-Shop GmbH weitet ihr Angebot auf Kleinmöbel (Tische und Stühle) aus.	*Beispiel:* Die Trendino Computer-Shop GmbH hat in Asien einen günstigen Anbieter von Funktastaturen gefunden und übernimmt nun für ganz Deutschland den Großhandel für diese Artikel.	*Beispiel:* Die Trendino Computer-Shop GmbH tätigt neuerdings Immobiliengeschäfte.

Abb. 4: Arten der Diversifikation

! *Die **Diversifikation** ist die Ausweitung des Angebots auf Waren oder Dienstleistungen, die bislang vom Einzelhändler nicht angeboten wurden.*

Die Diversifikation dient

- der **Wachstumssicherung** eines Unternehmens, da der Bedarf sich laufend ändert.
- der **Risikostreuung**, da Umsätze aus verschiedenen Quellen, z. B. von verschiedenen Käufergruppen, stammen sollten. Dies hat den Vorteil, dass beim Umsatzrückgang in einer Käufergruppe nicht gleich der gesamte Umsatz des Unternehmens dramatisch sinkt.

Qualitative Sortimentsveränderung

Eine qualitative Veränderung des Sortiments sollte der Einzelhändler vornehmen, wenn er feststellt, dass seine Kunden Waren und Dienstleistungen zu anderen Preisen nachfragen.

Beispiel: In unmittelbarer Nähe des Lebensmittelgeschäfts brutto=netto OHG ist ein hochpreisiges Wohngebiet entstanden. Immer häufiger fragen neue Kunden nach Genusswaren und Lebensmitteln, die bisher nicht im Sortiment waren. Die neuen Kunden lassen erkennen, dass sie bei ihrem wöchentlichen Einkauf viel Wert auf eine große Auswahl und wenig Wert auf günstige Preise legen.

Möchte der Einzelhändler sein Sortiment qualitativ anheben **(trading-up)**, hat er verschiedene Möglichkeiten, sein Leistungsangebot zu verbessern:

- größere Auswahl in allen Warengruppen,
- höheres Qualitäts- und Preisniveau,
- umfangreichere Dienstleistungen, z. B. Verbesserung der Kundenberatung,
- Verbesserung der Produktpräsentation durch eine anspruchsvollere Geschäftsausstattung.

Eine qualitative Senkung des Sortiments **(trading-down)** erreicht der Einzelhändler z. B. durch

- Reduzierung der Auswahl an Waren,
- Verringerung der angebotenen Dienstleistungen,
- Verminderung der Zahl der Mitarbeiter und damit eingehende Reduzierung des Kundenservice,
- einfachere Geschäftsausstattung oder
- Senkung des allgemeinen Qualitäts- und Preisniveaus.

Beispiel: Aufgrund der allgemeinen wirtschaftlichen Situation müssen viele Kunden der Trendino Computer-Shop GmbH mit weniger Geld auskommen. Immer häufiger werden sehr preiswerte Artikel nachgefragt.

Abb. 5: Zahlreiche Sonderangebote können auf eine qualitative Senkung des Sortiments hinweisen.

12.3.2 Servicepolitik

Der **Service** oder **Kundendienst** eines Einzelhandelsunternehmens umfasst alle Zusatzleistungen, die die Hauptleistungen des Betriebs ergänzen.

Dazu gehören Leistungen, die in unmittelbarem Zusammenhang mit der Ware stehen, aber auch warenunabhängige Leistungen, die die Bequemlichkeit des Kunden beim Einkauf fördern.

Die Serviceleistungen können Waren oder Dienstleistungen sein. Die Serviceangebote können vor oder nach dem eigentlichen Kauf gemacht werden. Sie können für den Kunden einen Preis haben oder unentgeltlich sein.

Zu den Serviceleistungen gehören z. B.
- Beratung und Information,
- Verpackungsservice,
- Zustellservice,
- Kundenbetreuung,
- Abwicklung von Gewährleistungsansprüchen,
- Reparaturservice und die Ersatzteilbereitstellung oder
- Angebot an überdachten Parkplätzen.

Beispiel: Die Mitarbeiter der Trendino Computer-Shop GmbH werden einmal im Quartal geschult, um die neuesten Trends im IT-Bereich kennen zu lernen. So sichert das Unternehmen eine fachkundige Beratung seiner Kunden. Außerdem übernimmt Trendino gegen ein geringes Entgelt den Einbau der gekauften Komponenten. Weiterhin kann man im Computer-Shop leere Druckerpatronen abgeben.

Unter Servicepolitik versteht man alle Maßnahmen, die der Einzelhändler ergreift, um den Kunden das Einkaufen angenehmer zu gestalten.

> ! *Die **Servicepolitik** umfasst die Planung aller Ziele und Maßnahmen des Kundendienstes.*

Der gesamte Bereich der Servicepolitik zielt darauf ab, Kunden dauerhaft zu gewinnen und den Ruf des Einzelhandelsunternehmens zu fördern.

12.3.3 Preis- und Konditionenpolitik

Unter der **Preispolitik** versteht man alle Entscheidungen, die den Preis der Waren und Dienstleistungen eines Einzelhändlers beeinflussen. Die **Konditionenpolitik** ergänzt die Preispolitik und umfasst folgende Möglichkeiten, die den Preis indirekt beeinflussen:
- Lieferungsbedingungen, z. B. kostenfreie Lieferung innerhalb eines bestimmten Gebiets,
- Zahlungsbedingungen, z. B. Skonto oder Konsumentenkredite zur Stärkung der Kaufkraft.

> ! *Die **Preis- und Konditionenpolitik** umfasst alle Maßnahmen, die den Preis der Waren und Dienstleistungen direkt oder indirekt beeinflussen.*

Grundsätzlich hat der Einzelhändler verschiedene **Möglichkeiten der Preisgestaltung:**

- **kostenorientierte Preisgestaltung:** Die Preise werden auf der Basis der Kosten ermittelt.

  Beispiel: Ein PC kostet im Einkauf 360,00 €. Dazu kommt ein Kalkulationszuschlag von 25 %, sodass dieser PC im Laden für 450,00 € netto angeboten wird.

- **nachfrageorientierte Preisgestaltung:** Die Preise werden in Abhängigkeit von der Nachfrage festgesetzt.

  Beispiel: Ein PC für 750,00 € brutto ist vielen Kunden zu teuer, deshalb kaufen sie ihn nicht. Der Einzelhändler bietet deshalb eine andere Version des PC für 599,00 € brutto an.

- **konkurrenzorientierte Preisgestaltung:** Die Preise werden unter Berücksichtigung der Konkurrenzpreise gebildet.

  Beispiel: Die Konkurrenz hat einen PC für 350,00 € brutto im Angebot. Deshalb wird ein Modell zum Preis von 349,00 € brutto angeboten.

Außerdem beachtet der Einzelhändler auch die **psychologische Preisgestaltung.** Oft ist es besser, wenn ein Preis unterhalb bestimmter Preisgrenzen liegt, z. B. 1,99 € statt 2,00 € für die Ananas (psychologischer Preis, vgl. BN 222331, LF 9, Kap. 9.1.2).

Zur Preis- und Konditionenpolitik gehört auch die Möglichkeit der **Preisdifferenzierung.** Bei der Preisdifferenzierung wird das gleiche Produkt bei gleichen Kosten zu unterschiedlichen Preisen angeboten. Man unterscheidet die in der Übersicht dargestellten Möglichkeiten der Preisdifferenzierung (vgl. Abb. 6).

Bei allen Möglichkeiten der Preisdifferenzierung spielt der **Standort des Geschäfts** eine wesentliche Rolle. Befindet sich der Laden in einer teuren Einkaufsstraße, dann entstehen in der Regel höhere Kosten durch die zu zahlende Miete, welche durch die Erlöse gedeckt werden müssen. Die Lage beeinflusst den zukünftigen Umsatz und die Kosten des Unternehmens.

Preisdifferenzierung	Erläuterung	*Beispiele*
räumlich	Die Preise unterscheiden sich an verschiedenen Orten.	Benzinpreise an der Autobahn und in der Stadt
zeitlich	Zu verschiedenen Zeiten werden unterschiedliche Preise verlangt.	Sommer- und Winterpreise bei Ski oder Badesachen
sachlich	Gleichartige Produkte werden mit unterschiedlicher Aufmachung zu unterschiedlichen Preisen angeboten.	Angebot als Markenartikel („Sachsenmilch“) und No-Name-Ware
persönlich	Die Preise werden nach den verschiedenen Abnehmergruppen gestaltet.	Schüler- und Studententarife, Wiederverkäuferpreise, Mitarbeitertarife
mengenbezogen	Die Preise werden nach den Absatzmengen gestaltet, d. h., es entsteht bei höheren Absatzmengen eine Kostendegression.	Staffelpreise bei Heizöl, Gruppentarife

Abb. 6: Preisdifferenzierung

Neben der Preisdifferenzierung und Preisgestaltung gibt es preispolitische Möglichkeiten (vgl. Abb. 7).

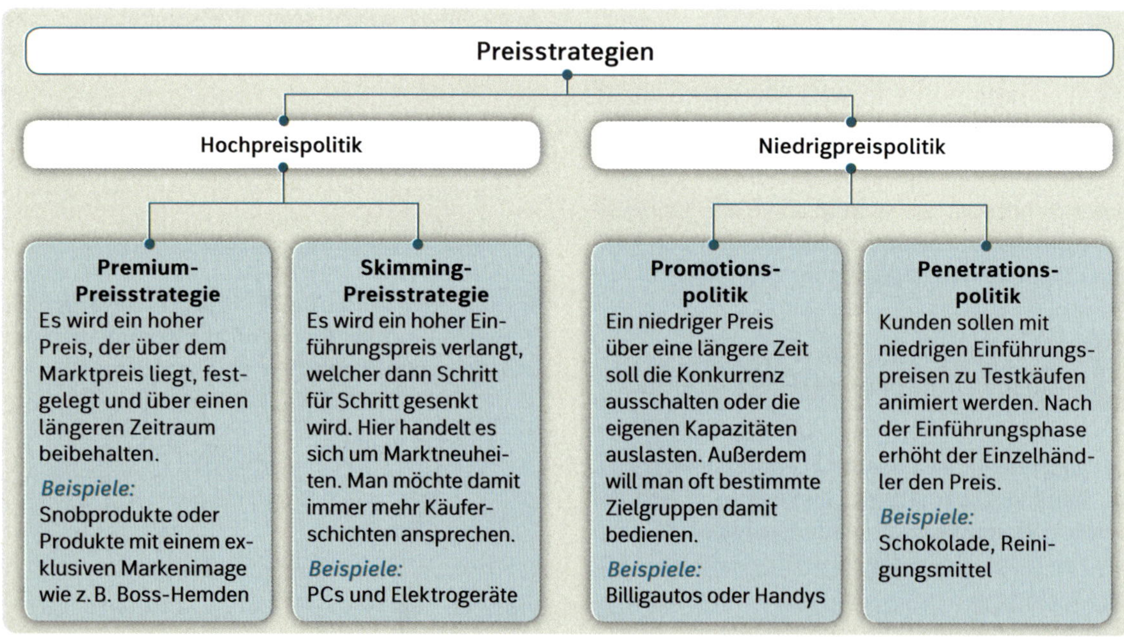

Abb. 7: Preisstrategien

12.3.4 Kommunikationspolitik

Mithilfe der Kommunikationspolitik versucht das Unternehmen den Markt und die Marktteilnehmer in seinem Sinne zu beeinflussen. Die Absatzwerbung, die Verkaufsförderung (Sales Promotion) sowie die Öffentlichkeitsarbeit (Public Relations) sind nur einige Möglichkeiten zur Gestaltung der Kommunikation zwischen Kunden und Unternehmen. Die Hersteller haben im Rahmen der Kommunikationspolitik vielfältigere Mittel als der Einzelhändler.

> **!** *Die **Kommunikationspolitik** umfasst alle Maßnahmen, die das Ziel haben, den Markt und die Marktteilnehmer im Sinne des Unternehmens zu beeinflussen.*

Die verschiedenen Instrumente der Kommunikationspolitik werden auf den folgenden Seiten erläutert (vgl. auch Abb. 8).

Beispiel: Ein amerikanischer Werbespezialist fragte bei einem Vortrag seine Zuhörer: „Warum ist der Umsatz an Hühnereiern größer als der Umsatz von Enteneiern? Die Antwort lautete: „Weil das Huhn, wenn es ein Ei gelegt hat, laut gackernd herumläuft, während die Ente, ohne einen Ton von sich zu geben, davonwatschelt!". Wenn ein Produkt, und sei es noch so gut, nicht bekannt ist, wird es nicht verkauft bzw. gekauft.

Es muss „gegackert", also geworben werden, je lauter, desto besser.

(Ziele und Aufgaben der Werbung, vgl. BN 222331, LF 5, Kap. 5.1.1)

Kommunikationsinstrumente

Absatzwerbung	Verkaufsförderung (Sales Promotion)	Direktmarketing	Öffentlichkeitsarbeit (Public Relations)
Steigerung des Verkaufs durch den Einsatz von Kommunikationsmitteln	Förderung des Verkaufs am Verkaufsort (Point of Sale)	Werbemaßnahmen, die sich unmittelbar an bestimmte Kundengruppen wenden	Maßnahmen, die der Imagepflege des Unternehmens dienen
Beispiele:	***Beispiele:***	***Beispiele:***	***Beispiele:***
■ Anzeigen in der Zeitung ■ Werbespots in Fernsehen oder Kino ■ Prospekte in Zeitungen	■ Warenvorführung ■ Gewinnspiele ■ Aufsteller oder Displays	■ E-Mail-Newsletter ■ Werbebriefe ■ Telefonate ■ Haustürgeschäfte ■ Kundenklub ■ Werksverkäufe	■ Corporate Identity ■ Messen und Ausstellungen ■ Sponsoring ■ Product Placement

Onlinemarketing (vgl. LF 12, Kap. 12.6)
gewinnt immer mehr an Bedeutung und findet sich in allen Instrumenten wieder.

Abb. 8: Kommunikationsinstrumente

Absatzwerbung

Bei der Absatzwerbung werden Informationen zum Produkt vermittelt und der Kunde zum Kauf angeregt. Die Werbung dient z. B. dazu, den Kundenstamm zu erhalten (Erhaltungswerbung), neue Kunden zu gewinnen (Expansionswerbung) oder neue Produkte einzuführen (Einführungswerbung). Der Werbung werden durch das Gesetz gegen den unlauteren Wettbewerb (UWG) Grenzen gesetzt. So ist z. B. irreführende Werbung grundsätzlich verboten (vgl. BN 222331, LF 5, Kap. 5.5).

Beispiel: Die Trendino Computer-Shop GmbH inseriert gemeinsam mit allen beteiligten Geschäften in der Fußgängerzone einmal pro Quartal im „Wochenendkurier".

Verkaufsförderung (Sales Promotions)

Hier konzentriert sich der Einzelhändler auf die Förderung des Verkaufs am Verkaufsort (Point of Sale, POS). Dafür setzt er verschiedene Mittel ein (vgl. BN 222331, LF 5, Kap. 5.4).

Beispiel: Die Mitarbeiter des Lebensmittelgeschäfts brutto=netto OHG werden mithilfe von Prospekten vor Ort geschult. Der Verkauf wird außerdem durch Verkaufsanreize für das Personal gefördert, z. B. Provisionen und Prämien. Die Verkaufsräume sind ansprechend gestaltet. Oft werden die Möglichkeiten der Verbundplatzierung genutzt, z. B. für Erdbeeren und Schlagsahne. Außerdem bemüht sich der Inhaber, die Erlebnisqualität beim Einkauf zu steigern, z. B. durch Schauveranstaltungen oder Produktproben und Verkostungsstände.

Eine Abgrenzung zwischen Absatzwerbung und Verkaufsförderung ist in der Praxis oftmals schwierig, denn jede Verkaufsförderung wird auch von Werbung begleitet. Während die Absatzwerbung langfristig angelegt ist und einen höheren Streukreis besitzt, ist die Verkaufsförderung meist kurzfristig ausgerichtet und standortbezogen.

Direktmarketing als Form der Kommunikation

Direktmarketing, auch **Dialogmarketing** genannt, hat zum Ziel, persönliche Kontakte zu einer Zielgruppe von Kunden herzustellen. Ein besonders häufig benutztes Instrument ist dabei das **Callcenter,** das zum Teil selbst aktiv ist, d. h. Rundfragen, Werbebotschaften oder Kundenwerbung durchführt, oder auch passiv auf Kundenwünsche oder Serviceanfragen reagiert.

In jedem Fall wird ein **direkter Kontakt zum Kunden** hergestellt, der für das Marketing des Unternehmens von höherer Bedeutung ist als der einseitige Versand von Werbebotschaften.

Häufig beauftragen die Unternehmen **Direktmarketing-Agenturen,** die auf diese Form des Marketing spezialisiert sind. Diese sammeln die Adressen der Kunden und potenzieller Interessenten. Sie ermitteln diese Adressen entweder selbst oder besorgen sie sich z. B. aus Branchenbüchern und Telefonbüchern oder von Handelsregistern und Adressenverlagen. Die Agenturen kontaktieren diese Adressen telefonisch, schriftlich oder per E-Mail.

Direktmarketing kann auf verschiedene Art und Weise stattfinden, so z. B. durch

- E-Mails,
- Werbebriefe,
- Newsletter,
- Handzettel,
- Postwurfsendungen,
- Onlinemarketing oder
- Telefonmarketing (aktiv und passiv).

Auch in den klassischen Medien wird Direktmarketing betrieben, so z. B. in der Fernsehwerbung (mit Aufruf zum Telefonanruf) oder als Außen- und Plakatwerbung (mit Angaben von Telefonnummern).

Nach dem **Bundesdatenschutzgesetz** dürfen die Adresshändler nur den Namen, die Anschrift, das Geburtsjahr und Merkmale wie die Geschäfts-, Branchen- oder Berufsbezeichnung speichern und vermieten bzw. weiterleiten. Angaben über politische und religiöse Anschauungen sowie Arbeitnehmerdaten oder andere sensible Informationen dürfen nicht weitergegeben werden.

Die Bedeutung des Direktmarketing hat in den letzten Jahren stark zugenommen. Mittlerweile gehen Marketingexperten davon aus, dass ein immer größer werdender Anteil des Werbebudgets für das Direktmarketing aufgewendet wird.

Beispiel: Die Trendino Computer-Shop GmbH hat eine umfangreiche Adressensammlung. Über neue Angebote werden die Kunden sofort per Newsletter informiert. Viele Kunden kaufen kurz danach online.

22233484

Onlinemarketing

Onlinemarketing ist Kommunikation mittels elektronischer Medien, also hauptsächlich in Form von E-Mails und im Internet.

Über die E-Mails erhält der Kunde schnell und kostengünstig entsprechende Informationen.

Beispiel: Die Trendino Computer-Shop GmbH informiert ihre Kunden per E-Mail, wenn die bestellte Ware eingetroffen ist. Wenn Kunden es wünschen, werden sie in den Newsletterverteiler aufgenommen. Auf diese Weise werden sie auf die neuesten Trends im IT-Bereich und auf Sonderangebote im Trendino Computer-Shop hingewiesen.

Das Internet ist eine Plattform für den Einzelhändler, die ihm vielfältige Möglichkeiten bietet, von Kunden Anregungen zu erhalten und diese dann für seine weitere Arbeit zu nutzen. Der Einzelhändler nutzt für seine Werbung z. B.:

- **Website:** Hier kann sich der Einzelhändler mit seiner Homepage darstellen und Informationen über sein Sortiment, Sonderaktionen oder Kontaktaufnahmemöglichkeiten präsentieren. Diese Möglichkeit der Kommunikation muss der Einzelhändler nutzen, um am Markt zu bestehen.
- **Bannerwerbung:** Der Einzelhändler kann mithilfe von Bannern auf seine Homepage aufmerksam machen. Die Banner verweisen dann als Hyperlink auf die Website des Händlers.
- **Soziale Netzwerke:** Eine weitere Möglichkeit für den Einzelhändler seine Produkte bekannt zu machen, bieten soziale Netzwerke wie z. B. Facebook oder Twitter.

Beispiel: Die Trendino Computer-Shop GmbH verfügt seit der Gründung über eine eigene Homepage, auf der Kunden und Lieferanten alle wichtigen Informationen abrufen können.

Abb. 9: Unternehmenseigene Website

Multi-Channel-Marketing

Beispiel: Mustafa und Fatima verabreden sich zum Shopping in der Stadt. Ihnen fällt beim Bummeln die Schaufensterwerbung des Trendino Computershops für ein neues Computerspiel auf. „Schau mal! Ist dies nicht das neue Spiel aus der Fernsehwerbung?“, fragt Fatima ihren Begleiter Mustafa. Der antwortet: „Die Fernsehwerbung kenne ich noch nicht, aber ich habe zuletzt einen E-Mail-Newsletter erhalten, in dem es vorgestellt wurde. Einfach toll ...“ Beide können sich auch an eine Werbung in Facebook erinnern. Sie beschließen daraufhin, in den Laden zu gehen und sich das Spiel näher anzusehen.

Es ist schon erstaunlich, auf wie vielen Wegen heute um die Gunst der Kunden gerungen wird. Die zunehmende Digitalisierung verändert das Konsumentenverhalten immer mehr. Viele Kunden informieren sich mittlerweile online bzw. auf elektronischen Wegen. Die Nutzung der sogenannten klassischen Medien geht beständig weiter zurück. Um diesen Trend zu berücksichtigen und die Zukunft nicht zu verschlafen, setzen die Einzelhändler zunehmend auf die Multi-Channel-Strategie, die auch Multikanalstrategie genannt wird. Dies bedeutet, dass die Zielgruppe über unterschiedliche Kommunikations- und Vertriebsmaßnahmen erreicht werden soll.

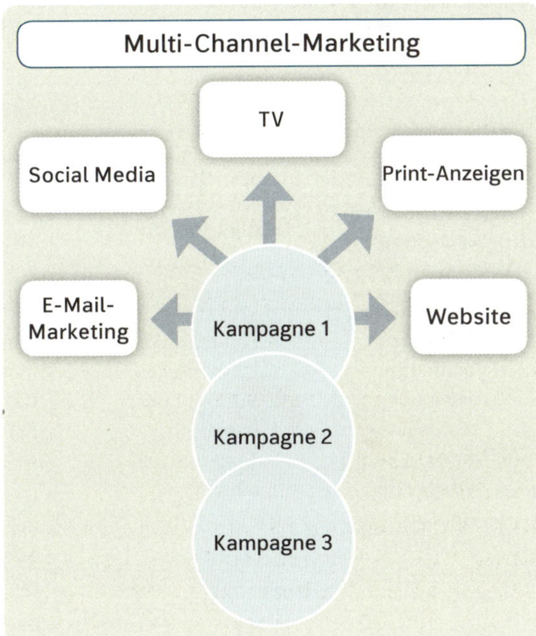

Abb. 10: Wege des Mulit-Channel-Marketing

Unter Multi-Channel-Marketing oder Multikanalstrategie versteht man den strategischen Ansatz des Handels oder der Dienstleister, die (potenziellen) Kunden auf mehreren unterschiedlichen Kommunikationskanälen zu erreichen. Hierbei nutzt man konsequent unterschiedliche Werbekanäle.

Durch die allgemeine Verbreitung von mobilen Endgeräten wird der Konsument in die Lage versetzt, jederzeit und allerorts einkaufen zu können. Dies nennt man auch „Everywhere Commerce".

Aus diesem Grund bedient sich der Einzelhändler zahlreicher Onlinemaßnahmen, wie z. B. Suchmaschinenwerbung, Display-Marketing, Social-Media-Marketing, Online-Public-Relations oder E-Mail-Marketing. Parallel dazu nutzt er auch Offline-Maßnahmen wie Printanzeigen, Sponsoring, Messen & Events oder den persönlichen Verkauf.

Ein umfassendes Multi-Channel-Marketing besteht oft aus dem Mix von On- und Offline-Maßnahmen.

Öffentlichkeitsarbeit (Public Relations)

Bei der Öffentlichkeitsarbeit (Public Relations) wird das Image des Einzelhandelsunternehmens gepflegt. Das Unternehmen wirbt um das Vertrauen in der Öffentlichkeit. Dazu gehören z. B. gezielte Informationen der Massenmedien (vgl. BN 222331, LF 5, Kap. 5.4).

Voraussetzung für eine positive Imagekampagne ist eine klare **Corporate-Identity-Politik.** Hier versucht der Einzelhändler, ein einheitliches Erscheinungsbild aufzubauen. Er ergreift zahlreiche Maßnahmen, die die Mitarbeiter, Aktionäre, Gesellschafter, aber auch externe Zielgruppen wie die Kunden, Lieferanten und die öffentliche Meinung beeinflussen.

> **!** *Die **Corporate-Identity-Politik** umfasst alle Aktivitäten, die dazu beitragen, nach außen und innen ein einheitliches Erscheinungsbild aufzubauen.*

Ziel ist die Profilierung des Unternehmens. Die Corporate-Identity-Politik wird innerhalb und außerhalb des Unternehmens durch drei Merkmale geprägt:

- Verhalten **(Corporate Behavior):** Durch das einheitliche Verhalten soll sich ein „Wir-Gefühl" entwickeln. Das Firmenverhalten zeigt sich u. a. darin, wie die Mitarbeiter miteinander und mit den Kunden umgehen, wie Probleme gelöst werden, nach welchen Kriterien das Personal eingestellt, welche Karrieremöglichkeiten existieren und welche Lohnpolitik betrieben wird.

Beispiel: Bei der Trendino Computer-Shop GmbH werden die Mitarbeiter durch regelmäßige Schulungen zum Kaufvertragsrecht umfassend darüber informiert, wie sie mit Gewährleistungsansprüchen umzugehen haben und wie sie auf Probleme

Abb. 11: Möglichkeiten der Onlinewerbung

beim Verkauf reagieren müssen. So ist ein einheitliches Auftreten der Mitarbeiter garantiert.

- Kommunikation (**Corporate Communications**): Alle Kommunikationsmittel werden aufeinander abgestimmt, um ein einheitliches Erscheinungsbild mit einheitlichen Slogans zu erzeugen.

Beispiel: Die REWE-Handelsgruppe ist bei ihren Werbeaktivitäten am Slogan „REWE: Besser leben.“ zu erkennen.

- Erscheinungsbild (**Corporate Design**): Alle Farben, Logos, Werbemittel, ebenso wie die Verpackung der Produkte, werden miteinander abgestimmt, um optisch eine Einheit zu bilden (vgl. Abb. 12).

Abb. 12: Beispiel für Corporate Design

Weitere Instrumente der Öffentlichkeitsarbeit sind:

- **Messen und Ausstellungen:** Der Einzelhändler hat die Möglichkeit, auf einer Messe oder Ausstellung zeitlich begrenzt seine Waren zu präsentieren und/oder zu verkaufen. Hier erhalten die Kunden die Gelegenheit, die Angebote zu vergleichen und sich über neueste Trends zu informieren. Der Einzelhändler kann so neue Kundenkontakte gewinnen und seinen Bekanntheitsgrad steigern.
  Messen, wie z.B. die Frankfurter oder Leipziger Buchmesse, die CeBIT, die Internationale Grüne Woche Berlin, die Hochzeitsmesse, die Heimwerkermesse oder die Nürnberger Spielwarenmesse, tragen zur Schaffung von Markttransparenz bei.

Beispiel: Die Trendino Computer-Shop GmbH nimmt regelmäßig an der CeBIT teil, um den Bekanntheitsgrad ihrer Läden und Eigenmarken zu steigern. Des Weiteren nutzt sie die Messe zur Anbahnung von Geschäftsbeziehungen und um sich über die neuesten Markttrends zu informieren.

- **Sponsoring** stellt eine weitere Möglichkeit für den Einzelhändler dar, um seine Marketingziele zu erreichen. Hier unterstützt er beispielsweise Sportveranstaltungen, Bildungs- und Kunstprojekte oder ökologische Vorhaben. Durch diese Sponsorentätigkeit wird sein Firmenlogo bekannter und es stellt gleichzeitig eine gute Werbung für das Unternehmen dar.

Beispiel: Die Trendino Computer-Shop GmbH hat dem Förderverein der ortsansässigen Gesamtschule 5000,00 € zur Verfügung gestellt, um die Sanierungsarbeiten zu unterstützen. Die symbolische Scheckübergabe durch den Geschäftsführer Herrn Herrmann der Trendino Computer-Shop GmbH an den Fördervereinsvorsitzenden Herrn Otto wurde beim Pressetermin fotografiert und in zwei regionalen Tageszeitungen veröffentlicht.

- Beim **Productplacement** wird das Produkt oder das Logo eines Markenartikels oder eines Unternehmens in den Massenmedien bewusst gezeigt. Vor allem in Kino- oder Fernsehfilmen benutzen oder tragen die Schauspieler diese Produkte. Aber auch bei Veranstaltungen wie bei Stadtfesten, Theateraufführungen und anderen Events wird das Productplacement genutzt. Meist wird für die Platzierung dieser Produkte ein Kostenzuschuss von der Privatwirtschaft gezahlt oder die Produkte werden zur freien Verfügung überlassen (vgl. Abb. 13).

Abb. 13: Productplacement in Kino und Fernsehen

Jedes Kommunikationsmittel stellt für sich kein Erfolgsrezept dar, da es Vor- und natürlich auch Nachteile hat. Wichtig ist es für den Einzelhändler, aus der Vielzahl der Kommunikationsinstrumente die passenden Möglichkeiten auszuwählen. Hierbei spielen sowohl die jeweilige Marktsituation als auch die anfallenden Kosten eine entscheidende Rolle.

12.3.5 Distributionspolitik

Der Einzelhändler muss zahlreiche Entscheidungen treffen, um eine bedarfsgerechte Warenbereitstellung sicherzustellen. So legt er beispielsweise seine Geschäftsgröße und -ausstattung, Öffnungszeiten und die Betriebs- und Vertriebsform für seinen Laden fest. Den Prozess der Warenverteilung an die Endverbraucher nennt man **Distribution.** Die Distributionspolitik bezieht sich auf alle Entscheidungen, die im Zusammenhang mit dem Weg der Ware zum Endverbraucher stehen.

> ! *Die **Distributionspolitik** umfasst alle Maßnahmen im Zusammenhang mit der Frage, wie die Waren und Dienstleistungen zum Kunden gelangen.*

Ziel ist es dabei, dass die Absatzleistungen
- im richtigen Zustand,
- zur richtigen Zeit,
- in der jeweils gewünschten Menge und
- am gewünschten Ort

zur Verfügung stehen.

Für den Einzelhändler gehören die Wahl der Absatzwege und die Marketing-Logistik zu den wesentlichsten Aufgabenbereichen innerhalb der Distributionspolitik.

Wichtige Entscheidungsfragen im Einzelhandel in Bezug auf die **Absatzwege** sind:
- Welche Absatzwege gibt es für die Waren und Dienstleistungen?
- Wie werden die Waren zum Kunden transportiert?
- Soll es für bestimmte Waren die Möglichkeit eines Kommissionsvertrags geben?
- Sollen im Verkauf Außendienstmitarbeiter (Handlungsreisende) oder Handelsvertreter eingesetzt werden?
- Sollen die Waren über Franchising vertrieben werden?

Zur **Marketing-Logistik** (physische Distribution) gehören sämtliche Lager- und Transporttätigkeiten, die im Zusammenhang mit der Auslieferung der Ware an den Kunden stehen. Der Einzelhändler entscheidet, wie das Produkt gelagert und zum Kunden transportiert wird.

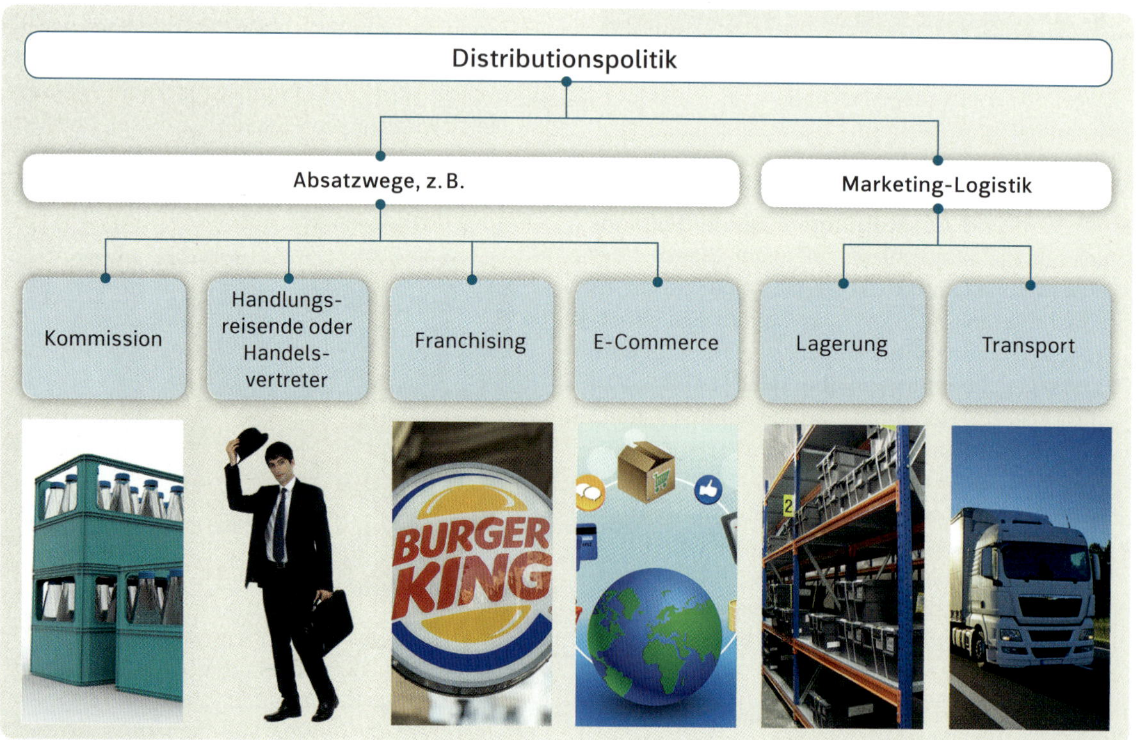

Abb. 14: Fragen der Distributionspolitik

Kommission

Beim Kommissionsgeschäft wurde ein **Kommissionär** (z. B. Einzelhändler) von einem **Kommittenten** (z. B. Großhändler oder Hersteller) beauftragt, Ware zu verkaufen. Die Ware geht in den Besitz des Kommissionärs über, bleibt aber bis zur Übergabe an den Kunden Eigentum des Kommittenten (zu Besitz und Eigentum: vgl. BN 222331, LF 3, Kap. 3.1.9). Der Einzelhändler kann sowohl als Kommissionär als auch als Kommittent auftreten.

Beispiel: Zum 25. Jahrestag seiner Gründung richtet der SV Blau-Grün 85 eine Party aus. Da er nicht abschätzen kann, wie viele Getränke er verkaufen wird, vereinbart der Verein (= Kommissionär) mit dem Getränkehändler (= Kommittent), dass er die nicht verkauften vollen Kästen zurückgeben kann.

Ein großer Vorteil des Kommissionsvertrags besteht darin, dass nur die verkaufte Kommissionsware abgerechnet wird. Die nicht verkaufte Ware kann an den Lieferanten zurückgegeben werden.

Handlungsreisende und Handelsvertreter

Möchte der Einzelhändler Personen beauftragen, die ihm außerhalb seines Ladengeschäfts beim Absatz behilflich sind, findet man in der Praxis vor allem zwei Möglichkeiten:

- Er kann eigene **Handlungsreisende** einstellen. Ein Handlungsreisender ist ein angestellter Außendienstmitarbeiter, der weisungsgebunden ist. Er schließt Verträge im Namen und auf Rechnung des Einzelhändlers ab. Er erhält ein festes Gehalt und als Verkaufsanreiz eine Provision.

- Er kann **Handelsvertreter** beauftragen. Ein Handelsvertreter ist ein selbstständiger Gewerbetreibender, mit dem der Einzelhändler einen Vertretungsvertrag abschließt. Der Handelsvertreter vermittelt den Abschluss von Kaufverträgen oder er schließt Verträge im Namen und auf Rechnung des Einzelhändlers ab. Er erhält eine Verkaufsprovision, die sich nach der Umsatzhöhe richtet und zumeist höher ist als die Provision eines Handlungsreisenden. Tätigt der Handelsvertreter keine Geschäfte, fallen für den Einzelhändler auch keine Kosten für die Provision an.

Franchising

Eine weitere Möglichkeit für den Einzelhändler stellt Franchising dar. Hier tritt der Hersteller als Franchise-Geber und der Einzelhändler als Franchise-Nehmer auf. Der Hersteller bindet mit dem Franchising-Vertrag rechtlich und wirtschaftlich selbstständige Handels- oder Dienstleistungsbetriebe.

Der **Franchise-Nehmer** eröffnet sein Einzelhandelsunternehmen mit seinem eigenen Kapital. Er erhält vom **Franchise-Geber** Hilfen bei der Finanzierung, bei der Ausstattung, bei der Mitarbeiterschulung und beim Aufbau des Betriebs. Er verkauft die Produkte des Herstellers unter gemeinsamen Namen und Logo, in einheitlich ausgestatteten Läden, zu gleichen Preisen wie andere Franchise-Nehmer. In allen Franchise-Betrieben des Herstellers werden gleiche Waren angeboten, sodass der Kunde glauben muss, es handele sich um einen großen Filialbetrieb (vgl. Abb. 15). Der Franchise-Nehmer profitiert von der einheitlichen Kommunikationspolitik (Werbung) durch den Franchise-Geber. Er zahlt an den Franchise-Geber eine einmalige Einstandsgebühr und laufende Beiträge (vgl. Kap. 14.4.2).

Abb. 15: Bekannte Franchise-Unternehmen sind z. B. McDonald's und OBI.

Abb. 16: Handelsvertreter arbeiten ausschließlich auf Provisionsbasis.

Aufgaben

1. Nennen Sie Serviceleistungen Ihres Ausbildungsbetriebs.
2. Welche Serviceleistungen schätzen Sie bei Ihren Einkäufen besonders und warum?
3. Erläutern Sie, was man unter Preispolitik versteht.
4. Erklären Sie, welche Möglichkeiten der Preisgestaltung der Einzelhandelsunternehmer hat.
5. Was versteht man allgemein unter Preisdifferenzierung?
6. Nennen Sie Beispiele für die folgenden Arten der Preisdifferenzierung:
   a) räumliche
   b) zeitliche
   c) sachliche
   d) persönliche
   e) mengenbezogene
7. a) Aldi besaß seit der Eröffnung der ersten Läden über Jahrzehnte hinweg keine offizielle PR-Abteilung und gab über einen langen Zeitraum seiner Unternehmensgeschichte kein Geld für externe Marketingagenturen aus. Die Schlagzeile über den einmal wöchentlich erscheinenden Anzeigenseiten in den Zeitungen lautete immer gleich: „Aldi informiert". Die Anzeigen enthielten überwiegend Sonderangebote.
   War dies der Beweis, dass der Erfolg eines Einzelhandelsunternehmens nicht nur über Werbung erreichbar ist? Begründen Sie, warum Aldi Ihrer Meinung nach dennoch so erfolgreich war.
   b) Recherchieren Sie im Internet, welche Marketingstrategie(n) Aldi heute einsetzt.
   c) Weshalb hat Aldi seine Strategie geändert?

12.4 Einsatz der Marketinginstrumente

Bei der Trendino Computer-Shop GmbH hat man sich über mögliche Marketingmaßnahmen informiert und überlegt nun, in welcher Weise man sie einsetzt. Das Ziel ist, Absatz und Umsatz bestimmter Warengruppen in den nächsten Monaten zu erhöhen. Ein Mitarbeiter aus dem Verkauf beschreibt, welche Marketinginstrumente die Elektronikfachmarktkette Media-Markt einsetzt. Er schlägt vor, den Einsatz der Marketinginstrumente bei Trendino in gleicher Weise zu planen.

12.4.1 Marketingkonzepte

Um den Kunden zu beeinflussen und somit einen Markt zu schaffen, zu vergrößern oder zu erhalten, benötigt der Einzelhändler ein Marketingkonzept. Bei der Realisierung seiner Marketingziele hat der Einzelhändler zwei grundsätzliche Möglichkeiten: Er kann sich

- vorrangig an seinen Waren oder
- vorrangig an den Wünschen der Kunden

orientieren (vgl. Abb. 1).

> ! *Ein **Marketingkonzept** beinhaltet alle Maßnahmen, die darauf abzielen, die Marketingziele zu verwirklichen.*

Durch ein **Verkaufskonzept (traditionelles Marketing)** sollen die Bedürfnisse der Kunden geweckt und damit der Absatz der eigenen Produkte gesteigert werden. Sieht der Einzelhändler vorrangig sein bestehendes Warenangebot im Mittelpunkt seines Marketingkonzepts, muss er berücksichtigen, dass der Kunde aus einem immer größer werdenden Angebot seine Auswahl treffen kann. Deshalb muss der Einzelhändler sich zunehmend an den Wünschen der Kunden orientieren.

> ! *Das **Verkaufskonzept** geht von den Waren und Dienstleistungen eines Unternehmens aus und versucht, für diese Kunden zu finden.*

Ein reines Verkaufskonzept reicht aber oftmals nicht mehr aus, um zu bestehen. Dies berücksichtigt das **integrierte Marketingkonzept (modernes Marketingkonzept):** Das Absatzmarketing wird in alle betrieblichen Funktionen, wie z. B. Beschaffung, Lagerung, Finanzen und Personal, eingebunden und miteinander verzahnt. Der Käufer erhält mit seiner Ware einen Zusatzgewinn durch das Image seines Produkts, welches z. B. durch die Kommunikationspolitik aufgebaut wird. Marketing wird in das gesamte Unternehmenskonzept integriert.

> ! *Das **integrierte Marketingkonzept** geht vom Markt aus. Es wird versucht, die Wünsche und Bedürfnisse der möglichen Kunden zu erkennen und das Angebot des Unternehmens wird nach den Kundenbedürfnissen ausgerichtet.*

Alle Marketingkonzepte dienen letztendlich der Kundenzufriedenheit.

Je nachdem, welche Unternehmensziele und Aussagen in den Vordergrund eines Marketingkonzepts gestellt werden sollen, lassen sich noch andere Orientierungen für Marketingkonzepte erkennen.

Ein Beispiel dafür ist das **Ökomarketing.** Hier steht der Umweltschutz im Mittelpunkt. Der Umweltschutz wird in das Zielsystem des Unternehmens integriert. Damit möchte das Einzelhandelsunternehmen gegenüber der Öffentlichkeit gesellschaftliche Verantwortung zeigen.

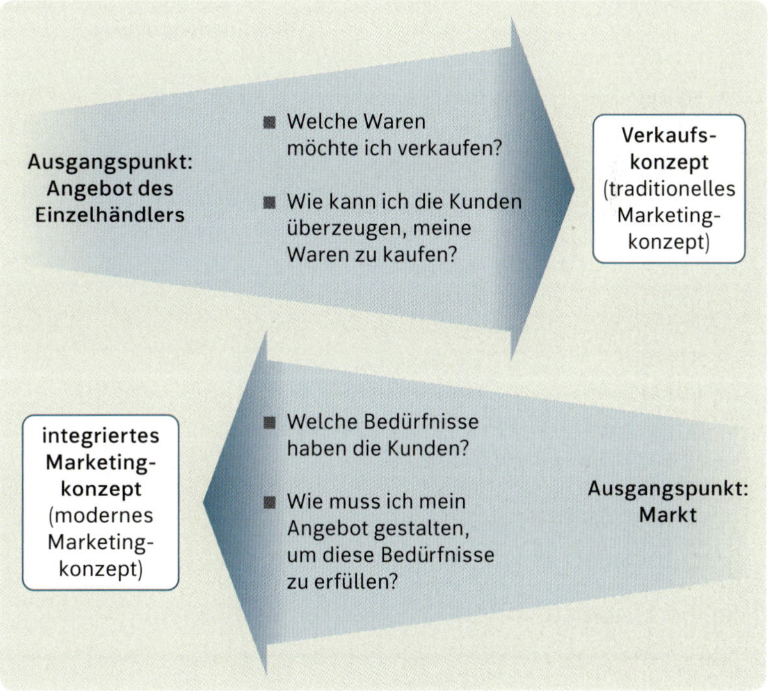

Abb. 1: Ausgangsüberlegungen für Marketingkonzepte

12.4.2 Marketing-Mix

Der Marketing-Mix bildet das Kernstück der Planung aller Marketingaktivitäten. Hier geht es um die optimale Kombination und den genau abgestimmten Einsatz der Marketinginstrumente.

> **!** *Der **Marketing-Mix** ist die von einem Unternehmen eingesetzte Kombination von Sortiments-, Service-, Preis- und Konditionen-, Kommunikations- sowie Distributionspolitik.*

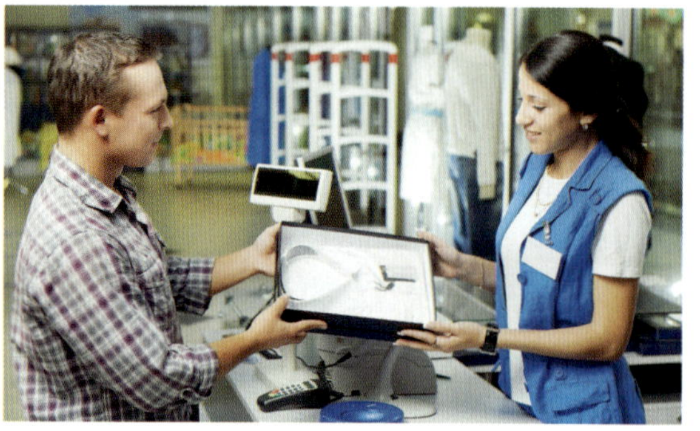

Abb. 2: Innerhalb des Marketing-Mix wird der Servicepolitik oft eine besondere Bedeutung beigemessen.

Wie der Einzelunternehmer die Auswahl der jeweiligen Instrumente gestaltet und dosiert, hängt vor allem vom jeweiligen Produkt und vom Kaufverhalten der Kunden ab. So ist z. B. zu beachten, dass

- der Preis bei Lebensmitteln eine wesentliche Rolle spielt, während er bei Luxusgütern nicht wichtig ist.

Marketinginstrumente

Sortimentspolitik	Servicepolitik	Preis- und Konditionenpolitik	Kommunikationspolitik	Distributionspolitik
■ Sortimentsbereinigung ■ Sortimentserweiterung (Diversifikation) ■ Sortimentsvariation ■ trading-up ■ trading-down	■ Beratung und Information ■ Verpackungsservice ■ Zustellservice ■ Kundenbetreuung ■ Abwicklung von Gewährleistungsansprüchen ■ Reparaturservice ■ Parkplätze	■ Preisgestaltung ■ Preisdifferenzierung ■ Preisstrategie	■ Absatzwerbung ■ Verkaufsförderung (Sales Promotion) ■ Direktmarketing ■ Öffentlichkeitsarbeit (Public Relations)	■ Absatzwege (z. B. Kommission, Handlungsreisende oder Handelsvertreter, Franchising, E-Commerce) ■ Marketinglogistik (Lagerung, Transport) ■ Geschäftsgröße und -ausstattung ■ Öffnungszeiten

Onlinemarketing (findet bei allen Marketinginstrumenten statt)

Optimaler Marketing-Mix heißt, alle Instrumente so einzusetzen, dass ein bestimmtes Marketingziel bestmöglich erreicht wird.

Abb. 3: Die Marketinginstrumente im Überblick

- bei Autos oder Computern der Service für viele Kunden sehr wichtig ist. Bei Artikeln des täglichen Bedarfs wie Zahnpasta, Waschmittel oder Zucker ist er hingegen von geringer Bedeutung.
- bei gleichartigen Produkten, z. B. Salz oder Zucker, die Sortimentspolitik eine geringe Rolle spielt. Bei sehr unterschiedlichen Produkten, wie z. B. Brotsorten oder Kaffeemaschinen, ist die Sortimentspolitik jedoch sehr wichtig.
- die Absatzwerbung stark vom jeweiligen Produkt abhängig ist. So ist die Bedeutung der Werbung für den Verkauf von Schrauben wesentlich geringer als für den Verkauf von Fernsehern.

Mit der Kombination der Marketinginstrumente strebt der Einzelhändler den bestmöglichen Marketing-Mix an (**optimaler Marketing-Mix,** vgl. Abb. 3).

Welches der bestmögliche, also der optimale Marketing-Mix für ein Unternehmen ist, hängt u. a. vom Verhalten der folgenden Gruppen ab:

- Kunden (z. B. Kaufkraft, ökologisches Bewusstsein oder Image)
- Großhändler (z. B. Handelsspanne oder Angebotspalette)
- Konkurrenten (z. B. Ausmaß des Preis- und Qualitätswettbewerbs, soziale Trends)
- Staat (z. B. Gesetzgebung in Form von Umweltschutzauflagen, Preisvorschriften oder steuerlichen Förderprogrammen)

Der optimale Marketing-Mix ist daher immer eine Idealzielstellung, die ständig zu überprüfen ist. Diese Überprüfung wird von der Marketingkontrolle bzw. dem Marketingcontrolling durchgeführt.

Durch die **Marketingkontrolle** stellt man Abweichungen der geplanten Zielwerte (Sollwerte) mit den tatsächlich erreichten Werten (Istwerte) fest. Ob die erwirtschafteten Umsatzerlöse tatsächlich das Resultat der kürzlich durchgeführten Marketingaktivitäten sind, kann man jedoch nicht unmittelbar ablesen. Die wirklichen Ursachen für bestimmte Entwicklungen sind nicht immer eindeutig erkennbar. Dennoch ist die Marketingkontrolle ein wichtiges Mittel, frühzeitig notwendige Änderungen im Einsatz der Marketinginstrumente vorzunehmen. Bei messbaren Unternehmens- und Marketingzielen kann man die Unternehmensstrategie ständig daran ausrichten und Änderungen vornehmen (vgl. Abb. 4).

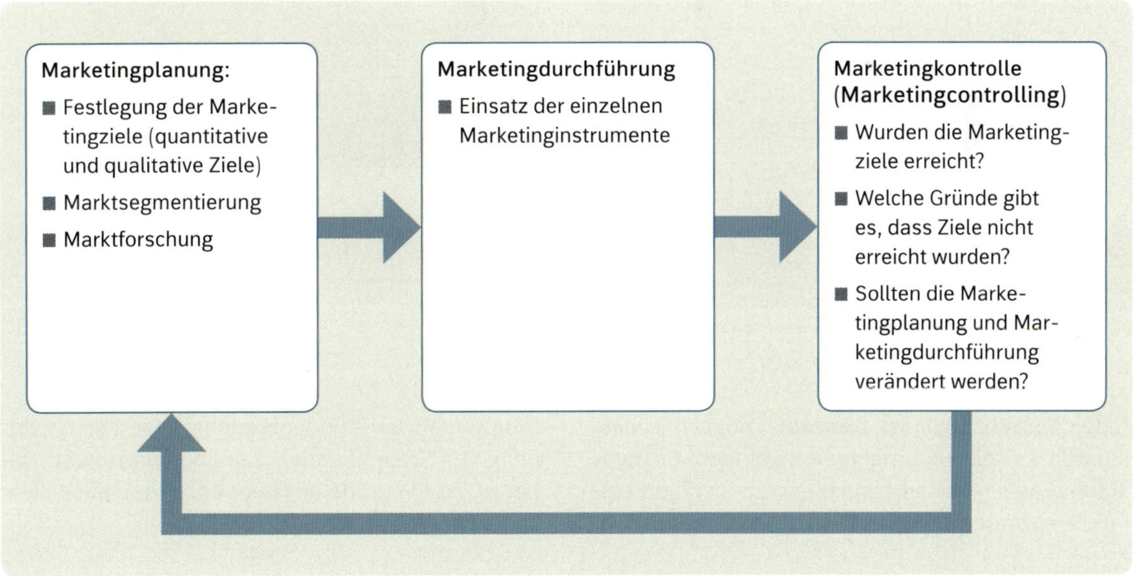

Abb. 4: Prozess der Planung, Durchführung und Kontrolle des Marketing-Mix

Aufgaben

1. Das Marketingkonzept ist maßgeblich daran beteiligt, ob es gelingt, ein Produkt erfolgreich zu verkaufen.
   a) Erläutern Sie, was man unter einem Marketingkonzept versteht.
   b) Charakterisieren Sie das traditionelle und das moderne Marketingkonzept.
2. Erkundigen Sie sich in Ihrem Ausbildungsbetrieb, welche Marketingkonzepte umgesetzt werden und stellen Sie Ihre Ergebnisse vor.
3. Zeigen Sie für ein Produkt Ihrer Wahl eine Werbestrategie nach dem Prinzip Marketing-Mix auf.
4. Nennen und beschreiben Sie Marketingmaßnahmen, die man Ihrer Meinung nach bei einer Geschäftseröffnung einsetzen sollte.

12.5 Kundenbindungsmanagement

Eine Auszubildende der Trendino Computer-Shop GmbH schlendert in der Mittagspause durch die Fußgängerzone. Als sie sich etwas zu Essen kauft, wird sie an der Kasse gefragt, ob sie Treuepunkte sammelt. Da sie die Idee gut findet, lässt sie sich ein Sammelheft geben und berichtet nach ihrer Pause ihrem Ausbilder davon. Dieser ist ebenfalls begeistert und schlägt der Geschäftsführung vor, eine ähnliche Aktion zu starten.

Jeder Einzelhändler ist bestrebt, möglichst viele Kunden an sein Unternehmen zu binden. Er muss ständig neue Aktionen anbieten, um sich von seinen Wettbewerbern abzuheben. Dazu benutzt er Programme zur Kundenbindung, also zur Gewinnung von Stammkunden aus Laufkundschaft. Dabei ist die Pyramide der Kundenzufriedenheit stets zu beachten (vgl. Abb. 1).

22233494

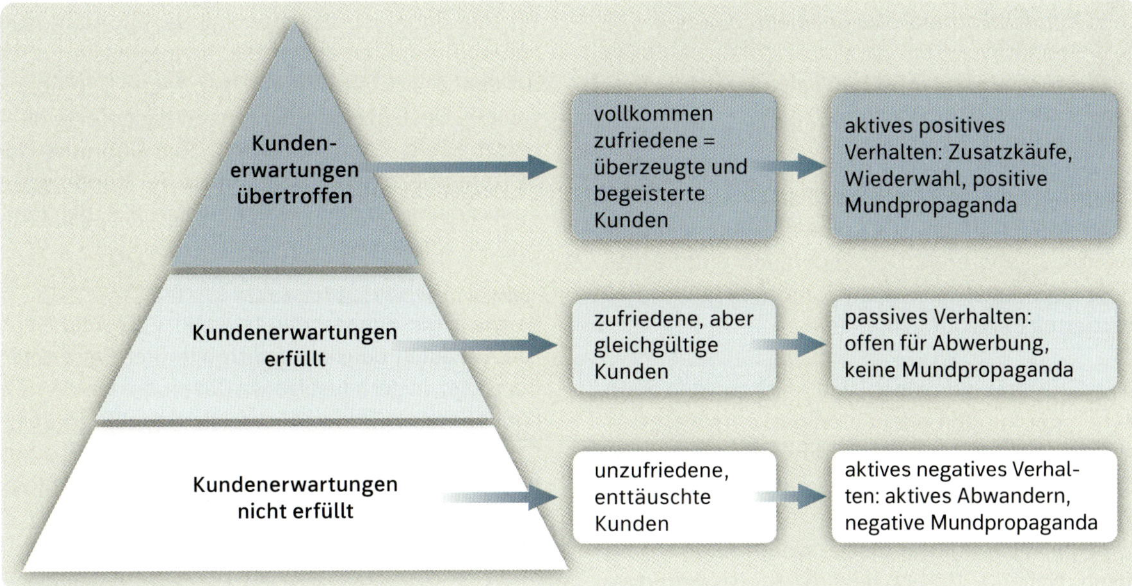

Abb. 1: Pyramide der Kundenzufriedenheit

In seinen Marketingmaßnahmen sollte der Einzelhändler deutlich machen, welchen Nutzen seine Kunden haben, wenn sie bei ihm **Stammkunden** sind. Der Verlust von Kunden bedeutet für den Einzelhändler immer einen Umsatzverlust. Einen neuen Kunden zu gewinnen, kostet viel mehr als bestehende Kunden zu halten.

Der Einzelhändler sollte deshalb neben der Absatzwerbung Maßnahmen zur Kundenbindung einsetzen. Zusammengefasst werden diese Maßnahmen unter dem Begriff Kundenbindungsmanagement **(Customer Relationship Management, CRM).** Ziel ist es, die Kundenwünsche zu erfassen und soweit wie möglich zu erfüllen. Möglichkeiten des Kundenbindungsmanagements werden auf den folgenden Seiten dargestellt (vgl. auch Abb. 2).

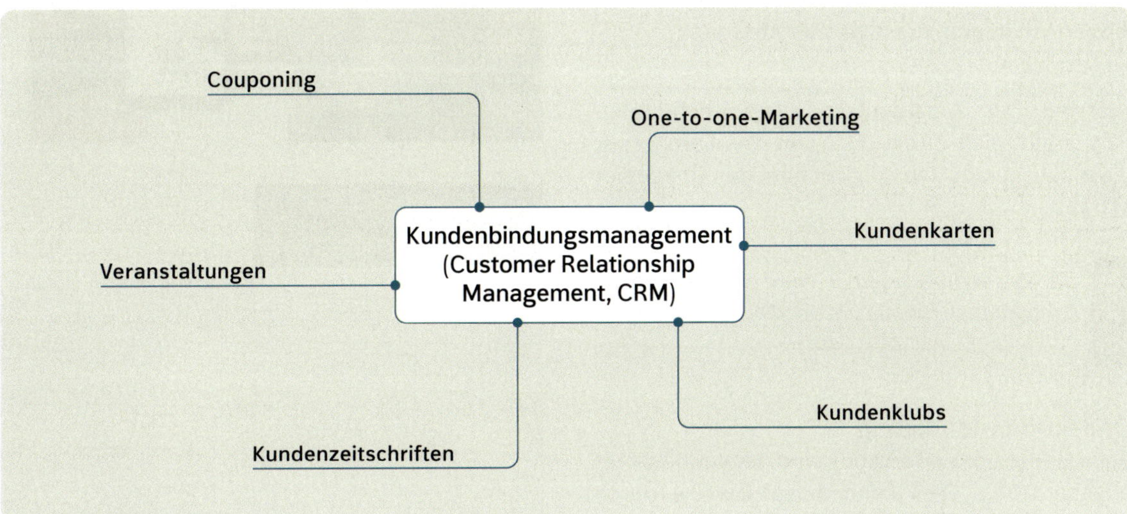

Abb. 2: Möglichkeiten zum Kundenbindungsmanagement

> **!** ***Kundenbindungsmanagement*** *umfasst alle Maßnahmen, um die einzelnen Kunden besser kennenzulernen und langjährige Kundenbeziehungen aufzubauen.*

Dazu betreibt der Einzelhändler eine systematische Kundenpflege. Die Kundenbeziehungen und die dazu gehörende Dokumentation und Verwaltung sind dabei sehr wichtig und ermöglichen ein vertieftes Beziehungsmarketing.

Der Einzelhändler muss sich stets an den Wünschen der Kunden orientieren und entsprechende Waren und Servicedienstleistungen anbieten. Um den Kunden die Waren eines Einzelhändlers vorzustellen und ihnen deutlich zu machen, welche Vorteile sie vom Kauf dieser Waren haben, empfiehlt sich die Unterscheidung in **Grundnutzen** und **Zusatznutzen.**

Der Grundnutzen bezieht sich auf die funktionellen Eigenschaften einer Ware. Diese Eigenschaften sind objektiv nachprüfbar. Der Grundnutzen ist für viele Produkte austauschbar.

Beispiel: Der Grundnutzen eines jeden Pkw ist die Beförderung von Personen.

> **!** *Den* ***Grundnutzen*** *einer Ware bilden die objektiven Gebrauchseigenschaften.*

Der Zusatznutzen kann den Grundnutzen einer Ware ergänzen. Zusatznutzen sind z. B. individuelle Wertschätzung, Prestige oder Aussehen.

Beispiel: Der Zusatznutzen eines bestimmten Pkw ergibt sich durch die Form der Karosserie, die mögliche Geschwindigkeit oder das Image der Marke.

> **!** *Der* ***Zusatznutzen*** *einer Ware geht über den Grundnutzen hinaus und wird durch den Kunden subjektiv empfunden.*

One-to-one-Marketing

Beim One-to-one-Marketing wird der Kunde direkt angesprochen. Dies kann beispielsweise durch persönliche Briefe, Postwurfsendungen, E-Mails oder auch SMS erfolgen.

Wichtig dabei ist, dass der Kunde Informationen zu den Produkten erhält, die ihn interessieren. Zu diesem Zweck ist eine gut gepflegte Datenbank wichtig. Die Einzelhändler nutzen ausgefeilte analytische Informationssysteme. Zum Gebrauch der personenbezogenen Daten muss der Kunde seine Zustimmung erteilen. Hierzu zählen z. B. die zahlreichen Newsletter-Angebote.

Beispiel: Die Kunden der Trendino Computer-Shop GmbH kaufen durchschnittlich alle drei Jahre einen Computer. In der hauseigenen Datenbank werden alle Kunden erfasst. Trendino kontaktiert regelmäßig seine Kunden, um die Kundenbindung aufrechtzuerhalten. Außerdem möchte man die Kunden dazu ermuntern, auch andere Produkte bei Trendino zu kaufen, wie z. B. Druckerpatronen, Software oder PC-Zeitschriften.

Kundenkarten

Kundenkarten gelten als ein besonders informatives und effizientes Instrument zur Gewinnung von Kunden. Außerdem dienen die sogenannte Loyalty-Programme der langfristigen Verbindung mit den Kunden. Bonusprogramm-Anbieter speichern mit der Einwilligung der Konsumenten kundenbezogene Daten. Viele Kunden besitzen Kundenkarten von mehreren Anbietern (vgl. Abb. 3).

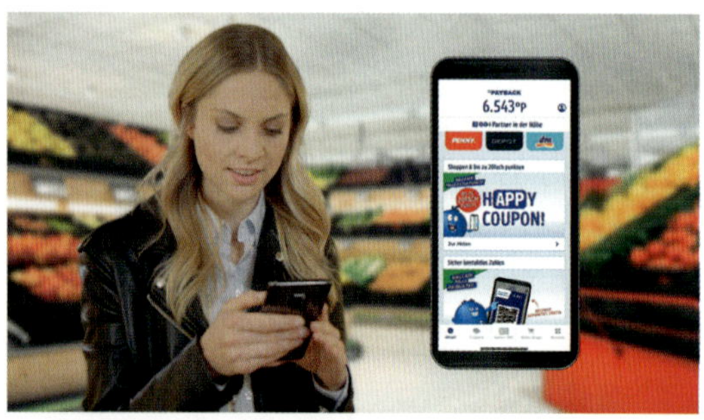

Abb. 3: Kundenkarten

Über Bonusprogramme erhalten die Kunden attraktive Waren- oder Serviceangebote. Durch das Vorlegen der Karte erhält der Kunde Vergünstigungen, die ihm einen „Spareffekt" vermitteln. Dadurch wird der Kunde an das Unternehmen gebunden. Außerdem ist durch das Vorhandensein der Karte in der Geldbörse oder der jeweiligen App auf dem Smartphone der Einzelhändler ständig im Bewusstsein des Kunden. Die Kunden sollen zum wiederholten Kauf veranlasst werden.

Kundenkarten können personengebunden oder übertragbar sein. Der Kunde erhält mit dem Beitritt eine Karte aus Kunststoff oder Papier. Alternativ ist es ihm bei vielen Bonusprogrammen auch möglich, sich eine entsprechende App auf sein Smartphone zu laden, damit die Karte nicht mehr mitgenommen werden muss. Der Händler kann durch gespeicherte Kundendaten Rückschlüsse auf das Kaufverhalten schließen und dem Kunden das jeweils für ihn interessante Angebot über den relevanten Kommunikationskanal (Post, Online, E-Mail, App) zukommen lassen.

Kundenkarten können eine oder mehrere Funktionen haben. Danach richtet sich auch ihre Bezeichnung. So gibt es

- Bonuskarten (z. B. Payback oder Deutschlandcard),
- Vielfliegerkarten (z. B. Miles & More),
- Zugangskarten(z. B. SIM-Karten der Telefongesellschaften),
- Kundenkarten mit Zahlungsfunktion (z. B. bietet Amazon eine Kreditkarte an, die gleichzeitig auch eine Kundenkarte ist) oder
- Kundenkarten mit Direktvorteil, das heißt direkter Abzug eines bestimmten Prozentsatzes oder Betrags von der Kaufsumme beim Kauf (z. B. CityPower-Card regionaler Energiedienstleister).
- Mobile-Pocket, dies ist eine virtuelle Kundenkarte fürs Smartphone. Die Kundenkarte aus Plastik kann zuhause bleiben, denn die Kundenkarten der Zukunft stecken mit Mobile-Pocket platzsparend im Mobiltelefon.

Prinzipiell sind die Einzelhändler bestrebt, eigene Kundenkarten auszugeben. Aufgrund der größeren Reichweite und der höheren Attraktivität können sie sich aber auch einem gemeinsamen Kundenkartenprogramm anschließen.

Beispiel: Da auch die Trendino Computer-Shop GmbH in Zukunft von den Vorteilen einer Kundenkarte profitieren möchte, verhandelt der Geschäftsführer mit mehreren Kundenkartenanbietern. Dadurch will er die für das Unternehmen günstigsten Konditionen erhalten. Da sich die Trendino Computer-Shop GmbH für eine Bonuskarte entscheiden möchte, kommen für sie Multipartner-Programme infrage. Eventuell soll die S-Points-Karte der Sparkasse zusätzlich akzeptiert werden, um den regionalen Charakter des Shops zu unterstreichen. Den Überlegungen, eine gemeinsame Kundenkarte für die Fußgängerzone zu schaffen, steht die Geschäftsleitung ebenfalls positiv gegenüber.

Kundenklubs

Durch die Mitgliedschaft in einem Kundenklub soll der Kunde sich mit dem Unternehmen identifizieren. Oft stellen sie die konsequente Fortsetzung der Kundenkarten dar. Mittlerweile besteht auch die Möglichkeit virtueller Klubs in sozialen Netzwerken, wie z. B. Facebook. Instrumente zur Kundenbindung sind dabei die Kundenzeitschrift und spezielle Sonderangebote oder Veranstaltungen, die nur Klubmitgliedern zugänglich sind. Einer der ältesten und bekanntesten Kundenklubs in Deutschland ist der IKEA-Family-Club.

Kundenklubs werden zumeist mit dem Ziel gegründet, einen ständigen Kontakt zwischen dem Einzelhändler und dem Kunden zu schaffen. Erfahrungen haben z. B. gezeigt, dass Klubmitglieder mehr und häufiger kaufen als andere Kunden. Darüber hinaus ist ihre Produkt- bzw. Anbietertreue überdurchschnittlich. Durch die exklusiven Vorteile nur für Kundenklubmitglieder erhält der Kunde ein gutes Einkaufsgefühl.

Kundenklubs sind eine aufwendige Form der Kundenbindung. Entscheidend für den Erfolg eines Kundenklubs ist es, ein Profil zu schaffen, das die Kernleistung mit den Zusatzleistungen verbindet. Die Steigerung der Kontakte zwischen Unternehmen und Kunden im Klub trägt zur Kundenbindung bei. Beim Angebot von Zusatzleistungen ist es daher entscheidend, den Kontakt zu den Klubmitgliedern selbst zu suchen und nicht aus Kostengründen auf andere Unternehmen zu verlagern.

Ein Kundenklub muss als längerfristige Maßnahme gestaltet werden und über ein ausreichendes Budget verfügen.

Beispiel: Die Trendino Computer-Shop GmbH hat sich aus Kostengründen gegen die Gründung eines Kundenklubs entschieden.

Rossmann launcht Babywelt als Kundenclub und Magazin

Die Drogeriekette Rossmann, Burgwedel bei Hannover, hat seinen ersten Kundenclub namens Babywelt gelauncht. Das berichtet der Online-Branchendienst für Kundenmedien CP-Monitor.de. Den Zuschlag für die redaktionelle und grafische Betreuung erhielt die Agentur PACs GmbH in Staufen.

Zeitgleich mit dem Start des Bonus-Clubs für werdende Eltern und junge Familien ist auch das neue Kundenmagazin ‚Babywelt – Das Elternmagazin von Rossmann' erschienen.
Laut Rossmann ist der Babywelt – Bonus Club von Rossmann das größte strategische Marketingprojekt der Drogeriekette. Mitglieder des Bonus-Clubs gewährt Rossmann finanzielle Vorteile sowie informative Angebote – mit dem neuen Rossmann-Elternmagazin babywelt. Das 100 Seiten umfassende Magazin ist zeitgleich in einer Erstauflage von 350.000 Exemplaren erschienen und soll künftig viermal jährlich erscheinen. Die Klubmitglieder bekommen das Magazin kostenlos zugeschickt.

Das Magazin positioniert sich als Ratgebermagazin und „schlägt" mit seinem Themenspektrum für die werdenden und jungen Eltern dabei eine Brücke zur Warenwelt von Rossmann.

Quelle: Schäffler, Birte: Rossmann launcht Babywelt als Kundenclub und Magazin. In: http://www.healthcaremarketing.eu. 03.05.2010. http://www.healthcaremarketing.eu/medien/detail.php?rubric=Medien&nr=6758 [08.12.2021].

Abb. 4: Neueröffnung eines Kundenklubs bei der Rossmann GmbH

Kundenzeitschriften

Kundenzeitschriften sind ein willkommenes Marketinginstrument. Sie dienen der Kundenpflege und werden sowohl an Geschäftskunden als auch an Privatkunden versandt.

Eine Kundenzeitschrift besteht aus einem redaktionellen und einem werbenden Teil. Durch den redaktionellen Teil unterscheidet sie sich von einem Werbeprospekt.

- Im **redaktionellen Teil (Informationsteil)** werden hauptsächlich branchenspezifische Themen behandelt. Diese Themen werden inhaltlich und äußerlich nach Interesse und Geschmack der entsprechenden Zielgruppe gestaltet. Kundenzeitschriften sollen den Verbraucher vor allem über Produkte und Neuheiten informieren. Um das Interesse des Kunden zu wecken, sollten sie auch unterhalten. Dies kann beispielsweise mithilfe von Preisausschreiben, Gewinnspielen und Kreuzworträtseln erreicht werden.
- Der **werbende Teil** enthält Anzeigen, die zumeist die eigenen Produkte und Dienstleistungen darstellen.

Mit den Kundenzeitschriften hat der Einzelhändler außerdem die Möglichkeit Coupons, Rabattmarken, Produktmuster oder Teilnahmekarten zu verteilen.

Veranstaltungen

Eine weitere Möglichkeit Kunden an sich zu binden, stellen besondere Veranstaltungen dar. Durch die zunehmende Konkurrenz ist es für den Einzelhändler immer wichtiger, seinen Kunden etwas Besonderes zu bieten. Um dem Rechnung zu tragen, organisiert er Jubiläumsfeiern, Filialfeste und Kundenabende.

22233498

Beispiel: Zum Sommerbeginn veranstaltet die Fußgängerzone am Jubiläumstag einen Kundenabend mit vielen Sonderaktionen unter dem Motto „Einkaufen bis Mitternacht“. Die Trendino Computer-Shop GmbH beteiligt sich ebenfalls daran, um von den positiven Effekten dieser besonderen Veranstaltung zu profitieren.

Couponing

Das Couponing ist ein beliebtes Instrument der Werbung. Hier gewährt der Einzelhändler einer ausgewählten Kundengruppe gegen Vorlage eines Coupons einen Vorteil, z. B. in Form eines Rabatts oder einer Zugabe. Es gibt verschiedene Arten von Coupons:

- **Info-Coupon:** Das ist ein Gutschein für den Erhalt von Informationen.
- **Bundling-Coupon:** Hier erhält der Kunde eine kostenlose Zugabe eines Produkts oder einer Dienstleistung („Buy one, get one free“).
- **Rabatt-Coupon:** Darauf wird dem Kunden ein Preisnachlass gewährt.
- **Treue-Coupon:** Als Belohnung für eine Kundenbeziehung bzw. einen Kauf erhält der Kunde eine Vergünstigung.
- **Online-Coupon:** Dies ist ein virtueller Gutscheincode zur Einlösung bei einer Bestellung im Onlineshop.
- **Check-out-Coupon:** Als Belohnung für bestimmte Einkäufe erhält der Kunde einen individuellen Coupon an der Kasse.
- **Mobile Couponing:** Hier werden dem Kunden Coupons auf sein Handy übertragen. Dies erfolgt entweder per SMS oder über eine sogenannte App, also ein Programm, das Darstellung, Auswahl und Einlösung des Coupons auf dem Handy ermöglicht.
- **Apps:** Der App Store ist ein sicherer und vertrauenswürdiger Ort, um Apps zu entdecken und zu laden. Aber der App Store ist nicht nur ein Schaufenster, sondern auch eine innovative Plattform. Der Kunde kann sich seine App herunterladen und auf seinem mobilen Endgerät installieren und sich somit sehr schnell und bequem über die Angebote informieren.

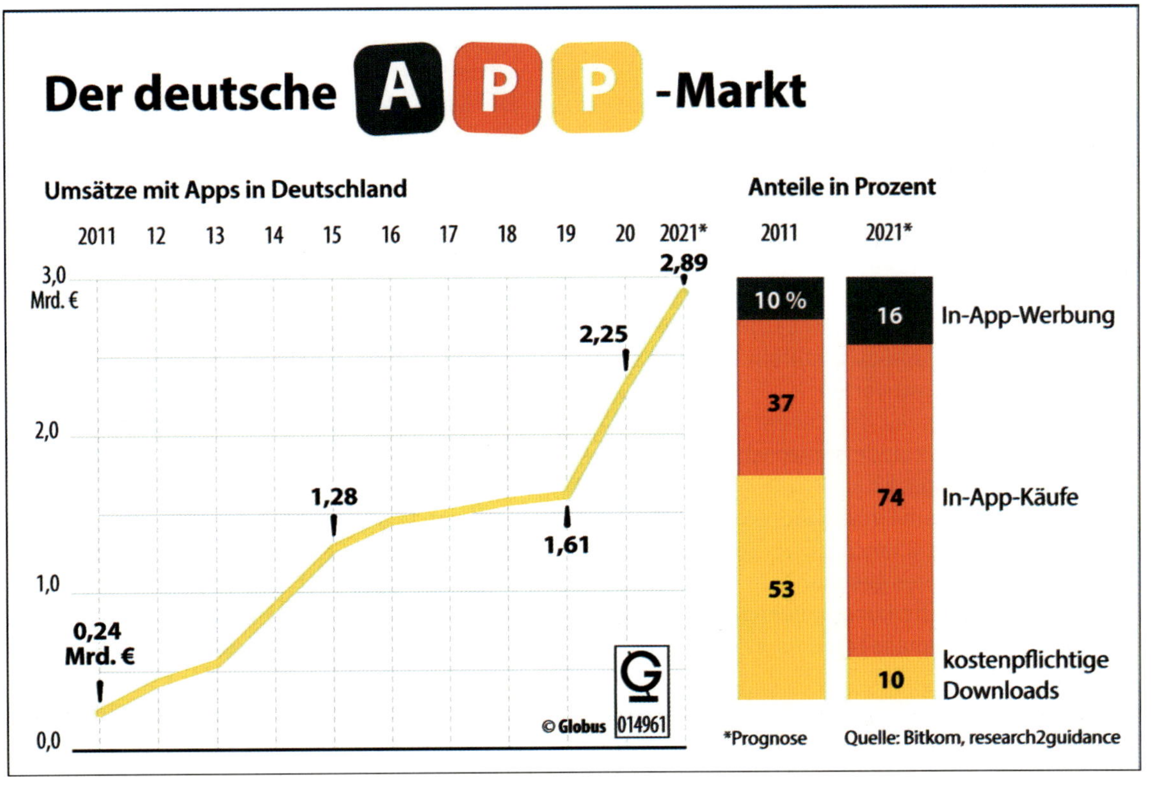

Abb. 5: Der deutsche App-Markt

Beschwerdemanagement

Ein leistungsfähiges Beschwerdemanagement (oder auch Reklamationsmanagement) dient als Instrument der Kundenbindung (vgl. BN 222331, LF 2, Kap. 2.1.5).

Hierunter versteht man alle Maßnahmen, die das Einzelhandelsunternehmen bei Beschwerden und Reklamationen von Kunden bezogen auf die Leistungen seines Unternehmens oder seiner Erfüllungsgehilfen ergreift.

Kundenbeschwerden müssen sehr ernst genommen werden, um die aufgedeckten Fehler künftig zu vermeiden und die Kundenzufriedenheit wiederherzustellen und/oder aufrechtzuerhalten.

Da der Begriff „Beschwerdemanagement" negativ besetzt sein kann, bezeichnen manche Unternehmen diese Form des Kundendialogs mit dem übergeordneten Begriff Feedbackmanagement.

Das Beschwerdemanagement ist Bestandteil des Kundenbindungsmanagement-Konzeptes (CRM-Customer Relationship Management) (vgl. auch Abb. 2) eines Unternehmens. Hier gilt es, alle Aktivitäten in Marketing, Vertrieb und Service konsequent auf die Kundenperspektive auszurichten.

Das Beschwerdemanagement nimmt im Rahmen des CRM-Gefüges eine wichtige Rolle im Kundenservice ein. Hier stehen die Neukundenpflege und der Umgang mit verlorenen Kunden im Mittelpunkt.

Um Schwachstellen innerhalb des Beschwerdemanagements aufzudecken, ist es zunächst erforderlich, den Istzustand zu ermitteln und sich folgende Fragen zu beantworten:

1. Erfolgt die Erfassung der Kundenbeschwerden in unserem Einzelhandelsunternehmen lückenlos und systematisch?
2. Werden in unserem Einzelhandelsunternehmen Beschwerden als Chance zur Verbesserung des Leistungsangebotes gesehen?
3. Sind Ziele, Aufgaben und notwendige Prozesse des Beschwerdemanagements eindeutig definiert?
4. Ist das Beschwerdemanagement in unserem Unternehmen auch strategisch bei der Geschäftsleitung verankert?
5. Wird Beschwerdemanagement im Bereich der Kundenbindungsaufgaben eingeordnet?

Eine Beschwerdebearbeitung kann in fünf Arbeitsschritte eingeteilt werden:

1. Möglichkeiten der Kontaktaufnahme bei Problemen anbieten

Dies erfolgt durch die Angabe von Service-Telefonnummern oder die Bereitstellung von Beschwerdeformularen auf der unternehmenseigenen Website. Eine weitere Möglichkeit wäre das persönliche Gespräch mit dem Außendienstmitarbeiter. Es bietet sich auch an, dem Kunden das Angebot zu offerieren, an einer Umfrage teilzunehmen (Off- oder Online).

2. Systematische Beschwerdeannahme und Bearbeitung

Gerade beim unmittelbaren Erstkontakt eines unzufriedenen Kunden mit einem Mitarbeiter sollte darauf geachtet werden, dass der Kunde rasch zufrieden ist. Wichtig ist hierbei, dass der Einzelhandelsmitarbeiter es schafft, die konfliktgeladene, emotionale Situation zu beruhigen. Dies gelingt nur, wenn der Einzelhändler dem Kunden Verständnis entgegenbringt. Ebenso ist aktives Zuhören und das Interesse an der Beschwerde notwendig.

Der Einzelhändler gibt dem Kunden das Gefühl, dass er mit seinem Problem auch ernst genommen wird und sich jemand persönlich um eine individuelle und schnelle Lösung bemüht.

3. Schnelle Reaktion

Der Einzelhändler bestätigt dem Kunden den Eingang der Beschwerde. Er teilt ihm auch mit, wie viel Zeit die Behebung voraussichtlich in Anspruch nimmt. Ziel des Einzelhändlers ist es, die Beschwerde möglichst schnell zu bearbeiten.

Leider ist dies häufig nicht möglich, was vielfältige Gründe haben kann: Die Beschwerde ist sehr umfangreich, die Ressourcen für die Bearbeitung sind nur begrenzt oder andere Beschwerden haben höhere Priorität.

Textbausteine unterstützen den Einzelhändler bei der schriftlichen Beantwortung.

Eine Identifikationsnummer für Kunde und Mitarbeiter hilft dabei zu jeder Zeit, den Beschwerdevorgang zu finden und den Status abzufragen.

4. Strukturierte Bearbeitung
Die interne Beschwerdebearbeitung nimmt der Kunde kaum wahr. Der Einzelhändler stellt eine Liste von bereits eingegangenen Beschwerden zusammen und überlegt sich die einzelnen Bearbeitungsschritte und wie viel Zeit für die Behebung benötigt wird.
Bei der termingerechten Bearbeitung hat sich der Einsatz von Erinnerungs- und Eskalationssystemen bewährt.

5. Zielgerichtete Auswertung
Die Auswertung der Beschwerden und die daraus gewonnenen Informationen sollten der Verbesserung des Beschwerdemanagements dienen. Die Auswertung wird mithilfe von Statistiken vorgenommen. Spezielle Computersysteme unterstützen bei der Bearbeitung und Bewertung von Kundenbeschwerden.
Reklamationsbearbeitung und Kulanz verursachen Kosten im Einzelhandelsunternehmen, können aber den Kunden auch an das Unternehmen binden.

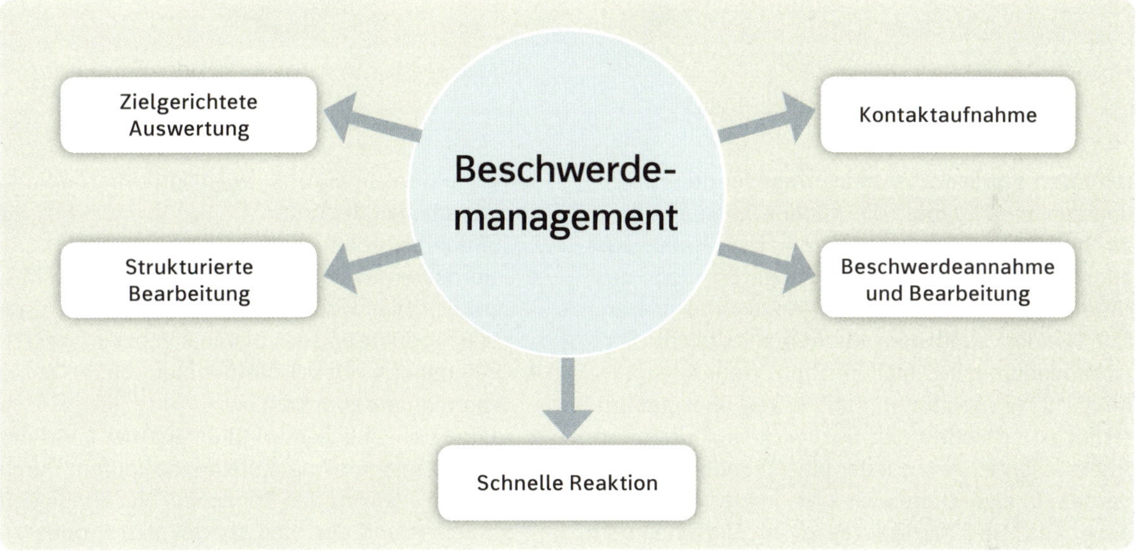

Abb. 6: Beschwerdemanagement

Aufgaben

1. Erläutern Sie, welche Ziele der Einzelhändler mit dem Customer Relationship Management verfolgt.
2. Nennen Sie Gründe, warum die klassische Werbung oftmals nicht mehr ausreicht, um die Kunden zu erreichen.
3. Beschreiben Sie, wie Ihr Ausbildungsbetrieb das Customer Relationship Management umsetzt.
4. Warum ist ein leistungsfähiges Beschwerdemanagement wichtig, um den Kunden an das Einzelhandelsunternehmen zu binden?

12.6 E-Commerce

Bei der Trendino Computer-Shop GmbH stellt man schon seit längerer Zeit fest, dass immer weniger Kunden den Laden betreten. Dieser Trend wird durch die aktuelle pandemische Lage noch verschärft.
Deshalb muss die Trendino GmbH ihre Angebote online ausbauen, um die Kunden zu erreichen und um weiterhin erfolgreich zu sein. Jetzt gilt es, sich erst einmal schlau zu machen, welche Möglichkeiten es gibt und welche davon bei der Trendino Computer-Shop GmbH umgesetzt werden können.

Die Internetpräsenz ist heutzutage für den Einzelhändler unabdingbar. Die Kunden können sich – 24 Stunden am Tag – bequem von zu Hause aus oder mithilfe ihrer mobilen Endgeräte über das Unternehmen und seine Angebote informieren. Der Händler kann dem Kunden zusätzliche Serviceangebote per E-Mail machen. Weiterhin ist es möglich, den gesamten Kaufvertrag über das Internet zu schließen und abzuwickeln. Durch den Internethandel gewinnt der Einzelhändler ein modernes Image. Dabei wird es immer wichtiger, dass alle Geschäftsprozesse im Unternehmen selbst, aber auch mit betriebsfremden Partnern mithilfe elektronischer Kommunikationstechniken, wie z. B. dem Internet, durchgeführt werden. Hier spricht man vom E-Business. Der wichtigste Teilbereich von E-Business ist der E-Commerce.

Mit dem Begriff E-Commerce **(electronic commerce = elektronischer Handel)** wird der Handel mithilfe des Internets umschrieben.

> **!** *E-Commerce ist die vollständig elektronische Abwicklung des Kaufvertrags in einem Netzwerk.*

Es gibt u. a. die folgenden Arten des E-Commerce:
- **B2B (Business to Business)** = Unternehmen verkaufen an Unternehmen,
- **B2C (Business to Consumer)** = Unternehmer verkaufen an Endverbraucher.

Weitere Arten des E-Commerce beziehen sich auf Geschäfte zwischen Endverbrauchern (C2C – Consumer to Consumer) oder zwischen Unternehmen und staatlichen Behörden.
E-Commerce arbeitet mit
- Informationssystemen im Internet (Websites, „www"): Hier wird der Kunde im Internet über neue Produkte und das Warenangebot informiert.
- Onlineshops: Das Unternehmen bietet seine Waren online zum Kauf an.
- regionalen Online-Marktplätzen: Hier kann der Kunde regionale Angebote online kaufen. Durch kurze Wege wird das Prinzip der Nachhaltigkeit gefördert und der Kauf von lokalen Produkten unterstützt.

Onlineshops

Immer mehr Konsumenten bestellen ihre Einkäufe am PC. Dafür nutzt der Einzelhändler Onlineshops, die realen Verkaufsstellen ähneln. Um den Käufer anzusprechen, sollte das Sortiment umfassend und die Zahlungsweise bequem und kundenfreundlich sein. Der eigentliche Betriebsort des Einzelhändlers ist für den Internetkunden unwesentlich. Für den Kunden bietet der Onlineshop die Möglichkeit, rund um die Uhr einzukaufen. Er bestellt bequem von zu Hause aus und wird in die Lage versetzt, sich umfassend über die Ware zu informieren und gleichzeitig die Preise zu vergleichen.

Ein guter Onlineshop bietet folgende **Funktionen:**
- Begrüßung,
- Informationen zu neuen Waren und Dienstleistungen, zu Sonderangeboten oder über die Firma allgemein,
- Produktkatalog mit umfangreichen Zusatzinformationen, wie z. B. Testberichte, Kundenzu-

friedenheitsberichte, Bedienungshinweise, Artikelinformationen oder Produktverfügbarkeit,
- Warenkorb und Preisberechnung,
- Bestellung und Bestellbestätigung, einzelne Waren müssen ohne Schwierigkeit aus der Bestellung entfernt werden können,
- verständliche AGB,
- Informationen über das Kundenkonto und den Lieferstatus und
- kundenfreundliche Zahlungsmöglichkeiten.

Die **Nachteile** eines Onlineshops bestehen vor allem darin, dass das Produkt nicht direkt vor Ort geprüft werden kann und bei Nichtgefallen wieder zurückgeschickt werden muss. Auch eventuelle Mängel bei der Gestaltung des Onlineshops und die Abhängigkeit von einer akzeptablen Internetverbindung stellen Nachteile für den Kunden dar.

Außerdem gibt es **Fake-Shops** im Internet. Dies sind gefälschte Online-Verkaufsplattformen. Sie versuchen, Kunden zu betrügen, indem sie Waren anbieten, die zum Beispiel gar nicht geliefert werden. Fake-Shops sind auf den ersten Blick schwer zu erkennen. Teilweise sind es Kopien real existierender Websites, die auf den ersten Blick seriös wirken und daher beim Käufer selten Zweifel an ihrer Echtheit aufkommen lassen. Dennoch gibt es bei kritischer Analyse einige Hinweise darauf, dass es sich bei dem Anbieter um einen Fake-Shop handelt. Unseriöse Online-Händler locken Kundinnen und Kunden mit besonders niedrigen Preisen. Erkennen lassen sich Fake-Shops unter anderem an der URL (nutzerfreundliche Adresse einer Website), den angebotenen Zahlungsmitteln und dem Gütesiegel. Wer einem Fake-Shop zum Opfer fällt, sollte umgehend seine Sparkasse oder Bank informieren. Der Kunde sollte den Kaufbetrag, wenn möglich, zurückbuchen lassen. Mittlerweile gibt es Programme, die anzeigen, ob es sich um einen Fake-Shop handelt. Wer nicht darüber verfügt, kann sich auch an die Verbraucherzentrale wenden.

Das Internet bietet immer neue Möglichkeiten, um den Kunden zielgenau zu erreichen und Marketing zu betreiben.

Das Handelsunternehmen nutzt dafür ein nicht mehr wegzudenkendes Werkzeug, um den Umsatz der Produkte zu steigern bzw. zu ermöglichen (vgl. auch LF 12, Kap. 12.3.4 Onlinemarketing).

Onlinemarktplätze bieten dem stationären Einzelhändler die Chance, einer größtmöglichen Kundenzahl ihr Warenangebot zu unterbreiten. Die Kunden können sich hier ein allumfassendes Wissen über die Angebotspalette verschaffen.

Die Einzelhändler nutzen u. a. folgende Optionen, ihre Waren dem Kunden anzubieten:

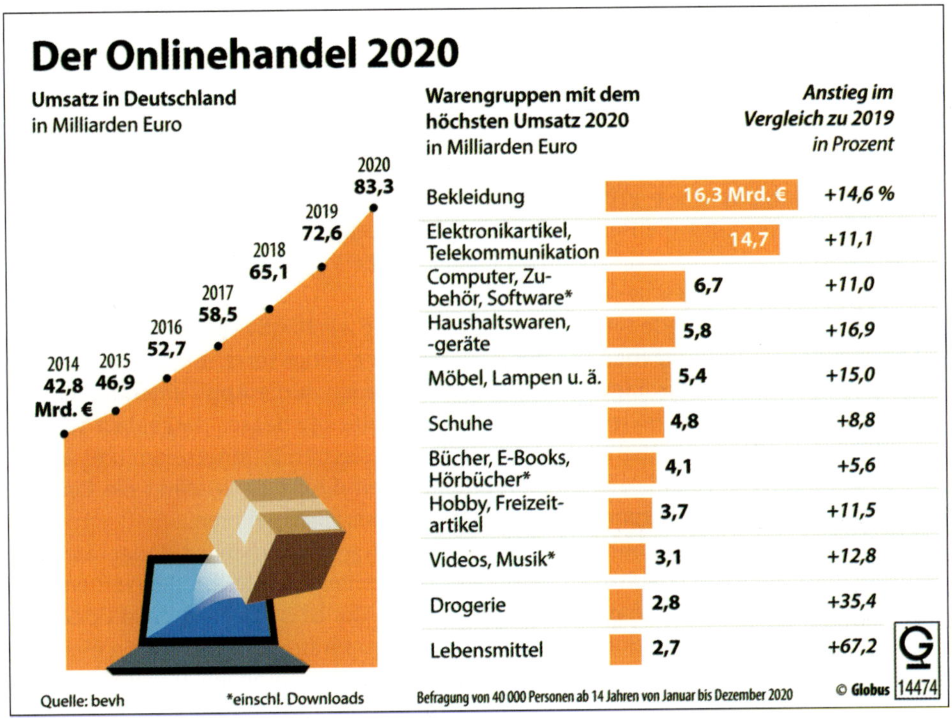

Abb. 1: Entwicklung des Onlinehandels in Deutschland

Abb. 2: Methoden des Targetings

- Marktplätze, die von einem Händler betrieben werden (z. B. Amazon) und
- Marktplätze von Betreibern ohne eigentlichen Verkauf (z. B. eBay).

Amazon kann für die angeschlossenen Shops auch bestimmte Managementaufgaben, wie z. B. die Logistik, das Bezahlsystem und auch die Retourenabwicklung, übernehmen.
Dadurch kann es dem Einzelhändler gelingen, Neukunden zu gewinnen und aus zufriedenen Marktplatzkunden Stammkunden des eigenen Onlineshops zu machen. Dies bedeutet allerdings auch, dass der Plattformbetreiber ein direkter Konkurrent des Einzelhändlers im Onlinesegment ist.
Eine weitere Möglichkeit sind Auktionen. Hier kann für zeitlich begrenzte Warenangebote ein Kaufpreis geboten werden. Wer zum Zeitpunkt des Angebotsablaufs das höchste Gebot abgegeben hat, erhält den Zuschlag. Weitere Sonderformen sind außerdem regionale Online-Marktplätze.

Zur effizienteren Gestaltung bei den ständigen Entwicklungen steht der Kunde, der passgenaue Angebote erhält, im Mittelpunkt aller Marketingmaßnahmen.
Hier nur eine begrenzte Auswahl aus der Vielzahl von Neuentwicklungen.

Mobiles Marketing

Das mobile Marketing gilt im Moment als einer der Trends.
Mobile Endgeräte wie Handys werden als Überbringer von Werbung eingesetzt. Mobile Marketingmaßnahmen werden durch **Apps** unterstützt. Hier können die Inhalte oft besser dargestellt werden als über die klassischen Internetseiten und außerdem unterstützen die Apps verstärkt die Bindung des Kunden an das Unternehmen.
Mittlerweile verfügen die mobilen Endgeräte über Software, mit denen **QR-Codes** gelesen werden können. Ein QR-Code (Quick Response Code) hat die Form einer quadratischen Matrix, die eine einfache Weiterleitung zu mobilen Inhalten für den Kunden gewährleistet.

Tracking

Ein sehr ausgefeiltes System des Onlinemarketing ist das Tracking. Hier wird jede Bewegung der Nutzer im Internet erfasst und anschließend werden daraus Kundenprofile erstellt, aus dem sich die Vorlieben einzelner Personen ableiten lassen. Hier sind natürlich die gesetzlichen Vorgaben zum Datenschutz einzuhalten. Das Tracking bedient sich sehr oft sogenannter Cookies. Diese Cookies sind kleine Textdateien, die durch den Browser eines Kunden gespeichert werden, wenn dieser die Webseite des Handelsunternehmens besucht. Das Surfverhalten wird somit analysiert und ein Kundenprofil rekrutiert.

Targeting

Eine weitere Maßnahme ist das Targeting. Hierbei wird versucht, Onlinewerbung so zielgenau wie möglich auf die Bedürfnisse des Kunden auszurichten. Durch eine konkrete Zielgruppenansprache gilt es, nach Möglichkeit Streuverluste bei den Werbemaßnahmen zu vermeiden.

Schaltet der Einzelhändler eine Werbeanzeige in der Zeitung, verpufft diese weitgehend und unbeachtet. Was soll ein Senior mit der Lidschattenpalette? Was eine Jugendliche mit der Anti-Aging-Creme? Nicht so beim Targeting.

Wenn ein Kunde ein spezielles Kosmetikprodukt sucht, erhält er durch Targeting immer wieder passgenaue Angebote. Dies setzt voraus, dass der Handel über ein sehr genaues Kundenprofil verfügt.

Die Methoden des Targetings sind vielfältig (vgl. Abb. 2) und werden stets weiterentwickelt.

Targeting ist auch eine Form der Suchmaschinenoptimierung. Hier wird der Einzelhändler versuchen, dass sein Unternehmen unter den ersten Suchergebnissen erscheint, denn ein gutes Ranking garantiert ihm einen höheren Umsatz.

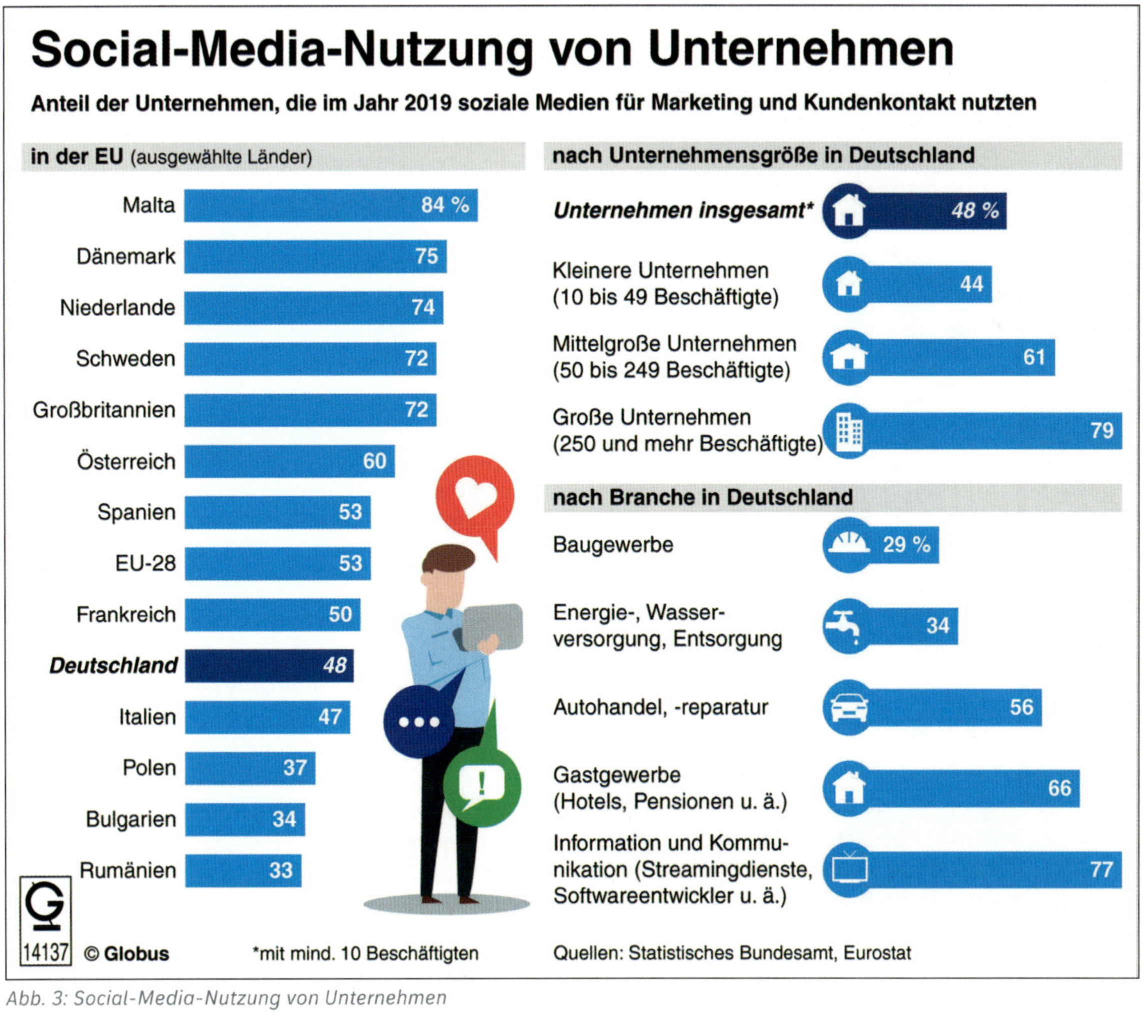

Abb. 3: Social-Media-Nutzung von Unternehmen

Suchmaschinenwerbung
Der Kunde gibt in die Suchmaske der Suchmaschine bestimmte Schlüsselbegriffe ein. Dann erscheint auf der Suchmaschinenseite eine Anzeige des entsprechenden Webshops. Klickt der Kunde auf diese Anzeige, zahlt der Händler einen bestimmten Betrag an den Betreiber.

Social-Media-Marketing
Eine immer stärkere Bedeutung bekommt das Social-Media-Marketing.

Hier nutzt man die sozialen Netzwerke im Internet, um die Umsätze zu erhöhen.
Die wichtigsten sozialen Netzwerke sind z. B.
- Facebook, jetzt Meta
- Xing
- Instagram
- LinkedIn
- Twitter
- YouTube
- TikTok
- SnapChat

Abb. 4: Social-Media-Plattformen

Virales Marketing
Der derzeit neueste Trend ist das virale Marketing, wobei die gezielte Mundpropaganda im Internet zum Zwecke der Vermarktung von Unternehmen und deren Produkten genutzt wird. Potenzielle Kunden sollen animiert werden, Informationen und positive Aspekte über die Produkte aus eigenem Antrieb weiterzuverbreiten und dies innerhalb kürzester Zeit.
Beim viralen Marketing handelt es sich um eine kostengünstige Marketingform. Virales Marketing kann online und offline funktionieren. Die sozialen Netzwerke haben den Unternehmen neue Möglichkeiten eröffnet: Teilen User beispielsweise ein Video auf Facebook, kann es in kurzer Zeit eine große Reichweite erzielen.

E-Mail-Marketing
Das E-Mail-Marketing ist eine bewährte Form, um Neukunden zu gewinnen oder Bestandskunden über neue Trends zu informieren. Die Newsletter-Anmeldung bei dem entsprechenden Einzelhändler ist hierbei am bekanntesten. Die Konsumenten werden durch zusätzliche Anreize durch den Händler dazu animiert, eine Newsletter-Anmeldung vorzunehmen.

Influencer-Marketing
Das Influencer-Marketing nimmt aktuell eine immer größere Bedeutung ein.
Influencer sind Personen der realen Welt, die in den sozialen Medien ein hohes Ansehen genießen. Man setzt auf Influencer, um in der digitalen Welt sichtbar zu sein. Influencer sind Meinungsmacher, deren Äußerungen aufgrund ihrer Kompetenz und Vertrauenswürdigkeit beachtet werden. Diese Influencer werden durch die Händler zur Erreichung ihrer Unternehmensziele in ihre Marketingstrategie einbezogen.

Insgesamt kann man sagen, dass die Entwicklungen im **E-Commerce** immer neue Trends hervorbringen, die die Beziehungen zwischen Unternehmen und Kunden revolutionieren und nicht geahnte Möglichkeiten plötzlich zur Realität werden lassen.

Kontrolle von Entscheidungen im E-Commerce
Jedes Einzelhandelsunternehmen muss sich immer wieder Fragen stellen, um den Erfolg oder Misserfolg seiner Aktivitäten im Internet zu ergründen.

222334106

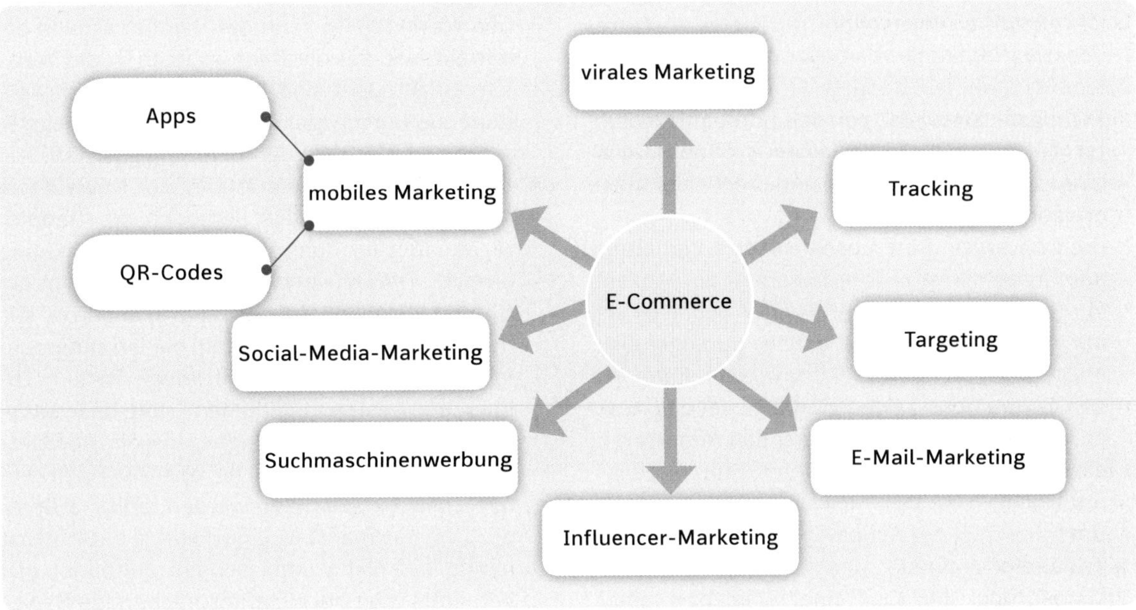

Abb. 5: Übersicht E-Commerce

Derartige Fragen sind u. a.:

- Wie steigere ich die Zufriedenheit meiner Kunden und ihre Bindung an mein Unternehmen bzw. meine Produkte und Dienstleistungen?
- Welche Maßnahmen bringen wirklich Gewinn?
- Auf welche Kanäle und Instrumente kann ich als Einzelhändler getrost verzichten?
- Ergibt es Sinn, mehr in Social Media zu investieren als in das Newsletter-Marketing?
  Oder führt nur die Kombination beider Maßnahmen zum Erfolg? Hier spielen die Kennzahlen eine entscheidende Rolle, die quantifizierbar sind.

Interessante Inhalte, die gut platziert und gestreut werden, bieten ihren Zielgruppen Mehrwert und Nutzen, sind ein wichtiger Umsatztreiber und wirken sich zugleich auf das Markenimage aus. Vielen Unternehmen fällt es jedoch schwer, den Erfolg ihrer Maßnahmen zu belegen. Dies ist nicht verwunderlich. Denn Marketing-Kampagnen können extrem komplexe Effekte hervorbringen, die sich nicht an wenigen Messwerten umfassend fixieren lassen. Während vor nicht allzu langer Zeit die Anzahl der Facebook-Fans und Twitter-Follower dafür ausreichten, gibt es heutzutage erheblich aussagekräftigere Kennzahlen für die Erfolgsmessung.

Darüber hinaus müssen viele langfristige Faktoren beachtet werden, sodass der Kampagnenerfolg nur gelegentlich anhand einer direkten Zunahme der **Conversion Rate** erklärt werden kann.
Als **Conversion** wird (meist im [Online-]Marketing) **eine messbare Konvertierung eines potenziellen Kunden** in eine vom Anbieter/Verkäufer beabsichtigte Handlung bezeichnet. Ein passiver Interessent wird dabei zum aktiven Kunden. Dies kann z. B. durch eine Bestellung in einem Online-Shop, durch Registrierung eines Newsletters oder auch durch Anmeldung in einem Forum oder Social Network geschehen.
Steigt die Anzahl der Besucher der Website des Einzelhändlers, bedeutet dies nicht gleichzeitig mehr Erfolg für das Unternehmen.

Erfolgsmessung ist mit enormem zeitlichen und auch strategischen Aufwand verbunden. Aber erst eine belegbare und nachvollziehbare Kontrolle aller Online-Marketingmaßnahmen gibt dem Einzelhändler die Sicherheit darüber, womit er seine Ziele erreicht hat.
Hier einige der wichtigsten Kennzahlen:
Es wird zwischen primären und sekundären Kennzahlen unterschieden.

Primäre Kennzahlen

Die primären Kennzahlen sind ausschlaggebend für den Umsatz und den Gewinn. Sie lassen sich unmittelbar messen und geben Auskunft über den finanziellen Aspekt der Marketingmaßnahmen.

1. Der Return on Investment (ROI) gibt Auskunft über das Verhältnis von Gewinn zum eingesetzten Maßnahmen-Budget. Er ist deshalb die wichtigste Kennzahl bei der Erfolgsmessung. Ist der erwirtschaftete Gewinn größer als das eingesetzte Budget, ist die entsprechende Aktion rentabel.
2. Die Conversion Rate beschreibt das Verhältnis der Conversions (= Interaktionen) zur Anzahl der Nutzer bzw. Besucher. Hat der Besucher einer Website eine Interaktion durchgeführt, steigt entsprechend die Conversion Rate. Zu den Conversions zählen zum Beispiel das Ausfüllen eines Online-Formulars, das Abonnieren eines Newsletters oder der Kauf eines Produktes.
3. Unter der Cost per Action (CPA) erfasst der Einzelhändler entweder den Gewinn eines Neukunden oder den Kauf einer Ware bzw. einer Dienstleistung. Dabei wird die Anzahl der Kunden gemessen, die eine gewünschte Conversion ausüben, und in Relation zu den investierten Kosten gesetzt. So kann der Händler feststellen, ob sein finanzieller Aufwand den jeweiligen Teilerfolg rechtfertigt.

Sekundäre Kennzahlen

Neben den primären gibt es auch die sekundären Kennzahlen. Hier kann der Händler das Verhalten der Kunden einordnen und bewerten.

1. Die Unique Page Views oder auch Unique Visits veranschaulichen die Zugriffshäufigkeit auf die jeweilige Website des Einzelhändlers.
2. Eine weitere aussagekräftige Kennzahl ist die Verweildauer bzw. Aufenthaltszeit eines Nutzers auf der Website. Hält sich der Besucher länger auf den Webseiten auf, findet er offensichtlich interessante Inhalte bzw. Angebote vor, die eine hohe Qualität besitzen.
3. Die Bounce Rate oder Absprungrate weist darauf hin, ob Besucher die von ihnen gewünschten Inhalte vorfinden oder nicht. Das Verhalten dieser Interessenten wird dabei mit einer Online-Kennzahl erfasst. Verweilen die User lediglich kurz auf einer Website des Einzelhändlers, ist die Bounce Rate hoch. Anhand des Besuchsverlaufs bzw. Klickverhaltens kann der Händler untersuchen, an welcher Stelle er Verbesserungen seiner Website vornehmen sollte. (Menüführung, Informationsarchitektur, Design usw.).
4. Das Scrollverhalten gibt ebenso Auskunft darüber, ob der Besucher die gesuchten Informationen vorfindet. So kann der Händler schnell ermitteln, wie tief die Interessenten in die Website eingetaucht sind, welche Interaktionsverläufe sie durchgegangen sind und auf welcher einzelnen Webseite der Absprung geschah.
5. Nicht zuletzt zeigt die Anzahl der Newsletter-Abonnenten, wie viele Personen der Händler regelmäßig im Rahmen des E-Mail-Marketing erreicht. Die Delivery Rate (Zustellrate) gibt die Gesamtanzahl der versendeten E-Mails an, sodass anhand dieser Kennzahl die Öffnungsrate messbar wird. Die Click-Through-Rate (CTR, Klickrate) bestimmt dann den Erfolg bzw. Misserfolg der E-Mail-Kampagne. In dem Newsletter sollten daher zahlreiche, aber nur hochwertige Links eingebunden werden, anhand derer die CTR messbar sind. Eine niedrige Klickrate ist häufig auf einen unpassenden Zeitpunkt des Versands oder ein nicht ansprechendes Newsletter-Design zurückzuführen.

Fazit

Mit einer zielgerichteten und vor Kampagnenstart definierten umfassenden Erfolgsmessung kann der Händler die Kosten effektiv einsetzen. So weiß er genau, welche Maßnahmen erfolgreich sind.

Rechtliche Aspekte des Onlinehandels

Rechtliche Aspekte spielen neben Fragen der Optik und der nutzerfreundlichen Bedienbarkeit eine entscheidende Rolle für den Onlinehandel.

Es kann zu kostspieligen Abmahnungen kommen, wenn Rechtsvorschriften nicht eingehalten werden. Für Onlineshops sind insbesondere die Vorschriften hinsichtlich der Produktbeschreibung, der Preisauszeichnung, der Versandkosten sowie des Widerrufsrechts zu beachten. Die allgemeinen Rechtsgrundlagen (BGB, HGB, AGB-Recht, Urheberrechtsgesetz, Verbraucherkreditrecht, Gewerbeordnung, UWG, Strafgesetzbuch usw.) gelten uneingeschränkt.

Daneben sind im Bereich des E-Commerce besonders folgende Rechtsvorschriften zu beachten:

- das Telemediengesetz (TMG)
- das E-Commerce- und Fernabsatzrecht des Bürgerlichen Gesetzbuchs (§ 312 b ff. BGB)
- seit 11. Juni 2010 Art. 246 des Einführungsgesetzes zum Bürgerlichen Gesetzbuch (EGBGB)
- das Signaturgesetz (SigG)

222334108

- die Preisangabenverordnung (PAngV)
- ggf. die Dienstleistungs-Informationspflichten-Verordnung (DL-InfoV)
- EU-Datenschutzgrundverordnung (DSGVO) vom 25.05.2018
- Verbraucherstreitbeteiligungsgesetz (VSBG)
- Vertrauensdienstegesetz (VDG)

Die genannten Rechtsvorschriften beziehen sich nur auf das deutsche und das europäische Recht. Wendet sich ein Unternehmen auch an Kunden im Ausland, sind zumindest die zwingenden Schutzvorschriften des jeweiligen Verbraucherlandes zu beachten. Im Streitfall kann das Unternehmen zudem im Ausland verklagt werden und müsste den Verbraucher in dessen Land verklagen (Gerichtsstand Verbraucherland), vgl. EuGHUrteil vom 07.12.2010, C-144/09 und C-585/08.

Wer im Internet eine Website anbietet, muss grundsätzlich bestimmte Informationen an deutlich sichtbarer Stelle auf seiner Website bereithalten (sog. Anbieterkennzeichnung nach dem TMG oder „Impressumspflicht"). Dazu gehören u. a. die vollständigen Vor- und Zunamen des Anbieters (ggf. die Firma), die postalische Anschrift des Anbieters (Postfach und E-Mail-Adresse sind nicht ausreichend!), bei juristischen Personen die Rechtsform sowie seine E-Mail-Adresse, Telefon- und Faxnummer.

Bei Vertragsabschluss im Internet mit dem Verbraucher muss der Einzelhändler, je nach Vertragsart, weitere Informationspflichten beachten, die er aus den oben genannten Rechtsvorschriften entnehmen muss.

Für den Verbraucher wichtige Informationen sind u. a.:

- genaue Produktbeschreibungen
- Lieferzeit
- Gesamtpreis
- anfallende Versandkosten
- Widerrufsrecht
- Rückgaberecht
- Einschränkungen des Angebots (z. B. hinsichtlich der Menge oder der Lieferzeit)
- anfallende Steuern
- AGB

Genaue Produktmerkmale sind eine wichtige Entscheidungshilfe für Onlineshopper. Je ausführlicher und zutreffender die Waren beschrieben werden, desto niedriger ist auch das Risiko, dass die Artikel zurückgesandt werden. Allein deshalb liegt eine vollständige Produktbeschreibung im Interesse eines jeden Onlinehändlers. Alle für die Kaufentscheidung notwendigen Informationen sollten übersichtlich, verständlich und leicht zugänglich angeboten werden, um aus einem Besucher auch tatsächlich einen Kunden zu machen. Der Gesetzgeber fordert eine sachliche, richtige und vollständige Beschreibung aller Eigenschaften und Merkmale, die für die Kaufentscheidung wesentlich sind. Dazu gehört auch, dass wertmindernde Fehler wahrheitsgemäß angegeben werden.

Irreführende Angaben sind verboten und können von Konkurrenten abgemahnt werden. Abbildungen, z. B. in Form von Bildern, müssen den tatsächlich angebotenen Waren entsprechen und dürfen den Kunden nicht irreführen. Ist dies nicht der Fall, müssen die Kunden ausdrücklich auf die Unterschiede aufmerksam gemacht werden.

Zu einer vollständigen Produktbeschreibung gehört auch die Angabe der **Lieferzeit**. Fehlt diese, geht die Rechtsprechung davon aus, dass die bestellte Ware sofort verfügbar ist und innerhalb von zwei bis fünf Tagen geliefert wird. Längere Lieferzeiten sollten so genau wie möglich angegeben werden. Dies muss bereits auf der Produktseite geschehen, ein Hinweis in den AGB reicht nicht aus.

Da der **Preis** ein sehr wichtiges Kriterium bei einer Kaufentscheidung darstellt, erwarten die meisten Käufer bereits auf der Ebene der Produktübersichten Preisangaben, um Produkte schnell miteinander vergleichen zu können. Der Einzelhändler ist also gut beraten, diese Erwartungen auch zu erfüllen, um mögliche Kunden nicht zu verlieren. Außerdem gibt es zahlreiche Internetdienste, die einen Vergleich der Preise für einen bestimmten Artikel ermöglichen.

Die gesetzlichen Regelungen zu den Preisangaben finden sich in der Preisangabenverordnung (PAngV) und sind schon seit vielen Jahren in grundlegenden EU-Richtlinien enthalten. Bei allen Preisangaben

muss eindeutig darauf hingewiesen werden, dass es sich um Endpreise-Bruttopreise inklusive Mehrwertsteuer und sonstigen Preisbestandteilen (z. B. sonstige Steuern, Überführungskosten) handelt.
In allen EU-Ländern müssen die **Gesamtpreise** der Waren sowie die konkrete Höhe der **Versandkosten** auf der Bestellseite angegeben werden. Es dürfen nur die Versandkosten vom Verbraucher verlangt werden, die auf der Bestellseite ausgewiesen wurden. Deshalb ist es für den Einzelhändler wichtig, dass die technischen Daten richtig hinterlegt sind.

Bei allen Fernabsatzverträgen, zu denen auch Geschäfte zählen, die über das Internet getätigt werden, hat der Verbraucher ein zweiwöchiges **Widerrufs- bzw. Rückgaberecht**, das der Kunde ohne Angaben von Gründen nutzen kann. Ausnahmen bestehen nur bei Waren, die aufgrund ihrer Beschaffenheit für eine Rücksendung nicht geeignet sind (z. B. verderbliche Waren, Hygieneartikel, Arzneimittel)) sowie für Datenträger, die vom Verbraucher bereits entsiegelt wurden (z. B. CDs). Hier gibt es kein Widerrufsrecht.
Die Frist für den Widerruf beginnt mit dem Eingang der Ware beim Kunden. Bei Dienstleistungen beginnt sie im Moment des Vertragsschlusses. Bei allen Käufen jeglicher Art beginnt die Frist erst, wenn der Verbraucher ordnungsgemäß über das Widerrufsrecht aufgeklärt wurde.
Erfolgt dies nicht, kann der Verbraucher auch später als zwei Wochen vom Vertrag zurücktreten. Deshalb sollte sichergestellt werden, dass die Kunden vor oder spätestens im Moment des Vertragsschlusses von ihrem Widerrufsrecht Kenntnis nehmen.
Der Shop-Betreiber ist verpflichtet, ausdrücklich auf das Widerrufs- oder Rückgaberecht hinzuweisen.

Die Bestellseite muss einen Link bzw. Hinweis enthalten, der mit einer ausführlichen Belehrung verknüpft ist. Spätestens bei Vertragsschluss muss der Onlinekunde die Belehrung in Schriftform erhalten. Dies kann im Internethandel mit der Zugangsbestätigung der Bestellung oder bei der Bestellannahme per E-Mail oder bei Warenlieferung erfolgen. Geschieht dies nicht, verlängert sich die Frist auf einen Monat.

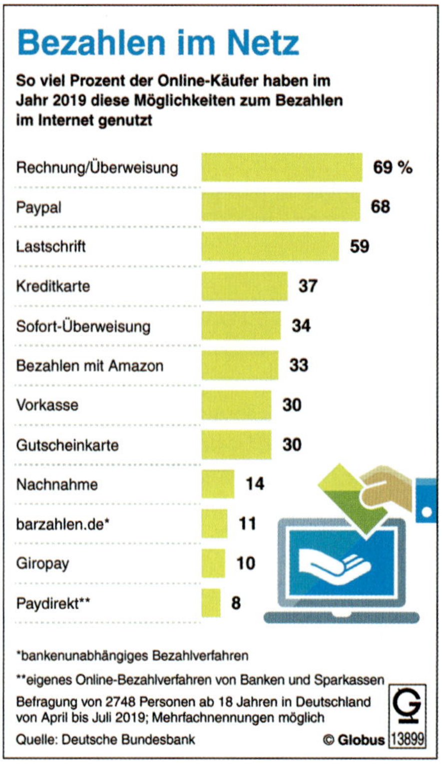

Abb. 6: Zahlungsarten beim Onlineshopping

Möchte der Käufer von seinem Widerrufsrecht Gebrauch machen, muss er dies dem Händler innerhalb von 14 Tagen schriftlich mitteilen.

Zahlungsmöglichkeiten im Internet

Im Internet werden verschiedenste Zahlungsmöglichkeiten angeboten (vgl. Abb. 6). Während es viele Kunden schätzen, erst die Ware in der Hand zu halten und diese im Anschluss daran zu bezahlen, ist es dem Händler lieber, wenn die Ware vor dem Versand bereits bezahlt worden ist.

Wann welche Zahlungsmöglichkeit im Internet vorteilhafter ist, hängt von verschieden Faktoren wie Bekanntheit des Onlineshops oder Höhe des Warenwerts ab. So lohnt sich auch die Nachnahmezahlung erst bei höherem Warenwert, da durch die Nachnahmegebühr die Kosten insgesamt steigen.

Die einzelnen Zahlungsarten, die zum Teil bereits im ersten Ausbildungsjahr (vgl. BN 222331, LF 3, Kap. 3.2) thematisiert wurden, werden in der Übersicht erläutert (vgl. Abb. 7).

Zahlungsmöglichkeit	Erläuterung
Vorkasse	Die Zahlung per Vorkasse ist eine Möglichkeit, seine online bestellten Waren zu bezahlen. Sie ist jedoch die für den Käufer unsicherste Methode, da er den vollen Betrag überweisen muss, ohne die Ware vorher geprüft zu haben.
Zahlung auf Rechnung	Für den Käufer ist die Zahlung auf Rechnung am sichersten. Der Kunde zahlt erst, wenn die Ware geliefert wurde und er diese behalten möchte. Diese Zahlungsart bieten, außer den großen Versandhäusern, nicht viele Onlineshops an, da das Risiko für den Verkäufer höher ist, dass er sein Geld nicht bekommt.
Lastschrift	Die Bezahlung per Lastschrift ist eine bequeme und sichere Alternative zur Überweisung auf Rechnung. Der Kunde übermittelt dem Einzelhändler seine Bankinformationen und dieser bucht den entsprechenden Betrag ab. Dabei hat der Käufer im Zweifelsfall die Möglichkeit, den Lastschriftbetrag von seiner Bank zurückbuchen zu lassen. Um einen Missbrauch zu verhindern, sollten die Bankdaten grundsätzlich verschlüsselt übertragen werden.
Kreditkartenzahlung	Eine sehr weit verbreitete Zahlungsmöglichkeit ist die Kreditkartenzahlung. Besonders beim Einkauf in einem ausländischen Onlineshop ist diese Alternative fast unumgänglich. Auch hier sollte auf eine verschlüsselte Übertragung der Daten geachtet werden. Bei Datenmissbrauch kann die Zahlung zwar rückgängig gemacht werden, bei Nichtlieferung oder mangelhafter Ware ist die Rückbuchung allerdings von der Kulanz des Kreditkartenausstellers abhängig. Vielen Nutzern ist jedoch das Versenden von Kreditkartennummern und Kontoangaben zu unsicher.
Nachnahme	Die Bezahlung per Nachnahme bietet insbesondere für den Käufer den Vorteil, keine persönlichen Daten wie Bankverbindung oder Kreditkartennummer angeben zu müssen. Nachteilig ist jedoch, dass die Ware erst nach Bezahlung geprüft werden kann.
Mobile Payment (mobiles Bezahlen)	Unter Mobile Payment versteht man Bezahlvorgänge, bei denen mindestens der Zahlungspflichtige mobile elektronische Techniken zur Zahlung einsetzt. Dabei benutzt man in der Regel mobile Geräte wie Mobiltelefone oder Tablet-Computer. Werden Mobiltelefone (Handys) eingesetzt, wird dies speziell als **„Bezahlung per Handy"** bezeichnet. Der Zahlungsvorgang erfolgt mittels Smartphone und einer Bezahl-App. Die „Bezahlung per Handy" kann als zentrale Bezahlplattform für jede Art von Dienstleistung genutzt werden, z. B. für das Bezahlen von Parkscheinen oder auch die Überweisung von Geldbeträgen an andere Bankkonten (Elektronisches Geld, auch unter Privatpersonen als Person-to-Person, P2P).

Abb. 7: Zahlungsmöglichkeiten im Internet

Fortsetzung siehe folgende Seite

Zahlungsmöglichkeit	Erläuterung
Internetbezahlsysteme	Eine weitverbreitete Möglichkeit, Onlineeinkäufe sicher zu bezahlen, ist die Nutzung von Internetbezahlsystemen, wie z. B. PayPal oder paydirekt. ■ Bei **PayPal** müssen die Bank- oder Kreditkartendaten nur einmal über das Internet versendet werden und diese Daten sind dann nur hier hinterlegt. Sie werden nie an Dritte, z. B. an den Verkäufer, weitergegeben. Außerdem ist dieser Service für Käufer immer kostenlos. Auch für den Händler bietet PayPal einen Vorteil: Die Zahlung geht innerhalb kurzer Zeit auf seinem Konto ein. ■ **paydirekt** ist ein Onlinebezahlverfahren deutscher Banken und Sparkassen. Es wird von der paydirekt GmbH betrieben und soll vor allem mit dem Marktführer PayPal konkurrieren. Im Unterschied zu anderen Bezahldiensten ist paydirekt kein Drittanbieter, sondern eine Zusatzfunktion des Girokontos. Die Zahlung wird direkt über das Girokonto des Käufers abgewickelt und an das Konto des Händlers gesendet. Die Kontoinformationen werden dabei weder an den Händler noch an einen Drittanbieter weitergegeben. paydirekt dient als zentraler Softwaredienst zur Zahlungsabwicklung. ■ Die „neue Währung" des Internets stellen virtuelle Geldeinheiten dar. Die bekannteste virtuelle Währung sind **Bitcoins**. Bitcoins sind trotz ihres Namens eigentlich keine geprägten Münzen mit symbolträchtigen Hoheitszeichen. Das Wesen der Bitcoins ist ein verschlüsselter Datencode, der unverwechselbar und fälschungssicher ist sowie prinzipiell von jedem Besitzer eines internetfähigen Computers oder Smartphones genutzt werden kann. Eine unverwechselbare persönliche Bitcoin-Adresse (Schlüssel) und eine virtuelle Geldbörse (Wallet) werden ebenfalls auf dem Rechner installiert. Danach funktioniert das Bezahlen wie in der realen Welt. ■ Immer mehr Unternehmen bieten ihren Kunden das mobile Bezahlen per **Smartphone-App** an. Der Kunde entscheidet, welche App zum mobilen Bezahlen er auf sein Smartphone lädt. Der Bezahlvorgang erfolgt in Sekundenschnelle per NFC (Near Field Communication). In der Praxis handelt es sich dabei um eine „gewöhnliche" Kartenzahlung. Ob die Abrechnung direkt vom Giro- oder über ein Kreditkartenkonto erfolgt, hängt von der gewählten Kartenart ab.

Abb. 7: Zahlungsmöglichkeiten im Internet

Aufgaben

1. Was versteht man unter E-Commerce?
2. Nennen und erläutern Sie aktuelle Formen des Onlinemarketing.
3. Welchen Vorteil hat es für den Einzelhändler, wenn er sich mit seinem neu eröffneten Onlineshop einem Marktplatzsystem anschließt?
4. Beschreiben Sie vier Bezahloptionen im Onlinehandel und nennen Sie die jeweiligen Vor- und Nachteile.
5. Bewerten Sie den Internetauftritt Ihres Ausbildungsbetriebs hinsichtlich der rechtlichen Anforderungen durch das Telemediengesetz.
6. Sie haben einen Onlineshop Ihrer Wahl gegründet.
   Welche Informationen müssen Sie Ihren Kunden für den Bestellvorgang zur Verfügung stellen? Beachten Sie dabei die derzeit geltenden rechtlichen Bestimmungen. Recherchieren Sie dazu bei Bedarf im Internet.
7. Stellen Sie sich vor, dass die Widerrufserklärung in Ihrem Onlineshop fehlen würde.
   Welche Folgen hätte dies für abgeschlossene Kaufverträge?
8. Welche Bezahlmöglichkeiten würden Sie in Ihrem Onlineshop anbieten? Begründen Sie Ihre Auswahl.

Kompetenzraster, Kapitel 12.3 bis 12.6

Kapitel	Ich kann ...	nein	un-sicher	recht sicher	ja
12.3	■ fünf Marketinginstrumente nennen und unterscheiden.				
	■ Begriff und Maßnahmen der Sortimentspolitik erläutern und Beispiele aus der Praxis nennen und zuordnen.				
	■ Arten von quantitativen und qualitativen Sortimentsveränderungen nennen und anhand von Beispielen erläutern.				
	■ Begriff und Maßnahmen der Servicepolitik erläutern und Beispiele aus der Praxis nennen und zuordnen.				
	■ Begriff und Maßnahmen der Preis- und Konditionenpolitik erläutern und Beispiele aus der Praxis nennen und zuordnen.				
	■ Begriff und Maßnahmen der Kommunikationspolitik erläutern und Beispiele aus der Praxis nennen und zuordnen.				
	■ Begriff und Maßnahmen der Distributionspolitik erläutern und Beispiele aus der Praxis nennen und zuordnen.				
12.4	■ die Bedeutung eines Marketingkonzepts erklären.				
	■ das traditionelle und das moderne Marketingkonzept voneinander abgrenzen.				
	■ den Begriff und die Bedeutung des Marketing-Mix erläutern.				
	■ Planung und Vorbereitung sowie Durchführung und Kontrolle des Marketing-Mix darlegen.				
12.5	■ die Bedeutung des Kundenbindungsmanagements erläutern.				
	■ Maßnahmen zur Kundenbindung beschreiben; insbesondere die Vorteile und Nachteile von One-to-one-Marketing, Kundenkarten, Kundenklubs, Kundenzeitschriften, Veranstaltungen und Couponing-Angeboten darlegen.				
	■ das Beschwerdemanagement als wichtiges Instrument der Kundenbindung erklären.				
12.6	■ die Bedeutung sowie Vorteile und Nachteile von E-Commerce (B2B und B2C) und Onlineshops erklären.				
	■ die Rechtsvorschriften im Onlinehandel nennen und anwenden.				
	■ erklären, was man unter Multi-Channel-Marketing versteht.				

Personaleinsatz planen und Mitarbeiter führen

Lernfeld 13

	Advance Organizer	116
13.1	Aufgaben und Ziele der Personalwirtschaft	118
13.2	Planung von Personalbedarf und Personaleinsatz	121
13.3	Personalbeschaffung	126
13.4	Personalführung	142
13.5	Personalverwaltung	146
13.6	Personalbeurteilung	152
13.7	Personalentwicklung	154
13.8	Mitarbeitermotivation	157
13.9	Umgang mit Konflikten	160
13.10	Personalentlohnung	163
13.11	Beendigung von Arbeitsverhältnissen	187

Advance Organizer | Personaleinsatz planen und Mitarbeiter führen

Personalwirtschaft

Personalbedarfsplanung

kurzfristig

Methoden

langfristig

Stellenplanmethode

Kennzahlenmethode

Personaleinsatzplanung

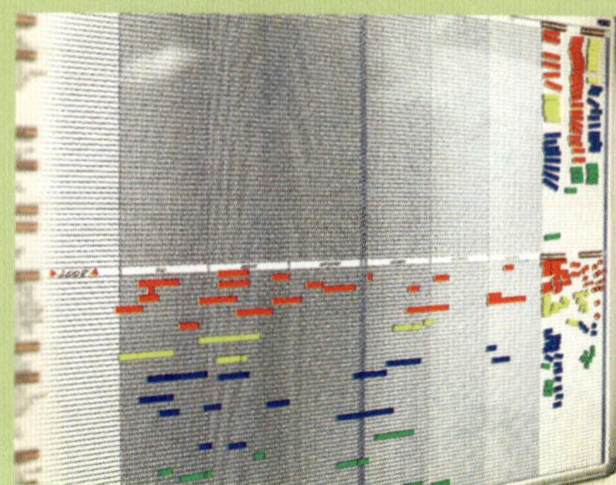

Personalverwaltung

Personalakte

Datenschutz

Datensicherung

Personalbeschaffung

Personalanforderung → Beschaffungsweg (intern, extern) → Stellenanzeige → Bewerbungen → Eignungsprüfung → Vorstellungsgespräch → Arbeitsvertrag → Personalbeschaffung

Personalfreisetzung

Kündigungsarten

Beendigung von Arbeitsverhältnissen

Kündigung

Kündigungsschutz

einfacher Kündigungsschutz

besonderer Kündigungsschutz

Arbeitszeugnis

einfach

qualifiziert

Personalbeurteilungsbogen

	1 Punkt stark verbesserungswürdig	2 Punkte verbesserungswürdig	3 Punkte ausreichend	4 Punkte befriedigend	5 Punkte gut	6 Punkte sehr gut
Teamfähigkeit ■ Kooperation mit Kolleginnen und Kollegen ■ korrektes und freundliches Verhalten gegenüber Kunden						
Arbeitsqualität ■ gleichbleibend hohes Niveau der geleisteten Arbeit ■ deutliche Anerkennung durch die Kunden						
Arbeitsmaterial ■ pfleglicher Umgang mit dem Material und Werkzeugen ■ Maschinen und Fahrzeuge werden sauber abgegeben ■ Reparaturbedarf wird schriftlich angezeigt						
Weiterbildungs- und Fortbildungsinteresse ■ Teilnahme an Seminaren und Kursen ■ Nutzung der ausgelegten Fachliteratur						
Flexibilität ■ flexibler Einsatz in mehreren Aufgabenbereichen						

Personalbeurteilung

Beurteilungsgespräch

Personalentwicklung

- berufsvorbereitend
- berufsbegleitend
- berufsverändernd

Personalentlohnung

Lohnformen

Zeitlohn

Leistungslohn

Bruttolohn

Abzüge Steuern

Abzüge Sozialversicherung

Nettolohn

Nettobe- und -abzüge

Auszahlungsbetrag

Führungsstile

autoritär

kooperativ

Personalführung

Mitarbeitergespräche

Mitarbeitermotivation

Umgang mit Konflikten

oder

Führungsmethoden

management-by-Techniken

13.1 Aufgaben und Ziele der Personalwirtschaft

Lena Sievers, Auszubildende im Modehaus Müller, ist im Rahmen ihrer Ausbildung in den nächsten Wochen in der Personalabteilung eingesetzt. Dort wird sie von Herrn Tigges betreut. Er ist zuständig für Personalangelegenheiten im Modehaus Müller.

Bevor der Arbeitstag beginnt, ist Lena ein wenig aufgeregt. Viele Fragen gehen ihr durch den Kopf: „Was mich da wohl erwartet? Welche Aufgaben sind dort zu erledigen? Wozu brauchen wir die Personalabteilung?"

13.1.1 Aufgaben der Personalwirtschaft

Die menschliche Arbeit, ausgeführt von den Mitarbeitern, ist ein wesentlicher Bestandteil von Unternehmen. Ohne die Mitarbeiter kann kein Betrieb produzieren oder handeln und somit auch keine Gewinne machen. Um einen möglichst hohen Gewinn zu erzielen, benötigen die Betriebe gut ausgebildete und motivierte Mitarbeiter. Allerdings müssen sich die Unternehmen für ihre Mitarbeiter auch verantwortlich zeigen (Fürsorge); so müssen die Mitarbeiter z. B. entlohnt und betreut werden.

Alle diese Aufgaben werden von der Personalwirtschaft übernommen (vgl. Abb. 1).

> **!** *Die **Personalwirtschaft** umfasst alle Gestaltungs- und Verwaltungsaufgaben im Unternehmen, die sich auf die Mitarbeiter beziehen.*

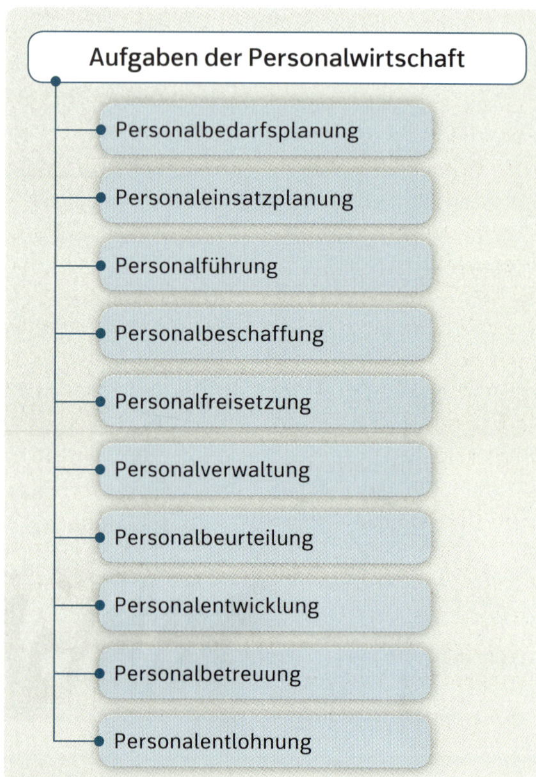

Abb. 1: Aufgaben der Personalwirtschaft

Personalbedarfsplanung
Mithilfe der Personalbedarfsplanung soll abgeschätzt werden, wie groß der Personalbedarf in Zukunft sein wird, um die Unternehmensziele zu erreichen.

Personaleinsatzplanung
Im Rahmen der Personaleinsatzplanung wird die Verteilung der Mitarbeiter auf die verschiedenen Arbeitsplätze vorgenommen. Dabei werden die Anforderungen der Stelle sowie die quantitativen, zeitlichen und örtlichen Anforderungen des Unternehmens beachtet. Aber auch die Neigungen und Interessen der Mitarbeiter werden berücksichtigt. Weitere zu beachtende Rahmenbedingungen sind z. B. die Arbeitssicherheit und die Arbeitsplatzgestaltung.

Personalführung
Die Personalführung orientiert sich am Unternehmensleitbild. Die Vorgesetzten sollen zur Erreichung der Unternehmensziele das Leistungsverhalten und die Handlungsweise der Mitarbeiter positiv beeinflussen. Entscheidend für das Verhältnis zwischen Vorgesetzten und unterstelltem Mitarbeiter ist der Führungsstil.

Personalbeschaffung
Die Personalbeschaffung hilft dabei, den tatsächlichen Personalbestand dem Sollbestand anzupassen. Sie ist demnach für die Gewinnung von Personal verantwortlich, nachdem ein Unternehmen einen Personalbedarf festgestellt hat.

Personalfreisetzung
Wenn ein Unternehmen zu viele Mitarbeiter beschäftigt, also eine Personalüberdeckung vorliegt, muss Personal abgebaut werden. Innerhalb der Personalfreisetzung soll eine Personalüberdeckung abgebaut werden. Auch hier werden quantitative, qualitative, örtliche oder zeitliche Aspekte berücksichtigt.

Personalverwaltung
Im Rahmen der Personalverwaltung werden sämtliche Verwaltungsbereiche zusammengefasst, die den Mitarbeiter betreffen. Zentrale Bereiche der Personalverwaltung sind z. B. die Personalstatistik und die Personalakte.

Personalbeurteilung
In der Personalbeurteilung werden z. B. die Leistungen der Mitarbeiter eingeschätzt. Die Ziele bei der Beurteilung des Personals sind:
- optimaler Einsatz der Mitarbeiter,
- Basis für eine leistungsorientierte Bezahlung,
- Erkennen von Personalentwicklungsbedarf,
- Steigerung der Motivation der Mitarbeiter durch Rückmeldung (Feedback) und
- Grundlage für ein Arbeitszeugnis.

Personalentwicklung
Die Personalentwicklung umfasst alle Maßnahmen zur Förderung der individuellen beruflichen Entwicklung der Mitarbeiter. Besonders ihre persönlichen Interessen werden dabei berücksichtigt. Das Ziel der Personalentwicklung ist, den Mitarbeitern die Qualifikationen zu vermitteln, die sie zur optimalen Wahrnehmung ihrer jetzigen und zukünftigen Aufgaben benötigen.

Personalbetreuung
Aufgabe der Personalbetreuung ist es, dafür zu sorgen, dass die Gesundheit der Mitarbeiter verbessert und die betriebliche Leistungsfähigkeit optimiert wird. Das kann ein Unternehmen dadurch erreichen, indem Maßnahmen ergriffen werden wie z. B. Kinderbetreuung, Sportangebote, Raucherentwöhnungsprogramme oder Ernährungsberatung.

Personalentlohnung
In erster Linie gehören zu den Aufgaben der Personalentlohnung die Berechnung der Löhne und Gehälter der Mitarbeiter sowie die Erstellung der Gehaltsabrechnungen. Zu den weiteren Tätigkeiten gehören z. B. die Entwicklung gerechter Entlohnungsmöglichkeiten (Zeitlohn oder Leistungslohn) und die Ermittlung der Personalkosten.

Abb. 2: Die Personaleinsatzplanung ist regelmäßig zu überprüfen.

13.1.2 Ziele der Personalwirtschaft

Die Personalwirtschaft verfolgt sowohl wirtschaftliche Ziele als auch soziale Ziele.

Wirtschaftliche Ziele

Die Personalwirtschaft soll für eine bestmögliche Versorgung des Unternehmens mit geeigneten Mitarbeitern sorgen. Zu den wirtschaftlichen Zielen zählen

- gut ausgebildete und qualifizierte Mitarbeiter,
- Nutzung der Kenntnisse und Fertigkeiten, der Kreativität und Erfahrung der Mitarbeiter,
- Einsatz der Mitarbeiter nach ihrer Qualifikation,
- Steigerung der Mitarbeiterleistung durch höhere Motivation,
- geringe Fehltage (z. B. durch Krankheit),
- Senkung der Personalkosten,
- Freistellung von nicht benötigten Mitarbeitern.

Soziale Ziele

In sozialer Hinsicht soll die Personalwirtschaft dafür sorgen, dass das Arbeitsumfeld mitarbeiterfreundlich gestaltet ist. Zu den sozialen Zielen zählen

- Arbeitsplatzgestaltung,
- abwechslungsreiche Arbeitsaufgabe,
- Arbeitszufriedenheit,
- Schaffung eines guten Betriebsklimas,
- Mitbestimmung,
- gerechte Entlohnung,
- Arbeitssicherheit und Arbeitsschutz,
- Fortbildung und Weiterbildung,
- Aufstiegschancen.

Wirtschaftliche und soziale Ziele hängen zusammen. Sind die Mitarbeiter am Arbeitsplatz zufrieden, erhöht das ihre Arbeitsleistung. Weiterhin sinken Krankenstand, Fehlzeiten und Wechselbereitschaft. Das Unternehmen kann gut ausgebildete Mitarbeiter stärker an den Betrieb binden. Eine hohe Mitarbeiterzufriedenheit ist auch eine gute Werbung, sodass mehr Bewerber ein größeres Interesse daran haben, in diesem Unternehmen zu arbeiten. Wenn mehrere Ziele gleichzeitig erreicht werden, spricht man von Zielharmonie.

Manchmal sind allerdings nicht alle Ziele gleichzeitig erreichbar. In diesem Fall spricht man von Zielkonflikt.

Beispiel: Die Geschäftsleitung möchte die Personalkosten reduzieren und will deshalb die Zahlung des Weihnachtsgeldes abschaffen. Der Betriebsrat ist dagegen, da die Mitarbeiter dem Unternehmen ein gutes Geschäft ermöglichen und deshalb am Erfolg beteiligt werden müssen. Der Betriebsrat sieht eine gerechte Entlohnung der Mitarbeiter in Gefahr.

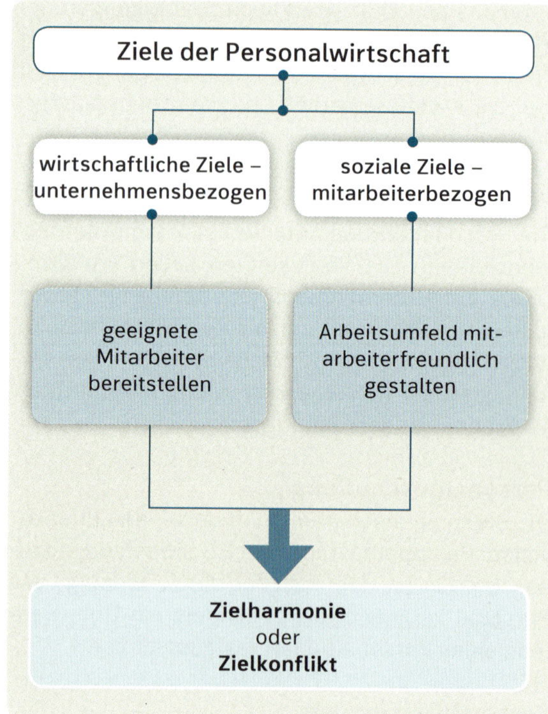

Abb. 3: Ziele der Personalwirtschaft

Aufgaben

1. Erklären Sie den Begriff Personalwirtschaft.
2. Die Aufgaben der Personalwirtschaft lassen sich in viele Teilaufgaben zerlegen. Erstellen Sie in Gruppenarbeit mögliche Teilaufgaben. Anschließend sollen die anderen Gruppen die Teilaufgaben den Aufgaben der Personalwirtschaft zuordnen.

13.2 Planung von Personalbedarf und Personaleinsatz

Die Mitarbeiterin Nora Schuhmann aus der Sportabteilung braucht nächste Woche Mittwoch einen Tag Urlaub. Sie fragt die Abteilungsleiterin Sarah Fechter, ob das möglich ist. Die Abteilungsleiterin, die gerade den Personaleinsatzplan für die nächste Woche, die Kalenderwoche 28, erstellt, verspricht Nora, ihren Urlaubswunsch zu berücksichtigen.

Nora ist enttäuscht, dass sie nicht sofort die Zusage für den Urlaubstag erhält.

13.2.1 Personalbedarfsplanung

Die Personalbedarfsplanung hilft einem Unternehmen abzuschätzen, wie groß der Personalbedarf in Zukunft sein wird, um die Unternehmensziele zu erreichen. Das bedeutet, dass die Personalbedarfsplanung folgende Punkte planen muss:

- die Anzahl der erforderlichen Mitarbeiter
- mit den gewünschten Qualifikationen
- am richtigen Ort,
- zur richtigen Zeit und
- für die benötigte Dauer.

Es gibt verschiedene Methoden zu ermitteln, wie viele Mitarbeiter erforderlich sind (quantitative Personalbedarfsplanung). Im Einzelhandel wird der Personalbedarf häufig nach der Stellenplanmethode oder nach der Kennzahlenmethode ermittelt.

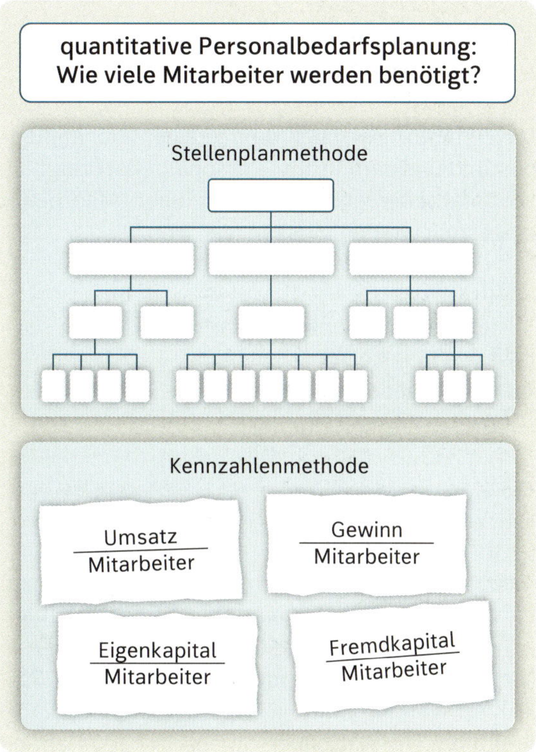

Abb. 1: Möglichkeiten der quantitativen Personalbedarfsplanung

Stellenplanmethode

Das Organigramm des Modehauses Müller gibt Auskunft darüber, welche Stellen im Unternehmen vorhanden sind und welche Mitarbeiter zurzeit diese Stellen besetzen. Die Anzahl der Stellen wird auch im sogenannten Stellenplan festgehalten. Die Summe der Stellen ergibt den **jetzigen Planstellenbestand.** Wenn das Unternehmen plant, die Mitarbeiterzahl in der Zukunft zu verändern, wird das im Stellenplan als **Brutto-Personalbedarf** festgehalten. Der Stellenplan gibt einen Überblick über den jetzigen Planstellenbestand und den Brutto-Personalbedarf (vgl. Abb. 2).

Stellenart	jetziger Planstellenbestand	Brutto-Personalbedarf	Differenz
Geschäftsführer/-in	2	2	0
Abteilungsleiter/-in	4	4	0
stellvertretende/-r Abteilungsleiter/-in (Substitut/-in)	4	4	0
ausführende Mitarbeiter/-innen (z. B. Verkäufer/-innen usw.)	46	50	4
Summe	56	60	4

Abb. 2: Stellenplan Modehaus Müller

Die Differenz zwischen dem jetzigen Planstellenbestand und dem Brutto-Personalbedarf zeigt an, ob Mitarbeiter entlassen oder neue Mitarbeiter eingestellt werden müssen (vgl. Abb. 3).

jetziger Planstellenbestand		56
+ neue Planstellen – wegfallende Planstellen	Differenz	4
= Brutto-Personalbedarf		60

Abb. 3: Ermittlung der Differenz zwischen Planstellenbestand und Brutto-Personalbedarf

Allerdings sind jetzt noch nicht die personellen Veränderungen des Unternehmens berücksichtigt. Zum Beispiel kündigen Mitarbeiter oder gehen in Rente. Auch diese Veränderungen müssen berücksichtigt werden, um den Nettopersonalbedarf zu ermitteln. Der Netto-Personalbedarf zeigt an, ob Mitarbeiter zusätzlich beschafft oder entlassen werden müssen. Für die Berechnung des Netto-Personalbedarfs wendet das Modehaus folgendes Berechnungsschema an (vgl. Abb. 4).

jetziger Personalbestand	56
– Brutto-Personalbedarf	60
– bekannte Personalabgänge z. B. ■ Ruhestand ■ Unternehmenswechsel ■ Krankheit ■ Elternzeit ■ Umwandlung Vollzeit in Teilzeit (eine Vollzeitstelle = zwei Teilzeitstellen mit jeweils halber Arbeitszeit)	0
+ bereits feststehende Personalzugänge z. B. ■ bereits eingestellte Mitarbeiter ■ Übernahme Azubi	0
= Netto-Personalbedarf (Personalüberdeckung oder Personalunterdeckung)	– 4

Abb. 4: Ermittlung des Netto-Personalbedarfs

Hat man den **Netto-Personalbedarf** errechnet, gibt es für das Ergebnis zwei grundsätzliche Möglichkeiten:

- Das Ergebnis der Berechnung ist positiv: In diesem Fall liegt eine **Personalüberdeckung** vor. Das bedeutet, das Unternehmen hat momentan zu viele Mitarbeiter beschäftigt und muss Personal abbauen.
- Das Ergebnis der Berechnung ist negativ: In diesem Fall liegt eine **Personalunterdeckung** vor. Das bedeutet, das Unternehmen hat zurzeit zu wenig Mitarbeiter und muss Personal einstellen.

Abb. 5: Die in einem Unternehmen vorhandenen Stellen können in einem Organigramm übersichtlich dargestellt werden.

Kennzahlenmethode

Bei dieser Methode wird der Personalbedarf mithilfe von betrieblichen Größen berechnet. Betriebliche Größen sind z. B.

- Umsatz,
- Gewinn,
- Eigenkapital oder
- Fremdkapital.

Zur Berechnung werden die Größen zu der **Mitarbeiteranzahl** ins Verhältnis gesetzt.

Beispiel: Der Umsatz eines Einzelhändlers betrug im vergangenen Jahr 36 Mio. €. Erwirtschaftet wurde dieser Umsatz von 60 Mitarbeitern. Daraus ergibt sich, dass jeder Mitarbeiter durchschnittlich einen Umsatz von 600 000,00 € erreichte:

$$\frac{36\text{ Mio. €}}{60\text{ Mitarbeiter}} = 600\,000{,}00\text{ €/Mitarbeiter}$$

In diesem Jahr soll der Umsatz auf 37,2 Mio. € gesteigert werden. Der Umsatz je Mitarbeiter soll gleich bleiben. Wie hoch ist der Personalbedarf?

Um diese Frage zu beantworten, wird der Gesamtumsatz durch den Umsatz je Mitarbeiter geteilt:

$$\frac{37{,}2\text{ Mio. €}}{600\,000{,}00\text{ €/Mitarbeiter}} = 62\text{ Mitarbeiter}$$

Das heißt, der Personalbedarf oder Brutto-Personalbedarf beträgt 62 Mitarbeiter. Da bisher 60 Mitarbeiter im Unternehmen beschäftigt waren, zukünftig aber 62 Mitarbeiter benötigt werden, beträgt der Netto-Personalbedarf zwei Mitarbeiter und der Einzelhändler muss zwei neue Mitarbeiter einstellen.

13.2.2 Personaleinsatzplanung

Im Rahmen der Personaleinsatzplanung werden die Mitarbeiter auf die verschiedenen Arbeitsplätze verteilt. Auch hier werden die Anforderungen der Stelle sowie die quantitativen, zeitlichen und örtlichen Anforderungen des Unternehmens, aber auch die Neigungen und Interessen der Mitarbeiter berücksichtigt. Weitere zu beachtende Rahmenbedingungen sind z. B. die Arbeitssicherheit und die Arbeitsplatzgestaltung.

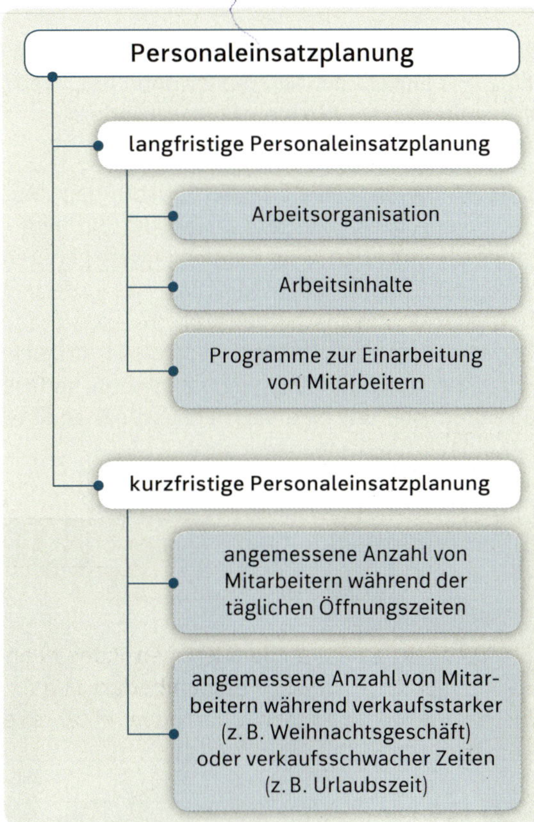

Abb. 6: Arten der Personaleinsatzplanung

Langfristige Personaleinsatzplanung

Die Personaleinsatzplanung erfüllt viele unterschiedliche Aufgaben. Genau genommen begleitet die Personaleinsatzplanung den Mitarbeiter vom Eintritt in das Unternehmen bis zum Ausscheiden.

Zu Beginn des Arbeitsverhältnisses wird mithilfe der Personaleinsatzplanung dafür gesorgt, dass der neue Mitarbeiter an der richtigen Stelle im Unternehmen eingesetzt wird. Hierbei sind die Anforderungen an die Stelle mit den Neigungen und

Interessen des Mitarbeiters in Einklang zu bringen. Dabei kann ein möglicher Weiterbildungsbedarf erkannt werden.

Am neuen Arbeitsplatz angekommen, sollte der Mitarbeiter eingearbeitet werden. Neben der Planung des Einsatzes an der richtigen Stelle soll auch der Arbeitsplatz entsprechend eingerichtet sein. Jeder Mitarbeiter hat bestimmte Bedürfnisse. Mitarbeiter müssen am Arbeitsplatz vor Unfällen und Verletzungen geschützt sein und sollen menschenwürdige Bedingungen vorfinden.

Des Weiteren organisiert die Personaleinsatzplanung den Einsatz der Mitarbeiter dann neu, wenn sich im Betrieb die Arbeitsabläufe verändern.

Beispiel: Das Modehaus Müller möchte den Kassiervorgang beschleunigen. Bisher hat ein Mitarbeiter allein kassiert. Zum Kassiervorgang gehören neben der Bezahlung der Ware auch das Entfernen der Preis- und der Sicherheitsetiketten sowie das Einpacken der Ware. Zukünftig soll dieser Arbeitsablauf auf zwei Mitarbeiter verteilt werden, sodass ein Mitarbeiter das Geld kassiert und ein anderer die übrigen Tätigkeiten verrichtet.

Abb. 7: Um Stau im Kassenbereich zu vermeiden, werden hier oft mehrere Mitarbeiter eingesetzt.

Kurzfristige Personaleinsatzplanung

Im Einzelhandel ist neben der langfristigen auch die kurzfristige Personaleinsatzplanung von großer Bedeutung. Da die Einzelhändler vom Kundengeschäft leben, müssen die einzelnen Verkaufsabteilungen mit ausreichend Personal besetzt sein, um z. B. die Kunden zu beraten.

Der Einzelhändler plant genau, wie viele Verkäufer er in den Abteilungen einsetzt, damit die Kunden bedient werden. Einerseits dürfen nicht zu wenige Verkäufer zur Verfügung stehen, da Kunden mit Beratungswunsch aufgrund zu langer Wartezeiten das Geschäft wieder verlassen würden. Andererseits würden zu viele Verkäufer die Personalkosten zu sehr steigern.

Für die Planung achtet der Einzelhändler beim Personaleinsatz auf folgende Punkte:

- **Öffnungszeiten**
Die Öffnungszeiten oder Geschäftszeiten können im gesetzlichen Rahmen vom Einzelhändler festgelegt werden. Dabei wird er sich nach den Öffnungszeiten direkter Konkurrenten und benachbarter Unternehmen richten.

- **Kundenverkehr**
Zu welchen Zeiten die Kunden im Geschäft einkaufen, ist nicht vorhersehbar. Allerdings hat der Einzelhändler gewisse Erfahrungswerte gesammelt, auf die er bei der Einsatzplanung zurückgreifen kann. So gibt es bestimmte Tageszeiten, zu denen sich mehr Kunden im Geschäft aufhalten als zu anderen. Diese unterschiedlichen Kundenzahlen sind sicherlich auch innerhalb der Woche zu beobachten. So gibt es verkaufsstarke und verkaufsschwache Tage. Innerhalb eines Jahres unterscheidet sich die durchschnittliche Anzahl von Kunden saisonbedingt. Die Weihnachtszeit ist für den Einzelhandel mit hohem Kundenverkehr verbunden, wobei in der Urlaubszeit eher wenige Kunden im Geschäft sind.

- **Arbeitszeit der Mitarbeiter**
Jeder Mitarbeiter arbeitet eine bestimmte Anzahl von Stunden pro Woche. Die wöchentliche Arbeitszeit geht aus dem Tarifvertrag oder dem Arbeitsvertrag hervor. Die Arbeitszeit kann durch Überstunden verlängert werden, aber dadurch können die Personalkosten stark steigen. Flexible Arbeitszeitmodelle (vgl. Kap. 13.9.3) können die Einsatzplanung vereinfachen. Weiterhin unterscheidet der Einzelhändler nach Vollzeitkräften und nach Teilzeitkräften, da diese Mitarbeiter eine unterschiedliche wöchentliche Arbeitszeit haben.

Zur besseren Planung des Personaleinsatzes nutzen die Einzelhändler einen Personaleinsatzplan (vgl. Abb. 8).

Abteilung Sport Modehaus Müller								KW 40
Mitarbeiter	**Funktion**	**Mo**	**Di**	**Mi**	**Do**	**Fr**	**Sa**	**Summe**
Sarah Fechter	AL (VZ)	8	8	8	8	6	0	38
Markus Sebaldt	SU (VZ)	0	8	6	8	8	8	38
Nora Schuhmann	VK (VZ)	8	8	8	8	6	0	38
Dieter Ballhaus	VK (VZ)	8	0	8	8	8	6	38
Thomas Nehaus	VK (VZ)	8	6	8	8	0	8	38
Ina Degen	VK (VZ)	0	6	8	8	8	8	38
Genise Faller	VK (VZ)	SO	SO	SO	0	8	6	38
Mona Vogelheide	VK (TZ)	4	4	3	4	0	4	19
Frauke Sommer	VK (TZ)	4	4	3	4	0	4	19
Lisa Dietz	VK (TZ)	4	4	4	0	4	3	19
Petra Meier	VK (TZ)	4	4	4	0	4	3	19
Verona Müller	VK (TZ)	4	4	0	3	4	4	19
Tim Wiesenhofer	Azubi	8	5	B	8	6	3	38

AL = Abteilungsleiter, SU = Substitut, VK = Verkäufer, VZ = Vollzeit, TZ = Teilzeit,
K = Krankheit, U = Urlaub, SO = Sonstiges, B = Berufsschule

Abb. 8: Beispiel für einen Personaleinsatzplan

Aufgaben

1. Die Berechnung des Personalbedarfs kann sowohl nach der Kennzahlenmethode als auch nach der Stellenplanmethode erfolgen. Begründen Sie, welche dieser Methoden Ihrer Meinung nach besser zur Ermittlung des Personalbedarfs geeignet ist.
2. Beschreiben Sie, welche Probleme bei der Personalbedarfsplanung auftreten können.
3. Begründen Sie, warum Einzelhändler eine sorgfältige Personaleinsatzplanung durchführen.
4. Überlegen Sie, wie die kurzfristige Personaleinsatzplanung in Ihrem Ausbildungsbetrieb durchgeführt wird und stellen Sie Ihre Ergebnisse der Klasse vor.

13.3 Personalbeschaffung

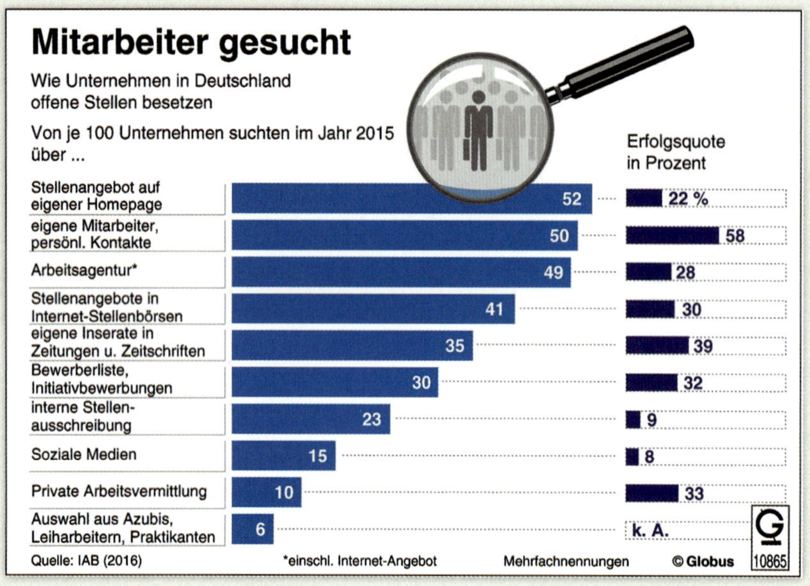

Wenn ein Unternehmen die Arbeit mit dem vorhandenen Personal nicht mehr bewältigen kann, muss weiteres Personal beschafft werden. Aufgabe der Personalbeschaffung ist es, den tatsächlichen Personalbestand dem Sollbestand anzupassen.

Bei der Beschaffung von Personal sind mehrere Aufgaben zu erledigen. Diese Aufgaben werden zum Prozess der Personalbeschaffung zusammengefasst (vgl. Abb. 1).

Personalbeschaffung

1. Personalanforderung
2. Bestimmung des Beschaffungsweges (intern/extern) (Kapitel 13.4.1)
3. Personalwerbung (Stellenanzeige) (Kapitel 13.4.2)
4. Prüfung der Bewerbungsunterlagen (Grobauswahl) (Kapitel 13.4.3)
5. Eignungsprüfung (Kapitel 13.4.4)
6. Vorstellungsgespräch (Feinauswahl) (Kapitel 13.4.5)
7. Auswahl und Arbeitsvertrag (Kapitel 13.4.6)

Abb. 1: Prozess der Personalbeschaffung

Der erste Schritt bei der Personalbeschaffung geht von der Abteilung im Unternehmen aus, die einen zusätzlichen Mitarbeiter benötigt.

Beispiel: Roswita Donop, Abteilungsleiterin der Damenabteilung im Modehaus Müller, benötigt für das nächste Jahr eine neue Mitarbeiterin, da Gerda Froloff zum Ende des Jahres in Rente geht.

Die personalanfordernde Abteilung informiert die Geschäftsleitung über den Personalbedarf, da diese die Personaleinstellung genehmigen muss. Dazu wird eine **Personalanforderung** erstellt. Grundlage für die Personalanforderung ist die Stellenbeschreibung. In der Stellenbeschreibung (vgl. BN 222331, LF 1, Kap. 1.3.3) kann die anfordernde Abteilung z. B. die notwendigen Qualifikationen, die Anforderungen und die Aufgaben für die zu besetzende Stelle nachlesen.

Beispiel: Frau Donop füllt einen Personalanforderungsbogen aus, da eine Personaleinstellung von der Geschäftsführung genehmigt werden muss (vgl. Abb. 2). Außerdem benötigen die Sachbearbeiter der Personalabteilung die Personalanforderung, damit sie wissen, was für ein Mitarbeiter gesucht werden soll. Die notwendigen Informationen für die Anforderungen an die neue Mitarbeiterin bzw. den neuen Mitarbeiter erhält Roswita Donop aus der Stellenbeschreibung.
Die ausgefüllte Personalanforderung wird an den Geschäftsführer Dieter Müller geleitet, damit dieser die Personaleinstellung genehmigen kann. Nach der Genehmigung erhält Bernd Tigges, verantwortlich für Personalangelegenheiten im Modehaus Müller, die Personalanforderung.

Personalanforderung Modehaus **Müller**

anfordernde Abteilung	Abteilung Damen
Bezeichnung der Tätigkeit	Verkäufer/-in
Aufgaben der Stelle	- Beratung und Verkauf von Damentextilien - Bedienung der Kasse - verkaufsfördernde Präsentation der Ware - Mitverantwortung für ein ansprechendes und sauberes Bild der Abteilung
notwendige Anforderungen	- Ausbildung zum/zur Kaufmann/-frau im Einzelhandel - mehrjährige Erfahrung im Verkauf von Damentextilien - Erfahrung im Umgang mit Kassensystemen - Teamfähigkeit, Flexibilität
wünschenswerte Anforderungen	—
Neu-, Ersatz-, Reservebedarf	Ersatzbedarf für Gerda Froloff
wöchentliche Arbeitszeit	38 Stunden
anfordernde/-r Vorgesetzte/-r	Datum 7. Sept. 20.. Unterschrift Donop
einverstanden; Geschäftsführung	Datum Unterschrift

Abb. 2: Beispiel für eine Personalanforderung

13.3.1 Interne und externe Personalbeschaffung

Sobald die Genehmigung für einen weiteren Mitarbeiter erteilt ist, beginnt die eigentliche Arbeit, um neues Personal zu beschaffen. Zunächst ist die Frage zu klären, auf welchem Wege ein neuer Mitarbeiter beschafft werden soll. Es stehen grundsätzlich **zwei Beschaffungswege** zur Verfügung:

- Ein Unternehmen kann **intern,** das heißt im eigenen Unternehmen, nach Mitarbeitern für die offene Stelle suchen.
- Ein Betrieb kann **extern,** das heißt außerhalb des Unternehmens, auf dem Arbeitsmarkt nach geeigneten Mitarbeitern suchen.

Eine Einschränkung bei der Wahl des Beschaffungsweges müssen Unternehmen mit Betriebsrat berücksichtigen: Der Betriebsrat kann gemäß § 93 BetrVG (Betriebsverfassungsgesetz) verlangen, dass neu zu besetzende Arbeitsplätze innerhalb des Betriebs ausgeschrieben werden.

Interne Personalbeschaffung

Wenn ein Unternehmen **im vorhandenen Personalbestand** einen Mitarbeiter für eine offene Stelle sucht, heißt dies interne Personalbeschaffung.

Es gibt verschiedene Möglichkeiten, wie ein Betrieb intern Personal beschaffen kann (vgl. Abb. 4).

Abb. 3: Oft werden Jugendliche nach Beendigung ihrer Ausbildung zunächst befristet übernommen.

interne Personalbeschaffung	Erklärung	*Beispiel*
innerbetriebliche Stellenausschreibung	Im Unternehmen werden die Mitarbeiter darauf aufmerksam gemacht, dass eine Stelle neu zu besetzen ist.	Im Modehaus Müller wird am schwarzen Brett eine Stellenanzeige ausgehängt.
Versetzung	Mitarbeiter werden im Unternehmen an eine andere Stelle versetzt, wenn sie die notwendigen Qualifikationen haben.	Im Modehaus Müller wird Ina Degen aus der Sportabteilung in die Kinderabteilung versetzt.
Personalentwicklung	Mitarbeiter werden gezielt für eine Stelle geschult oder weitergebildet.	Das Modehaus Müller plant, eine Marketingabteilung zu bilden. Thomas Nehaus soll diese Aufgabe übernehmen und besucht deshalb Marketingseminare.
Mehrarbeit	Ein Unternehmen erhöht vorübergehend nach Rücksprache mit dem Betriebsrat die Arbeitszeit. Damit wird ein kurzfristiger Personalbedarf gedeckt.	Im Modehaus Müller leisten die Mitarbeiter der Abteilung Sport Überstunden, um eine Sonderverkaufsaktion durchzuführen.
Übernahme von Auszubildenden	Ein Auszubildender wird nach bestandener Abschlussprüfung vom Ausbildungsbetrieb übernommen.	Das Modehaus Müller plant, die Auszubildenden Tim Wiesenhofer, Sven Sörensen und Lena Sievers in ein Angestelltenverhältnis zu übernehmen, wenn sie ihre Ausbildung erfolgreich abschließen.

Abb. 4: Möglichkeiten der internen Personalbeschaffung

222334128

Externe Personalbeschaffung

Wenn ein Unternehmen **auf dem freien Arbeitsmarkt** einen Mitarbeiter für eine offene Stelle sucht, heißt dies externe Personalbeschaffung.

Im Folgenden sind einige Möglichkeiten der externen Personalbeschaffung aufgeführt:

- **Stellenanzeigen:** Durch eine Stellenanzeige in einer regionalen oder überregionalen Tageszeitung sowie in Fachzeitschriften wird ein großer Bewerberkreis angesprochen. Viele Unternehmen veröffentlichen zusätzlich auf der firmeneigenen Homepage eine Stellenanzeige.

  Beispiel: Das Modehaus Müller schaltet in der regionalen Tageszeitung eine Stellenanzeige, um neue Mitarbeiter zu werben.

- **Bundesagentur für Arbeit:** Die Bundesagentur für Arbeit ist der staatliche Arbeitsvermittler. Arbeitssuchende können mithilfe der Bundesagentur gezielt Stellen suchen. Auch Unternehmen können die Arbeitsagentur nutzen, um Bewerber für offene Stellen zu finden. Neben der persönlichen Beratung durch die Arbeitsvermittler gibt es im Internet die Jobbörse der Arbeitsagentur. Unternehmen können hier Stellenangebote einstellen oder nach Bewerbern suchen, die ihre Bewerbungsunterlagen in der Jobbörse hinterlegt haben.

  Beispiel: Herr Tigges stellt in der Jobbörse der Bundesagentur für Arbeit ein Stellenangebot ein.

- **private Arbeitsvermittlung:** Neben der Bundesagentur für Arbeit gibt es die private Arbeitsvermittlung. Diese lässt sich danach unterscheiden, wer die Dienstleistung in Anspruch nimmt:
  - Einerseits kann ein Unternehmen einen Personalvermittler (Headhunter) beauftragen, einen passenden Mitarbeiter zu finden. In der Regel sucht ein Headhunter Führungskräfte, die bereits eine Anstellung in einem anderen Betrieb haben. Der Headhunter wirbt die Arbeitskräfte für das suchende Unternehmen ab. Die Kosten für den Personalvermittler übernimmt das suchende Unternehmen.
  - Andererseits werden private Arbeitsvermittler für Arbeitssuchende tätig. Meist nehmen Arbeitslose die Dienstleistung in Anspruch. Die Kosten der privaten Arbeitsvermittler übernimmt der Arbeitssuchende. Arbeitslose erhalten häufig Vermittlungsgutscheine von der Bundesagentur für Arbeit, mit denen die private Arbeitsvermittlung bezahlt wird.

  Beispiel: Susanne Jaschunek, Substitutin in der Herrenabteilung im Modehaus Müller, wechselt im nächsten Jahr zu einem großen Einzelhandelskonzern. Ein Headhunter hat sie im Auftrag des Konzerns für eine Führungsaufgabe vom Modehaus Müller abgeworben.

- **Personalleasing:** Neben der Bezeichnung Personalleasing sind die Begriffe Leiharbeit oder Zeitarbeit üblich. Beim Personalleasing sind drei Personengruppen beteiligt:
  - der Verleiher (Leasinggeber),
  - der Entleiher (Leasingnehmer) und
  - der Leiharbeitnehmer.

  Der Verleiher und der Leiharbeitnehmer schließen einen Arbeitsvertrag. Als Arbeitgeber übernimmt der Verleiher die Lohnzahlung. Benötigt der Entleiher einen Leiharbeitnehmer, wird ein Arbeitnehmerüberlassungsvertrag zwischen Verleiher und Entleiher geschlossen. Für den überlassenen Leiharbeitnehmer zahlt der Leasingnehmer je Arbeitsstunde einen Stundensatz an den Leasinggeber (vgl. Abb. 5).

  Beispiel: Das Modehaus Müller benötigt für das Weihnachtsgeschäft weitere Mitarbeiter. Herr Tigges wendet sich an ein Personalleasingunternehmen und entleiht einige Mitarbeiter.

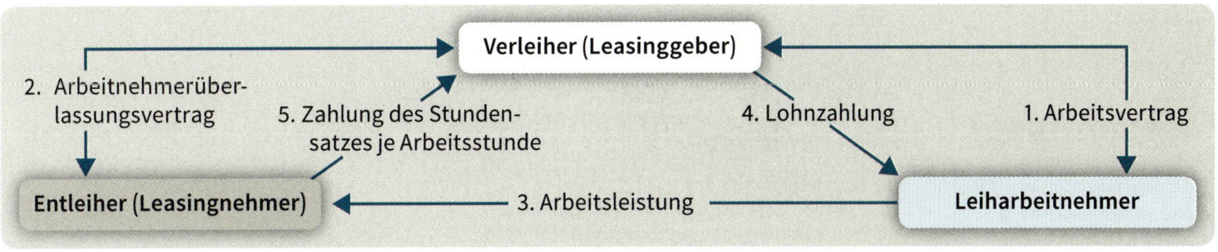

Abb. 5: Ablauf Personalleasing

13.3.2 Personalwerbung

Bis in die 1990er Jahre hinein wurden die meisten Stellenanzeigen in Zeitungen (lokale und überregionale Tageszeitungen) oder Zeitschriften (Fachzeitschriften, Verbandszeitschriften) veröffentlicht (vgl. Abb. 6). Da immer mehr Menschen das Internet für die Stellensuche nutzen, sind heutzutage viele Stellenanzeigen auf Online-stellenmärkten wie JobScout, StepStone oder Monster zu finden.

Beispiel: Auf eine innerbetriebliche Stellenausschreibung hat sich niemand beworben. Daher entscheidet sich Herr Tigges für die externe Personalbeschaffung, um einen Mitarbeiter für die Stelle „Verkäufer/-in Abteilung Damen" zu finden. Das Modehaus Müller wird eine Stellenanzeige veröffentlichen. Die Auszubildende Lena Sievers erhält den Auftrag zu überlegen, wo die Stellenanzeige veröffentlicht werden soll. Außerdem soll sie sich Gedanken zur Gestaltung und zum Inhalt der Stellenanzeige machen.

Mithilfe einer **Stellenanzeige** möchte ein Unternehmen Bewerber ansprechen, die für die ausgeschriebene Stelle geeignet sind. Je genauer die Angaben in der Stellenanzeige sind, desto größer ist die Wahrscheinlichkeit, dass sich Interessenten bewerben, die zur angebotenen Stelle passen. Daher sollte ein Unternehmen bei der Erstellung einer Stellenanzeige sorgfältig auf die Gestaltung und den Inhalt der Anzeige achten.

Inhaltlich muss eine Stellenanzeige klar gegliedert und informativ sein. Bewährt hat sich ein Grundaufbau, der Angaben zu folgenden Punkten enthält:

- **Unternehmen:** Name des Unternehmens, Größe, Standort
- **angebotene Stelle:** Bezeichnung der Stelle und Beschreibung der Aufgaben
- **Anforderungen an den Bewerber:** Qualifikation, Berufserfahrung, Fähigkeiten, Kenntnisse
- **angebotene Leistungen:** Gehalt, Sozialleistungen, Entwicklungsmöglichkeiten
- **Bewerbungsunterlagen:** Anschreiben, Lebenslauf, Arbeitszeugnisse, Schulzeugnisse
- **weitere Informationen:** Ansprechpartner, Informationsmöglichkeiten

Qualifikationsgruppen

Bei der Personalbeschaffung spielen die Qualifikationen, die neue Mitarbeiter haben müssen, eine bedeutende Rolle. Die Qualifikation eines Bewerbers ist eine Mindestanforderung, die in einer Stellenanzeige genannt wird. Bei der Beschaffung von Mitarbeitern unterscheidet man verschiedene Qualifikationsgruppen (vgl. Abb. 7).

Abb. 6: Beispiel einer Stellenanzeige

222334130

Qualifikationsgruppe	Erklärung	*Beispiele*
ungelernte Mitarbeiter	■ keine Ausbildung ■ Übernahme einfacher Aufgaben	■ Einräumen von Regalen ■ Transportarbeiten ■ Reinigungsarbeiten
angelernte Mitarbeiter	■ keine Ausbildung, lediglich Erhalt einer Sonderausbildung über einen bestimmten Zeitraum ■ Übernahme von Tätigkeiten in einem genau abgegrenzten Arbeitsgebiet	■ Kassieren ■ Bedienen einer Telefonanlage ■ Hilfsarbeiter
gelernte Mitarbeiter	■ abgeschlossene Berufsausbildung (z. B. Kaufmann/-frau im Einzelhandel) ■ selbstständige Ausübung von Tätigkeiten in einem festgelegten Bereich	■ Verkäufer ■ Buchhalter ■ Einkäufer
gelernte Mitarbeiter mit Zusatzqualifikation	■ Ausbildung und Zusatzqualifikation (z. B. Fachwirt der IHK oder staatlich geprüfter Betriebswirt) ■ Übernahme von Tätigkeiten mit entsprechender Verantwortung für das Arbeitsgebiet	■ Abteilungsleiter ■ Filialleiter ■ Substitut
hoch qualifizierte Mitarbeiter	■ abgeschlossenes Fachhochschulstudium oder Hochschulstudium ■ Übernahme von leitenden Tätigkeiten	■ Geschäftsführer ■ Vorstandsmitglieder ■ Hauptabteilungsleiter

Abb. 7: Qualifikationsgruppen von Mitarbeitern

Allgemeines Gleichbehandlungsgesetz (AGG)

Bei der Anwerbung von Mitarbeitern sind gesetzliche Vorschriften wie das Allgemeine Gleichbehandlungsgesetz zu beachten.

§ 1 AGG

Ziel des Gesetzes ist, Benachteiligungen aus Gründen der Rasse oder wegen der ethnischen Herkunft, des Geschlechts, der Religion oder Weltanschauung, einer Behinderung, des Alters oder der sexuellen Identität zu verhindern oder zu beseitigen.

Wenn ein Arbeitgeber gegen das **Benachteiligungsverbot** verstößt, kann ein benachteiligter Arbeitnehmer Schadenersatzansprüche geltend machen. Jedes Unternehmen muss eine **Beschwerdestelle** einrichten, an die sich benachteiligte Mitarbeiter wenden können. Es gibt keine besonderen Anforderungen an eine Beschwerdestelle. So genügt es, wenn das Einzelhandelsunternehmen einen Mitarbeiter (z. B. Personalchef oder Betriebsratsvorsitzender) als Beschwerdestelle benennt.

Die Vorschriften des AGG schützen nicht nur die Mitarbeiter eines Unternehmens. Bereits bei der Personalbeschaffung müssen die Regelungen beachtet werden. Das gilt auch für die Veröffentlichung von Stellenangeboten. **Einschränkungen hinsichtlich Geschlecht, Alter, Gesundheitszustand oder Staatsangehörigkeit** des Ausbildungssuchenden und Arbeitsuchenden sind nur möglich, wenn diese Einschränkungen nach Art der auszuübenden Beschäftigung unerlässlich sind (z. B. Altersgrenze für die Einstellung von Polizisten; ein katholisches Krankenhaus kann verlangen, dass Bewerber für eine Arztstelle der katholischen Kirche angehören).

Um bewusste oder unbewusste Benachteiligungen bestimmter Personengruppen auszuschließen, können **anonymisierte Bewerbungsverfahren** eingesetzt werden. Bei anonymisierten Bewerbungen verzichtet man auf den Namen, die Anschrift, das Geburtsdatum oder Angaben zum Alter, der Herkunft, Familienstand des Bewerbers. Es werden lediglich Aussagen zur Berufserfahrung, Ausbildung, Grund der Bewerbung gemacht. Somit ist gewährleistet, dass das Mitarbeiter suchende Unternehmen Bewerber ausschließlich aufgrund der Qualifikationen zu einem Vorstellungsgespräch einlädt.

13.3.3 Bewerbungsunterlagen

Die Bewerbungsunterlagen ermöglichen dem Unternehmen einen ersten Eindruck von dem Bewerber. Weiterhin stellen sie die Grundlage der Personalauswahl dar.

Beispiel: Nachdem die Stellenanzeige des Modehauses Müller veröffentlicht wurde, gehen in der Personalabteilung mehrere Bewerbungen ein. Herr Tigges und die Auszubildende Lena Sievers schauen sich die Bewerbungsunterlagen an. Lena weiß gar nicht recht, worauf sie eigentlich achten soll. Herr Tigges meint deshalb, dass Lena sich zunächst Merkmale für die Prüfung der Unterlagen überlegen soll. Anschließend kann sie dann mithilfe der Kriterien eine Auswahl der geeigneten Bewerber treffen.

Die Prüfung der Bewerbungsunterlagen ist zunächst eine Grobauswahl von geeigneten Bewerbern. Hierbei entscheidet das Unternehmen lediglich aufgrund der Unterlagen, welcher Bewerber auf die ausgeschriebene Stelle passen könnte. Zu den **Bewerbungsunterlagen** gehören

- Anschreiben,
- Foto,
- Lebenslauf,
- Zeugnisse (Schulzeugnisse, Zeugnisse der Abschlussprüfung, Arbeitszeugnisse),
- Bescheinigungen und Zertifikate.

Wenn die Bewerbungsunterlagen ein Unternehmen überzeugen, verbleibt der Bewerber im Auswahlverfahren. Alle anderen erhalten eine Absage oder werden für zukünftige Stellenangebote in einer Bewerberkartei aufgenommen.

Abb. 8: Bewerbungsunterlagen sollten immer vollständig sein.

Anschreiben

Das Anschreiben, auch **Bewerbungsschreiben** genannt, ist der zentrale Teil einer Bewerbung (vgl. Abb. 9). Hier stellt der Bewerber auf einen Blick die gesamten Informationen der Bewerbung dar. Dazu gehören der Grund der Bewerbung, die Beschreibung des bisherigen Werdegangs sowie Angaben zu den Fähigkeiten, Fertigkeiten und Kenntnissen, die für die angestrebte Stelle wichtig sind. Außerdem kann der Bewerber deutlich machen, warum er für die Stelle besonders geeignet ist und warum er sie haben möchte.

Für das Anschreiben ist eine bestimmte Form zu empfehlen, an die sich ein Bewerber halten sollte. Das Bewerbungsschreiben sollte nicht länger als eine DIN-A4-Seite sein und den Anforderungen für Geschäftsbriefe nach DIN 5008 genügen.

Des Weiteren darf das Anschreiben keine Rechtschreibfehler oder Grammatikfehler enthalten. Wird das Bewerbungsschreiben in Papierform verschickt, ist es eigenhändig vom Bewerber zu unterschreiben.

Foto

Das Foto oder Lichtbild ist nicht zwingend Bestandteil einer Bewerbung. Jedoch empfehlen fast alle Ratgeber und Informationsquellen, ein Foto den Unterlagen hinzuzufügen.

Das Lichtbild wird in der Regel rechts oben auf dem Lebenslauf befestigt. Das Format des Fotos sollte ca. 4,5 cm x 6 cm betragen. Wird in den Bewerbungsunterlagen ein Deckblatt verwendet, ist das Lichtbild dort anzubringen. Hierfür wird ein anderes Format empfohlen: 6 cm x 9 cm. Auf der Rückseite des Fotos sollte der Bewerber seinen Namen und sein Geburtsdatum oder die Adresse schreiben. Damit kann das Foto immer der Bewerbung zugeordnet werden, selbst wenn es sich von den Unterlagen lösen sollte.

Lebenslauf

Der Lebenslauf soll dem beworbenen Unternehmen Auskunft über den persönlichen Lebensweg und die fachliche Eignung des Bewerbers geben. Ein Lebenslauf wird in der Regel **in tabellarischer Form** geschrieben, um die Informationen übersichtlich darzustellen. Somit kann der Leser sich schnell einen Überblick über wichtige Daten verschaffen. Allerdings ist auch die Aufsatzform möglich. Wichtig ist, dass ein Lebenslauf **zeitlich lückenlos** ist.

Formale Gesichtspunkte sind beim Lebenslauf nicht zu berücksichtigen. Allerdings sollte man darauf achten, dass das Schriftbild und die Schriftgröße zum Anschreiben passen (vgl. Abb. 10).

Name und Adresse des Bewerbers

Sarah Moers
Siegerstraße 22
99000 Altstadt
Tel.: 02290 12345
E-Mail: s.moers@xxx.de

Name und Adresse des beworbenen Unternehmens

Modehaus Müller
Herr Tigges
Hauptstraße 199
99000 Altstadt

Datum

18.02.20..

Betreffzeile

Bewerbung als Kauffrau im Einzelhandel
Ihre Stellenanzeige im Altstädter Anzeiger vom 16.02.20..

Anrede

Sehr geehrter Herr Tigges,

Grund der Bewerbung

laut Ihrer Stellenanzeige vergeben Sie eine Vollzeitstelle in der Abteilung Sport. Für diese Stelle interessiere ich mich sehr und stelle mich Ihnen daher vor.

Beschreibung des bisherigen Werdegangs

Nachdem ich die Städtische Realschule mit Erfolg beendet habe, beschloss ich, in der Textilbranche tätig zu werden. Aus diesem Grund habe ich die Ausbildung zur Kauffrau im Einzelhandel bei der Firma Sommer Mode in Altstadt begonnen und im Januar 2001 abgeschlossen.

Angaben zu den Fähigkeiten, Fertigkeiten und Kenntnissen sowie Angaben zur besonderen Eignung für die ausgeschrieben Stelle

Während meiner Ausbildung stellte ich zügig fest, dass der Umgang mit Kunden eine meiner größten Stärken ist. Des Weiteren gehörten die Anwendung des Warenwirtschaftssystems sowie Warenpflege und Warenpräsentation, die Warenannahme und die Kassierertätigkeit zu meinen täglichen Aufgaben.

Weiterhin konnte ich Erfahrungen im Bereich bekleidungstechnische Assistentin sammeln und verfüge deshalb über detailliertes Warenwissen und das technische Verständnis für die Herstellung von Textilien, was für mich in der Praxis vorteilhaft ist. Alle Voraussetzungen wie die fachlichen Qualifikationen, freundliches und kompetentes Auftreten sowie Begeisterung für Mode bringe ich mit.

Ich bin überzeugt, dass mir die Arbeit in Ihrer Firma viel Freude bereiten wird, denn der Kontakt zum Kunden ist für mich seit Beginn meiner Ausbildung der Antrieb für eine zufriedenstellende Berufsausübung.

Überzeugen Sie sich von meinen Fähigkeiten in einem persönlichen Gespräch. Auf Ihre Einladung freue ich mich und verbleibe

mit freundlichen Grüßen

Sarah Moers

Anlagen

Bitte um Einladung zum Vorstellungsgespräch

Grußformel

eigenhändige Unterschrift des Bewerbers

Hinweis auf Anlagen

Abb. 9: Beispiel für ein Bewerbungsschreiben

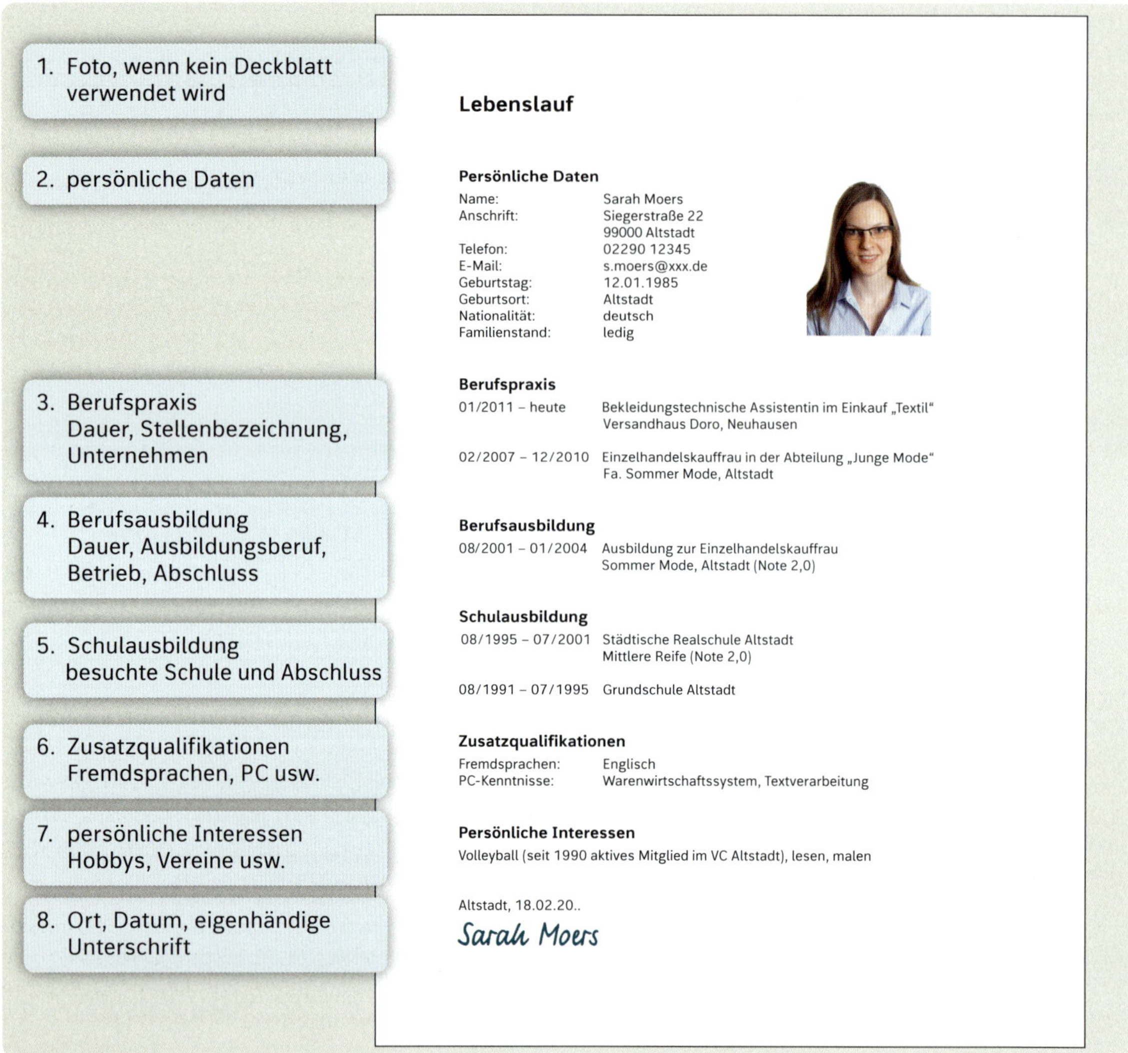

Lebenslauf

Persönliche Daten

Name:	Sarah Moers
Anschrift:	Siegerstraße 22 99000 Altstadt
Telefon:	02290 12345
E-Mail:	s.moers@xxx.de
Geburtstag:	12.01.1985
Geburtsort:	Altstadt
Nationalität:	deutsch
Familienstand:	ledig

Berufspraxis

01/2011 – heute	Bekleidungstechnische Assistentin im Einkauf „Textil" Versandhaus Doro, Neuhausen
02/2007 – 12/2010	Einzelhandelskauffrau in der Abteilung „Junge Mode" Fa. Sommer Mode, Altstadt

Berufsausbildung

08/2001 – 01/2004	Ausbildung zur Einzelhandelskauffrau Sommer Mode, Altstadt (Note 2,0)

Schulausbildung

08/1995 – 07/2001	Städtische Realschule Altstadt Mittlere Reife (Note 2,0)
08/1991 – 07/1995	Grundschule Altstadt

Zusatzqualifikationen

Fremdsprachen:	Englisch
PC-Kenntnisse:	Warenwirtschaftssystem, Textverarbeitung

Persönliche Interessen

Volleyball (seit 1990 aktives Mitglied im VC Altstadt), lesen, malen

Altstadt, 18.02.20..

Sarah Moers

Abb. 10: Beispiel für einen Lebenslauf

Zeugnisse

Zeugnisse spielen bei der Auswahl von geeigneten Bewerbern häufig eine große Rolle. Sie geben Auskunft über Leistungen und Qualifikationen. Bei der Beurteilung von Zeugnissen muss man allerdings berücksichtigen, dass der Aussagewert, z. B. von Schulzeugnissen, zur Berufseignung des Bewerbers gering ist. Die Zeugnisse werden den Bewerbungsunterlagen in zeitlicher Reihenfolge beigelegt; beginnend mit den aktuellsten Zeugnissen. Welche Zeugnisse zu den Bewerbungsunterlagen gehören, wird nachfolgend betrachtet.

- **Arbeitszeugnisse und Praktikumszeugnisse:** Arbeitgeber stellen am Ende von Arbeitsverhältnissen Arbeitszeugnisse aus. Unterschieden werden hier einfache und qualifizierte Arbeitszeugnisse (vgl. Kap. 13.7, Personalbeurteilung). Gleiches gilt für Praktika.
- **Zeugnisse der Abschlussprüfung:** Hierzu gehören die Zeugnisse, die im Rahmen von Abschlussprüfungen am Ende von Ausbildungsverhältnissen erworben wurden.
- **Schulzeugnisse:** Oft werden jeweils das letzte Schulzeugnis und Zeugnisse, die Abschlüsse beinhalten, den Bewerbungsunterlagen beigefügt, z. B. Fachoberschulreife oder Abitur.

Bescheinigungen

Neben den Zeugnissen können auch Bescheinigungen über zusätzlich erworbene Qualifikationen den Bewerbungsunterlagen beigefügt werden. Hierzu zählen z. B. das Zertifikat Europäischer Computerführerschein (ECDL), Zertifikate über Sprachen usw.

13.3.4 Eignungsprüfung

Die Prüfung der Bewerbungsunterlagen gibt dem einstellenden Unternehmen wichtige Erkenntnisse zu dem Bewerber. Darüber hinaus gewinnt man mit der Eignungsprüfung weitere Hinweise über die Eignung eines Bewerbers. Hierfür stehen verschiedene Möglichkeiten zur Verfügung.

Beispiel: Herr Tigges und die Auszubildende Lena Sievers besprechen nach der Prüfung der Bewerbungsunterlagen das weitere Auswahlverfahren. Herr Tigges erklärt Lena, dass man nun die Eignung der Bewerber für die ausgeschriebene Stelle feststellen sollte. Dazu legt er Lena eine Liste mit Hilfsmitteln zur Eignungsprüfung vor. Lena erhält den Auftrag, sich einen Überblick über die verschiedenen Hilfsmittel zu verschaffen. Danach soll sie einen Vorschlag machen, welches Hilfsmittel zur Eignungsprüfung das Modehaus Müller in diesem Auswahlverfahren anwenden sollte.

Abb. 11: Einstellungstests müssen oft schriftlich abgelegt werden.

Einstellungstests

Dazu gehören unterschiedliche Tests, wie Persönlichkeitstests, Leistungstests und Begabungstests.

- **Persönlichkeitstests** sollen die Persönlichkeitseigenschaften wie Verhaltensweisen oder Charaktereigenschaften erfassen.
- **Leistungstests** sollen einen Einblick in das persönliche Leistungsvermögen eines Bewerbers geben.
- **Begabungstests** dienen dazu, spezielle Begabungen wie Zeichnen, Musik oder Technik eines Bewerbers zu erkennen. Das kann vor allem bei kreativen Berufen wichtig sein.

Arbeitsproben

Arbeitsproben sind vom Bewerber angefertigte Muster, die für die ausgeschriebene Stelle von Bedeutung sind. Sie können den Bewerbungsunterlagen beigefügt oder direkt beim einstellenden Unternehmen durchgeführt werden.

Beispiele:
- Eine Einzelhändlerin legt ihrer Bewerbung ein Foto bei, das eine von ihr gestaltete Aktionsfläche zeigt.
- Eine Verkäuferin platziert Waren im Regal unter Beobachtung des Personalbeauftragten des einstellenden Unternehmens.

Situationsbezogene Verfahren

Bei situationsbezogenen Verfahren werden Übungen realitäts- und praxisnah durchgeführt. Die Bewerber werden von den Personalbeauftragten beobachtet, wie sie sich in Echtsituationen aus dem Arbeitsalltag verhalten.

Beispiel: Eine Verkäuferin soll in einer Verkaufssituation einen Testkäufer beraten. Dabei wird sie von den Personalbeauftragten des einstellenden Unternehmens beobachtet.

Gruppengespräche

In Gruppengesprächen sollen die Bewerber in der Regel über ein bestimmtes Thema diskutieren. An der Diskussion nehmen mehrere Bewerber gleichzeitig teil und vertreten eine vorher festgelegte Meinung zum Thema. Die Personalbeauftragten beobachten, wie sich die Teilnehmer der Runde während der Diskussion verhalten.

Assessment Center

Ein Assessment Center ist ein besonderes Verfahren zur Personalauswahl. Hierbei durchlaufen die Bewerber unter Beobachtung verschiedene Situationen. Die Situationen orientieren sich an den Anforderungen der künftigen Aufgaben. Bestandteile eines Assessment Centers sind oft: Rollenspiele, Planspiele, Gruppendiskussionen, Einzelvorträge, Persönlichkeits- und Leistungstests.

13.3.5 Vorstellungsgespräch

Das Vorstellungsgespräch ist ein persönliches Gespräch zwischen einem Bewerber und dem Arbeitgeber. Das Gespräch erfüllt zwei Aufgaben:

- Zum einen kann der Arbeitgeber durch den persönlichen Eindruck sein Gesamtbild über den Bewerber ergänzen.
- Zum anderen hat der Bewerber die Möglichkeit, sich über seinen möglichen Arbeitsplatz zu informieren.

Beispiel: Nach dem aktuellen Stand des Personalauswahlverfahrens sind noch zwei Bewerberinnen im Rennen: Anette Gartenbruch und Rebecca Franwer. Herr Tigges möchte durch ein persönliches Gespräch mit den Bewerberinnen eine abschließende Entscheidung treffen, wer die ausgeschriebene Stelle bekommen soll. Die Auszubildende Lena Sievers darf bei den Gesprächen als Zuschauerin ebenfalls anwesend sein. Herr Tigges möchte, dass Lena sich auf die Gespräche vorbereitet.

Abb. 12: Vorstellungsgespräch

Im Vorstellungsgespräch werden neben den **fachlichen Qualifikationen** auch die **sozialen Kompetenzen** des Bewerbers erfasst. Zu den sozialen Kompetenzen gehören z. B. Teamfähigkeit, Kommunikationsfähigkeit, Konfliktfähigkeit, Motivation und Selbstbewusstsein.

Weiterhin kann der Arbeitgeber sich ein Bild über das **äußere Erscheinungsbild** des Bewerbers machen. Zum äußeren Erscheinungsbild gehören beispielsweise Kleidung, Frisur, Körperpflege, Körpersprache, Sprechweise oder Auftreten.

Im Vorstellungsgespräch kann der Arbeitgeber herausfinden, ob der Bewerber in das Unternehmen passt.

Ablauf eines Vorstellungsgesprächs

Das Unternehmen sollte den Gesprächsablauf sorgfältig planen. So ist z. B. zu überlegen, wer an dem Gespräch teilnehmen soll. Oft sind von der Unternehmensseite mehrere Teilnehmer dabei.

Eine vorgegebene Struktur für das Vorstellungsgespräch gibt es nicht. Üblich ist der folgende Ablauf:

1. Begrüßung und namentliche Vorstellung der Gesprächspartner
2. Aufwärmphase durch „Small Talk“
3. Gespräch zur Bewerbung und Berufswahl
4. Gespräch über den Werdegang des Bewerbers (Schullaufbahn, Ausbildung, bisherige Tätigkeit)
5. Gespräch über die persönliche Situation des Bewerbers (Hobbys, Freizeitgestaltung, Stärken, Schwächen)
6. Informationen zum Unternehmen, zur Abteilung, zur ausgeschriebenen Stelle
7. Fragen des Bewerbers
8. Gesprächsabschluss (Informationen zum weiteren Vorgehen)
9. Verabschiedung

Im Vorstellungsgespräch versucht der Arbeitgeber, durch Fragen möglichst viele Informationen über den Bewerber zu erhalten. Aber nicht alle Fragen muss der Bewerber beantworten. Grundsätzlich darf der Arbeitgeber nur Fragen stellen, an deren Beantwortung er ein berechtigtes Interesse hat. Fragen, die gegen Persönlichkeitsrechte verstoßen, sind unzulässig. Hier hat der Bewerber das Recht auf Lüge; er muss die Fragen nicht wahrheitsgemäß beantworten. Allerdings gibt es Ausnahmen von diesem Recht, vgl. Abb. 13.

unzulässig sind Fragen nach:	*Beispiele* für Ausnahmen:
Mitgliedschaft in einer Partei, Gewerkschaft, Religionsgemeinschaft	Bewerbung bei einer Partei, Gewerkschaft, Religionsgemeinschaft
Vorstrafen	Vermögensdelikte bei Kassierern
Krankheiten	Konditor mit Mehlallergie
Vermögensverhältnissen	Kassierer oder Arbeitnehmer in sonstigen Vertrauenspositionen
Schwangerschaft	keine

Abb. 13: Unzulässige Fragen und Ausnahmen

222334136

13.3.6 Arbeitsvertrag

Nachdem die Bewerber das Bewerbungsverfahren durchlaufen haben, wird sich der Einzelhändler für den „besten“ Kandidaten entscheiden.

Beispiel: Die Entscheidung ist gefallen. Anette Gartenbruch konnte sowohl die Geschäftsleitung des Modehauses Müller als auch Herrn Tigges überzeugen. Deshalb wird Anette Gartenbruch ein Arbeitsvertrag angeboten. Lena Sievers hilft Herrn Tigges bei den Vorbereitungen für die Unterzeichnung des Arbeitsvertrags.

Mitbestimmung des Betriebsrats

Gibt es in dem Einzelhandelsunternehmen einen Betriebsrat, so muss dieser gemäß § 99 BetrVG über die geplante Einstellung informiert werden. Dazu muss der Einzelhändler dem Betriebsrat die erforderlichen Bewerbungsunterlagen vorlegen und die Zustimmung zu der geplanten Maßnahme einholen.

Der Betriebsrat kann die Zustimmung gem. § 99 Abs. 2 BetrVG verweigern, wenn z. B.

- die personelle Maßnahme gegen rechtliche Vorschriften (z. B. Gesetze, Verordnungen, Unfallverhütungsvorschriften oder Tarifverträge) verstößt,
- andere Arbeitnehmer durch die personelle Maßnahme ungerechtfertigt benachteiligt (z. B. gekündigt) werden,
- die zu besetzende Stelle nicht innerbetrieblich ausgeschrieben wurde (§ 93 BetrVG).

Der Betriebsrat kann seine Zustimmung **innerhalb von einer Woche** nach ordnungsgemäßer Unterrichtung durch den Arbeitgeber verweigern. Die Verweigerung muss schriftlich unter Angabe der Gründe erfolgen. Sollte der Betriebsrat nicht von seinem Zustimmungsverweigerungsrecht Gebrauch machen, so gilt dies als Zustimmung (§ 93 Abs. 3 BetrVG).

Wenn der Betriebsrat seine Zustimmung verweigert, kann der Arbeitgeber beim Arbeitsgericht beantragen, die Zustimmung zu ersetzen (§ 99 Abs. 4 BetrVG).

Inhalt des Arbeitsvertrags

Das Auswahlverfahren endet mit der Unterzeichnung eines Arbeitsvertrags durch die Vertragsparteien (Einzelhandelsunternehmen und Bewerber). Der Arbeitsvertrag ist eine Form des Dienstvertrags gemäß § 611 BGB.

> **!** *Gegenstand des **Arbeitsvertrags** ist,*
> - *dass der Arbeitnehmer die versprochene Arbeitsleistung erbringen muss und*
> - *der Arbeitgeber zur Zahlung der vereinbarten Vergütung verpflichtet ist.*

Der Arbeitsvertrag kann **unbefristet** sein, das bedeutet, das Arbeitsverhältnis endet nicht zu einem bestimmten Termin. Der Arbeitsvertrag kann auch **befristet** sein. Dann endet das Arbeitsverhältnis zu einem bestimmten Termin.

Grundsätzlich gilt für den Arbeitsvertrag, wie bei anderen Verträgen auch, der Grundsatz der Vertragsfreiheit. Allerdings gilt es bei der Vertragsgestaltung Gesetze, Tarifverträge und Betriebsvereinbarungen im Zusammenhang mit dem Arbeitsvertrag zu berücksichtigen. Damit soll verhindert werden, dass für eine Vertragspartei Nachteile entstehen.

Für einen **befristeten Arbeitsvertrag** ist die Schriftform zwingend vorgesehen. Für den **unbefristeten Arbeitsvertrag** gibt es keine Formvorschrift, d. h., er kann mündlich oder schriftlich geschlossen werden. Beim unbefristeten Arbeitsvertrag ist der Arbeitgeber allerdings verpflichtet, innerhalb eines Monats die wesentlichen Bedingungen des Vertrags aufzuschreiben, das Dokument zu unterschreiben und dem Arbeitnehmer zu übergeben.

In dem Dokument müssen folgende Punkte berücksichtigt werden:

- Name und Anschrift der Vertragspartner,
- Beginn (bei befristeten Verträgen auch Beendigung) der Beschäftigung,
- Arbeitsort, bei wechselnden Orten einen Hinweis dazu,
- Beschreibung der Tätigkeit,
- Arbeitsentgelt (einschließlich Zuschläge, Zulagen, Prämien usw.),
- Arbeitszeit,

- Urlaubsanspruch,
- Kündigungsfristen,
- Hinweis auf Tarifverträge oder Betriebsvereinbarungen, die für dieses Arbeitsverhältnis gelten.

In den meisten Arbeitsverträgen wird darüber hinaus noch eine **Probezeit** vereinbart. Die Probezeit dient dem Arbeitgeber zur Überprüfung der Eignung des neu eingestellten Mitarbeiters. Die Dauer der Probezeit ist, anders als bei Ausbildungsverträgen, gesetzlich nicht geregelt. In der Regel beträgt die Probezeit nicht mehr als sechs Monate.

Rechte und Pflichten

Aus dem per Arbeitsvertrag geschlossenen Beschäftigungsverhältnis ergeben sich sowohl für den Arbeitgeber als auch für den zukünftigen Arbeitnehmer Rechte und Pflichten. Diese erfolgen aus unterschiedlichen Rechtsquellen wie Gesetzen, Verordnungen, Tarifverträgen, Betriebsvereinbarungen und den Vereinbarungen im Arbeitsvertrag (vgl. Abb. 14).

Abb. 14: Rangordnung der Rechtsquellen

Der Arbeitgeber darf in Arbeitsverträgen lediglich vereinbaren, was in übergeordneten Regelungen festgelegt ist. Abweichungen sind nur erlaubt, wenn sie für den Arbeitnehmer günstiger sind.

Beispiel: Im Arbeitsvertrag steht 30 Tage Urlaub und im Gesetz 24 Tage. Es gilt der Urlaub von 30 Tagen.

Pflichten des Arbeitgebers: Die Pflichten des Arbeitgebers sind gleichzeitig die Rechte des Arbeitnehmers.

- Der Arbeitgeber muss dem Arbeitnehmer das vereinbarte Entgelt zahlen. In der Regel ist die Höhe der Vergütung im Tarifvertrag festgelegt **(Zahlung der vereinbarten Vergütung).**
- Im Unternehmen sollen alle Arbeitnehmer gleichbehandelt werden und zwar unabhängig von Geschlecht, ethnischer Herkunft, Alter usw. Deshalb darf der Arbeitgeber einzelne Arbeitnehmer gegenüber Kollegen in vergleichbarer Lage weder besser noch schlechter stellen **(Gleichbehandlung).**
- Der Arbeitgeber muss den Arbeitnehmer vor Gefahren schützen. Dies geschieht z. B. durch die Beachtung der Unfallverhütungs- und Arbeitsschutzvorschriften **(Fürsorgepflicht).**
- Wenn das Arbeitsverhältnis eines Mitarbeiters endet, so ist der Arbeitgeber verpflichtet, ein **Arbeitszeugnis** zu erstellen (vgl. Kap. 13.12).
- Der Arbeitgeber ist verpflichtet, dem Arbeitnehmer im Krankheitsfall bis zu sechs Wochen das Arbeitsentgelt weiterzubezahlen **(Entgeltfortzahlung).**
- Der Arbeitgeber muss dem Arbeitnehmer Urlaub gewähren. In der Regel wird während des Urlaubs das Arbeitsentgelt weitergezahlt („bezahlter Urlaub“). Grundsätzlich kann der Arbeitnehmer zu einem von ihm gewählten Zeitpunkt Urlaub in Anspruch nehmen. Es sei denn, betriebliche Notwendigkeiten sprechen dagegen **(Gewährung von Urlaub).**

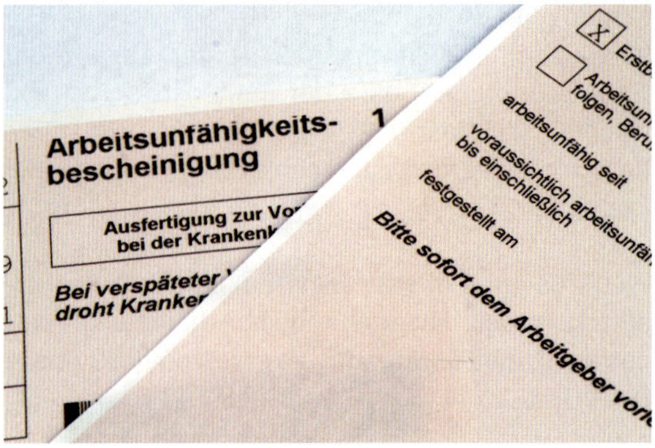

Abb. 15: Im Krankheitsfall muss der Arbeitgeber das Gehalt bis zu sechs Wochen fortzahlen.

Pflichten des Arbeitnehmers: Die Pflichten des Arbeitnehmers sind gleichzeitig die Rechte des Arbeitsgebers.

- Der Arbeitnehmer ist verpflichtet, die versprochenen Dienste zu erbringen **(Arbeitspflicht).**
- Der Arbeitnehmer darf ohne Einwilligung des Arbeitgebers weder ein Handelsgewerbe betreiben (Handelsverbot) noch in dem Handelszweig des Einzelhändlers für eigene oder fremde Rechnung Geschäfte machen **(Wettbewerbsverbot).**
- Der Arbeitnehmer soll die Materialien und Werkzeuge, die ihm zu Arbeitszwecken überlassenen wurden, ordentlich behandeln **(pfleglicher Umgang mit Materialien und Werkzeugen).**
- Der Arbeitnehmer ist verpflichtet, sich für die Belange des Unternehmens einzusetzen **(Treuepflicht).**
- Der Arbeitnehmer muss den Weisungen des Arbeitgebers nachkommen **(Gehorsamspflicht).**
- Im Krankheitsfall muss der Arbeitnehmer dem Arbeitgeber die Arbeitsunfähigkeit unverzüglich mitteilen. Dauert die Erkrankung länger als drei Kalendertage, muss der Arbeitnehmer eine Arbeitsunfähigkeitsbescheinigung vorlegen **(unverzügliche Anzeige der Arbeitsunfähigkeit).**
- Der Arbeitnehmer darf keine Geschäfts- oder Betriebsgeheimnisse (z. B. Kundendaten, Kalkulationen, Marketingkonzepte, Lieferanten usw.) an Dritte weitergeben **(Verschwiegenheitspflicht).**

Abb. 16: Der Arbeitnehmer darf nicht als Konkurrent seines Arbeitgebers auftreten.

Befristete Arbeitsverträge

Neben den unbefristeten Arbeitsverträgen kann der Einzelhändler auch befristete Arbeitsverträge mit dem Arbeitnehmer vereinbaren. Dadurch erhält der Einzelhändler mehr Flexibilität bei der Einstellung von Personal. Es gilt das Teilzeit- und Befristungsgesetz (TzBfG). Der befristete Arbeitsvertrag bedarf der Schriftform.

Beispiel: Zur Abdeckung des Weihnachtsgeschäfts werden Mitarbeiter mit zeitlich befristeten Verträgen eingestellt.

! *Ein **befristeter Arbeitsvertrag** liegt vor, wenn die Dauer des Arbeitsvertrags*
- *kalendermäßig bestimmt ist (kalendermäßig befristeter Arbeitsvertrag) oder*
- *sich aus Art, Zweck oder Beschaffenheit der Arbeitsleistung ergibt (zweckbefristeter Arbeitsvertrag).*

Gemäß § 14 Abs. 1 TzBfG ist eine Befristung des Arbeitsvertrags zulässig, wenn sie durch einen sachlichen Grund gerechtfertigt ist. Ein sachlicher Grund besteht u. a., wenn

- der **betriebliche Bedarf** an der Arbeitsleistung nur vorübergehend besteht,
- die Befristung im **Anschluss an eine Ausbildung oder ein Studium** erfolgt, um den Übergang des Arbeitnehmers in eine Anschlussbeschäftigung zu erleichtern,
- der Arbeitnehmer zur **Vertretung** eines anderen Arbeitnehmers beschäftigt wird,
- die Befristung zur **Erprobung** erfolgt.

Gemäß § 14 Abs. 2 TzBfG ist die kalendermäßige Befristung eines Arbeitsvertrags ohne Vorliegen eines sachlichen Grundes bis zur Dauer von zwei Jahren zulässig. Bis zu dieser Gesamtdauer von zwei Jahren ist auch die höchstens dreimalige Verlängerung eines kalendermäßig befristeten Arbeitsvertrags zulässig.

Beispiel: Einem Mitarbeiter wurde bereits zweimal der befristete Arbeitsvertrag für jeweils ein halbes Jahr verlängert. Jetzt soll der Vertrag ein drittes Mal für ein halbes Jahr verlängert werden.

Geringfügige Beschäftigung

Eine geringfügige Beschäftigung, auch Minijob oder 450-Euro-Job genannt, ist für den Arbeitnehmer sozialversicherungsfrei – mit Ausnahme der Rentenversicherungspflicht. Allerdings ist eine Befreiung von der Rentenversicherungspflicht möglich. Der Arbeitgeber muss Pauschalbeiträge zur gesetzlichen Kranken- und Rentenversicherung zahlen. Zusätzlich zahlt der Arbeitgeber noch eine Pauschale für Lohnsteuer, Kirchensteuer und Solidaritätszuschlag und Umlagen für eine Lohnfortzahlungsversicherung (z. B. für Entgeltfortzahlung im Krankheitsfall). Es gilt das Sozialgesetzbuch, SGB, 4. Buch.

> ! *Eine **geringfügige Beschäftigung** liegt vor, wenn das Arbeitsentgelt aus dieser Beschäftigung regelmäßig nicht mehr als 450,00 € beträgt.*

Arbeitsrechtlich sind geringfügig Beschäftigte genauso zu behandeln wie alle anderen Arbeitnehmer auch. Für sie gelten die gleichen Rechte, beispielsweise Urlaub, Entgeltfortzahlung im Krankheitsfall, Kündigungsschutz oder Entgeltzahlung gemäß Tarifvertrag.

Für Unternehmen können Minijobs eine lohnende Angelegenheit sein. Oft ist es finanziell günstiger, mehrere Minijobber einzustellen als einen Mitarbeiter in Vollzeit.

Der Nachteil des Minijobs liegt bei den Arbeitnehmern. Für sie werden keine Sozialversicherungsbeiträge bezahlt. Insofern haben sie dann auch keine oder nur geringe Ansprüche gegenüber der Sozialversicherung. Sinnvoll ist die geringfügige Beschäftigung für alle, die sich lediglich ein wenig dazuverdienen wollen. Das sind Studenten, Arbeitslose und Rentner, aber auch Menschen, die einer Hauptbeschäftigung nachgehen.

Aufgaben

1. Erklären Sie, was eine Personalanforderung ist.
2. Nennen Sie Vorteile und Nachteile der internen und externen Personalbeschaffung.
3. Zeigen Sie auf, welche Qualifikationsgruppen in Ihrem Ausbildungsbetrieb zu finden sind.
4. Diskutieren Sie Vor- und Nachteile der anonymisierten Bewerbung.
5. Nach dem Allgemeinen Gleichbehandlungsgesetz müssen alle Betriebe eine Beschwerdestelle einrichten. Erkundigen Sie sich in Ihrem Ausbildungsbetrieb nach der Beschwerdestelle und finden Sie heraus, welche Aufgaben die Beschwerdestelle wahrnimmt.
6. Erläutern Sie, warum Eignungstests bei der Personalauswahl hilfreich sein können.
7. Begründen Sie, welche Möglichkeiten zur Eignungsprüfung Sie als Mitarbeiter der Personalabteilung in einem Bewerbungsverfahren nutzen würden (mehrere Möglichkeiten können miteinander kombiniert werden).
8. Suchen Sie nach Unterlagen für Bewerbungstrainings (die gibt es z. B. bei Krankenkassen oder Banken) und führen Sie die darin enthaltenen Tests durch.
9. Beschreiben Sie, welche Aufgaben ein Vorstellungsgespräch erfüllt.
10. Beschreiben Sie, was ein Bewerber in Vorbereitung auf ein Vorstellungsgespräch beachten sollte.

222334140

Kompetenzraster, Kapitel 13.1 bis 13.3					
Kapitel	**Ich kann ...**	nein	unsicher	recht sicher	ja
13.1	■ die Aufgaben und die Ziele der Personalwirtschaft nennen und erläutern.				
13.2	■ die Aufgabe und Bedeutung der Personalbedarfsplanung erläutern.				
	■ die qualitative Personalbedarfsplanung und die quantitative Personalbedarfsplanung unterscheiden.				
	■ die Stellenplanmethode und die Kennzahlenmethode darlegen.				
	■ die unterschiedlichen Arten von Mitarbeitern nach der Beschäftigung nennen und erläutern.				
	■ Ersatzbedarf, Neubedarf, Reservebedarf, Einsatzbedarf sowie Freistellungsbedarf unterscheiden.				
	■ die Aufgabe und Bedeutung der Personaleinsatzplanung erläutern.				
	■ die langfristige Personaleinsatzplanung sowie die kurzfristige Personaleinsatzplanung unterscheiden.				
13.3	■ den Prozess der Personalbeschaffung beschreiben.				
	■ erläutern, was eine Personalanforderung ist.				
	■ den Aufbau einer Personalanforderung darlegen und eine Personalanforderung erstellen.				
	■ die interne Personalbeschaffung und die externe Personalbeschaffung unterscheiden.				
	■ verschiedene Möglichkeiten der internen Personalbeschaffung und der externen Personalbeschaffung nennen.				
	■ erläutern, was Personalwerbung ist.				
	■ den Grundaufbau einer Stellenanzeige darlegen.				
	■ die Qualifikationsgruppen bei der Beschaffung von Mitarbeitern nennen und erläutern.				
	■ das Ziel des Allgemeinen Gleichbehandlungsgesetzes erläutern.				
	■ die einzelnen Bestandteile der Bewerbungsunterlagen nennen und erläutern.				
	■ verschiedene Möglichkeiten der Eignungsprüfung darlegen.				
	■ die Aufgaben des Vorstellungsgesprächs nennen.				
	■ den Ablauf eines Vorstellungsgesprächs beschreiben.				
	■ zwischen zulässigen und unzulässigen Fragen in einem Vorstellungsgespräch unterscheiden.				
	■ die Pflichten des Arbeitgebers und die Pflichten des Arbeitnehmers aus dem Arbeitsvertrag darlegen.				
	■ zwischen unbefristeten Arbeitsverträgen, befristeten Arbeitsverträgen und geringfügiger Beschäftigung unterscheiden.				

13.4 Personalführung

Der Auszubildende Sven Sörensen sitzt in der Mittagspause mit der Auszubildenden Lena Sievers zusammen. Er ärgert sich sehr über den Abteilungsleiter Dieter Zegel aus der Herrenabteilung, in der der Auszubildende Sven Sörensen gerade eingesetzt ist.

Sven: „Oh Mann. Mir reicht es langsam."
Lena: „Was hast du denn?"
Sven: „Mein Abteilungsleiter, Herr Zegel, ist ein richtiges Ekel. Ständig ist er mürrisch und gibt nur Befehle, was ich als nächstes machen soll."
Lena: „Das klingt ja nicht gut."
Sven: „Stimmt. In den anderen Abteilungen sind die Vorgesetzten viel netter."

Führen ist das „zielgerichtete Beeinflussen" eines Menschen oder einer Gruppe.

In einer Fußballmannschaft z. B. übernimmt der Trainer die Personalführung. Er gibt den Spielern Anweisungen, erstellt die Taktik und die Mannschaftsaufstellung. Besonders wichtig ist, dass der Trainer die Mannschaft motiviert. Wenn die Spieler motiviert sind, bringen sie bessere Leistungen.

In einem Unternehmen ist das „zielgerichtete Beeinflussen" der Wille, dass die Mitarbeiter so gelenkt werden, dass ihre Leistungsfähigkeit und somit die Produktivität steigt. Die Leistungssteigerung der Mitarbeiter kann, wie im Sport, durch Motivation erreicht werden. Die Motivation der Mitarbeiter hängt also auch von der Art und Weise der Vorgesetzten ab, wie sie die Leistungsbereitschaft ihrer Mitarbeiter positiv unterstützen und lenken können. Hierbei wird nach direkter und indirekter Personalführung unterschieden (vgl. Abb. 1).

direkte Personalführung	**indirekte Personalführung**
Die Vorgesetzten und die Mitarbeiter haben direkten Kontakt miteinander.	Im Unternehmen werden Rahmenbedingungen gestaltet, die das Leistungsverhalten der Mitarbeiter positiv verändern und unterstützen.
Beispiele: ■ Lob und Anerkennung ■ Vertrauen ■ Mitarbeitergespräche ■ Ermahnung ■ Abmahnung	*Beispiele:* ■ Unternehmensleitbild ■ Führungsmethode ■ Führungsstil ■ Arbeitsplatzgestaltung ■ Arbeitszeitgestaltung

Abb. 1: Unterscheidung direkter und indirekter Personalführung

13.4.1 Führungsmethoden (Managementmethoden)

Gibt das Unternehmen eine Führungsmethode vor, setzt es dadurch einen Rahmen, wie die Personalführung zu gestalten ist. Dieser Rahmen ist für alle Führenden (Vorgesetzten) verbindlich.

Es gibt unterschiedliche Führungsmethoden, die durch sogenannte „Management-by"-Techniken beschrieben werden. Einige davon sind im Folgenden erläutert (vgl. auch Abb. 2).

Management by Objektives (Führen durch Zielvereinbarung)
Die Vorgesetzten und die Mitarbeiter erarbeiten gemeinsam eine Zielsetzung. Die Mitarbeiter arbeiten selbstständig, um die Ziele zu erreichen. Durch einen Soll-Ist-Vergleich kann jederzeit festgestellt werden, inwieweit die Ziele erreicht wurden. Die Ziele können jederzeit verändert werden. Das kann z. B. durch veränderte Marktbedingungen erforderlich sein. Daher müssen die Ziele regelmäßig fortgeschrieben werden.

Beispiel: Herr Müller und die Mitarbeiter der Abteilung Sport vereinbaren, dass im nächsten Jahr ein Umsatz in Höhe von 5 Mio. € erwirtschaftet werden soll. Wie das Umsatzziel erreicht werden kann, dürfen die Mitarbeiter der Abteilung selbst entscheiden. Mithilfe der Verkaufsstatistiken kann jederzeit festgestellt werden, ob das Umsatzziel erreicht werden wird.

Management by Delegation (Führen durch Delegieren)
Die Vorgesetzten delegieren, das heißt, sie übertragen Aufgaben und Kompetenzen an die Mitarbeiter. Für die übertragenen Aufgaben und Kompetenzen tragen dann die Mitarbeiter die Verantwortung.

Beispiel: Ein Mitarbeiter des Lebensmitteldiscounters Düsig e. Kfm. wird mit dem Einkauf für Molkereiprodukte beauftragt. Im Rahmen dieses Vorgangs entscheidet der Mitarbeiter alle notwendigen Maßnahmen für den Einkauf selbstständig.

Management by Exception (Führen nach dem Ausnahmeprinzip)
Die Mitarbeiter bekommen von den Vorgesetzten Routineaufgaben übertragen und dürfen innerhalb eines vorgegeben Ermessensspielraums selbstständig entscheiden. Der Vorgesetzte greift lediglich in Ausnahmesituationen ein.

Beispiel: Die Mitarbeiter des Modehauses Müller können aufgrund von Kundenanfragen 5 % Rabatt gewähren. Bei höheren Rabattwünschen muss der Vorgesetzte entscheiden.

Management by Direction (Führen durch Anweisung)
Die Vorgesetzten geben den Mitarbeitern Anweisungen und kontrollieren die Umsetzung der Anweisungen. Die Mitarbeiter müssen sich strikt an diese Anweisungen halten und dürfen nicht selbstständig handeln.

Beispiel: Ein Mitarbeiter des Lebensmitteldiscounters Woweck KG, Lars Wegener, wird mit dem Einkauf für Teigwaren beauftragt. Herr Wegener erhält Anweisungen, wie er bei der Bestellung der Ware vorgehen soll. Bevor Herr Wegener eine Bestellung an einen Lieferanten weiterleitet, muss er seinem Vorgesetzten sämtliche Unterlagen zu der Bestellung zur Kontrolle vorlegen.

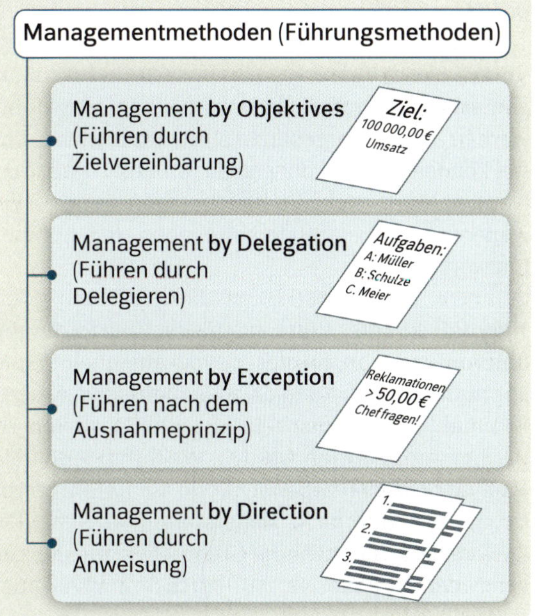

Abb. 2: Führungsmethoden

13.4.2 Führungsstile

Durch die Vorgabe der Führungsmethoden haben die Vorgesetzten einen klaren Rahmen, wie die Personalführung im Unternehmen zu gestalten ist. Innerhalb dieses vorgegebenen Rahmens soll der Vorgesetzte seine individuelle Art und Weise der Personalführung unterordnen.

Jede Führungskraft hat eine eigene Auffassung von Mitarbeiterführung und einen eigenen Führungsstil. Der Führungsstil eines Vorgesetzten ist seine persönliche Art und Weise im Umgang mit seinen unterstellten Mitarbeitern. Viel beachtet wird beim Führungsstil, wie der Vorgesetzte Entscheidungen trifft und Anordnungen an die Mitarbeiter leitet. Dabei werden grundsätzlich zwei gegensätzliche Führungsstile unterschieden: der autoritäre Führungsstil und der kooperative Führungsstil.

Autoritärer Führungsstil

Beim autoritären Führungsstil ist die Art, wie Entscheidungen gefunden und Aufgaben verteilt werden, **von oben nach unten.** Das heißt, der Vorgesetzte trifft die Entscheidungen allein und gibt Anordnungen. Die Aufgabenverteilung wird ausschließlich von der Führungskraft übernommen. Die Mitarbeiter müssen die Aufgaben nach dem Willen des Vorgesetzten erfüllen. Arbeitsergebnisse werden ständig kontrolliert. Widerspruch oder Kritik von den Mitarbeitern werden nicht geduldet.

Vorteil dieses Führungsstils ist, dass Entscheidungen schnell getroffen und somit zügig ausgeführt werden, da der Vorgesetzte allein entscheidet. Somit können Entscheidungen auch zeitnah geändert werden, wenn sich die Bedingungen ändern. Ein weiterer Vorteil ist die klare Aufgaben- und Kompetenzverteilung.

Nachteil ist unter Umständen eine Überforderung des Vorgesetzten, da dieser allein entscheidet und kontrolliert. Auch kann es zu Fehlentscheidungen kommen, da die Entscheidungen lediglich von einer Person getroffen werden. Weiterhin leidet die Motivation der Mitarbeiter, da sie nur Befehlsempfänger sind und nicht selbstständig entscheiden dürfen. Letztlich steht die Gruppe führungslos da, wenn der Vorgesetzte z. B. durch Krankheit ausfällt.

Kooperativer Führungsstil

Beim kooperativen Führungsstil wird die **Gruppe bei Entscheidungen beteiligt.** Hier ist Teamarbeit von großer Bedeutung. Der Vorgesetzte soll die Entscheidungsfindung innerhalb des Teams abstimmen.

Vorteil dieses Führungsstils ist die Entlastung des Vorgesetzten, da er nicht länger allein entscheidet und kontrolliert. Somit sinkt auch das Risiko von Fehlentscheidungen. Die Mitarbeiter sind motivierter, weil ihre Ideen berücksichtigt werden. Weiterhin wird die Kreativität der Mitarbeiter gefördert.

Nachteil ist ein langsamer Entscheidungsprozess, da zunächst die Gruppe über anstehende Entscheidungen diskutiert. Eine Entscheidung zu finden kann schwierig werden, wenn sich die Gruppe nicht einigen kann. Weiterhin können Entscheidungen bei veränderten Bedingungen nicht zeitnah korrigiert werden, da sich ebenfalls die Gruppe damit auseinandersetzen muss.

Bei der Gegenüberstellung der beiden Führungsstile ist erkennbar, dass eine **wesentliche Unterscheidung im Entscheidungsspielraum der Gruppe** liegt. Beim autoritären Führungsstil hat die Gruppe keinen Entscheidungsspielraum, da dieser beim Vorgesetzten liegt. Der Entscheidungsspielraum der Gruppe beim kooperativen Führungsstil ist sehr groß (vgl. Abb. 3).

In der Realität sind die beiden Extreme „autoritär“ und „kooperativ“ selten in ihrer Reinform anzutreffen. Eher übernehmen die Vorgesetzten eine Mischung aus autoritärem und kooperativem Führungsstil.

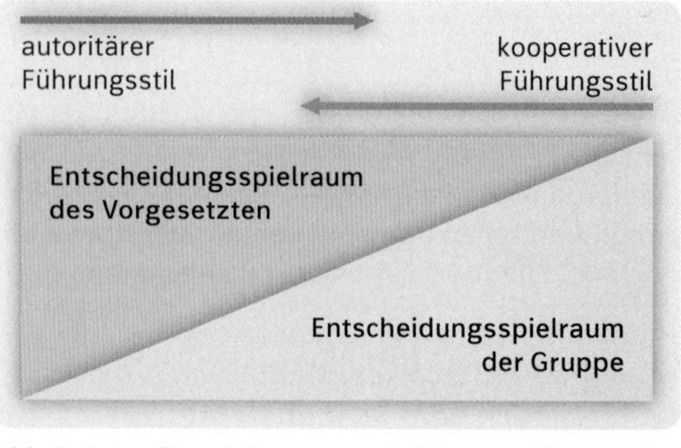

Abb. 3: Gegenüberstellung von autoritärem und kooperativem Führungsstil

222334144

13.4.3 Mitarbeitergespräche

Mitarbeitergespräche sind für einen Vorgesetzten ein gutes Mittel, um die Motivation der Mitarbeiter zu steigern. Es gibt verschiedene Arten von Mitarbeitergesprächen:

Beurteilungsgespräch

Das Personalbeurteilungsgespräch dient der Einschätzung der Leistung des zu beurteilenden Mitarbeiters (vgl. Kap. 13.7).

Kritikgespräch

Der Vorgesetzte kritisiert in diesem Gespräch ein Fehlverhalten des Mitarbeiters.

Beispiel: Herr Dreier kommt wiederholt verspätet aus der Mittagspause zurück. Herr Zegel kritisiert dieses Verhalten in einem Gespräch mit Herrn Dreier.

Zielvereinbarungsgespräch

Der Vorgesetzte und der Mitarbeiter vereinbaren Ziele, wie z. B. Umsatzziele.

Beispiel: Herr Müller bespricht in einem Zielvereinbarungsgespräch mit den Abteilungsleitern die Umsatzziele für das nächste Geschäftsjahr.

Motivationsgespräch

Der Vorgesetzte möchte mithilfe dieser Gesprächsart den Mitarbeiter motivieren. In diesem Zusammenhang ist z. B. das Anerkennungsgespräch zu nennen, in dem die Leistungen eines Angestellten gewürdigt werden.

Beispiel: Frau Fechter würdigt die besonderen Verkaufsleistungen von Frau Schuhmann in einem Gespräch.

Gehaltsgespräch

Der Vorgesetzte bespricht mit dem Mitarbeiter die jeweiligen Gehaltsvorstellungen.

Beispiel: Frau Potthast wird außertariflich bezahlt. Deshalb erhöht sich ihr Gehalt auch nicht durch Tariferhöhungen. Sie muss Gehaltserhöhungen in einem Gehaltsgespräch einfordern.

Feedbackgespräch

Das Feedbackgespräch ist eine Mischung aus Motivations- und Kritikgespräch. Es eignet sich besonders, wenn ein Mitarbeiter z. B. eine neue Aufgabe übernommen hat und der Vorgesetzte nach einiger Zeit einen Überblick über die geleistete Arbeit geben möchte.

Beispiel: Svenja Lederer hat nach ihrer Ausbildung eine Stelle als Verkäuferin in der Abteilung Damen bekommen. Nach vier Wochen gibt die Abteilungsleiterin Frau Donop in einem Feedbackgespräch einen Überblick, was Svenja gut und was sie schlecht gemacht hat.

Konfliktgespräch

Ein Konfliktgespräch (vgl. Kap. 13.10) hilft, Konflikte innerhalb des Unternehmens, z. B. zwischen zwei Mitarbeitern, zu lösen.

Beispiel: Frau Dietz aus der Sportabteilung ist seit einiger Zeit sehr unfreundlich zu ihren Kollegen und Kolleginnen. Zu Frau Degen ist sie dabei besonders unfreundlich. Die Abteilungsleiterin, Sarah Fechter, möchte in einem Konfliktgespräch den Konflikt zwischen Frau Dietz und Frau Degen lösen.

Abb. 4: Mitarbeitergespräch

Aufgabe

1. „Im Einzelhandel ist die Führung von Mitarbeitern überflüssig. Jeder Mitarbeiter weiß genau, welche Aufgaben zu erledigen sind. Deshalb soll auch jeder nach seinem Willen entscheiden!"
Geben Sie Ihre Meinung zu dieser Aussage wieder.

13.5 Personalverwaltung

Tim Wiesenhofer ist Azubi im Modehaus Müller. Heute ist er zum Geschäftsführer, Herrn Müller, bestellt. Weil es nur noch zwei Wochen bis zur Zwischenprüfung sind, möchte Herr Müller mit ihm ein Ausbildungsgespräch führen. Herr Müller ist mit Tim sehr zufrieden und Tim kann bestätigen, dass er sich bei der Arbeit im Modehaus gut auf die Prüfung vorbereiten konnte.

Herr Müller schreibt über das Gespräch ein Protokoll und erklärt Tim, dass dieses Protokoll jetzt in seine Personalakte zu den anderen Unterlagen kommt. Das macht Tim stutzig. Werden hier noch weitere Unterlagen über ihn gesammelt?

13.5.1 Personalakte

Ein Einzelhändler benötigt zur Beschäftigung von Mitarbeitern sehr viele Informationen. Er muss zum Beispiel wissen, seit wann ein Mitarbeiter für ihn arbeitet oder welche Ausbildung er hat und wo im Unternehmen er eingesetzt ist. Das kann sich der Einzelhändler aber nicht für alle Mitarbeiter merken. Deshalb werden diese Informationen in einer Personalakte gesammelt. Damit hat der Einzelhändler einen genauen Überblick über seine Mitarbeiter.

- Durch Informationen aus der Personalakte kann er seine **Mitarbeiter sachgemäßer einsetzen,** in dem er nachschaut, wer für einen bestimmten Bereich die beste Ausbildung hat.

  Beispiel: Daniela Vogt aus der Damenabteilung ist ausgebildete Bürokauffrau. Sie kann auch zur Erledigung von Buchhaltungsarbeiten im Rechnungswesen eingesetzt werden.

- Durch Informationen aus der Personalakte kann er den **Mitarbeitereinsatz effektiver planen,** indem er nachschaut, wer ganztags oder nur halbtags arbeitet (kurzfristige Personalplanung) oder wer für eine Leistungsposition weiterqualifiziert werden könnte (langfristige Personalplanung).

  Beispiel: Es ist Weihnachtsgeschäft und der Druck an den Kassen sehr hoch. Grit Faust sitzt in der Kinderabteilung an der Kasse. Heute muss nachmittags eine zweite Kraft her. Isabell Voss von der Herrenabteilung wird kurzfristig umgesetzt. Sie arbeitet ganztags und wird so die ganze Woche hier aushelfen können.
  Verona Müller hat im letzten Sommer ihre Einzelhandelslehre sehr erfolgreich mit überdurchschnittlich guten Noten abgeschlossen. Herr Müller überlegt nun, sie weiterzuqualifizieren, damit sie in ein paar Jahren den Abteilungsleiter Herrn Zegel ersetzen kann, weil dieser in den Ruhestand gehen wird.

> **!** *Die **Personalakte** ist eine Sammlung von Schriftstücken und Informationen über den Arbeitnehmer im Zusammenhang mit seinem Arbeitsverhältnis.*

Es ist keine gesetzliche Pflicht, dass ein Einzelhändler eine Personalakte führen muss. Bestimmte Unterlagen über den Mitarbeiter müssen aber schriftlich aufbewahrt werden. Dazu gehören zum Beispiel der Ausbildungsvertrag (§ 11 Abs. 1 Berufsausbildungsgesetz) oder Kündigungen (§ 623 BGB).

Wird eine Personalakte geführt, muss der Einzelhändler dafür sorgen, dass nur berechtigte Personen in die Personalakte einsehen dürfen. Ein Recht dazu haben grundsätzlich nur der Einzelhändler und die von ihm mit der Führung der Personalakten beauftragten Mitarbeiter, der unmittelbare Vorgesetzte des Mitarbeiters und der Mitarbeiter selbst. Angehörige des Betriebsrats können nur mit Zustimmung des Mitarbeiters die Akte einsehen.

Form und Art einer Personalakte

Dem Einzelhändler stehen folgende Möglichkeiten für die Aufbewahrung und Speicherung von Personalakten zur Verfügung:

- die Papierform (Ordner, Hängeregister oder Karteikarten),
- digitale/elektronische Personalstammdatei netzbasierend oder auf elektronischen Speichermedien (CD-ROM, Festplatte).

Inhalt einer Personalakte

Beim Führen einer Personalakte muss der Einzelhändler die Persönlichkeitsrechte seines Mitarbeiters wahren und schützen. Deshalb gehören auch nur bestimmte Unterlagen in die Personalakte. Unwahre Unterlagen oder solche, die den Mitarbeiter beleidigen oder schlecht machen, gehören nicht in die Personalakte.

Beispiel: Herr Zegel, Abteilungsleiter der Herrenabteilung, schickt dem Geschäftsführer Herrn Müller eine Mail, in der zu lesen ist: Er, Herr Zegel, habe gehört, dass der Azubi Tim Wiesenhofer heute Morgen schuldhaft einen Verkehrsunfall verursacht habe. Wahrscheinlich habe er unter Drogen gestanden, denn er soll am Vorabend in einer anrüchigen Disco gesehen worden sein.

Unterlagen, die in der Personalakte enthalten sein dürfen:

- Bewerbungs- und Einstellungsunterlagen (Bewerbung, Lebenslauf, Zeugniskopien)
- Unterlagen zum Beschäftigungsverhältnis (Arbeitsvertrag, Stellenbeschreibung, Verschwiegenheitserklärung, Probezeitvereinbarungen, Belehrungen, Abmahnungen)
- allgemeine persönliche Unterlagen (Adressdaten, Gesundheitszeugnis, Kopie Führerschein, Urlaubskartei, Angaben zu Nebentätigkeiten, Kontodaten)
- steuerliche Unterlagen (Lohnsteuermerkmale, Angaben zum Familienstand und zu den Kindern)
- Unterlagen zur Sozialversicherung (Sozialversicherungsausweis, Meldebescheinigungen, Krankenscheine)
- Unterlagen zur Aus- und Weiterbildung (Ausbildungsvertrag, Protokolle über Ausbildungs- oder Mitarbeitergespräche, berufliche Weiterbildungsunterlagen)
- sonstige Unterlagen (Schriftverkehr mit der Arbeitsagentur und anderen Behörden)

Unterlagen, die **nicht** in der Personalakte enthalten sein dürfen:

- Einstellungstestergebnisse, wenn keine Zustimmung des Mitarbeiters vorliegt
- Aufstellungen von Kassenfehlbeträgen bei Kassenmitarbeitern
- unbewiesene Behauptungen oder Verdächtigungen
- zu Unrecht in der Personalakte aufbewahrte Strafurteile
- politische Einstellungen und Parteienzugehörigkeiten

Abb. 1: In Personalakten nicht mehr benötigte Unterlagen sollten vernichtet werden.

13.5.2 Personalinformationssystem

Die Personalakten der Mitarbeiter müssen ständig aktualisiert und bearbeitet werden. Die Informationen müssen dem Einzelhändler schnell und vollständig für betriebliche Entscheidungen zur Verfügung stehen. Heute werden dazu zunehmend Personalinformationssysteme (PIS) genutzt.

Personalinformationssysteme (PIS) sind Computerprogramme, die die gesamten Informationen über das Personal sammeln, speichern, verarbeiten und auswerten. Sie bestehen aus Hardware (Rechner oder Rechnerverbund), Datenbanken, Software, Daten und deren Anwendungen, die für die Verwaltung des Personals benötigt werden. Oft werden sie auch als Human Ressource Information System (HRIS) bezeichnet.

Die Aufgaben eines Personalinformationssystems werden in zwei Bereiche eingeteilt.

Verwaltungen (administrative Aufgaben)
Sie beinhalten immer wiederkehrende Vorgänge.
- monatliche Lohn- und Gehaltsabrechnung
- Arbeitszeitermittlung und -kontrolle
- Personalstammdatenverwaltung
- Erstellen und Verwalten interner Personalstatistiken
- Datenerfassung bei Neueinstellungen

Durch den Einsatz von Personalinformationssystemen kann bei diesen Arbeiten Zeit eingespart werden. Informationen können so wesentlich schneller, aktueller und umfassender zur Verfügung gestellt werden.

So können sich Personalsachbearbeiter durch die Zeitersparnisse auf andere personalwirtschaftliche Aufgaben konzentrieren, wie beispielsweise die Betreuung von Mitarbeitern.

Abb. 2: Auch die Ermittlung der Arbeitszeiten gehört zu den Aufgaben eines PIS.

Planen und Entscheiden (dispositive Aufgaben)
Sie beinhalten Vorgänge, die seltener vorkommen und meist langfristig für die Personalplanung Bedeutung haben:
- Personalbedarfsplanung (Stellenplan)
- Personalentwicklungsplanung
- Arbeitsplatzbewertung
- Bewerberauswahl
- Aus- und Weiterbildung
- Erstellen von Anforderungs- und Fähigkeitsprofilen

Die Informationen aus dem Personalinformationssystem stehen nicht nur den Mitarbeitern zur Verfügung, die damit arbeiten. Die Informationen werden auch von anderen Abteilungen innerhalb des Einzelhandelsunternehmens benötigt. Bestimmte Informationen müssen auch nach außen weitergegeben werden.

Welche Mitarbeiter welche Funktionen des Systems nutzen können, wird über Zugriffsrechte gesteuert. Die Nutzer melden sich mit Benutzernamen und Passwort an.

Vorteile von Personalinformationssystemen
Für die **Arbeitnehmer** sind folgende Vorteile zu nennen:
- Arbeitsplätze werden entsprechend der Fähigkeiten der Mitarbeiter besetzt, weil Qualifikation und Anforderung abgestimmt werden können.
- Urlaubsstatistiken und Schulungspläne ermöglichen eine gerechte Behandlung aller Mitarbeiter bei der Urlaubsgewährung und bei Weiterbildungsmaßnahmen.
- Arbeitszeitkonten, die mithilfe eines Personalinformationssystems geführt werden, geben dem Mitarbeiter immer einen aktuellen Überblick über seine geleisteten Arbeitsstunden. Überstunden werden so festgehalten und können entsprechend vergütet oder durch Freizeit abgegolten werden.

Für die **Arbeitgeber** sind folgende Vorteile zu nennen:
- Die Daten über die Mitarbeiter stehen immer schnell und aktuell zur Verfügung und können von mehreren Stellen gleichzeitig genutzt werden.

- Personalinformationssysteme führen zur Zeiteinsparung und ersetzen lange Listen und Formulare. Der Einzelhändler kann dadurch Entscheidungen schneller und besser treffen.

Nachteile von Personalinformationssystemen

Für die **Arbeitnehmer** sind folgende Nachteile zu nennen:
- Für den Mitarbeiter besteht die Gefahr des Datenmissbrauchs. Sensible Daten werden unter Umständen von Unberechtigten gelesen.
- Die Sammlung von Daten über Mitarbeiter berührt oftmals auch den persönlichen Bereich, wenn beispielsweise auch Daten über Freizeitaktivitäten erfasst werden.

Für die **Arbeitgeber** sind folgende Nachteile zu nennen:
- Für den Arbeitgeber ist ein Personalinformationssystem immer mit hohen fixen Kosten verbunden. Alle, die das PIS nutzen sollen, müssen ständig geschult werden. Das kostet ebenfalls Geld.
- Damit alle Daten in einem Personalinformationssystem sicher und geschützt sind, muss der Arbeitgeber auch hohe Kosten für den Datenschutz aufwenden.

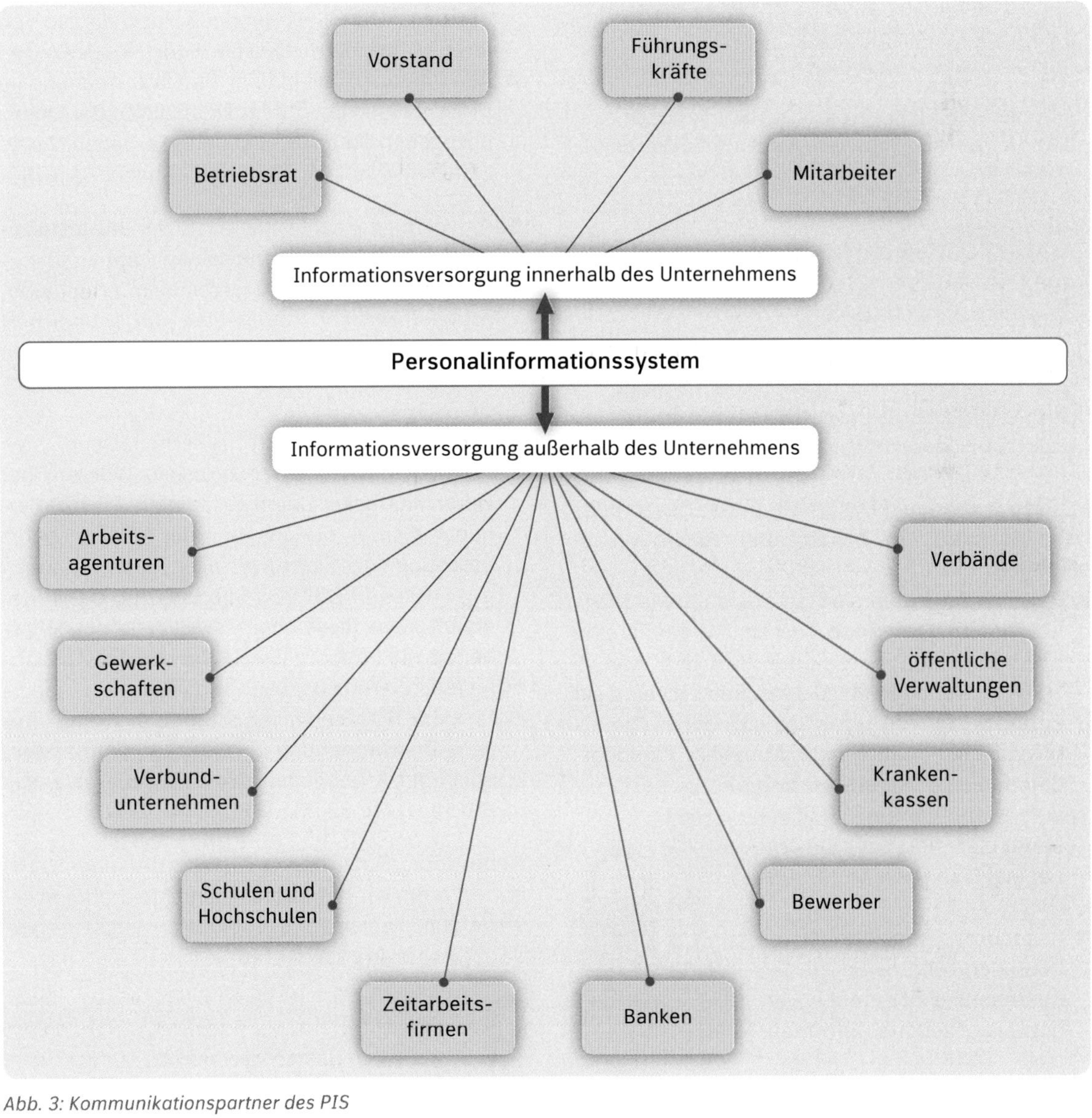

Abb. 3: Kommunikationspartner des PIS

13.5.3 Datenschutz und Datensicherung

Jeder Arbeitnehmer hat das Recht auf freie Entfaltung seiner Persönlichkeit (vgl. Abb. 4). Dieses Recht muss der Arbeitgeber bei der Sammlung, der Nutzung und der Speicherung von Mitarbeiterdaten immer gewährleisten. Dazu verpflichten ihn viele Gesetze.

Art. 2 Abs. 1 GG (Grundgesetz)

Jeder hat das Recht auf die freie Entfaltung seiner Persönlichkeit, soweit er nicht die Rechte anderer verletzt und nicht gegen die verfassungsgemäße Ordnung oder das Sittengesetz verstößt.

§ 75 Abs. 2 Satz 1 BetrVG
(Betriebsverfassungsgesetz)

Arbeitgeber und Betriebsrat haben die freie Entfaltung der Persönlichkeit der im Betrieb beschäftigten Arbeitnehmer zu schützen und zu fördern.

Artikel 1 DSGVO (Datenschutzgrundverordnung) in Verbindung mit § 1 Abs. 1 BDSG
(Bundesdatenschutzgesetz)

Zweck dieser Gesetze ist es, den Einzelnen davor zu schützen, dass er durch den Umgang mit seinen personengebundenen Daten in seinen Persönlichkeitsrechten beeinträchtigt wird.

Mit den personengebundenen Daten des Arbeitnehmers muss der **Arbeitgeber** sehr sorgsam umgehen.

- Persönliche Daten sind so sparsam wie möglich, nur für bestimmte Zwecke und nur für eine bestimmte Zeit zu erheben. (Art. 5 Abs. 1 DSGVO) Wenn die Möglichkeit besteht, sind sie zu anonymisieren (ohne Namen) oder zu pseudonymisieren (statt Namen Nummer). Personaldaten müssen so erfasst und aufbewahrt werden, dass nur berechtigte Personen Einsicht nehmen können. (Art. 32 DSGVO)
- Besonders sensible Daten über den Mitarbeiter dürfen überhaupt nicht erhoben werden. Dazu gehören Informationen über seine Herkunft (Abstammung, Ethik), seine politische Einstellung, seine Weltanschauung, seinen Gesundheitszustand, seine sexuelle Orientierung und genetische und biometrische Informationen. (Art. 9 DSGVO)

Abb. 4: Nicht nur im beruflichen Leben ist Datenschutz wichtig.

- Möglichst wenige Mitarbeiter sollen mit der Erhebung von Personaldaten beschäftigt sein. Sind bei digitaler Personaldatenerfassung mindesten zehn Personen mit der Datenerhebung beschäftigt, muss der Einzelhändler zusätzlich einen Beauftragten für den Datenschutz einstellen. (§ 38 BDSG)
- Unternehmen mit mehr als 250 Mitarbeitern müssen ein schriftliches oder elektronisches Verzeichnis führen, wie und zu welchen Zwecken sie Daten verwendet haben, die sie von ihren Mitarbeitern speichern. (Art. 30 DSGVO)
- Alle Personen, die mit der Datenverarbeitung im Unternehmen beauftragt sind, dürfen personenbezogenen Daten nicht unbefugt erheben, verarbeiten oder nutzen. (Datengeheimnis § 53 BDSG)

Ganz wichtige Rechte hat auch der **Mitarbeiter** selbst bei dem Umgang mit seinen Daten.

- Der Mitarbeiter kann jederzeit beim Arbeitgeber erfragen, welche Daten über ihn gespeichert werden, warum sie gespeichert werden und an wen sie weiter gegeben werden. (Art. 15 Abs. 1 DSGVO)
- Der Mitarbeiter hat auch das Recht, falsche Daten berichtigen oder sperren zu lassen. Wurden über einen Mitarbeiter Daten gesammelt, die nicht erhoben werden dürfen, kann der Mitarbeiter die Löschung oder Sperrung dieser Daten verlangen (Art. 16 bis 18 DSGVO). Sperrung der Daten bedeutet, dass diese ohne Einwilligung des Mitarbeiters nur noch in gesetzlich geregelten Ausnahmefällen verarbeitet werden dürfen.
- Ist dem Mitarbeiter durch unrichtige oder falsche Datenerhebung ein Schaden entstanden, so ist der Arbeitgeber zum Schadenersatz verpflichtet (Art. 82 DSGVO).

Neben dem Datenschutz (Schutz personenbezogener Daten vor Missbrauch) sind Maßnahmen erforderlich, die den Verlust der Daten selbst verhindern **(Sicherung der Daten).**

! *Datensicherung ist das Kopieren von Dateien aus einem Computersystem auf ein anderes, alternatives Speichermedium.*

Alternative Speichermedien können dabei sein

- Festplatten,
- DVD,
- CD-ROM,
- USB-Stick.

Bei einer Datensicherung wird immer eine Sicherheitskopie (engl. Back-up) aller Daten angefertigt. Dadurch können die gesammelten Informationen über die Mitarbeiter vor unberechtigtem Zugriff, vor Datenverlust und vor Datenverfälschung geschützt werden. Im Notfall (Stromausfall, Virenbefall) kann die Sicherungskopie wieder in das Computersystem eingelesen werden. Diesen Vorgang nennt man **Datenrücksicherung.**

Um den Anforderungen des Datenschutzes gerecht zu werden, müssen Datensicherungen

- regelmäßig durchgeführt werden,
- immer aktuell sein,
- automatisch durchgeführt werden,
- sicher aufbewahrt werden,
- immer auf Vollständigkeit überprüft werden
- und für die Rücksicherung immer lesbar sein.

! *Bei der Datensicherung sind die Vorschriften des Datenschutzes zu berücksichtigen.*

Aufgaben

1. Erläutern Sie, wer das Recht hat, Einsicht in die Personalakte eines Mitarbeiters zu nehmen.
2. Tim Wiesenhofer hat den Einstellungstest zu Ausbildungsbeginn sehr gut bestanden. Entscheiden und begründen Sie, ob der Arbeitgeber das Testergebnis in Tims Personalakte heften darf.
3. Erläutern Sie, welche Rechte Sie als Auszubildender beim Umgang mit Ihren Daten haben.

Kompetenzraster, Kapitel 13.4 und 13.5

Kapitel	Ich kann ...	nein	unsicher	recht sicher	ja
13.4	■ den Begriff Personalführung erklären.				
	■ den Unterschied zwischen direkter Personalführung und indirekter Personalführung darlegen und jeweils Beispiele nennen.				
	■ erläutern, was Führungsmethoden (Managementmethoden) sind.				
	■ die Führungsmethoden Management by Objektives, Management by Delegation, Management by Exception, Management by Direction erklären.				
	■ den Begriff Führungsstil erklären und zwischen autoritärem Führungsstil und kooperativem Führungsstil unterscheiden.				
	■ verschiedene Arten von Mitarbeitergesprächen erklären.				
13.5	■ erklären, wozu der Einzelhändler eine Personalakte benötigt und welche Form und welchen Inhalt sie haben sollte.				
	■ Beispiele nennen, was nicht in eine Personalakte gehört.				
	■ erklären, was ein Personalinformationssystem ist und dessen Vor- und Nachteile aufzeigen.				
	■ dispositive und administrative Aufgaben eines Personalinformationssystems unterscheiden und nennen.				
	■ die Bedeutung des Datenschutzes und der Datensicherheit im Einzelhandel erläutern.				

13.6 Personalbeurteilung

Der Auszubildende Yan Schmidt ist bereits seit drei Monaten im Modehaus Müller beschäftigt. Er fühlt sich sehr wohl im Unternehmen, interessiert sich sehr für seine Arbeit, ist immer freundlich zu den Kunden und versteht sich sehr gut mit allen Kolleginnen und Kollegen.

Da er nun das erste Mal die Abteilung, in der er eingesetzt ist, wechselt, bekommt er eine schriftliche Beurteilung in Form eines Beurteilungsformulars. Yan Schmidt ist sehr enttäuscht: Bei den meisten Kriterien hat er nur zwei oder drei Punkte von zehn möglichen Punkten erhalten. Er überlegt, wen er auf diese Beurteilung ansprechen könnte und ob er die Ausbildung abbrechen sollte.

Für einen Einzelhändler ist es wichtig, die Leistungen seiner Mitarbeiter zu kennen. Die Personalbeurteilung hilft ihm, die Leistungen einzuschätzen.
Ziele bei der Personalbeurteilung sind

- optimaler Einsatz der Mitarbeiter,
- Basis für eine leistungsorientierte Bezahlung,
- Erkennen von Personalentwicklungsbedarf,
- Steigerung der Motivation der Mitarbeiter durch Rückmeldung (Feedback),
- Grundlage für ein Arbeitszeugnis (vgl. Kap. 12.3).

Die Personalbeurteilung kann zu Streitereien zwischen Vorgesetzten und Beurteilten führen. Dies geschieht z. B., wenn der Betroffene sich bei der Beurteilung ungerecht behandelt fühlt.

Damit es nicht soweit kommt, sollte der Einzelhändler ein Beurteilungsverfahren wählen, das von allen Beteiligten akzeptiert wird. Dies kann man erreichen, wenn das Verfahren möglichst objektiv ist. Dazu muss die Beurteilung regelmäßig und in der gleichen Art und Weise erfolgen. Dafür bieten sich verschiedene Vorgehensweisen an.

Abb. 1: Die Personalbeurteilung hilft dem Einzelhändler, die Leistungen seiner Mitarbeiter einzuschätzen.

Personalbeurteilungsbogen

Auf einem Beurteilungsbogen werden die Leistungen des Beurteilten dokumentiert. Weiterhin kann der Bogen als Grundlage für ein Beurteilungsgespräch genutzt werden. Der Beurteilungsbogen sollte so gestaltet sein, dass die Leistungen des Mitarbeiters objektiv beurteilt werden können. Deshalb muss der Einzelhändler vorher die Beurteilungskriterien und den Beurteilungsmaßstab festlegen (vgl. Abb. 1).

222334152

fachliche Eigenschaften	Fachwissen Fachkenntnisse
Arbeitsverhalten	■ Fleiß und Einsatzwille ■ Arbeitstempo ■ Arbeitsqualität ■ Zuverlässigkeit ■ Sorgfalt ■ Belastbarkeit ■ Kreativität
persönliches Erscheinungsbild	■ Auftreten ■ Kleidung ■ Ausdruck (sprachlich) ■ Manieren
soziales Verhalten	■ Umgang mit Kunden ■ Verhalten gegenüber Vorgesetzten und Kollegen ■ Teamfähigkeit ■ Kommunikationsfähigkeit

Abb. 2: Mögliche Beurteilungskriterien

Beurteilungsmaßstab

Ein Beurteilungsmaßstab dient der Bewertung oder Benotung eines Beurteilten. Damit Beurteilungen vergleichbar sind und der persönliche Einfluss des Beurteilers verringert wird, empfiehlt sich ein vorgegebener Beurteilungsmaßstab. Die Bewertung selbst kann verschieden dargestellt werden.

- **Aussagen in Textform**
  - Schulnoten: sehr gut, gut, befriedigend, ausreichend, mangelhaft, ungenügend

    Beispiel: Seine Fachkenntnisse sind gut.
  - Aussagen zur Häufigkeit: immer, oft, manchmal, selten, nie

    Beispiel: Sie konnte mit ihrer Kreativität oft neue Ideen einbringen.

- **Grafische Anzeige:** Der Beurteiler markiert auf einer grafischen Anzeige die Leistung des Beurteilten.

  Beispiel:

  sehr schwach | X | sehr stark

- **Zahlenanzeige (Zahlenskala):** Auf einer Leiste mit Zahlen erhält der Beurteilte einen Zahlenwert. So lässt sich am Ende der Bewertung auch ein Durchschnittswert errechnen.

  Beispiel:

  sehr schwach | 1 2 3 4 5 6 7 8 9 10 | sehr stark

Beurteilungsgespräch

Nach der schriftlichen Beurteilung erfolgt das Beurteilungsgespräch. Der ausgefüllte Personalbeurteilungsbogen ist Grundlage für das Gespräch. Im Beurteilungsgespräch erhält der Beurteilte eine Erklärung zum Beurteilungsergebnis. Außerdem bekommt er die Möglichkeit, sich selbst zur Beurteilung zu äußern. Letztendlich können im Gespräch gemeinsame Ziele vereinbart werden.

Damit das Personalbeurteilungsgespräch funktioniert, ist es wichtig, dass auch der Beurteiler weiß, wie solch ein Gespräch zu führen ist. Darüber hinaus müssen bestimmte **Rahmenbedingungen** geschaffen werden, wie Schaffung einer angenehmen Atmosphäre, ausreichend Zeit für das Gespräch, Vermeidung von Störungen von außen. Weiterhin muss der Beurteilte den Gesprächsablauf und die Ziele des Gesprächs kennen, sodass er sich entsprechend auf die Beurteilung vorbereiten kann.

Abb. 2: Auf Beurteilungsgespräche sollten sich beide Seiten vorbereiten können.

Aufgaben

1. Überlegen Sie, wie in Ihrem Ausbildungsbetrieb die Personalbeurteilung durchgeführt wird.

13.7 Personalentwicklung

Also lautet ein Beschluss,
dass der Mensch
was lernen muss.
Lernen kann man,
Gott sei Dank,
aber auch sein Leben lang.

vgl. Wilhelm Busch

In unserer Gesellschaft ist Bildung ein wesentlicher Grundstein für den beruflichen Erfolg. Unternehmen wiederum profitieren von gut ausgebildeten Mitarbeitern. Durch den Fortschritt, z. B. im technischen Bereich, ist ständig neues Wissen gefragt. Man geht davon aus, dass die Halbwertzeit beruflicher Bildung bei maximal fünf Jahren liegt. Halbwertzeit bedeutet hier, dass das einmal erlernte Wissen nach fünf Jahren zur Hälfte veraltet ist. Aufgrund dieser Tatsache ist lebenslanges Lernen notwendig.

In Unternehmen ist es die Aufgabe der Personalentwicklung, den Mitarbeitern lebenslanges Lernen zu ermöglichen.

! *Die **Personalentwicklung** umfasst alle Maßnahmen zur Förderung der individuellen beruflichen Entwicklung der Mitarbeiter unter Beachtung ihrer persönlichen Interessen.*

Abb. 1: Die Bedeutung des lebenslangen Lernens nimmt immer weiter zu.

Das Ziel der Personalentwicklung ist, den Mitarbeitern die Qualifikationen zu vermitteln, die sie zur optimalen Wahrnehmung ihrer jetzigen und zukünftigen Aufgaben benötigen. Aus diesem Ziel können Teilziele abgeleitet werden:

Teilziele der Personalentwicklung **aus Sicht des Einzelhändlers:**

- Erhöhung der Arbeitsleistung durch Mitarbeitermotivation und Mitarbeiterzufriedenheit
- Verbesserung der Fähigkeiten und Fertigkeiten der Mitarbeiter
- Entwicklung von Fach- und Führungspersonal aus den eigenen Reihen
- Vermeidung der Abhängigkeit vom externen Arbeitsmarkt
- Bindung der Mitarbeiter an den Betrieb

Teilziele der Personalentwicklung **aus Sicht des Mitarbeiters:**

- Verbesserung der eigenen Fähigkeiten und Fertigkeiten
- Eröffnung von Karrieremöglichkeiten (z. B. Aufstieg oder Beförderung)
- Verringerung des Risikos, den Arbeitsplatz zu verlieren
- Übernahme neuer oder verantwortungsvoller Arbeitsbereiche
- Steigerung des Ansehens
- bessere Verdienstmöglichkeiten

Arten der Personalentwicklung

Die Personalentwicklung unterstützt lebenslanges Lernen und umfasst folgende Maßnahmen:

Arten	Maßnahmen	Erklärungen
1. berufsvorbereitende Personalentwicklung	Berufsausbildung	Auszubildenden werden in einem bestimmten Berufsbild ausgebildet. Sie erhalten eine berufliche Grundbildung und erlernen die für den Beruf notwendigen Fähigkeiten und Fertigkeiten. Weiterhin sammeln sie die erforderliche Berufserfahrung.
	Anlernung (vgl. Kap. 13.5.2)	Mitarbeiter werden in einem neuen Aufgabenbereich für einen bestimmten Zeitraum angelernt.
	Traineeprogramme	Absolventen einer Fachhochschule oder Universität werden im Unternehmen eingeführt.
2. berufsbegleitende Personalentwicklung (Weiterbildung)	Anpassungsweiterbildung	Durch die Anpassungsweiterbildung wird das Wissen der Mitarbeiter aktualisiert. Somit können sie sich verändernden Anforderungen am Arbeitsplatz, z. B. neue Technologien, stellen und diese bewältigen.
	Aufstiegsweiterbildung	Die Aufstiegsweiterbildung hilft, dass sich die Mitarbeiter neu qualifizieren. Dadurch sind sie in der Lage, höherwertige Aufgaben zu übernehmen und beruflich aufzusteigen.
	Ergänzungsweiterbildung	Durch die Ergänzungsweiterbildung erwerben die Mitarbeiter zusätzliche Qualifikationen in ihrem derzeitigen Tätigkeitsfeld. Dadurch können sie weitere Aufgaben auf demselben Anforderungsniveau übernehmen.
3. berufsverändernde Personalentwicklung	Rehabilitation	Die berufliche Rehabilitation ermöglicht Menschen, nach Erkrankung oder Unfall zurück in das Berufsleben zu finden. Rehabilitationsmaßnahmen sorgen dafür, dass der Betroffene entweder wieder in seinem früheren Beruf arbeiten oder einen neuen Beruf ausüben kann.

Fortsetzung siehe nächste Seite.

Arten	Maßnahmen	Erklärungen
	Umschulung	Die Umschulung ist eine verkürzte Ausbildung, die den Umzuschulenden in einem der staatlich anerkannten Ausbildungsberufe neu qualifizieren soll. Eine Umschulung kann in der Regel durchgeführt werden, wenn der Betroffene bereits eine Berufsausbildung absolviert oder entsprechende Berufserfahrung hat. Gründe für eine Umschulung sind zum Beispiel: ■ Im derzeitigen Beruf besteht kein ausreichender Bedarf mehr. ■ Der Betroffene ist den Anforderungen des Berufs nicht mehr gewachsen. ■ Berufsunfähigkeit.

Aufgaben

1. Beschreiben Sie, welche Möglichkeiten der Personalentwicklung Ihr Ausbildungsbetrieb bietet.
2. Stellen Sie dar, welche Möglichkeiten der Personalentwicklung, die Ihr Ausbildungsbetrieb bietet, Sie bereits wahrgenommen haben.

Kompetenzraster, Kapitel 13.6 und 13.7

Kapitel	Ich kann ...	nein	un-sicher	recht sicher	ja
13.6	■ die Bedeutung der Personalbeurteilung erläutern.				
	■ einen Personalbeurteilungsbogen erstellen.				
13.7	■ den Begriff Personalentwicklung definieren.				
	■ die Bedeutung des lebenslangen Lernens erläutern.				
	■ die Ziele und Teilziele der Personalentwicklung nennen und erläutern.				
	■ die Arten der Personalentwicklung, berufsvorbereitende Personalentwicklung, berufsbegleitende Personalentwicklung und berufsverändernde Personalentwicklung unterscheiden.				
	■ die Maßnahmen der Personalentwicklung nennen und erklären.				

13.8 Mitarbeitermotivation

Dieter Ballhaus aus dem Modehaus Müller hat heute keine Lust, die Tätigkeiten zu erledigen, um die ihn sein Vorgesetzter gebeten hat. Er soll eine Liste aller Reklamationsfälle des letzten Halbjahres anfertigen. Die Struktur der Liste und die Fragen, zu denen er Informationen sammeln soll, hat ihm sein Chef im Detail aufgeschrieben. Ebenfalls wurde ihm gesagt, dass er die Liste auf jeden Fall bis heute Mittag fertig machen soll.

Unternehmen versuchen ihre Mitarbeiter zu motivieren, um so die Leistungsbereitschaft und das Arbeitsverhalten der Arbeitnehmer zu fördern bzw. positiv zu beeinflussen.

> ***Motivation*** *ist die aktuelle Bereitschaft zum Handeln oder zu einem bestimmten Verhalten.*

Einzelhandelsbetriebe nutzen verschiedene Möglichkeiten, ihre Mitarbeiter zu motivieren (vgl. Abb. 1).

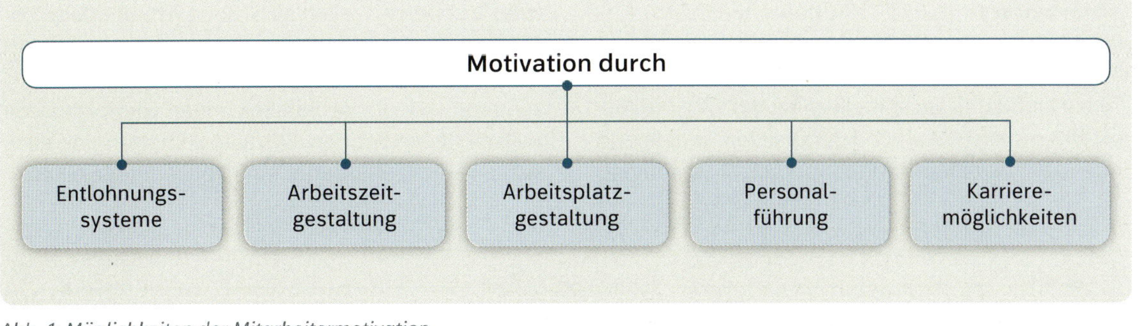

Abb. 1: Möglichkeiten der Mitarbeitermotivation

13.8.1 Motivation durch Entlohnungssysteme

Neben einer angemessenen Vergütung gibt es weitere Anreize, die der Einzelhändler seinen Mitarbeitern gewährt. Beispiele hierfür sind

- Bonuszahlungen,
- Prämien,
- Provisionen,
- Gutscheine (z. B. Tankgutscheine oder Kantinengutscheine),
- Beteiligungen am Unternehmen,
- Firmenwagen oder
- betriebliche Altersversorgung.

13.8.2 Motivation durch Arbeitszeitgestaltung

Die Gestaltung der Arbeitszeit gewinnt für die Mitarbeiter und damit auch für die Unternehmen an Bedeutung. Die Mitarbeiter erwarten, dass sie die Arbeitszeit ihren persönlichen Bedürfnissen anpassen können. Unternehmen wiederum, die ihren Angestellten diese Möglichkeit bieten, haben bessere Chancen, Mitarbeiter im Betrieb zu halten oder neue Mitarbeiter zu gewinnen.

Flexible Arbeitszeitmodelle bieten die Möglichkeit, die Arbeitszeiten beweglicher zu gestalten. **Flexible Arbeitszeiten** sind veränderbare Arbeitszeiten der Mitarbeiter, die von den festen Betriebszeiten des Unternehmens abweichen. Die Arbeitnehmer setzen dabei selbst fest, wann sie im Unternehmen anwesend sind. Allerdings müssen sie bei ihrer Planung betriebliche Notwendigkeiten berücksichtigen.

Gleitzeit

Bei der Gleitzeit haben die Mitarbeiter während der **Kernarbeitszeit** (z. B. 11:00 Uhr bis 16:00 Uhr) Anwesenheitspflicht. Die übrige Arbeitszeit können sie innerhalb der **Rahmenarbeitszeit** (z. B. 07:00 Uhr bis 20:00 Uhr) frei aufteilen (vgl. Abb. 2). Die Angestellten können während der Gleitzeit Beginn und Ende der täglichen Arbeitszeit selbst festlegen. Jedoch müssen sie darauf achten, dass sie die vereinbarte wöchentliche Arbeitszeit einhalten.

Teilzeitarbeit

In Teilzeitarbeit sind Mitarbeiter angestellt, die mit einer geringeren Stundenzahl als im Tarifvertrag vorgesehen beschäftigt werden (vgl. Kap. 13.2). Eine weitverbreitete Variante der Teilzeitarbeit ist im Einzelhandel der Halbtagsjob, bei dem der Arbeitnehmer 50 % der üblichen Vollzeitarbeitszeit erbringt.

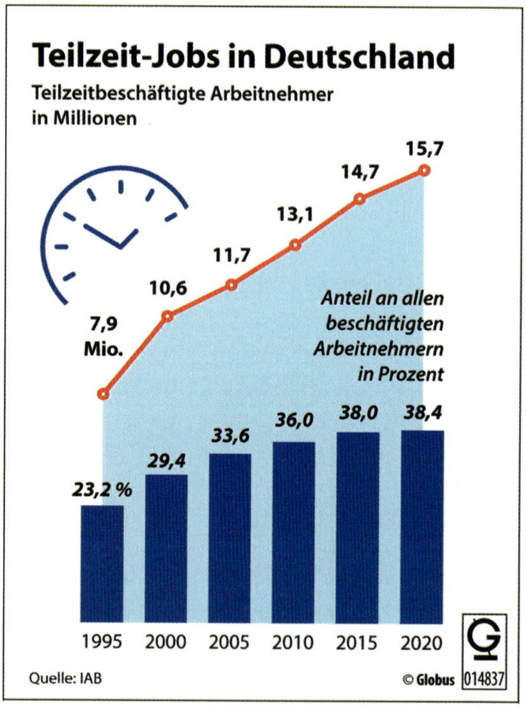

Abb. 3: Anteil von Teilzeitbeschäftigten

Arbeitsplatzteilung (Jobsharing)

Die Arbeitsplatzteilung beruht auf der Grundlage der Teilzeitarbeit. Mehrere Arbeitnehmer bilden eine Gruppe und teilen sich einen Arbeitsplatz. Die Arbeitszeiten der einzelnen Gruppenmitglieder legt die Gruppe fest. Wichtig ist, dass die Mitarbeiter zusammen auf die Arbeitszeit einer vergleichbaren Vollzeitstelle kommen. Oftmals kommt es vor, dass sich zwei Teilzeitarbeiter eine Vollzeitstelle teilen.

← Rahmenarbeitszeit →		
← Gleitzeit →	Kernarbeitszeit	← Gleitzeit →
07:00 bis 11:00 Uhr		16:00 bis 20:00 Uhr

Abb. 2: Gleitzeitmodell mit Kernarbeitszeit und Rahmenarbeitszeit

13.8.3 Motivation durch Arbeitsplatzgestaltung

Im Rahmen der Arbeitsplatzgestaltung geht es um arbeitsorganisatorische Maßnahmen zur Verbesserung der Arbeitsbedingungen. Hierzu gehören unterschiedliche Maßnahmen.

Arbeitsplatzwechsel (Jobrotation)
Bei dieser Methode wechseln die Mitarbeiter innerhalb eines festgelegten Arbeitsabschnitts in bestimmten Zeitabständen den Arbeitsplatz oder den Aufgabenbereich. Dadurch wird die Arbeit abwechslungsreicher und als weniger belastend empfunden.

Beispiel: In der Abteilung Einkauf soll jeder Mitarbeiter bei krankheitsbedingten Ausfällen in der Lage sein, die Arbeit des Kollegen zu übernehmen. Daher wechseln die Mitarbeiter alle vier Wochen den Aufgabenbereich und werden in allen Bereichen des Einkaufs eingesetzt.

Arbeitserweiterung (Jobenlargement)
Ein Mitarbeiter, der bisher nur eine Tätigkeit verrichtete, führt nun mehrere verschiedene Tätigkeiten auf demselben Anforderungsniveau durch. Ziel des Jobenlargements ist es, psychische und körperliche Eintönigkeit zu vermeiden. Dazu kann beispielsweise ein Wechsel aus sitzender zu stehender Tätigkeit beitragen.

Beispiel: In der Abteilung Einkauf soll ein Mitarbeiter, der bisher nur Bestellungen schreibt, zusätzlich Angebote einholen und Daten aktualisieren.

Arbeitsbereicherung (Jobenrichment)
Einem Mitarbeiter werden zusätzlich zu seiner bisherigen Tätigkeit Arbeiten auf höherem Anforderungsniveau übertragen. Hier muss sich der Mitarbeiter möglicherweise höher qualifizieren, sodass er zunächst an einer Weiterbildung teilnimmt. Dadurch ist der Mitarbeiter in der Lage, in höherem Maße eigenverantwortlich zu arbeiten.

Beispiel: In der Abteilung Einkauf soll ein Mitarbeiter, der bisher nur Bestellungen schreibt, zusätzlich Lieferanten auswählen und Reklamationen abwickeln.

13.8.4 Motivation durch Personalführung

Die Personalführung (vgl. Kap. 13.4) umfasst die Führungsmethode des Unternehmens und den Führungsstil des Vorgesetzten.

Sowohl die Führungsmethode als auch der Führungsstil können einen entscheidenden Beitrag zur Mitarbeitermotivation leisten. Entscheidend ist hierbei unter anderem der Entscheidungsspielraum der Mitarbeiter. Grundsätzlich kann man sagen: Je mehr Entscheidungsspielraum ein Mitarbeiter hat, desto motivierter ist er.

13.8.5 Motivation durch Karrieremöglichkeiten

Menschen brauchen Ziele, die sie verfolgen können. Das gilt auch im Berufsleben. Die Aussicht auf beruflichen Erfolg wirkt auf die Mitarbeiter motivierend. Insofern muss ein Unternehmen seinen Mitarbeitern Karrieremöglichkeiten bieten. Karrieremöglichkeiten sind z. B.
- Beförderungen,
- Aufstiegsmöglichkeiten,
- Erweiterung des Verantwortungsbereichs,
- Weiterbildung.

Abb. 4: Auch Weiterbildung ist ein Motivationsfaktor.

Aufgabe

1. Berichten Sie, welche Möglichkeiten der Mitarbeitermotivation Ihr Ausbildungsbetrieb bietet.

13.9 Umgang mit Konflikten

Grit Faust, langjährige Mitarbeiterin in der Kinderabteilung im Modehaus Müller, verhält sich gegenüber jungen Kollegen oder Auszubildenden sehr abweisend. Fragen beantwortet sie nicht und sie gibt auch keine Hilfestellungen. Sie meint: „Am besten lernt man, wenn man einfach ins kalte Wasser springt. Man muss seine Erfahrungen selbst machen. Und das geht nur durch Ausprobieren und nicht durch Fragen."

Wo Menschen zusammentreffen, kann es zu Konflikten kommen. Das gilt auch am Arbeitsplatz. Da kann es zu Schwierigkeiten mit dem Vorgesetzten, mit Kollegen oder Kunden kommen. Da sich Konflikte nicht immer verhindern lassen, muss man wissen, wie man mit ihnen umgeht. Führungskräfte sollten ein großes Interesse an der Vermeidung oder der Lösung haben, denn die erfolgreiche Beschäftigung mit Konflikten ist entscheidend für ein gutes Betriebsklima und die Mitarbeitermotivation.

Abb. 1: Über Konflikte sollte gesprochen werden.

13.9.1 Konfliktmanagement

Eine erfolgreiche Behandlung von Konflikten (Konfliktmanagement) durchläuft verschiedene Phasen.

Ursache des Konflikts analysieren
Zunächst muss die Ursache des Konflikts erkannt und geklärt werden. Dies ist die erste Phase. Mögliche Ursachen für Konflikte am Arbeitsplatz sind in der Übersicht dargestellt (vgl. Abb. 2).

Beispiel: Frau Faust ist nicht bereit, mit jungen Kollegen oder Auszubildenden zusammenzuarbeiten. Die Ursache des Konflikts ist demnach „mangelnde Kooperation". Mona Splitter, die gerade ihre Ausbildung im Modehaus Müller beendet hat und nun in der Kinderabteilung arbeitet, leidet sehr unter diesem Umstand.

222334160

Konfliktursache	Erläuterung
Termindruck	Die anfallenden Arbeiten sollen zügig oder sofort erledigt werden. Somit bleibt keine Zeit, Rücksicht auf die Interessen anderer zu nehmen.
Aufgaben nicht erfüllbar	Die zu erledigenden Aufgaben sind mit den vorhandenen Mitteln nicht zu erfüllen.
Aufgaben unklar	Es fehlt eine Regelung, wie eine Aufgabe ausgeführt werden soll. Deshalb kann sie kaum richtig erledigt werden.
Führungsfehler	Vorgesetzte heizen Konflikte durch ihr Verhalten an oder sorgen nicht für ein gutes Betriebsklima.
mangelnde Anerkennung	Die Leistung eines Mitarbeiters wird von Kollegen und Vorgesetzten nicht gewürdigt.
Abwertung	Die Leistung eines Mitarbeiters wird heruntergespielt oder lächerlich gemacht.
Informationsmangel	Die Beteiligten kennen nicht alle für die Arbeit erforderlichen Informationen. Die Zusammenarbeit wird deshalb schwieriger.
mangelnde Kooperation	Kollegen verweigern die Zusammenarbeit bei der Erledigung von Aufgaben.

Abb. 2: Ursachen für Konflikte

Probleme mitteilen

Nachdem die Ursache des Konflikts bekannt ist, sollten in der nächsten Phase die Konfliktparteien im Beisein der Führungskraft die vorhandenen Probleme benennen. So können die unterschiedlichen Ansichten, aber auch Gemeinsamkeiten erkannt werden. Eine eindeutige Problemdefinition ist wichtig, damit gezielt nach einer Lösung des Konflikts gesucht werden kann.

Beispiel: Nachdem die Abteilungsleiterin Anna Potthast die Ursache des Konflikts geklärt hat, führt sie ein Gespräch mit Grit Faust und Mona Splitter. Frau Faust und Frau Splitter haben nun die Gelegenheit, ihre Ansichten darzustellen.

Ziel festlegen

Die Konfliktparteien und die Führungskraft erarbeiten in der dritten Phase gemeinsam, welches Ziel das Konfliktgespräch haben soll.

Beispiel: Grit Faust und Mona Splitter legen gemeinsam mit der Abteilungsleiterin Anna Potthast fest, dass alle Mitarbeiter einer Abteilung dafür verantwortlich sind, dass jeder Mitarbeiter das für die Abteilung notwendige Wissen hat.

Lösungen suchen

In der letzten Phase suchen die Konfliktparteien nach Lösungen für das Problem. Hierbei darf kein Zeitdruck entstehen. Nur so können möglichst viele unterschiedliche Lösungen gefunden werden.

Beispiel: Grit Faust und Mona Splitter suchen nach Lösungen, um das festgelegte Ziel zu erreichen. Beide erkennen, dass sich alle Mitarbeiter gegenseitig unterstützen müssen. Deshalb kann eine Lösung sein, dass Mona Splitter ihre erfahrene Kollegin in einem Verkaufsgespräch beobachten kann und dann selbst ein Verkaufsgespräch unter Beobachtung von Frau Faust führt.

Entscheidung treffen und umsetzen

Am Ende des Konfliktmanagement einigen sich die Konfliktparteien auf eine Lösung. Es muss klargestellt werden, dass die Entscheidung für alle Beteiligten verbindlich ist. Dazu sollte die Lösung in Form einer Vereinbarung schriftlich festgehalten werden.

Beispiel: Grit Faust und Mona Splitter haben ihre Vereinbarungen aufgeschrieben. Beide unterschreiben das Schriftstück im Beisein von Anna Potthast.

Kontrolle

Die Umsetzung der Vereinbarungen muss kontrolliert werden. So kann überprüft werden, ob die Maßnahmen erfolgreich waren. Wenn das Konfliktmanagement noch nicht erfolgreich gewesen ist, sollten die Phasen nochmals durchlaufen werden.

Beispiel: Anna Potthast befragt nach vier Wochen sowohl Grit Faust als auch Mona Splitter, ob die getroffenen Vereinbarungen auch eingehalten werden.

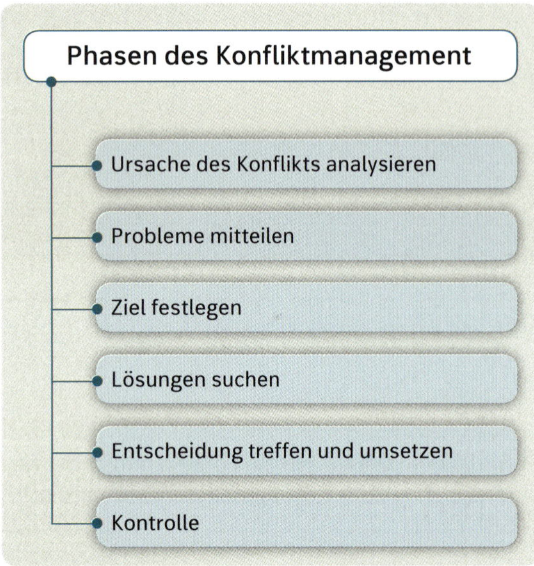

Abb. 3: Lösung von Konflikten

13.9.2 Gesprächsführung

Die Aufgabe der Führungskraft ist, Konflikte zu klären. Insofern muss sie sich mit dem Konfliktmanagement befassen. Zum Konfliktmanagement gehört auch das Konfliktgespräch.

Der Vorgesetzte führt das Konfliktgespräch als Moderator mit den Konfliktparteien. Damit das Konfliktgespräch gelingt, muss die Führungskraft folgende Grundsätze der Gesprächsführung berücksichtigen:

- eine positive Atmosphäre schaffen,
- ausreichend Zeit einplanen,
- keine Störungen von außen zulassen,
- das Gespräch zwischen den Konfliktparteien strukturieren,
- neutral bleiben, nicht auf die Seite einer Konfliktpartei stellen,
- die Konfliktparteien ausreden lassen,
- aktiv zuhören, indem nachgefragt wird,
- darauf achten, dass die Konfliktparteien sachlich bleiben und nicht persönlich werden,
- dafür sorgen, dass die erzielten Vereinbarungen von den Konfliktparteien eingehalten werden.

Aufgaben

1. Zeigen Sie auf, wie Sie Konflikte einerseits privat und andererseits beruflich lösen.
2. Versuchen Sie, in einem Satz zu sagen, was eine „gute Kommunikation" ausmacht.

Kompetenzraster, Kapitel 13.8 und 13.9

Kapitel	Ich kann ...	nein	un-sicher	recht sicher	ja
13.8	■ verschiedene Möglichkeiten der Mitarbeitermotivation nennen und erklären.				
	■ unterschiedliche Entlohnungssysteme nennen, die auf die Motivation Auswirkung haben können.				
	■ verschiedene Motivationsmöglichkeiten durch Arbeitsplatzgestaltung erklären: Arbeitsplatzwechsel (Jobrotation), Arbeitserweiterung (Jobenlargement), Arbeitsbereicherung (Jobenrichment).				
	■ im Bereich der Motivation durch Arbeitszeitgestaltung diverse flexible Arbeitszeitmodelle erläutern.				
13.9	■ die verschiedenen Phasen des Konfliktmanagements nennen und beschreiben.				

222334162

13.10 Personalentlohnung

Azubi Lena Sievers vom Modehaus Müller und Azubi Oscar Wilde vom Schuhgeschäft Graziano treffen sich in der Mittagspause im Restaurant der Fast-Food-Kette in der Fußgängerzone. Oscar hat seine erste Ausbildungsvergütung auf seinem Konto erhalten. Nun möchte er Lena auf einen Burger einladen. Allerdings wundert er sich, dass seinem Konto eine andere Summe gutgeschrieben wurde, als im Ausbildungsvertrag für das erste Ausbildungsjahr vereinbart.

13.10.1 Grundbegriffe der Personalentlohnung

Jeder Einzelhändler, der in seinem Geschäft Mitarbeiter beschäftigt, ist ein Arbeitgeber. Er muss diese Mitarbeiter anleiten und für die Arbeit einteilen. Der Arbeitgeber ist verpflichtet, seine Mitarbeiter für ihre Arbeit zu bezahlen. Alle Mitarbeiter, die für einen Arbeitgeber arbeiten und dafür Geld bekommen, sind Arbeitnehmer. Sie müssen die Weisungen des Arbeitgebers befolgen und ihre Arbeit ordentlich erledigen. Für ihre geleistete Arbeit erhalten sie dann eine Vergütung, die man im Arbeitsrecht auch als **Entgelt** bezeichnet. Die Bezahlung der Arbeitnehmer durch den Arbeitgeber ist die Personalentlohnung.

Dabei muss der **Arbeitgeber**
- die Höhe des Arbeitsentgelts bestimmen,
- das Arbeitsentgelt berechnen,
- das Arbeitsentgelt auf das Konto des Arbeitnehmers überweisen.

> ! ***Arbeitgeber** ist, wer einen anderen als Arbeitnehmer beschäftigt und ihm gegenüber Weisungsbefugnis hat.*

Der **Arbeitnehmer** muss auch bei der Personalentlohnung mitwirken. Er muss
- mit der Höhe der Entlohnung einverstanden sein,
- dem Arbeitgeber seine persönlichen Daten mitteilen,
- ein Konto für die Überweisungsbeträge einrichten.

> ! ***Arbeitnehmer** ist, wer sich einem anderen gegenüber zur Arbeit gegen Bezahlung verpflichtet.*

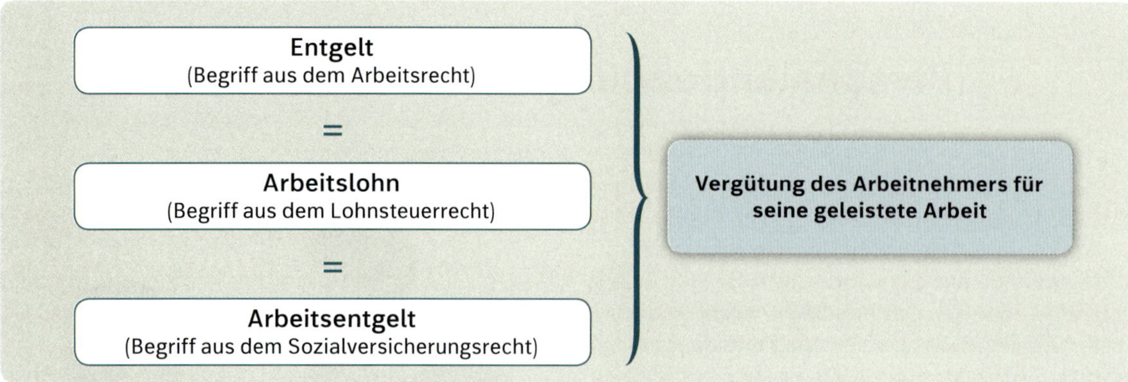

Abb. 1: Vergütung der Arbeitnehmer

Die Höhe des Entgelts wird im Ausbildungsvertrag oder Arbeitsvertrag bei Beginn der Beschäftigung festgelegt. Wird ein derartiger Vertrag abgeschlossen, sind sich Arbeitgeber und Arbeitnehmer über die Höhe der Entlohnung einig geworden. Oft wird die Höhe dieser Vereinbarungen durch Tarifverträge bestimmt, die der Arbeitgeberverband des Einzelhandels mit der Gewerkschaft ver.di aushandelt.

In Tarifverträgen werden Festlegungen getroffen, die für alle Mitarbeiter des Einzelhandels gültig sind, ganz gleich, bei welchem Arbeitgeber sie arbeiten. An die Bestimmungen im Tarifvertrag muss sich jeder Arbeitgeber halten.

Solche allgemeingültigen Festlegungen können zum Beispiel sein:

- Regelungen zur Arbeitszeit – 40-Stunden-Woche oder 38-Stunden-Woche,
- Regelungen zum Erholungsurlaub – gesetzlicher Mindesturlaub oder Zusatztage,
- Höhe der Zuschläge, die für Sonntagsöffnungszeiten gezahlt werden müssen,
- Mindesthöhe der Ausbildungsvergütung.

> **!** ***Tarifverträge*** *sind Verträge zwischen Arbeitgeberverbänden und Gewerkschaften. Sie regeln grundsätzliche Dinge bei der Entlohnung der Mitarbeiter einer Branche.*

Im Ausbildungs- oder Arbeitsvertrag vereinbaren Arbeitgeber und Arbeitnehmer immer ein **Bruttoentgelt.** Das ist ein Betrag, von dem noch keine Abzüge vorgenommen worden sind. Dieser Betrag wird bei der Abrechnung auch als **Bruttolohn** bezeichnet. Der Arbeitgeber muss davon noch Abzüge einbehalten und an das Finanzamt und die Krankenkassen weiterleiten. Diese Abzüge sind gesetzlich vorgeschrieben. Den Betrag, der von dem Bruttolohn nach diesen Abzügen durch den Arbeitgeber übrig bleibt, nennt man **Nettolohn.**

  Bruttolohn
– gesetzliche Abzüge
= **Nettolohn**

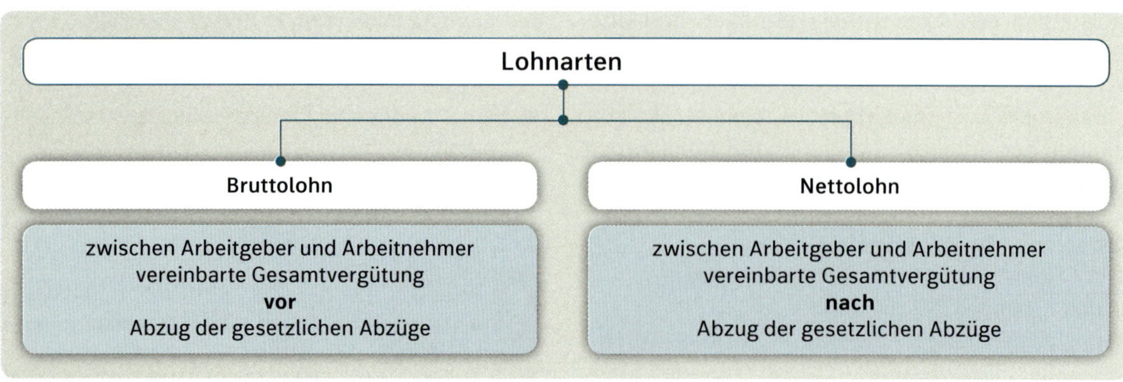

Abb. 2: Lohnarten

13.10.2 Lohnformen

Bei der Vereinbarung des Arbeitsentgelts im Arbeits- oder Ausbildungsvertrag gibt es verschiedene Möglichkeiten (vgl. Abb. 3).

Zeitlohn

Soll die Bezahlung eines Mitarbeiters jeden Monat in gleicher Höhe erfolgen, so wird ein fester Betrag pro Monat vereinbart. Im Ausbildungsvertrag ist das immer der Fall. Der hier vereinbarte Betrag heißt **Ausbildungsvergütung.** Im Arbeitsvertrag eines angestellten Mitarbeiters spricht man dagegen bei monatlich gleichbleibenden Beträgen vom **Gehalt.**

Beispiel:

- Im Ausbildungsvertrag von Oscar Wilde ist für das erste Jahr ein monatlicher Betrag von 950,00 € vereinbart. Oscar Wilde erhält eine **Ausbildungsvergütung** von 950,00 €.
- Mit Frau Betsy Detmold, Leiterin der Abteilung Kinderschuhe im Schuhgeschäft Graziano, hat der Arbeitgeber im Arbeitsvertrag einen monatlichen Betrag von 3900,00 € vereinbart. Betsy Detmold erhält ein **Gehalt** von 3900,00 €.

Wollen Arbeitgeber und Arbeitnehmer keinen festen Monatsbetrag vereinbaren, können sie einen **Stundenlohn** vereinbaren. Der Monatslohn ist dann unterschiedlich hoch: Grundlage für die Höhe des monatlichen Bruttolohns ist die Arbeitszeit. Im Arbeitsvertrag wird ein Zeitlohn vereinbart, der in der Regel für eine Arbeitsstunde gezahlt werden soll.

Multipliziert man diesen Stundenlohn mit der monatlichen Arbeitszeit des Mitarbeiters, erhält man den Bruttolohn für den jeweiligen Monat.

Bruttolohn (Zeitlohn)
= Arbeitszeit · Lohn je Zeiteinheit

Beispiel: Cornelia Lüke arbeitet als ungelernte Mitarbeiterin im Modehaus Müller. Sie ist zuständig für das Befüllen der Regale und Kleiderständer mit den Neuzugängen an Waren. Der Arbeitgeber hat mit ihr für diese Tätigkeiten einen Stundenlohn von 15,00 € vereinbart. Im Abrechnungsmonat hat Frau Lüke 168 Stunden gearbeitet:

Bruttolohn = Arbeitszeit in Stunden · Lohn je Stunde
Bruttolohn = 168 Stunden · 15,00 €/Stunde
Bruttolohn = 2520,00 €

Zeitlohn ist für den Mitarbeiter günstig, denn er weiß jeden Monat genau, was er verdienen wird. Der Arbeitgeber dagegen muss den Mitarbeiter entsprechend bezahlen, auch wenn dieser sich wenig oder gar nicht anstrengt, etwas zu verkaufen.

Leistungslohn

Mögliche Arten eines leistungsbezogenen Lohns sind Prämienlohn oder Akkordlohn.

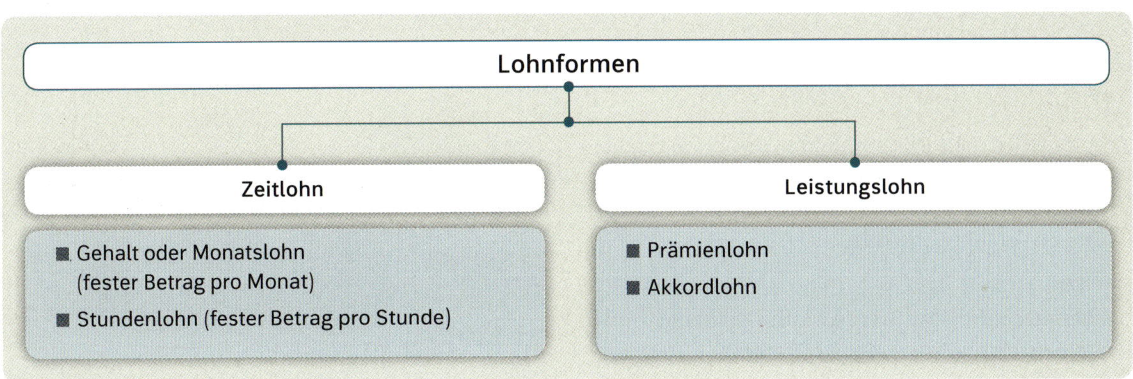

Abb. 3: Lohnformen

Prämienlohn als Form des Leistungslohns

Leistungslohn wird im Handel überwiegend als Prämienlohn gezahlt. Im Arbeitsvertrag wird dabei ein bestimmter Zeitlohn vereinbart. Das sichert dem Arbeitnehmer ein regelmäßiges Einkommen, mit dem er am Monatsende rechnen kann. Als Leistungsanreiz wird zusätzlich eine Prämie vereinbart.

Die Gründe für eine Prämie können sehr unterschiedlich sein. Prämien werden zum Beispiel gezahlt

- für das Überschreiten einer bestimmten Absatzmenge,
- für das Überschreiten einer bestimmten Umsatzmenge,
- für das Senken der Anzahl von Reklamationen,
- für die freundlichste Verkaufskraft des Monats.

Für den Arbeitnehmer bedeutet Prämienlohn ein Anreiz, sich besonders anzustrengen, um noch etwas mehr zu verdienen.

Der Arbeitgeber wiederum profitiert von der zusätzlichen Anstrengung des Arbeitnehmers. Verkauft der Arbeitnehmer im Monat sehr viel, steigen für den Arbeitgeber der Umsatz und damit auch der Gewinn.

Bruttolohn (Prämienlohn)
= Arbeitszeit · Lohn je Zeiteinheit + Prämie

Diese Form der Entlohnung gewinnt zunehmend an Bedeutung. Im Einzelhandel wird für die Berechnung der Prämie meistens die Erreichung eines Umsatzzieles herangezogen.

Beispiel 1: Verkäufer Matthias Brenner aus der Herrenabteilung des Modehauses Müller erhält zusätzlich zu seinem Gehalt von 2 800,00 € monatlich eine Umsatzprämie. Von seinem Abteilungsleiter Herrn Zegel erhält er dazu eine Mitteilung:

„Matthias Brenner muss im Monat einen Mindestumsatz von 10 000,00 € erreichen. Von jedem Euro Umsatz, den er mehr verkaufen kann, erhält er 0,10 € zu seinem Lohn dazu."

Der Monat läuft sehr gut, denn es ist das Weihnachtsgeschäft. Herr Brenner kann seinem Abteilungsleiter am Monatsende 13 200,00 € Umsatz melden.

Ermittlung der Prämie:

Umsatz Soll	10 000,00 €
Umsatz Ist	13 200,00 €
Umsatz Plus	3 200,00 €

Prämie
= 3 200,00 € Umsatzplus · 0,10 € Zusatzlohn
= 320,00 €

Bruttolohn
= Arbeitszeit in Monaten · Lohn je Monat + Prämie
= 1 Monat · 2 800,00 € + 320,00 €
= 3 120,00 €

Beispiel 2: Roswita Donop, Abteilungsleiterin der Damenabteilung im Modehaus Müller, erhält laut Arbeitsvertrag ein monatliches Festgehalt als Zeitlohn von 3 500,00 €. Sie muss im Monat dafür einen Umsatz von 65 000,00 € in ihrer Abteilung erwirtschaften. Dieser Monatsumsatz entspricht 100 %. Für jedes Prozent Übererfüllung erhält sie eine Prämie von 10,00 € zusätzlich zu ihrem Gehalt.

Im Abrechnungsmonat gelingt es Frau Donop, in ihrer Abteilung einen Umsatz von 72 150,00 € zu erwirtschaften.

Ermittlung der Prämie:

Umsatzvorgabe	65 000,00 €	100 %
Umsatz im Abrechnungsmonat	72 150,00 €	**111 %**
(Berechnung: 72 150,00 € : 65 000,00 € · 100)		
Übererfüllung Umsatz		11 %

Prämie
11,0 % Umsatzplus · 10,00 € Prämie = 110,00 €

Bruttolohn
= Arbeitszeit in Monaten · Lohn je Monat + Prämie
= 1 Monat · 3 500,00 € + 110,00 €
= 3 610,00 €

Abb. 4: Prämien werden oft zusätzlich zum Festgehalt als Leistungsanreiz in Aussicht gestellt.

Akkordlohn als Form des Leistungslohns

Grundlage für die Höhe des monatlichen Bruttolohns ist die vom Mitarbeiter erbrachte Leistung. Dazu muss der Arbeitgeber dem Mitarbeiter eine bestimmte Leistungsmenge vorgeben, die dieser im Monat schaffen soll.

Leistungsvorgaben im Einzelhandel können zum Beispiel Stückzahlen im Verkauf sein. Für jedes verkaufte Stück wird im Arbeitsvertrag ein **Stücklohn** vereinbart. Der Stücklohn ist dabei so festgelegt, dass ein Mindestbruttolohn im Monat gewährleistet ist.

Multipliziert man diesen Stücklohn mit der monatlichen Leistungsmenge des Mitarbeiters, erhält man den Bruttolohn für den jeweiligen Monat.

Bruttolohn (Akkordlohn)
= verkaufte Stückzahl im Monat · Lohn je Stück

Beispiel: Richard Peters ist Verkäufer in der Herrenschuhabteilung des Schuhgeschäfts Graziano. Der Arbeitgeber hat mit ihm im Arbeitsvertrag einen Leistungslohn vereinbart. Für jedes Paar Herrenschuhe, das Herr Peters im Monat verkauft, erhält er einen Lohn pro Stück von 15,00 €. Im Abrechnungsmonat verkauft Herr Peters 197 Paar Herrenschuhe.

Bruttolohn
= verkaufte Stückzahl im Monat · Lohn je Stück
= 197 Paar Schuhe · 15,00 €/Stück
= 2 955,00 €

Wird Stücklohn vereinbart, hat der Mitarbeiter die Möglichkeit, bei besonderer Anstrengung auch mehr zu verdienen. Akkordlohn stellt also einen Leistungsanreiz für die Arbeitnehmer dar. Das ist auch sehr positiv für den Arbeitgeber: Steigt die Absatzmenge im Unternehmen, steigt auch der Gewinn.

Akkordlohn wird allerdings im Handel eher selten genutzt, überwiegend wird diese Lohnform in Produktionsbetrieben angewendet.

Abb. 5: Akkordlohn wird eher in Produktionsbetrieben vereinbart.

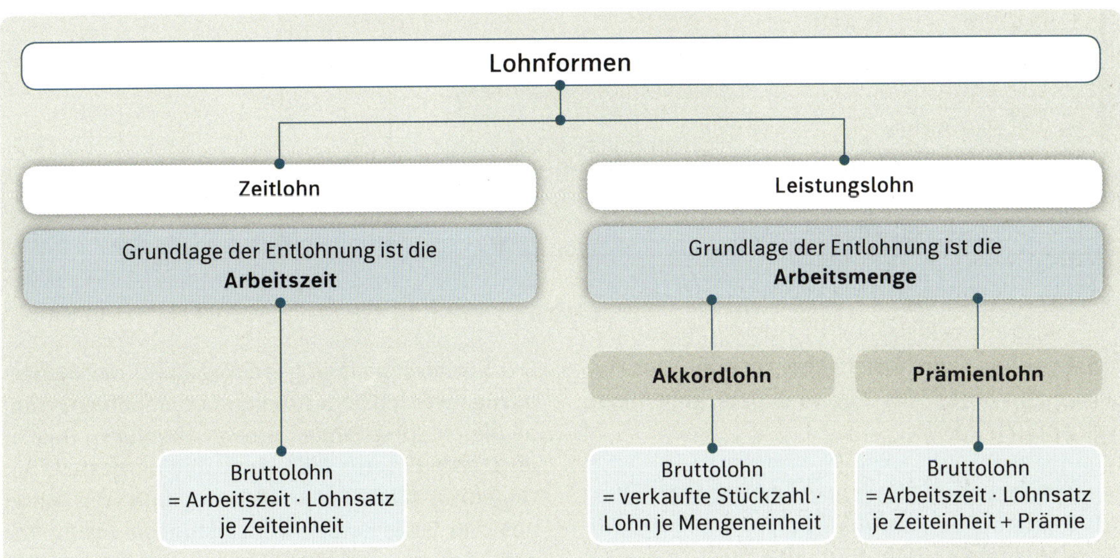

Abb. 6: Lohnformen

13.10.3 Gesetzliche Abzüge

Die Lohn- und Gehaltsabrechnung ist Bestandteil eines großen Sozialkreislaufs:

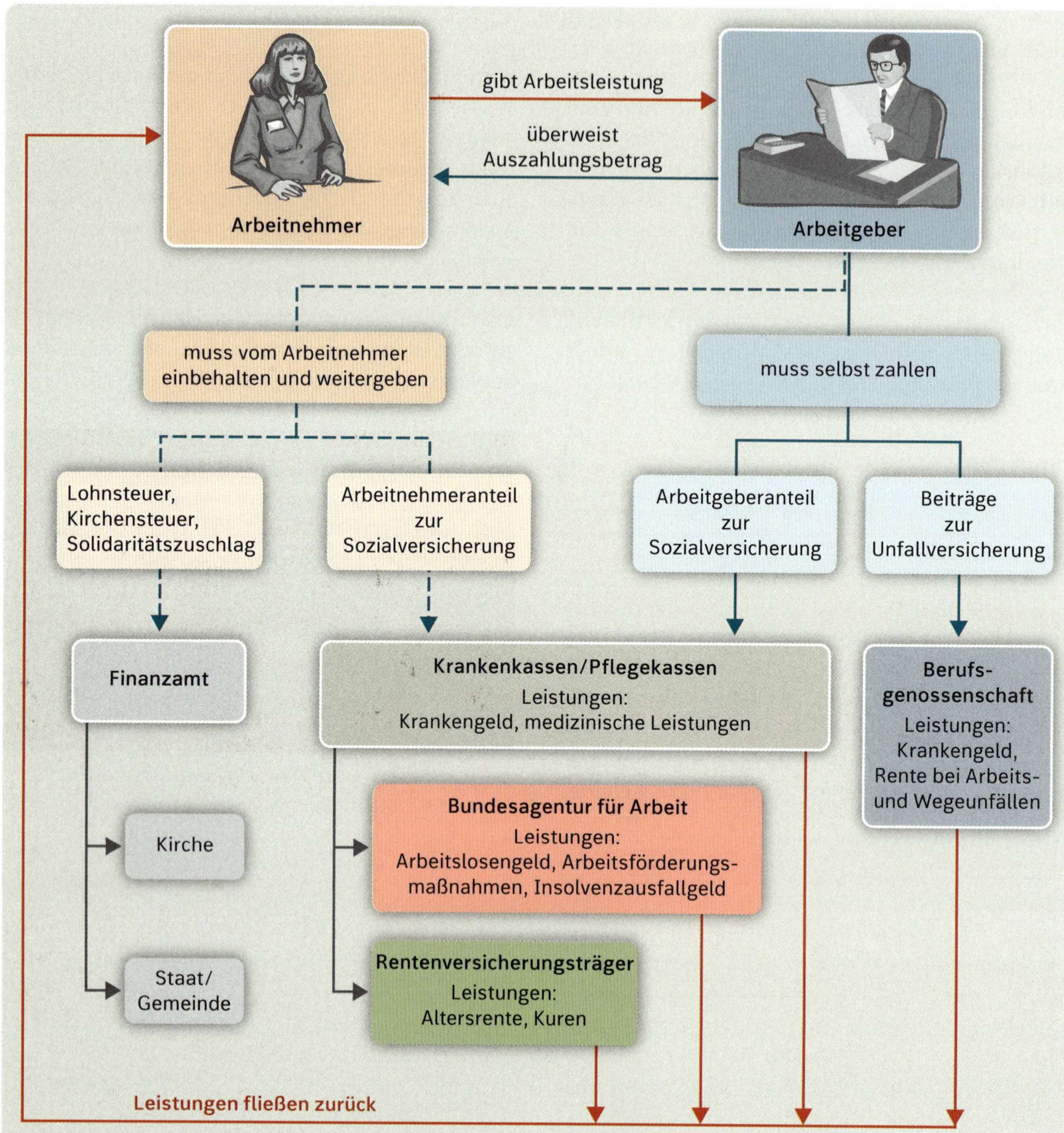

Abb. 7: Kreislauf der Mittel bei der Lohn- und Gehaltsabrechnung

Arbeitnehmer und Arbeitgeber stehen sich im Leistungsprozess des Einzelhandels gegenüber (vgl. Abb. 7).

Der Arbeitnehmer bietet dem Arbeitgeber seine Arbeitskraft gegen Bezahlung an und erhält dafür vom Arbeitgeber den Nettolohn bzw. Auszahlungsbetrag.

Die Sozialversicherungsbeiträge und die Steuerabzüge werden vom Arbeitgeber einbehalten und an die entsprechenden Stellen abgeführt. Das ist im Kreislauf durch die blaue Linie dargestellt. Im Gegenzug fließen dem Arbeitnehmer die Mittel aus den Sozialkassen als Leistungen wieder zurück. Das ist zu erkennen, wenn man der roten Linie im Kreislauf folgt.

Steuerliche Abzüge

Bei jedem Mitarbeiter muss der Arbeitgeber vom Bruttolohn Lohnsteuer, den Solidaritätszuschlag und, wenn der Mitarbeiter einer Konfession angehört, auch Kirchensteuer einbehalten. Der Solidaritätszuschlag wird seit 2021 nur noch von sehr hohen Bruttolöhnen einbehalten.

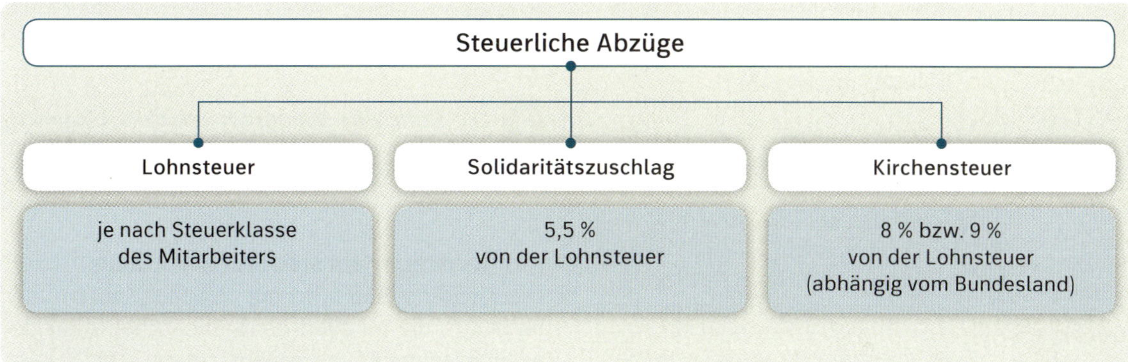

Abb. 8: Darstellung der steuerlichen Abzüge

Lohnsteuer als steuerlicher Abzug

Die Lohnsteuer müssen alle Mitarbeiter zahlen, die in Deutschland wohnen und hier Geld in einem Arbeitsverhältnis verdienen. Das ist notwendig, damit der Staat seine vielfältigen Aufgaben erfüllen kann, die allen Bürgern nutzen. Solche Aufgaben sind zum Beispiel:

- Lehrer zu bezahlen, damit alle Kinder und Jugendlichen Bildung erhalten,
- Polizeibeamte zu bezahlen, damit die innere Sicherheit gewährleistet ist,
- Gelder für den Städte- und Straßenbau zur Verfügung zu stellen,
- Gelder bereitzustellen, um anderen Ländern in Katastrophensituationen zu helfen.

Wer wie viele Steuern zahlen muss, richtet sich nach den persönlichen Verhältnissen des einzelnen Mitarbeiters.

Damit der Arbeitgeber weiß, bei welchem Mitarbeiter er wie viele Lohnsteuern einbehalten muss, bekommt er **Informationen vom Finanzamt**, die er dort monatlich über die Steueridentifikationsnummer seines Mitarbeiters abruft. Die Lohnsteuer richtet sich danach, in welche **Steuerklasse** der Arbeitnehmer eingeordnet ist. Es gibt sechs Steuerklassen (vgl. Abb. 10).

Außerdem teilt das Finanzamt dem Arbeitgeber mit, ob ein Arbeitnehmer **Kinder** hat oder nicht. Arbeitnehmer mit Kindern erhalten einen Kinderfreibetrag für jedes Kind, damit sie steuerlich günstiger behandelt werden als Arbeitnehmer ohne Kinder.

Die Lohnsteuer kann der Arbeitgeber aufgrund dieser Angaben vom Finanzamt aus einer **Lohnsteuertabelle** ablesen. Diese Tabelle wird jedes Jahr neu erarbeitet und allen Arbeitgebern vom Finanzministerium zur Verfügung gestellt. Die Lohnsteuer kann auch direkt auf der Internetseite des Bundesministeriums der Finanzen abgelesen werden. Dort steht ein interaktiver Abgabenrechner zur Verfügung (www.bmf-steuerrechner.de). Die Angaben hier sind genauer.

> **!** *Die **Steuerklasse** des Arbeitnehmers bestimmt die Höhe der Lohnsteuer.*

Abb. 9: Arbeitnehmer mit Kindern erhalten für jedes Kind einen Kinderfreibetrag.

Steuerklasse	Erläuterung
I	■ für Alleinstehende ■ für dauernd getrennt Lebende ■ für Verwitwete ■ für Verheiratete, deren Ehegatte im Ausland lebt
II	■ für Alleinerziehende
III	■ für Verheiratete, deren Ehegatte in der Steuerklasse V ist, ■ für Verwitwete für das Jahr nach dem Tod des Ehegatten ■ für Verheiratete im Jahr der Beendigung der Ehe, wenn der Ehepartner wieder geheiratet hat
IV	■ für Verheiratete, wenn beide Ehepartner gleichhohen Arbeitslohn beziehen ■ Ein Faktor mindert zusätzlich die Lohnsteuer der Steuerklasse IV. Er muss beim Finanzamt beantragt werden. Das Finanzamt rechnet ihn aus und trägt ihn bei den Lohnsteuerabzugsmerkmalen ein, allerdings nur, wenn er kleiner als 1 ist. Die abgelesene Lohnsteuer der Steuerklasse IV wird dann mit dem Faktor multipliziert und ergibt die Lohnsteuer, die der Arbeitgeber einbehalten muss.
V	■ für Verheiratete, deren Ehegatte in der Steuerklasse III ist
VI	■ für das zweite und jedes weitere Arbeitsverhältnis, das ein Arbeitnehmer beginnt

Abb. 10: Steuerklassen

Solidaritätszuschlag als steuerlicher Abzug

Der Solidaritätszuschlag ist eine Zusatzabgabe, die zur Finanzierung der Wiedervereinigung beider deutscher Staaten eingeführt wurde und erhoben wird.

Er beträgt 5,5 % von der Lohnsteuer und wird in allen Bundesländern von Bruttolöhnen, die monatlich mehr als 6000,00 € betragen, erhoben. Mit dem Solidaritätszuschlag wurden anfangs besonders Projekte in den neuen Bundesländern gefördert, um die wirtschaftliche Entwicklung an den Stand in den alten Bundesländern anzugleichen.

Die Höhe des Solidaritätszuschlags kann der Arbeitgeber ebenfalls aus der Lohnsteuertabelle ablesen oder mit dem interaktiven Abgabenrechner berechnen lassen. Er muss dabei zusätzlich beachten, ob für den Mitarbeiter ein **Kinderfreibetrag** zu berücksichtigen ist. Mitarbeiter, die Kinder haben, zahlen weniger Solidaritätszuschlag.

> ! *Die **Höhe des Solidaritätszuschlags** beträgt 5,5 % von der Lohnsteuer.*

Kirchensteuer als steuerlicher Abzug

Die Kirchensteuer wird nur von Mitarbeitern einbehalten, die Mitglied der katholischen oder der evangelischen Kirche in Deutschland sind.

Ihre Höhe ist abhängig vom Bundesland, in dem der Arbeitgeber seinen Firmensitz hat. Sie beträgt derzeit **8 % der Lohnsteuer** in Bayern und Baden-Württemberg oder **9 % der Lohnsteuer** in allen übrigen Bundesländern.

Mit der Kirchensteuer werden die Mitarbeiter der Kirchen bezahlt und kirchliche Projekte gefördert. Dazu gehören zum Beispiel

- Finanzierung von kirchlichen Kindergärten und Schulen,
- Finanzierung von kirchlichen Alten- und Pflegeheimen,
- Organisation der Jugendarbeit in Städten und Gemeinden,
- Seelsorge bei schlimmen Unfällen und Katastrophen,
- Durchführung von Hilfsprojekte in den Ländern Afrikas und Lateinamerikas.

Genau wie die Lohnsteuer und der Solidaritätszuschlag wird auch die Höhe der Kirchensteuer für den einzelnen Arbeitnehmer aus der Lohnsteuertabelle abgelesen oder über den interaktiven Abgabenrechner ermittelt. Der Arbeitgeber muss dabei beachten, ob für den Mitarbeiter ein **Kinderfreibetrag** zu berücksichtigen ist. Mitarbeiter mit Kindern zahlen auch weniger Kirchensteuer.

> ! *Die **Höhe der Kirchensteuer** richtet sich nach dem Bundesland. Sie beträgt 8 % oder 9 % von der Lohnsteuer.*

Die einbehaltene Lohnsteuer, Kirchensteuer und den Solidaritätsbetrag muss der Arbeitgeber monatlich an das Finanzamt überweisen. Das Finanzamt ist dann für die Verteilung dieser Steuern an Staat, Kommune und Kirche zuständig.

Beispiel: Betsy Detmold, 34 Jahre alt, Leiterin der Abteilung Kinderschuhe im Schuhgeschäft Graziano, erhält ein Gehalt von 3900,00 €. Als steuerliche Abzugsmerkmale wurden der Abrechnungsstelle des Schuhgeschäfts für Frau Detmold folgende Angaben übermittelt: Steuerklasse IV, 2,0 Kinderfreibeträge.

Allgemeine Monats-Lohnsteuertabelle 2022 Teil West

von 3 888,00 € bis 3 902,99 €, Kirchensteuer 9 %

Kinderfreibetrag				0		0,5		1		1,5		2		
ab €	StK	Steuer	SolZ	KiStr	SolZ	KiStr	SolZ	KiStr	SolZ	KiStr	SolZ	KiStr	SolZ	KiSt
3.888,00														
							-	35,75	-	26,64	-	18,07	-	10,
							-	27,03	-	18,44	-	10,39	-	3,
							-	12,83	-	6,17	-	0,85	-	-
							-	45,41	-	40,52	-	35,75	-	31,
							-	-	-	-	-	-	-	
							-	-	-	-	-	-	-	-
											-	18,13	-	1
											-	10,44	-	3,26
											-	0,90	-	
											-	35,82	-	31,
											-	-	-	-
											-	-	-	
							-	35,89	-	26,77	-	18,19	-	10
							-	27,16	-	18,56	-	10,49	-	3,
							-	12,94	-	6,26	-	0,92	-	-
							-	45,56	-	40,66	-	35,89	-	31
							-	-	-	-	-	-	-	-
							-	-	-	-	-	-	-	-
							-	35,96	-	26,83	-	18,25	-	10,2
							-	27,22	-	18,62	-	10,55	-	3,
							-	13,00	-	6,31	-	0,95	-	-
							-	45,63	-	40,73	-	35,96	-	3,
							-	-	-	-	-	-	-	-
							-	-	-	-	-	-	-	
							-	36,02	-	26,89	-	18,30	-	10,2
							-	27,29	-	18,68	-	10,61	-	3,
	3	317,66	-	28,58	-	20,68	-	13,05	-	6,35	-	0,99	-	-
	4	621,41	-	55,92	-	50,74	-	45,70	-	40,79	-	36,02	-	31,39
	5	1.022,91	-	92,06	-	-	-	-	-	-	-	-	-	-
	6	1.059,16	-	95,32	-	-	-	-	-	-	-	-	-	-

Abb. 11: Auszug Lohnsteuertabelle 2022

Ergebnis der Berechnung der Lohnsteuer für 2022

Ihre Eingabedaten

Geburtsjahr:	1988
Monatsbruttolohn:	3900,00 Euro
davon Versorgungsbezüge:	0,00 Euro
Steuerklasse:	4
Zahl der Kinderfreibeträge:	2.0
Kirchensteuerabzug:	9 % (Hessen)
Rentenversicherung:	gesetzlich (West)
Krankenversicherung:	gesetzlich
Pflegeversicherung:	ohne Zuschlag, nicht Sachsen
monatlicher Beitrag zur privaten KV/PV:	0,00 Euro
Zusatzbeitragssatz der gesetzlichen Krankenversicherung:	0,00 %
Freibetrag:	0,00 Euro
Hinzurechnungsbetrag:	0,00 Euro

Ergebnis der Berechnung der Lohnsteuer für 2022

Die Lohnsteuer beträgt:	629,08 Euro
Der Solidaritätszuschlag beträgt:	0,00 Euro
Die Kirchensteuer beträgt:	36,64 Euro

Abb. 12: Auszug aus Abgabenrechner mit abgelesenen Beträgen

Aus dem interaktiven Abgabenrechner kann man dazu ablesen:
- Lohnsteuer **629,08 €**
- Solidaritätszuschlag **0,00 €**
- Kirchensteuer **36,64 €**

(abgerufen am 26.02.2022)

Aus der Lohnsteuertabelle ist in der Zeile ab 3 900,00 € abzulesen:
- in der Spalte Steuer 629,08 €
- in der Spalte Solidaritätszuschlag bei 2,0 Kinderfreibeträgen 0,00 €
- in der Spalte Kirchensteuer bei 2,0 Kinderfreibeträgen 36,64 €.

(abgerufen am 26.02.2022)

Quelle: Steuertabellen 2022 - Allgemeine Monats-Lohnsteuertabelle 2022/West. In: www.imacc.de. 2022. https://www.imacc.de/Steuertabelle/Lohnsteuertabellen/2022/LoSt_2022_WEST_9_ohnePKV_Monat.pdf, S. 261 [08.03.2022].

Abzüge für die Sozialversicherung

Das System der gesetzlichen Sozialversicherung in Deutschland besteht aus fünf Säulen:

- der gesetzlichen Krankenversicherung
- der gesetzlichen Pflegeversicherung
- der gesetzlichen Rentenversicherung
- der Arbeitslosenversicherung
- der gesetzlichen Unfallversicherung

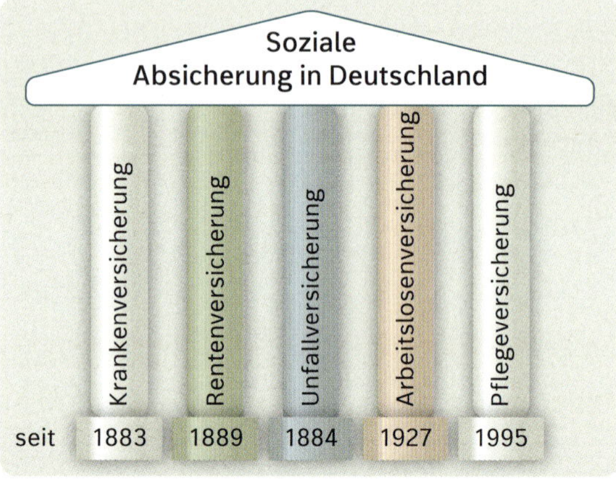

Abb. 13: Die fünf Säulen der Sozialversicherung in Deutschland

Das System dient der sozialen Absicherung der Arbeitnehmer im Falle von Krankheit und Unfall, Pflegebedürftigkeit, der Absicherung im Alter und bei Arbeitslosigkeit.

Die Sozialversicherung funktioniert als **Solidarsystem.** Das bedeutet

- Gesunde zahlen für Kranke,
- junge Menschen zahlen für alte Menschen und
- Menschen, die eine Arbeit haben, zahlen für Menschen ohne Arbeit

in die sozialen Sicherungssysteme ein.

An der Finanzierung der Sozialversicherungsbeiträge müssen sich Arbeitgeber und Arbeitnehmer gemeinsam beteiligen.

Abb. 14: Im Solidarsystem stehen die Generationen füreinander ein.

Gesetzliche Krankenversicherung

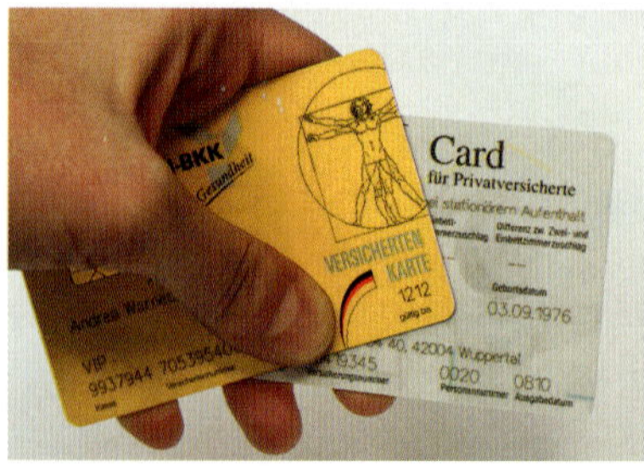

Abb. 15: Karten für Krankenversicherte

Jeder Arbeitnehmer ist Pflichtmitglied in einer gesetzlichen Krankenkasse. Ausnahmen gibt es nur für Mitarbeiter, die einen sehr hohen Verdienst haben. Sie können eine private Krankenkasse wählen. Voraussetzung ist dabei, dass diese Mitarbeiter im zurückliegenden Kalenderjahr die **Versicherungspflichtgrenze** überschritten haben und voraussichtlich auch im laufenden Jahr überschreiten werden. Die Versicherungspflichtgrenze wird in der Regel in jedem Jahr neu festgelegt, für **2022** beträgt sie allerdings wie auch schon 2021 **64 350,00 € im Jahr.**

Beispiel: David Magnus, Bereichsleiter Herrenschuhe, erhielt im Jahr 2021 ein monatliches Gehalt von 5 600,00 €. Er wird dieses Gehalt auch 2022 von seinem Arbeitgeber bekommen.

Überprüfung der Versicherungspflichtgrenze:

- zurückliegendes Kalenderjahr 2021:
  5 600,00 € · 12 Monate = 67 200,00 € Jahresverdienst
  Versicherungspflichtgrenze von 64 350,00 € (2021) wurde im zurückliegenden Kalenderjahr überschritten.
- laufendes Kalenderjahr 2022:
  5 600,00 € · 12 Monate = 67 200,00 € voraussichtlicher Jahresverdienst 2022
  Versicherungspflichtgrenze von 64 350,00 € (2022) wird voraussichtlich auch im laufenden Kalenderjahr überschritten.

Beide Voraussetzungen hat Herr Magnus erfüllt. Er kann ab 2022 auf Antrag eine private Krankenkasse wählen. Er ist nicht mehr verpflichtet, in der gesetzlichen Krankenkasse zu bleiben.

Welcher gesetzlichen Krankenkasse ein Mitarbeiter beitritt, ist seine eigene Entscheidung. Jeder Mitarbeiter hat die Möglichkeit, für sich die Krankenkasse mit dem besten Leistungsangebot zu wählen. Diese Krankenkasse bekommt dann monatlich vom Arbeitgeber die Beiträge überwiesen, die er vom Lohn des Mitarbeiters einbehält.

Im Gegenzug sorgt die Krankenkasse dafür, dass die medizinische Grundversorgung für den Mitarbeiter und seine minderjährigen Kinder abgesichert ist. **Leistungen** der Krankenkassen sind zum Beispiel

- medizinische Grundbetreuung beim Hausarzt,
- Grundversorgung mit Medikamenten,
- Kostenübernahme für Spezialuntersuchungen und Krankenhausaufenthalte,
- Schutzimpfungen,
- Krankengeldzahlungen,
- Unfallversorgung.

> ! *Die **gesetzliche Krankenversicherung** dient der Grundversorgung der Bürger mit medizinischen Leistungen.*

Für alle gesetzlichen Krankenkassen gilt ein **allgemeiner Beitragssatz,** der gesetzlich festgelegt ist. Er beträgt 14,6 % vom monatlichen Bruttolohn. Kommt eine Krankenkasse damit nicht aus, darf sie einen sogenannten **kassenindividuellen Zusatzbeitrag** erheben.
Den allgemeinen Beitragssatz und den kassenindividuellen Zusatzbeitrag müssen sich Arbeitnehmer und Arbeitgeber teilen (vgl. Abb. 16). Der Arbeitgeber muss für jeden Mitarbeiter diese Beiträge monatlich ausrechnen. Den Betrag, den der Arbeitnehmer bezahlen muss, behält der Arbeitgeber vom Lohn des Mitarbeiters ein. Beide Beträge, den Arbeitnehmer- und den Arbeitgeberbeitragsanteil, überweist der Arbeitgeber dann an die Krankenkasse des Mitarbeiters.

Beispiel: Oscar Wilde erhält eine monatliche Ausbildungsvergütung von 950,00 €. Er hat als Krankenkasse die Barmer gewählt. Die Barmer erhebt einen kassenindividuellen Zusatzbeitrag von 1,5 % (2022).

Berechnung des Krankenversicherungsbeitrags:

- Oscar zahlt 8,05 % (7,3 % + 0,75 % Hälfte kassenindividueller Zusatzbeitrag) von 950,00 € = 76,47 € (Arbeitnehmerbeitragsanteil).
- Diesen Betrag zieht der Arbeitgeber von Oscars Bruttolohn für die Krankenversicherung ab.
- Sein Arbeitgeber, das Schuhgeschäft Graziano, zahlt ebenfalls 8,05 % von 950,00 € = 76,47 € (Arbeitgeberbeitragsanteil).

Das Schuhgeschäft Graziano überweist an die Barmer 76,47 € + 76,47 € = 152,94 €.

(Probe: 14,6 % + 1,5 % kassenindividueller Zusatzbeitrag = 16,1 % vom Gesamtbeitrag von 950,00 € = 152,95 € [Rundungsdifferenz])

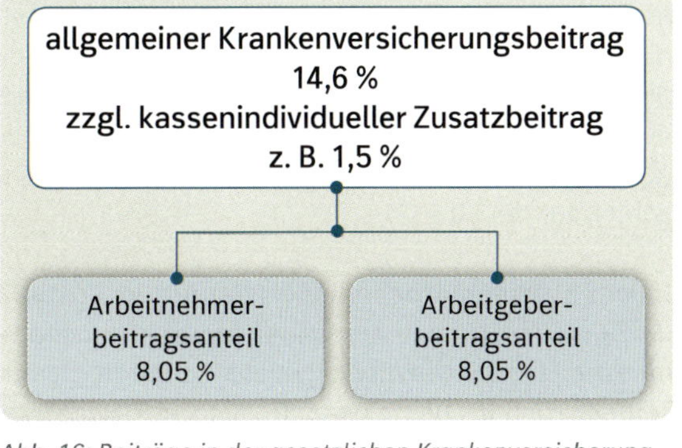

Abb. 16: Beiträge in der gesetzlichen Krankenversicherung

Beitragspflichtiger Bruttolohn in der Krankenversicherung ist dabei der Bruttoverdienst des Arbeitnehmers bis zur **Beitragsbemessungsgrenze.** Die Beitragsbemessungsgrenze in der Krankenversicherung beträgt **2022** monatlich **4 837,50 €.** Sie ist in allen Bundesländern gleich hoch. Liegt der Bruttoverdienst eines Arbeitnehmers monatlich über dieser Beitragsbemessungsgrenze, bleibt der darüberliegende Bruttoverdienst beitragsfrei.

Beispiel: Michaela Simon, Bereichsleiterin Taschen und Zubehör, erhält ein monatliches Gehalt von 5 000,00 €. Sie hat als Krankenkasse die Barmer gewählt. Die Barmer erhebt einen kassenindividuellen Zusatzbeitrag von 1,5 %.

Die Berechnung des Krankenversicherungsbeitrags erfolgt nur von 4 837,50 €, denn das Gehalt liegt über der Beitragsbemessungsgrenze.

- Frau Simon zahlt 8,05 % (7,3 % + 0,75 %) von 4 837,50 € = 389,41 € (Arbeitnehmerbeitragsanteil).
  Diesen Betrag zieht der Arbeitgeber vom Bruttolohn für die Krankenversicherung ab.
- Der Arbeitgeber, das Schuhgeschäft Graziano, zahlt ebenso 8,05 % von 4 837,50 € = 389,41 € (Arbeitgeberbeitragsanteil).

Das Schuhgeschäft Graziano überweist an die Barmer 389,41 € + 389,41 € = 778,82 €.

(Probe: 16,1 % (14,6 % + 1,5 % kassenindividueller Zusatzbeitrag = 16,1 %) vom Gesamtbeitrag von 4 837,50 € = 778,83 € [Rundungsdifferenz])

Gesetzliche Rentenversicherung

Abb. 17: Das gesetzliche Rentenalter beträgt 67 Jahre.

Jeder Arbeitnehmer muss als Pflichtmitglied in die gesetzliche Rentenversicherung einzahlen. Damit soll garantiert werden, dass er finanziell abgesichert ist, wenn er alt wird und nicht mehr arbeiten kann. Mit 67 Jahren beginnt in Deutschland der gesetzliche Ruhestand. Von der Rentenversicherung bekommt dann jeder Bürger, der in die Rentenversicherung eingezahlt hat, eine Altersrente.

Weitere **Leistungen** der Rentenversicherung sind zum Beispiel:
- Rentenzahlung, wenn jemand aus gesundheitlichen Gründen nicht mehr arbeiten kann (Erwerbsminderungsrente),
- Rentenzahlung an Hinterbliebene (Witwen-, Witwer- oder Waisenrenten),
- Zahlung von Krankenversicherungsbeiträgen für Rentner.

> ! *Die **gesetzliche Rentenversicherung** dient der sozialen Absicherung der Bürger im Alter und bei Erwerbsunfähigkeit.*

Der Beitragssatz zur gesetzlichen Rentenversicherung beträgt 2022 einheitlich für alle Arbeitnehmer 18,6 % vom beitragspflichtigen Bruttolohn. Arbeitgeber und Arbeitnehmer teilen sich diesen Beitragssatz wie folgt:

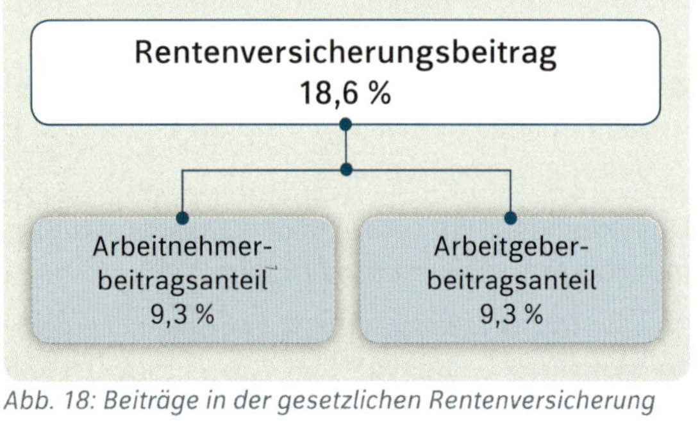

Abb. 18: Beiträge in der gesetzlichen Rentenversicherung

Auch die Beiträge zur Rentenversicherung muss der Arbeitgeber für jeden Mitarbeiter monatlich ausrechnen. Den Betrag, den der Arbeitnehmer bezahlen muss, behält er ebenfalls vom Lohn des Mitarbeiters ein. Beide Beträge, den Arbeitnehmer- und den Arbeitgeberbeitragsanteil, überweist er an die Krankenkasse des Mitarbeiters.

Aufgabe der Krankenkassen ist es dann, diese Beträge an die Rentenkasse weiterzuleiten.

Beispiel: Oscar Wilde erhält eine monatliche Ausbildungsvergütung von 950,00 €. Er hat als Krankenkasse die Barmer gewählt.

Berechnung des Rentenversicherungsbeitrags:
- Oscar zahlt 9,3 % von 950,00 € = 88,35 € (Arbeitnehmerbeitragsanteil).
  Diesen Betrag zieht der Arbeitgeber von Oscars Bruttolohn für die Rentenversicherung ab.
- Sein Arbeitgeber, das Schuhgeschäft Graziano, zahlt ebenfalls 9,3 % von 950,00 € = 88,35 € (Arbeitgeberbeitragsanteil).

Das Schuhgeschäft Graziano überweist an die Barmer 88,35 € + 88,35 € = 176,70 €.

(Probe: 18,6 % vom Gesamtbeitrag von 950,00 € = 176,70 €)

Beitragspflichtiger Bruttolohn in der Rentenversicherung ist dabei der Bruttoverdienst des Arbeitnehmers bis zur **Beitragsbemessungsgrenze.** Die Beitragsbemessungsgrenze in der Rentenversicherung beträgt **2022** monatlich **7 050,00 €** in den alten und **6 750,00 €** in den neuen Bundesländern. Liegt der Bruttoverdienst eines Arbeitnehmers monatlich über dieser Beitragsbemessungsgrenze, bleibt der darüberliegende Bruttoverdienst wieder beitragsfrei.

Allerdings wird das Geld, das ein junger Mensch heute in die Rentenversicherung einzahlen muss, nicht für ihn und seine Rente angespart. Es wird an die Mitglieder, die sich bereits jetzt im Ruhestand befinden, als Rente ausgezahlt. Dieses System nennt man **Generationenvertrag** – die Jungen zahlen für die Alten.

Immer weniger Arbeitnehmer werden in Zukunft die Renten von immer mehr alten Menschen sichern müssen. Eine zusätzliche private Vorsorge ist für junge Menschen heute deshalb besonders wichtig.

Arbeitslosenversicherung

Abb. 19: Die Arbeitsagentur unterstützt Arbeitsuchende, Arbeitnehmer und Unternehmen.

Die Beiträge zur Arbeitslosenversicherung werden für die vielfältigen Aufgaben der Agentur für Arbeit benötigt. Jeder Arbeitnehmer ist in der gesetzlichen Arbeitslosenversicherung pflichtversichert. Dafür erhält er bei Bedarf Leistungen der Arbeitsagentur.

Leistungen der Agentur für Arbeit sind zum Beispiel
- Zahlung von Arbeitslosengeld zwischen zwei Beschäftigungen,
- Berufsberatung, Ausbildungs- und Arbeitsvermittlung,
- Zahlung von Berufsausbildungsbeihilfe,
- Eignungsfeststellung, Trainingsmaßnahmen,
- Mobilitätshilfen (Reisekosten, Fahrtkosten, Trennungskosten, Umzugskosten),
- Zahlung von Zuschüssen zu Maßnahmen der betrieblichen Ausbildung.

> **!** *Die **Arbeitslosenversicherung** dient der Unterstützung und Betreuung der Bürger im Falle von Arbeitslosigkeit.*

Der Beitragssatz zur gesetzlichen Arbeitslosenversicherung beträgt 2022 2,4 % vom beitragspflichtigen Bruttolohn. Arbeitgeber und Arbeitnehmer teilen sich diesen Beitragssatz (vgl. Abb. 20).

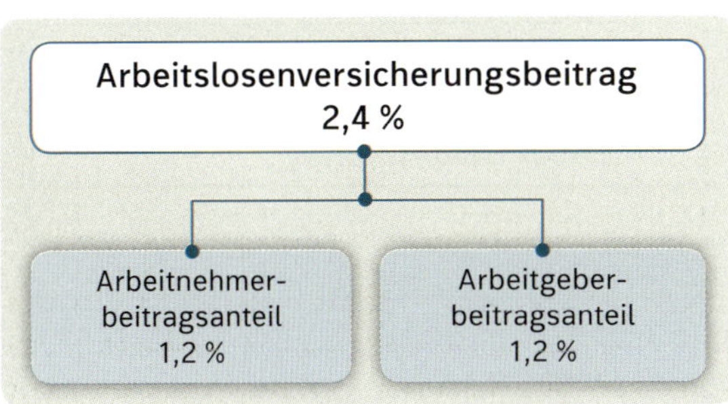

Abb. 20: Beiträge in der Arbeitslosenversicherung

Der Arbeitgeber muss diese Beiträge monatlich für alle Mitarbeiter ausrechnen. Den Betrag, den der Arbeitnehmer bezahlen muss, behält der Arbeitgeber vom Lohn des Mitarbeiters ein.

Er überweist den Arbeitnehmer- und den Arbeitgeberbeitragsanteil wiederum an die Krankenkasse des Mitarbeiters.

Beispiel: Oscar Wilde erhält eine monatliche Ausbildungsvergütung von 950,00 €. Er hat als Krankenkasse die Barmer gewählt.

Berechnung des Arbeitslosenversicherungsbeitrags:
- Oscar zahlt 1,2 % von 950,00 € = 11,40 € (Arbeitnehmerbeitragsanteil).
  Diesen Betrag zieht der Arbeitgeber von Oscars Bruttolohn für die Arbeitslosenversicherung ab.
- Sein Arbeitgeber, das Schuhgeschäft Graziano, zahlt ebenfalls 1,2 % von 950,00 € = 11,40 € (Arbeitgeberbeitragsanteil).

Das Schuhgeschäft Graziano überweist an die Barmer 11,40 € + 11,40 € = 22,80 €.

(Probe: 2,4 % vom Gesamtbeitrag von 950,00 € = 22,80 €)

Beitragspflichtiger Bruttolohn in der Arbeitslosenversicherung ist dabei wieder nur der Bruttoverdienst des Arbeitnehmers bis zur **Beitragsbemessungsgrenze.** Die Beitragsbemessungsgrenze in der Arbeitslosenversicherung beträgt **2022** monatlich **7050,00 €** in den alten und **6750,00 €** in den neuen Bundesländern. Liegt der Bruttoverdienst eines Arbeitnehmers monatlich über dieser Beitragsbemessungsgrenze, bleibt der darüberliegende Bruttoverdienst beitragsfrei.

Abb. 21: Internetauftritt der Bundesagentur für Arbeit

Gesetzliche Pflegeversicherung

Abb. 22: Die Leistungen der Pflegeversicherung sollen Pflegebedürftige und ihre Angehörigen entlasten.

Das Durchschnittsalter der Bevölkerung in Deutschland nimmt immer mehr zu. Damit steigt auch die Zahl der pflegebedürftigen alten Menschen. Wer pflegebedürftig ist, soll die finanzielle Hilfe erhalten, die nötig ist, damit er und seine Familie entlastet werden.

Alle gesetzlich Krankenversicherten sind deshalb gleichzeitig Mitglied der Pflegekasse ihrer Krankenkasse. Privatversicherte können zwischen privater oder gesetzlicher Pflegekasse wählen.

Leistungen der gesetzlichen Pflegeversicherung sind zum Beispiel:

- Zahlung von Pflegegeld für private Hilfe,
- Zahlung von technischen Hilfsmitteln für Pflegebedürftige (spezielle Pflegebetten),
- finanzielle Unterstützung bei Wohnungsumbau des Pflegebedürftigen (Einbau Fahrstuhl),
- Zuschuss bei Unterbringung im Pflegeheim.

> ! *Die **gesetzliche Pflegeversicherung** dient der Absicherung der Bürger gegen die Folgen von Pflegebedürftigkeit.*

Auch für die Pflegeversicherung (PV) ist der **Beitragssatz gesetzlich festgelegt.** Er beträgt 2022 3,05 % vom beitragspflichtigen Bruttolohn. Arbeitnehmer, die älter als 23 Jahre sind und noch keine Kinder haben, müssen zur Pflegeversicherung einen gesetzlichen **Zusatzbeitrag** zahlen. Er beträgt 0,35 % vom beitragspflichtigen Bruttolohn.

Je nachdem, ob der Arbeitnehmer Kinder hat oder nicht, teilen sich Arbeitnehmer und Arbeitgeber den Beitrag zu Pflegeversicherung wie folgt:

Arbeitnehmer mit Kindern oder unter 23 Jahre:

Pflegeversicherungsbeitrag 3,05 %

- Arbeitnehmerbeitragsanteil 1,525 %
- Arbeitgeberbeitragsanteil 1,525 %

Abb. 23: Beiträge in der PV für Arbeitnehmer mit Kindern

Arbeitnehmer über 23 Jahre und ohne Kinder:

3,05 % Pflegeversicherungsbeitrag
+ 0,35 % Zusatzbeitrag
3,40 % Geamtbeitrag

- Arbeitnehmerbeitragsanteil 1,875 %
- Arbeitgeberbeitragsanteil 1,525 %

Abb. 24: Beiträge in der PV für kinderlose Arbeitnehmer

Eine andere Aufteilung gilt nur für das **Bundesland Sachsen.** Die Arbeitnehmer müssen in Sachsen höhere Beiträge zur Pflegeversicherung zahlen. Dafür bekommen sie im Monat November einen zusätzlichen bezahlten Feiertag. Arbeitnehmer mit Kindern oder unter 23 Jahre (Bundesland Sachsen):

Pflegeversicherungsbeitrag 3,05 %

- Arbeitnehmerbeitragsanteil 2,025 %
- Arbeitgeberbeitragsanteil 1,025 %

Abb. 25: Sachsen: Beiträge in der PV für Arbeitnehmer mit Kindern

Arbeitnehmer über 23 Jahre und ohne Kinder (Bundesland Sachsen):

3,05 % Pflegeversicherungsbeitrag
+ 0,35 % Zusatzbeitrag
3,40 % Geamtbeitrag

- Arbeitnehmerbeitragsanteil 2,375 %
- Arbeitgeberbeitragsanteil 1,025 %

Abb. 26: Sachsen: Beiträge in der PV für kinderlose Arbeitnehmer

Der Arbeitgeber muss für jeden Mitarbeiter die Beiträge zur Pflegeversicherung monatlich ausrechnen. Den Betrag, den der Arbeitnehmer bezahlen muss, behält der Arbeitgeber vom Lohn des Mitarbeiters ein. Beide Beträge, den Arbeitnehmer- und den Arbeitgeberbeitragsanteil, überweist er an die Krankenkasse des Mitarbeiters.

Beispiel 1: Oscar Wilde erhält eine monatliche Ausbildungsvergütung von 950,00 €. Er hat als Krankenkasse die Barmer gewählt. Er hat noch keine Kinder und ist erst 22 Jahre alt.

Berechnung des Pflegeversicherungsbeitrags:

- Oscar zahlt 1,525 % von 950,00 € = 14,49 € (Arbeitnehmerbeitragsanteil). Diesen Betrag zieht der Arbeitgeber von Oscars Bruttolohn für die Pflegeversicherung ab.
- Sein Arbeitgeber, das Schuhgeschäft Graziano, zahlt 1,525 % von 950,00 € = 14,49 € (Arbeitgeberbeitragsanteil).

Das Schuhgeschäft Graziano überweist an die Barmer 14,49 € + 14,49 € = 28,98 €.
(Probe: 3,05 % vom Gesamtbeitrag von 950,00 € = 28,98 €)

Beispiel 2: Lena Sievers erhält eine monatliche Ausbildungsvergütung von 1 065,00 €. Sie hat als Krankenkasse die DAK gewählt. Sie hat noch keine Kinder und ist 23 Jahre alt.

Berechnung des Pflegeversicherungsbeitrags:

- Lena zahlt 1,875 % von 1 065,00 € = 19,97 € (Arbeitnehmerbeitragsanteil). Diesen Betrag zieht der Arbeitgeber von Lenas Bruttolohn für die Pflegeversicherung ab.
- Ihr Arbeitgeber, das Modehaus Müller, zahlt 1,525 % von 1 065,00 € = 16,24 € (Arbeitgeberbeitragsanteil).

Das Modehaus Müller überweist an die DAK 19,97 € + 16,24 € = 36,21 €.
(Probe: 3,4 % vom Gesamtbeitrag von 1 065,00 € = 36,21 €)

Beitragspflichtiger Bruttolohn in der Pflegeversicherung ist dabei der Bruttoverdienst des Arbeitnehmers bis zur **Beitragsbemessungsgrenze.** Die Beitragsbemessungsgrenze in der Pflegeversicherung beträgt **2022** monatlich **4 837,50 €.** Sie ist in allen Bundesländern gleich hoch. Liegt der Bruttoverdienst eines Arbeitnehmers monatlich über dieser Beitragsbemessungsgrenze, bleibt der darüberliegende Bruttoverdienst beitragsfrei.

Gesetzliche Unfallversicherung

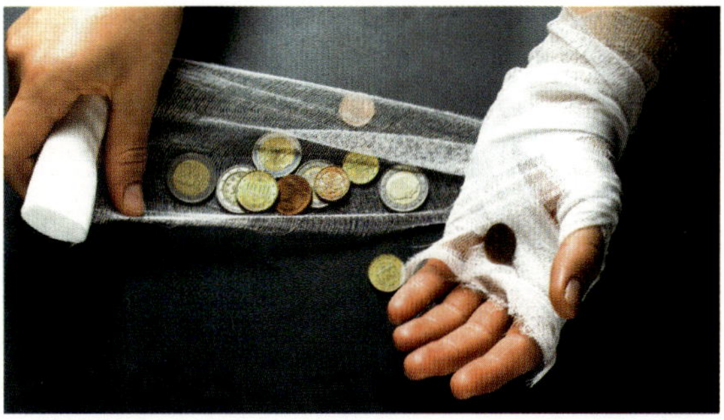

Abb. 27: Die Beiträge zur gesetzlichen Unfallversicherung trägt der Arbeitgeber allein.

Die gesetzliche Unfallversicherung gehört mit zu den fünf Säulen des Sozialversicherungssystems in Deutschland. Beschäftigt ein Einzelhändler Mitarbeiter, ist er Pflichtmitglied in der **Berufsgenossenschaft** des Einzelhandels. Über die Berufsgenossenschaft sind alle Arbeitnehmer und Auszubildenden des Einzelhandels während der Arbeit versichert. Abgesichert ist auch der Weg von der und zur Arbeitsstelle.

Verunglückt ein Mitarbeiter auf dem Arbeitsweg oder während der Arbeit, erhält er Leistungen aus der Berufsgenossenschaft. Solche **Leistungen** können sein

- Übernahme der Arztkosten für die Heilbehandlung,
- Zahlung von Verletztengeld,
- Zahlung von Erwerbsunfähigkeitsrente,
- Zahlung von Rehabilitationsmaßnahmen,
- Zahlung von Sterbegeld an die Hinterbliebenen.

Leistungen erhält der Arbeitnehmer auch, wenn er durch die Arbeit krank geworden ist und den Beruf nicht mehr ausüben kann.

> ! *Die **gesetzliche Unfallversicherung** schützt die Arbeitnehmer vor den Folgen bei Arbeitsunfällen und Berufskrankheiten.*

Die Beiträge zur Unfallversicherung übernimmt der Arbeitgeber allein. Ihre Höhe wird jährlich durch die Berufsgenossenschaft neu festgelegt. Dabei spielt eine Rolle, wie viele Unfälle es im Einzelhandel im letzten Kalenderjahr gegeben hat. Je mehr Unfälle passieren, desto höher ist der Beitrag, den der Arbeitgeber im folgenden Jahr bezahlen muss.

13.10.4 Personalabrechnung

Der Arbeitgeber muss viele Arbeitsschritte erledigen und viele gesetzliche Vorschriften beachten, damit bei der Lohn- und Gehaltsabrechnung im Einzelhandelsunternehmen aus dem Bruttolohn der Nettolohn des Mitarbeiters wird.

Zur fehlerfreien monatlichen Lohnberechnung muss auch der Mitarbeiter selbst aktiv mitwirken. Er muss dem Arbeitgeber

- seine Steueridentifikationsnummer mitteilen
- den Sozialversicherungsausweis vorlegen.
- die Krankenkasse mitteilen, in der er versichert ist.
- mitteilen, ob er Kinder hat.
- mitteilen, ob er weitere Beschäftigungsverhältnisse hat.
- mitteilen, welcher Religionsgemeinschaft er angehört.

Aufgrund dieser Angaben ist der Arbeitgeber verpflichtet, den Mitarbeiter bei der Krankenkasse anzumelden. Die Krankenkasse, bei der der Mitarbeiter angemeldet ist, erhält dann alle Sozialversicherungsbeiträge des Mitarbeiters.

Ermittlung des Gesamtbruttolohns

Barbezüge: Zunächst muss der gesamte Bruttolohn für den Mitarbeiter errechnet werden. Der Bruttolohn wird grundsätzlich in Geld gezahlt.

Sachbezüge: Der Arbeitnehmer kann vom Arbeitgeber aber auch Sachbezüge als Bezahlung für seine Arbeit erhalten. Dann muss der Wert der Sachbezüge auch in die Lohnabrechnung als Bruttolohn einfließen.

Bruttolohn in Form von Sachbezug kann zum Beispiel sein:

- Der Arbeitgeber überlässt dem Mitarbeiter einen Dienstwagen zur privaten Nutzung.
- Der Arbeitgeber überlässt dem Mitarbeiter mietfrei eine Wohnung.
- Der Arbeitgeber übernimmt für den Mitarbeiter die Kosten für Verpflegung.
- Der Arbeitgeber überlässt dem Mitarbeiter kostenlos Waren aus seinem Sortiment.

Beispiel: Dieter Zegel ist Abteilungsleiter der Herrenabteilung im Modehaus Müller. Er erhält laut Arbeitsvertrag ein monatliches Gehalt von 4 100,00 €. Außerdem wohnt er im Dachgeschoss des Modehauses Müller. Dafür muss er keine Miete bezahlen, obwohl die Wohnung eigentlich 400,00 € Miete kosten würde.

Herr Zegel erhält von seinem Arbeitgeber folgenden Bruttolohn:

Gehalt	4 100,00 €
+ Sachbezug kostenlose Wohnung	400,00 €
= Gesamtbruttolohn im Monat	4 500,00 €

Vermögenswirksame Leistungen (VL)

Der Arbeitnehmer kann über seinen Arbeitgeber jeden Monat einen Betrag sparen. Wählt er zum Sparen eine bestimmte Anlageform, wird das Sparen vom Staat mit zusätzlichen Mitteln, der Arbeitnehmersparzulage, gefördert. Den Sparbetrag bezeichnet man als vermögenswirksame Leistungen.

Die Arbeitnehmersparzulage muss der Arbeitnehmer gesondert beim Finanzamt beantragen. Sie ist je nach Anlageform unterschiedlich hoch. Grundlage für das vom Staat unterstützte Sparen ist das Vermögensbildungsgesetz. Der Arbeitgeber kann vermögenswirksame Leistungen entweder zusätzlich zum Bruttolohn zahlen oder der Arbeitnehmer kann vom Arbeitgeber verlangen, dass Teile seines Bruttolohns vermögenswirksam angelegt werden.

Der monatliche Sparbetrag wird vom Nettolohn des Arbeitnehmers einbehalten und vom Arbeitgeber direkt auf das Sparkonto überwiesen.

Beispiel 1: Im zweiten Ausbildungsjahr wird Oscar von seinem Arbeitgeber, dem Schuhgeschäft Graziano, vermögenswirksame Leistungen erhalten. Sie betragen monatlich 39,00 €. Oscar hat dafür einen Bausparvertrag abgeschlossen. Der Arbeitgeber bezahlt diese Leistungen zusätzlich zur Ausbildungsvergütung, die im zweiten Ausbildungsjahr 1 065,00 € betragen wird.

Oscar erhält dann von seinem Arbeitgeber folgenden Bruttolohn:

Ausbildungsvergütung	1 065,00 €
+ vermögenswirksame Leistungen	39,00 €
= Gesamtbruttolohn im Monat	1 104,00 €

Vom Nettolohn überweist der Arbeitgeber jetzt zwölf Monate den Sparbetrag von jeweils 39,00 €. Oscar hat dann eine Summe von
12 Monate · 39,00 € je Monat = 468,00 €
angespart.

222334178

Beispiel 2: Der Auszubildende Sven Sörensen vom Modehaus Müller erhält von seinem Arbeitgeber keine vermögenswirksamen Leistungen zusätzlich zur Ausbildungsvergütung. Er möchte trotzdem monatlich 39,00 € in einen Bausparvertrag sparen. Er bittet seinen Arbeitgeber, Teile seiner Ausbildungsvergütung des zweiten Lehrjahres dazu zu verwenden. Auch seine Ausbildungsvergütung wird im zweiten Ausbildungsjahr 1 065,00 € betragen.

Übernimmt der Arbeitgeber keinen Anteil an den vermögenswirksamen Leistungen, ändert sich die Abrechnung bis zum Nettolohn nicht. Die Überweisung der VL an die Bausparkasse erfolgt (wie immer) vom Nettogehalt, sodass die Auszahlung an Sven um 39,00 € niedriger ist.

Gesamtbruttolohn des Mitarbeiters
= Barbezüge (Gehalt, Ausbildungsvergütung)
+ Sachbezüge
+ Anteil des Arbeitgebers an den VL

Abb. 28: Viele Arbeitnehmer lassen ihre vermögenswirksamen Leistugen in einen Bausparvertrag fließen.

Ermittlung des steuerpflichtigen Bruttolohns

Im nächsten Schritt ist zu prüfen, welche Teile des Gesamtbruttolohns steuerpflichtig sind. Nur für den steuerpflichtigen Bruttolohn muss der Arbeitgeber die Lohnsteuer, den Solidaritätszuschlag und die Höhe der Kirchensteuer aus der Lohnsteuertabelle oder dem interaktiven Abgabenrechner ablesen.

Sonn-, Feiertags- und Nachtzuschläge sind bis zu einer bestimmten Höhe steuerfrei. Das bestimmt das Gesetz. Hat der Mitarbeiter derartige Zuschläge erhalten, müssen diese zunächst abgezogen werden.

Steuerpflichtiger Bruttolohn
= Gesamtbruttolohn
– steuerfreie Beträge (z. B. Zuschläge)

Beispiel: Marion Schulte aus der Kinderabteilung des Modehauses Müller hat am letzten verkaufsoffenen Sonntag gearbeitet. Dafür erhielt sie neben ihrem Gehalt von 2 900,00 € Zuschläge für die Sonntagsarbeit in Höhe von 55,00 €.

- Ermittlung des Gesamtbruttolohns:

Gehalt	2 900,00 €
+ Zuschläge für Sonntagsarbeit	55,00 €
= Gesamtbruttolohn	2 955,00 €

- Ermittlung des steuerpflichtigen Bruttolohns:

Gesamtbruttolohn	2 955,00 €
– steuerfreie Zuschläge	55,00 €
= steuerpflichtiger Bruttolohn	2 900,00 €

Das Modehaus Müller als Arbeitgeber darf nur von 2 900,00 € Lohnsteuer, Solidaritätszuschlag und Kirchensteuer für Frau Schulte berechnen.

Außerdem kann ein Mitarbeiter noch einen ganz **individuellen Steuerfreibetrag** haben. Die Information bekommt der Arbeitgeber vom Finanzamt. Dieser Steuerfreibetrag ist nur bei dem betreffenden Mitarbeiter zu berücksichtigen. Einen Steuerfreibetrag muss der Mitarbeiter zuvor beim Finanzamt beantragen. Möglich ist das zum Beispiel, wenn der Weg zur Arbeit sehr weit ist und der Arbeitnehmer monatlich sehr viel Geld für Fahrtkosten benötigt. Ob ein individueller Freibetrag möglich ist, rechnet das Finanzamt für den Mitarbeiter aus.

Den individuellen Steuerfreibetrag muss der Arbeitgeber bei der Ermittlung der Lohnsteuer, des Solidaritätszuschlags und der Kirchensteuer zusätzlich berücksichtigen.

Beispiel: Anja Teuber vom Modehaus Müller erhält als Verkäuferin ein monatliches Gehalt von 2 625,00 €. Zuschläge für Sonntagsarbeit hat sie in diesem Monat nicht erhalten. Dem Arbeitgeber wurde aber für Frau Teuber ein individueller Steuerfreibetrag von monatlich 100,00 € vom Finanzamt übermittelt.

Gesamtbruttolohn	2625,00 €
steuerpflichtiger Bruttolohn	2625,00 €
individueller Steuerfreibetrag	100,00 €
steuerpflichtiger Bruttolohn, von dem steuerliche Abzüge zu ermitteln sind	2525,00 €

Das Modehaus Müller als Arbeitgeber darf nur von 2525,00 € Lohnsteuer, Solidaritätszuschlag und Kirchensteuer für Frau Teuber berechnen.

Ermittlung des beitragspflichtigen Bruttolohns

Nachdem die Steuer errechnet und vom Bruttolohn abgezogen worden ist, muss der Arbeitgeber die Beiträge zur Sozialversicherung ermitteln. Dabei ist zu prüfen, welche Teile des Gesamtbruttolohns sozialversicherungspflichtig sind.

Sonntags-, Feiertags- und Nachtzuschläge sind bis zu einer bestimmten Höhe auch sozialversicherungsfrei. Hat der Mitarbeiter derartige Zuschläge erhalten, müssen diese zunächst wieder abgezogen werden.

Abb. 29: Zuschläge für Nachtarbeit sind zum Teil von Steuern und Sozialabgaben befreit.

Beitragspflichtiger Bruttolohn des Mitarbeiters
= Gesamtbruttolohn
– sozialversicherungsfreie Beträge (z. B. Zuschläge)

Beispiel: Marion Schulte aus der Kinderabteilung des Modehauses Müller hat am letzten verkaufsoffenen Sonntag gearbeitet. Dafür erhielt sie neben ihrem Gehalt von 2900,00 € Zuschläge für die Sonntagsarbeit in Höhe von 55,00 €.

Ermittlung des Gesamtbruttolohns:

Gehalt	2900,00 €
+ Zuschläge für Sonntagsarbeit	55,00 €
= Gesamtbruttolohn	2955,00 €

Ermittlung des beitragspflichtigen Bruttolohns:

Gesamtbruttolohn	2955,00 €
– beitragsfreie Zuschläge	55,00 €
= beitragspflichtiger Bruttolohn	2900,00 €

Das Modehaus Müller als Arbeitgeber darf nur von 2900,00 € Sozialversicherungsbeiträge für Frau Schulte berechnen.

Ermittlung des Nettolohns

Ist die Höhe des steuerpflichtigen und beitragspflichtigen Bruttolohns bestimmt, muss der Arbeitgeber die gesetzlichen Abzüge berechnen:

- Vom **steuerpflichtigen Bruttolohn** berechnet er Lohnsteuer, Solidaritätszuschlag und Kirchensteuer.
- Vom **beitragspflichtigen Bruttolohn** berechnet er Krankenversicherungs-, Rentenversicherungs-, Arbeitslosenversicherungs- und Pflegeversicherungsbeiträge. Hier müssen zusätzlich die Beitragsbemessungsgrenzen berücksichtigt werden.

Alle gesetzlichen Abzüge werden vom **Gesamtbruttolohn** abgezogen. Die Differenz, die sich daraus ergibt, ist der Nettolohn.

Gesamtbruttolohn
– Lohnsteuer
– Solidaritätszuschlag
– Kirchensteuer
– Arbeitnehmeranteil Krankenversicherung
– Arbeitnehmeranteil Rentenversicherung
– Arbeitnehmeranteil Arbeitslosenversicherung
– Arbeitnehmeranteil Pflegeversicherung
= **Nettolohn**

Beispiel: Nora Schuhmann, Verkäuferin in der Sportabteilung des Modehauses Müller, erhält ein monatliches Gehalt von 2700,00 €. Sie hat ihrem Arbeitgeber als Krankenkasse die Barmer mitgeteilt. Die Barmer erhebt 2022 einen kassenindividuellen Zusatzbeitrag von 1,5 %. Als steuerliche Merkmale hat das Finanzamt dem Modehaus Müller die Steuerklasse I, römisch-katholisch und keine Kinder übermittelt. Nora Schuhmann ist 22 Jahre alt. Sie hat keine Zuschläge für Sonntagsarbeit bekommen.

Die Personalabrechnung für Frau Schuhmann ist in Abb. 30 dargestellt.

PERSONALABRECHNUNG 2022

Name	Nora Schuhmann	
Monat	Januar	
Krankenkasse	Barmer	1,5 % kassenindividueller Zusatzbeitrag
Steuerklasse	1	
Kinderfreibeträge	0	
individueller Freibetrag	0	

Bezeichnung	**Beträge (€)**
Gehalt	2700,00 €
Gesamtbruttolohn	2700,00 €
davon steuerpflichtiger Bruttolohn	2700,00 €
davon beitragspflichtiger Bruttolohn	2700,00 €

steuerliche Abzüge			
Lohnsteuer	aus Lohnsteuertabelle Zeile „ab 2700" in der Spalte „Steuer"	314,91 €	
Solidaritätszuschlag	aus Lohnsteuertabelle Zeile „ab 2700" in der Spalte „Kinderfreibetrag 0"	0,00 €	
Kirchensteuer	aus Lohnsteuertabelle Zeile „ab 2700" in der Spalte „Kinderfreibetrag 0"	28,34 €	
gesamt		343,25 €	

Abzüge für die Sozialversicherung					
	AN-Anteil	von			
Krankenversicherung	8,05 %	2700,00 €	(2700 € · (7,3 + 0,75) : 100)	217,35 €	
Rentenversicherung	9,3 %	2700,00 €	(2700 € · 9,3 : 100)	251,10 €	
Arbeitslosenversicherung	1,2 %	2700,00 €	(2700 € · 1,2 : 100)	32,40 €	
Pflegeversicherung	1,525 %	2700,00 €	(2700 € · 1,525 : 100)	41,18 €	
gesamt				542,03 €	

Summe gesetzliche Abzüge	(steuerliche Abzüge gesamt + Abzüge für die Sozialversicherung gesamt)	885,28 €
Nettolohn	(Gesamtbruttolohn - Summe gesetzliche Abzüge)	**1814,73 €**

Abb. 30: Personalabrechnung Frau Schuhmann

Ermittlung des Auszahlungsbetrags

Nicht immer ist der errechnete Nettolohn auch der Betrag, den der Arbeitnehmer auf sein Konto überwiesen bekommt.

Manchmal muss der Arbeitgeber vom Nettolohn noch Beträge einbehalten und auf andere Konten überweisen. Derartige Beträge nennt man Nettoabzüge.

Nettoabzüge sind zum Beispiel

- der Sparbetrag der vermögenswirksamen Leistungen. Er wird vom Arbeitgeber auf das Konto der Bank überwiesen, bei der der Arbeitnehmer die vermögenswirksame Leistung angelegt hat.
- die Wohnungsmiete des Arbeitnehmers. Sie wird direkt auf das Konto des Vermieters überwiesen.
- der Unterhalt für ein Kind des Arbeitnehmers. Er wird an die Kindesmutter überwiesen.

Bekommt der Arbeitnehmer zum Nettolohn noch einen Betrag dazu, nennt man diese Beträge Nettobezüge.

Nettobezüge können zum Beispiel sein

- Fahrtkosten, die der Arbeitgeber dem Arbeitnehmer steuerfrei erstattet.
- Kosten für einen Kindergartenplatz, den der Arbeitgeber für das Kind des Arbeitnehmers bezahlt.

  Nettolohn
– Nettoabzüge
+ Nettobezüge
= **Auszahlungsbetrag**

Beispiel: Rudolf Leitze aus der Herrenabteilung des Modehauses Müller erhält ein monatliches Gehalt von 3050,00 €. Der Arbeitgeber zahlt für ihn zusätzlich monatlich vermögenswirksame Leistungen in Höhe von 39,00 €. Den Betrag überweist er sofort an die Bausparkasse Münster. Er hat seinem Arbeitgeber als Krankenkasse die Deutsche Angestelltenkrankenkasse (DAK) mitgeteilt. Die DAK erhebt 2022 einen kassenindividuellen Zusatzbeitrag von 1,5 %. Als steuerliche Merkmale hat das Finanzamt dem Modehaus Müller die Steuerklasse IV, evangelisch und 1,0 Kinderfreibetrag übermittelt. Zuschläge für Sonntagsarbeit sind in diesem Monat nicht angefallen.

Die Personalabrechnung für Herrn Leitze ist in Abb. 31 dargestellt.

PERSONALABRECHNUNG 2022

Name	Rudolf Leitze
Monat	Januar
Krankenkasse	DAK 1,5 % kassenindividueller Zusatzbeitrag
Steuerklasse	4
Kinderfreibeträge	1
individueller Freibetrag	0

Bezeichnung					**Beträge (€)**
Gehalt					3050,00 €
Vermögenswirksame Leistungen (VWL)					39,00 €
Gesamtbruttolohn					3089,00 €
davon steuerpflichtiger Bruttolohn					3089,00 €
davon beitragspflichtiger Bruttolohn					3089,00 €
steuerliche Abzüge					
Lohnsteuer	aus Lohnsteuertabelle Zeile „ab 3087" in der Spalte „Steuer"			408,41 €	
Solidaritätszuschlag	aus Lohnsteuertabelle Zeile „ab 3087" in der Spalte „Kinderfreibetrag 1,0"			0,00 €	
Kirchensteuer	aus Lohnsteuertabelle Zeile „ab 3087" in der Spalte „Kinderfreibetrag 1,0"			27,98 €	
gesamt				436,39 €	
Abzüge für die Sozialversicherung					
	AN-Anteil	von			
Krankenversicherung	8,05 %	3089,00 €	(3089 € · (7,3 + 0,75) : 100)	248,66 €	
Rentenversicherung	9,3 %	3089,00 €	(3089 € · 9,3 : 100)	287,28 €	
Arbeitslosenversicherung	1,2 %	3089,00 €	(3089 € · 1,2 : 100)	37,07 €	
Pflegeversicherung	1,525 %	3089,00 €	(3089 € · 1,525 : 100)	47,11 €	
gesamt				620,12 €	
Summe gesetzliche Abzüge	(Steuerliche Abzüge gesamt + Abzüge für die Sozialversicherung gesamt)				1056,51 €
Nettolohn	(Gesamtbruttolohn - Summe gesetzliche Abzüge)				**2032,49 €**
– Nettoabzug Vermögenswirksame Leistung (VWL)					39,00 €
Auszahlungsbetrag	(Nettolohn - Nettoabzug)				**1993,49 €**

Abb. 31: Personalabrechnung Herr Leitze

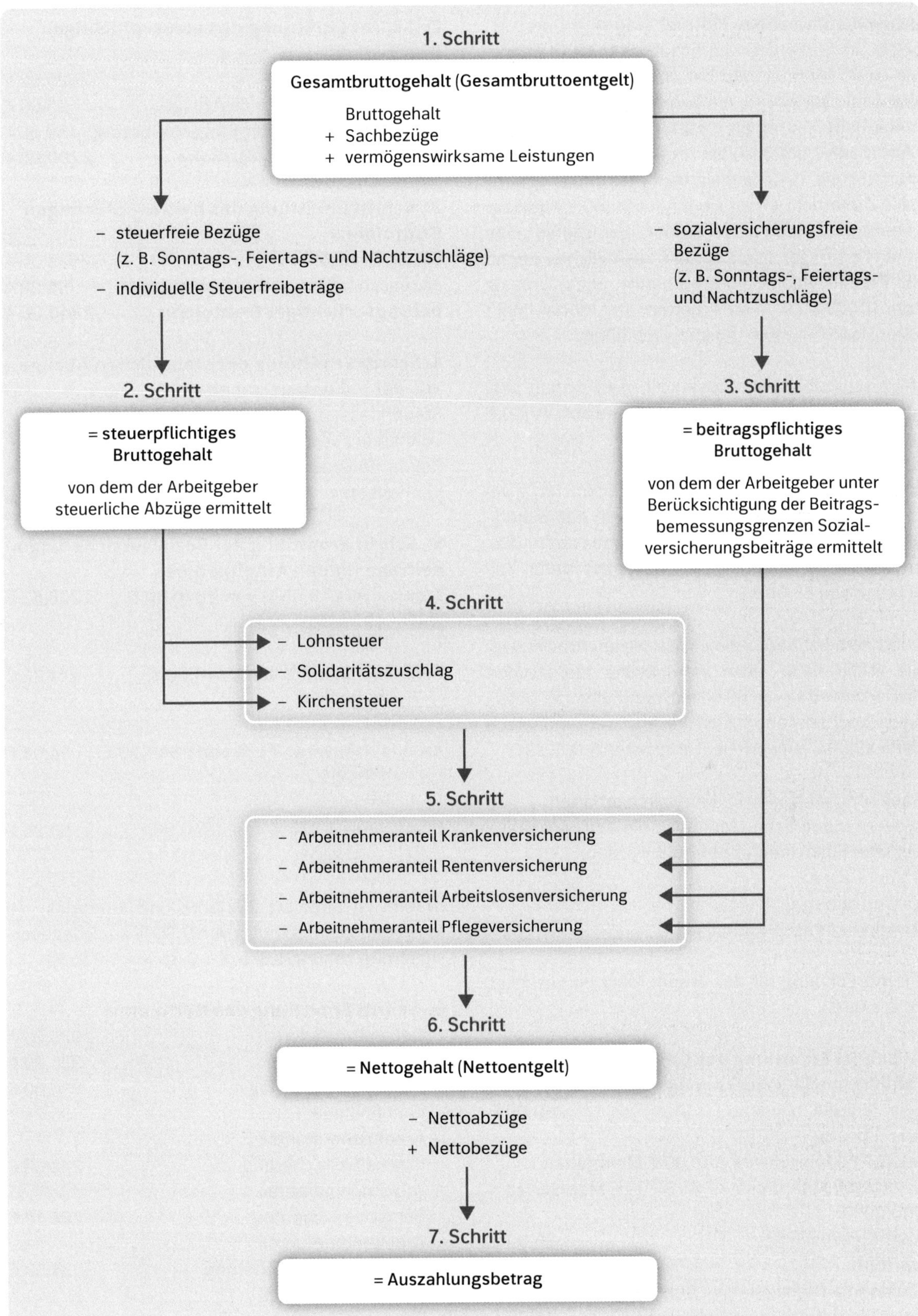

Abb. 32: Arbeitsschritte in der Personalabrechnung

Zusammenfassendes Beispiel: Naomi Grunert arbeitet als Verkäuferin im Schuhgeschäft Graziano. Sie ist 25 Jahre alt und hat noch keine Kinder. Als Krankenkasse hat sie die Barmer gewählt. Die Barmer erhebt 2022 einen kassenindividuellen Zusatzbeitrag von 1,5 %. In ihrem Arbeitsvertrag wurde ein monatliches Grundgehalt von 2600,00 € vereinbart. Außerdem erhält sie für je 500,00 € zusätzlichen Umsatz, den sie im Monat über ihre Vorgabe hinaus erbringen kann, 50,00 € zusätzliches Gehalt als Prämie. Naomi muss monatlich einen Umsatz von 10000,00 € erwirtschaften. Im Monat März kann sie 12000,00 € Umsatz abrechnen.

Ihr Arbeitgeber zahlt zusätzlich zum Gehalt vermögenswirksame Leistungen in Höhe von 40,00 € monatlich.

Im Monat März gab es im Einkaufscentrum zwei offene Sonntage, an denen sich auch das Schuhgeschäft Graziano beteiligt hat. Naomi war für diese Sonntage eingeteilt und bekommt dafür Zuschläge von 85,00 €.

Außerdem hat Naomi einen sehr weiten Arbeitsweg. Sie erhält dafür einen individuellen monatlichen Steuerfreibetrag von 50,00 €. Der Arbeitgeber beteiligt sich an den Fahrtkosten und überweist monatlich dafür 20,00 € (steuerfreier Fahrtkostenzuschuss).

Sachlohn hat Naomi im März nicht erhalten.
Weitere steuerliche Merkmale, die dem Arbeitgeber vom Finanzamt übermittelt werden:
Steuerklasse I
Kinderfreibetrag 0
Religion: römisch-katholisch

Die Abrechnung für den Monat März ist wie folgt zu erstellen:

1. Schritt Ermittlung des Gesamtbruttolohns

Zeitlohn: monatliches Grundgehalt	2600,00 €
Prämienlohn	200,00 €
(Berechnung: 500,00 € Mehrumsatz ≙ 50,00 € Mehrgehalt 2000,00 € Mehrumsatz ≙ 4 · 50,00 € Mehrgehalt = 200,00 €)	
Sonntagszuschläge	85,00 €
Barlohn	2885,00 €
(Zeitlohn + Prämienlohn + Sonntagszuschläge)	
vermögenswirksame Leistungen	40,00 €
Gesamtbruttolohn	**2925,00 €**
(Barlohn + vermögenswirksame Leistungen)	

2. Schritt Ermittlung des steuerpflichtigen Bruttolohns

Gesamtbruttolohn	2925,00 €
abzüglich steuerfreie Zuschläge	85,00 €
abzüglich individueller Steuerfreibetrag	50,00 €
steuerpflichtiger Bruttolohn	**2790,00 €**

3. Schritt Ermittlung des beitragspflichtigen Bruttolohns

Gesamtbruttolohn	2925,00 €
abzüglich beitragsfreie Zuschläge	85,00 €
beitragspflichtiger Bruttolohn	**2840,00 €**

4. Schritt Ermittlung der steuerlichen Abzüge aus der Lohnsteuertabelle

Steuerklasse I, Kirchensteuer 9 %, keine Kinder

Lohnsteuer von 2790,00 €	336,25 €
Solidaritätszuschlag von 2790,00 €	0,00 €
Kirchensteuer von 2790,00 €	30,26 €

5. Schritt Ermittlung der Sozialversicherungsbeiträge für den Arbeitnehmer

Krankenvers.: 8,05 % von 2840,00 € $\left(\frac{8{,}05 \cdot 2840{,}00}{100}\right)$	228,62 €
Rentenvers.: 9,3 % von 2840,00 € $\left(\frac{9{,}3 \cdot 2840{,}00}{100}\right)$	264,12 €
Arbeitslosenvers.: 1,2 % von 2840,00 € $\left(\frac{1{,}2 \cdot 2840{,}00}{100}\right)$	34,08 €
Pflegevers.: 1,875 % von 2840,00 € $\left(\frac{1{,}875 \cdot 2840{,}00}{100}\right)$	53,25 €

(Naomi ist älter als 23 Jahre und kinderlos, sie muss den Zusatzbeitrag von 0,35 % zur Pflegeversicherung zahlen: 1,525 % + 0,35 % = 1,875 %)

6. Schritt Ermittlung des Nettolohns

Gesamtbruttolohn	2925,00 €
– Lohnsteuer	336,25 €
– Solidaritätszuschlag	0,00 €
– Kirchensteuer	30,26 €
– Arbeitnehmeranteil Krankenversicherung	228,62 €
– Arbeitnehmeranteil Rentenversicherung	264,12 €
– Arbeitnehmeranteil Arbeitslosenversicherung	34,08 €
– Arbeitnehmeranteil Pflegeversicherung	53,25 €
= Nettolohn	**1978,42 €**

222334184

7. Schritt Ermittlung des Auszahlungsbetrags

	Nettolohn	1 978,42 €
–	Nettoabzüge (VWL)	40,00 €
+	Nettobezüge (Fahrtkostenzuschuss)	20,00 €
=	**Auszahlungsbetrag**	**1 958,42 €**

Das Abrechnungsformular ist in Abb. 33 dargestellt.

PERSONALABRECHNUNG 2022

Name	Naomi Grunert
Monat	März
Krankenkasse	Barmer 1,5 % kassenindividueller Zusatzbeitrag
Steuerklasse	1
Kinderfreibeträge	0
individueller Freibetrag	50,00 €

Bezeichnung					**Beträge (€)**
Gehalt					2600,00 €
Prämie					200,00 €
Sonntagszuschläge					85,00 €
Vermögenswirksame Leistungen (VWL)					40,00 €
Gesamtbruttolohn					2925,00 €
davon steuerpflichtiger Bruttolohn					2790,00 €
davon beitragspflichtiger Bruttolohn					2840,00 €
steuerliche Abzüge					
Lohnsteuer	aus Lohnsteuertabelle Zeile „ab 2790" in der Spalte „Steuer"			336,25 €	
Solidaritätszuschlag	aus Lohnsteuertabelle Zeile „ab 2790" in der Spalte „Kinderfreibetrag 0"			0,00 €	
Kirchensteuer	aus Lohnsteuertabelle Zeile „ab 2790" in der Spalte „Kinderfreibetrag 0"			30,26 €	
gesamt				366,51 €	
Abzüge für die Sozialversicherung					
	AN-Anteil	von			
Krankenversicherung	8.05 %	2840,00 €		228,62 €	
Rentenversicherung	9,3 %	2840,00 €		264,12 €	
Arbeitslosenversicherung	1,2 %	2840,00 €		34,08 €	
Pflegeversicherung	1,875 %	2840,00 €		53,25 €	
gesamt				580,07 €	
Summe gesetzliche Abzüge					946,58 €
Nettolohn					**1978,42 €**
– Nettoabzug Vermögenswirksame Leistung (VWL)					40,00 €
+ Nettobezug (Fahrtkostenzuschuss Arbeitgeber)					20,00 €
Auszahlungsbetrag					**1958,42 €**

Abb. 33: Personalabrechnung Naomi Grunert

Aufgaben

1. Im Einzelhandelsunternehmen stehen sich Arbeitnehmer und Arbeitgeber gegenüber: Erläutern Sie
   a) den Begriff Arbeitgeber und nennen Sie seine Aufgaben bei der Personalentlohnung.
   b) den Begriff Arbeitnehmer und nennen Sie seine Aufgaben bei der Personalentlohnung.
   c) Nennen Sie Beispiele aus Ihrer Heimatgemeinde für Arbeitgeber und Arbeitnehmer.
2. Sie werden nach Ihrer Ausbildungszeit vom Modehaus Müller in ein festes Arbeitsverhältnis übernommen. Herr Müller schlägt Ihnen folgende Bezahlungsmöglichkeiten vor:
   - Sie erhalten ein monatlich festes Gehalt von regelmäßig 2300,00 €.
   - Sie erhalten ein monatliches Grundgehalt von 2200.00 € und zusätzlich eine Prämie von 200,00 €, wenn sie den vorgegebenen Umsatz erreichen.

   a) Welche der beiden Möglichkeiten würden Sie für sich wählen? Begründen Sie Ihre Entscheidung.
   b) Welche der beiden Möglichkeiten wird Herr Müller sich wünschen? Begründen Sie.
3. Die Sozialversicherung in Deutschland funktioniert als Solidarsystem. Erklären Sie diesen Begriff. Finden Sie ein Beispiel aus Ihrer Familie oder Ihrem Freundeskreis.
4. Nennen Sie aus allen Zweigen der sozialen Absicherung in Deutschland mindestens je zwei Leistungen, die der Arbeitnehmer bei Bedarf zurückerhält. Welche Leistungen haben Sie persönlich schon einmal in Anspruch genommen?

Kompetenzraster, Kapitel 13.10

Kapitel	Ich kann …	nein	unsicher	recht sicher	ja
13.10	■ die Begriffe Bruttolohn und Nettolohn unterscheiden und erklären.				
	■ verschiedene Lohnformen nennen und den Unterschied zwischen Zeitlohn und Leistungslohn erklären.				
	■ die steuerlichen Abzüge nennen und erläutern, wie sie ermittelt werden.				
	■ die Lohnsteuerklassen nennen und beschreiben.				
	■ die fünf Säulen der Sozialversicherung in Deutschland nennen und erklären, wer die Beiträge zur Sozialversicherung zahlen muss.				
	■ die Begriffe Solidarsystem und Generationenvertrag erläutern.				
	■ den Unterschied zwischen Versicherungspflichtgrenze und Beitragsbemessungsgrenze erklären.				
	■ den Gesamtbruttolohn eines Mitarbeiters berechnen und seine Bestandteile nennen.				
	■ steuerpflichtigen und sozialversicherungspflichtigen Gesamtbruttolohn unterscheiden.				
	■ die steuerlichen und sozialversicherungsrechtlichen Abzüge für einen Mitarbeiter bestimmen und berechnen.				
	■ den Unterschied zwischen Nettolohn und Auszahlungsbetrag darlegen.				
	■ eine komplette Personalabrechnung erstellen und dabei alle Besonderheiten berücksichtigen.				

13.11 Beendigung von Arbeitsverhältnissen

Louis Föller möchte das Modehaus Müller verlassen, um sich beruflich zu verändern. Er teilt seinem Abteilungsleiter Herrn Zegel mit, dass er deshalb ab morgen nicht mehr zur Arbeit kommt.

Je nach Auftragslage eines Unternehmens kann es dazu kommen, dass der Betrieb zu viele Mitarbeiter hat. Das bedeutet, dass die anfallende Arbeit nicht ausreicht, um jedem Mitarbeiter entsprechende Aufgaben zuzuteilen. In diesem Fall spricht man von einer Personalüberdeckung.

Arbeitsverhältnisse enden aber nicht immer auf Initiative des Unternehmens. Es gibt verschiedene Möglichkeiten, wie ein Arbeitsverhältnis beendet werden kann:

- **Kündigung** durch Arbeitnehmer oder Arbeitgeber (ordentliche und außerordentliche Kündigung),
- **Vertragsablauf** (bei befristeten Verträgen endet das Arbeitsverhältnis zum vertraglich vereinbarten Termin),
- **Aufhebungsvertrag** (in beiderseitigem Einvernehmen wird das Arbeitsverhältnis aufgelöst).

13.11.1 Kündigung

Bei einer Kündigung beendet ein Vertragspartner (Arbeitnehmer oder Arbeitgeber) das Arbeitsverhältnis. Dies muss laut Gesetz schriftlich erfolgen. An die Kündigung sind **besondere rechtliche Bedingungen** geknüpft. Insbesondere für den Arbeitgeber gelten wichtige Regelungen, die er einhalten muss.

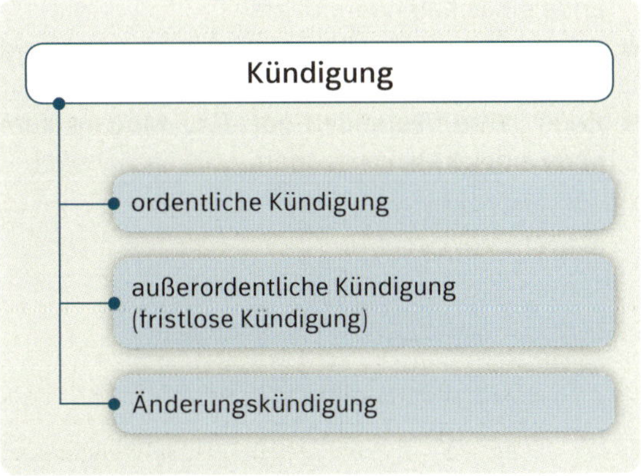

Abb. 1: Arten der Kündigung

Nach der Art der Kündigung kann man die ordentliche Kündigung, die außerordentliche Kündigung und die Änderungskündigung unterscheiden (vgl. Abb. 1).

Ordentliche Kündigung

Die ordentliche Kündigung beendet das Arbeitsverhältnis **unter Einhaltung einer Kündigungsfrist.**

Kündigungsfristen sind in § 622 BGB geregelt. Des Weiteren können sich aus dem Arbeitsvertrag oder dem Tarifvertrag andere Fristen ergeben. Liegt keine Vereinbarung vor, so gilt die gesetzliche Kündigungsfrist (Grundkündigungsfrist). Demnach kann das Arbeitsverhältnis eines Arbeitnehmers mit einer Frist von vier Wochen (28 Tage) zum Fünfzehnten oder zum Ende eines Kalendermonats gekündigt werden.

Beispiel:
- Kündigung: 02.03. + 28 Tage = 30.03.; Ende des Arbeitsverhältnisses: 31.03.
- Kündigung: 06.03. + 28 Tage = 03.04.; Ende des Arbeitsverhältnisses: 15.04.

Für den Arbeitgeber verlängern sich die Kündigungsfristen (§ 622 Abs. 2 BGB) je nach Beschäftigungsdauer. Bei einer Kündigung durch den Arbeitgeber beträgt die Kündigungsfrist, wenn das Arbeitsverhältnis in dem Betrieb oder Unternehmen
- zwei Jahre bestanden hat: einen Monat zum Ende eines Kalendermonats,
- fünf Jahre bestanden hat: zwei Monate zum Ende eines Kalendermonats,
- acht Jahre bestanden hat: drei Monate zum Ende eines Kalendermonats,
- zehn Jahre bestanden hat: vier Monate zum Ende eines Kalendermonats,
- zwölf Jahre bestanden hat: fünf Monate zum Ende eines Kalendermonats,
- 15 Jahre bestanden hat: sechs Monate zum Ende eines Kalendermonats,
- 20 Jahre bestanden hat: sieben Monate zum Ende eines Kalendermonats.

Während einer vereinbarten Probezeit, längstens für die Dauer von sechs Monaten, kann das Arbeitsverhältnis mit einer Frist von zwei Wochen gekündigt werden (vgl. Kap. 13.5.6).

Außerordentliche Kündigung

Die außerordentliche Kündigung ist eine Kündigung **aus wichtigem Grund.** Sie ist fristlos, d.h., es muss keine Kündigungsfrist eingehalten werden (fristlose Kündigung).

Ein wichtiger Grund liegt vor, wenn einem Vertragspartner die Fortsetzung des Vertragsverhältnisses nicht zugemutet werden kann. Wichtige Gründe sind unter anderem
- Diebstahl,
- schwere Beleidigungen,
- Tätlichkeiten,
- Betrug, z. B. bei der Erfassung der Arbeitszeit,
- Mobbing,
- erschlichene Arbeitsunfähigkeitsbescheinigung,
- Unterschlagung oder
- sexuelle Belästigung.

Änderungskündigung

Eine besondere Form der Kündigung ist die Änderungskündigung. Hierbei wird der Arbeitsvertrag gekündigt und gleichzeitig angeboten, unter veränderten Vertragsbedingungen das Arbeitsverhältnis fortzusetzen. Sollte der Empfänger die Änderungskündigung nicht annehmen oder sich während der Zeit des Angebots nicht erklären, so endet das Arbeitsverhältnis. Deshalb spricht man auch von einer bedingten Kündigung, da der Eintritt der Kündigung von einer Erklärung des Empfängers abhängt.

13.11.2 Kündigungsschutz

Zum Schutz des Arbeitnehmers vor Kündigungen gibt es im Arbeitsrecht das **Kündigungsschutzgesetz (KSchG).** Dadurch wird dem Arbeitgeber die Kündigung von Arbeitsverhältnissen erschwert.

Einfacher (allgemeiner) Kündigungsschutz

Das Kündigungsschutzgesetz sieht vor, dass die Kündigung eines Arbeitnehmers **sozial gerechtfertigt** sein muss.

Voraussetzungen für den Kündigungsschutz sind, dass

- der Betrieb mehr als zehn Mitarbeiter (ohne Auszubildende) beschäftigt und
- der Arbeitnehmer länger als sechs Monate im Betrieb beschäftigt ist.

Allerdings lässt das Gesetz **Ausnahmen** zu. Eine Kündigung ist wirksam, wenn die Gründe dafür

- in der Person des Arbeitnehmers (personenbedingt) liegen, z. B. Krankheit, Alkohol- oder Drogensucht, Abnahme der Leistungsfähigkeit, nicht mehr geeignet für die Arbeit,
- in dem Verhalten des Arbeitnehmers (verhaltensbedingt) liegen, z. B. wiederholte Unpünktlichkeit, Alkohol- oder Drogenkonsum während der Arbeit, unerlaubte Nebentätigkeit, verspätete Krankmeldung; Achtung: Verhaltensbedingte Kündigung ist nur nach einmaliger oder mehrmaliger Abmahnung möglich!
- in betrieblichen Notwendigkeiten (betriebsbedingt) liegen, z. B. Auftragsmangel, Rationalisierung

Bei einer betriebsbedingten Kündigung muss der Arbeitgeber eine soziale Auswahl treffen, d. h., soziale Aspekte wie Lebensalter, Dauer der Betriebszugehörigkeit oder Unterhaltspflichten des Arbeitnehmers sind zu berücksichtigen.

Abb. 2: Einer verhaltensbedingten Kündigung muss mindestens eine Abmahnung vorausgehen.

Besonderer Kündigungsschutz

Der besondere Kündigungsschutz gilt für Personengruppen, die besonders schutzbedürftig sind. Für sie sind Kündigungen ausgeschlossen oder erschwert.

Zu den besonders schutzbedürftigen Personengruppen zählen

- Mitglieder des Betriebsrats und der Jugend- und Auszubildendenvertretung während der Amtszeit und bis zu einem Jahr nach Ende der Amtszeit,
- werdende Mütter bis vier Monate nach der Entbindung,
- Personen während der Elternzeit sowie während der Pflegezeit,
- Schwerbehinderte (sie können nur mit Zustimmung des Integrationsamts gekündigt werden),
- Auszubildende nach Ende der Probezeit,
- Datenschutzbeauftragte.

Mitbestimmung des Betriebsrats

Gemäß dem Betriebsverfassungsgesetz (§ 102 BetrVG) ist vor jeder Kündigung der Betriebsrat zu hören. Der Arbeitgeber muss ihm die Gründe für die Kündigung mitteilen. Wird die Kündigung ohne **Anhörung** des Betriebsrats ausgesprochen, so ist diese unwirksam. Wenn der Betriebsrat Bedenken gegen eine Kündigung hat, kann er diese dem Arbeitgeber innerhalb einer Woche angeben. Die Gründe muss der Betriebsrat schriftlich mitteilen. Wenn der Betriebsrat sich innerhalb der Frist nicht äußert, gilt seine Zustimmung zur Kündigung als erteilt.

Der Betriebsrat kann gegen eine Kündigung innerhalb einer Woche Widerspruch einlegen, wenn

- der Arbeitgeber soziale Gesichtspunkte nicht berücksichtigt hat,
- eine Weiterbeschäftigung an einem anderen Arbeitsplatz im selben Betrieb oder in einem anderen Betrieb des Unternehmens möglich ist,
- die Weiterbeschäftigung des Arbeitnehmers nach zumutbaren Umschulungs- oder Fortbildungsmaßnahmen möglich ist oder
- eine Weiterbeschäftigung des Arbeitnehmers unter geänderten Vertragsbedingungen möglich ist und der Arbeitnehmer sein Einverständnis hiermit erklärt hat.

Trotz eines Widerspruchs des Betriebsrats kann der Arbeitgeber kündigen.

Der Arbeitnehmer kann gegen eine Kündigung innerhalb von drei Wochen eine Kündigungsschutzklage beim zuständigen Arbeitsgericht erheben (vgl. Abb. 3). Das Arbeitsgericht prüft dann, ob die Kündigung sozial gerechtfertigt ist. Wenn der Arbeitnehmer mit seiner Klage erfolgreich ist, wird er entweder weiterbeschäftigt oder er verlässt das Unternehmen und erhält eine Abfindung.

Abb. 3: Das Arbeitsgericht kann über die Wirksamkeit einer Kündigung entscheiden.

13.11.3 Arbeitszeugnis

Wenn ein Arbeitsverhältnis beendet wird, hat der Arbeitnehmer Anspruch auf ein Arbeitszeugnis. Dabei unterscheidet man zwei Arten von Arbeitszeugnissen.

Einfaches Arbeitszeugnis

Das einfache Arbeitszeugnis enthält Informationen zum Arbeitsverhältnis. Dazu zählen

- Art der Tätigkeit, z. B. Aufgabenbereich, Führungsverantwortung und
- Dauer der Tätigkeit.

Qualifiziertes Arbeitszeugnis

Der Arbeitnehmer kann verlangen, dass neben der Art und Dauer der Tätigkeit auch **Angaben zur Leistung und zum Verhalten** des Arbeitnehmers während des Arbeitsverhältnisses im Arbeitszeugnis enthalten sind. Diese Art des Zeugnisses heißt qualifiziertes Zeugnis.

Grundsätzlich unterliegt ein Arbeitszeugnis hohen Anforderungen. Das Zeugnis muss klar und verständlich formuliert sein. Es sollte in Maschinenschrift auf Firmenpapier geschrieben werden. Der Arbeitgeber muss unterschreiben.

Inhaltlich muss das Arbeitszeugnis wahrheitsgemäß und vollständig sein. Außerdem dürfen die Angaben zur Leistung und zum Verhalten des Arbeitnehmers nur wohlwollend formuliert werden, d. h., es dürfen keine negativen oder nachteiligen Aussagen im Zeugnis enthalten sein.

Die Informationen zur Leistung und zum Verhalten des Arbeitnehmers erhält der Arbeitgeber in der Regel aus den Personalbeurteilungen (vgl. Kap. 13.7).

Um der wohlwollenden Formulierung im Arbeitszeugnis nachzukommen, wurde eine verschlüsselte Zeugnissprache entwickelt. Damit haben die Unternehmen die Möglichkeit, auch negative Seiten positiv klingend zu formulieren.

Beispiele:

Arbeitsbereitschaft:

- Sie hatte stets eine ausgezeichnete Arbeitsbereitschaft. = sehr gut
- Sie hatte stets eine hohe Arbeitsbereitschaft. = gut
- Sie hatte eine gute Arbeitsbereitschaft. = befriedigend
- Sie zeigte auch Motivation und Initiative. = ausreichend

Arbeitsleistung:

- Er führte alle Aufgaben stets zu unserer vollsten Zufriedenheit aus. = sehr gut
- Er führte alle Aufgaben stets zu unserer vollen Zufriedenheit aus. = gut
- Er führte alle Aufgaben zu unserer vollen Zufriedenheit aus. = befriedigend
- Er führte alle Aufgaben zu unserer Zufriedenheit aus. = ausreichend
- Er führte die Aufgaben im Großen und Ganzen zufriedenstellend aus. = mangelhaft
- Er hat die Aufgaben zu unserer Zufriedenheit zu erledigen versucht. = ungenügend

222334190

Aufgaben

1. Unterscheiden Sie die ordentliche und die außerordentliche Kündigung.
2. Unterscheiden Sie den einfachen und den besonderen Kündigungsschutz.
3. Erklären Sie, was ein Arbeitszeugnis ist.
4. Unterscheiden Sie das einfache und das qualifizierte Arbeitszeugnis.

Kompetenzraster, Kapitel 13.11

Kapitel	Ich kann ...	nein	unsicher	recht sicher	ja
13.11	■ verschiedene Möglichkeiten, ein Arbeitsverhältnis zu beenden, nennen und erläutern.				
	■ die Kündigungsarten unterscheiden.				
	■ den Unterschied zwischen dem einfachen Kündigungsschutz und dem besonderen Kündigungsschutz darlegen.				
	■ zwischen dem einfachen Arbeitszeugnis und dem qualifizierten Arbeitszeugnis unterscheiden.				

Ein Einzelhandelsunternehmen leiten und entwickeln

Lernfeld 14

	Advance Organizer	194
14.1	Gründung und Leitung eines Unternehmens	196
14.2	Rechtliche Rahmenbedingungen unternehmerischen Handels	198
14.3	Rechtsformen des Unternehmens	209
14.4	Kooperation und Konzentration	226
14.5	Finanzierung	234
14.6	Sicherung der Liquidität	255
14.7	Folgen finanzieller Fehlentscheidungen	265

Advance Organizer | Ein Einzelhandelsunternehmen leiten und entwickeln

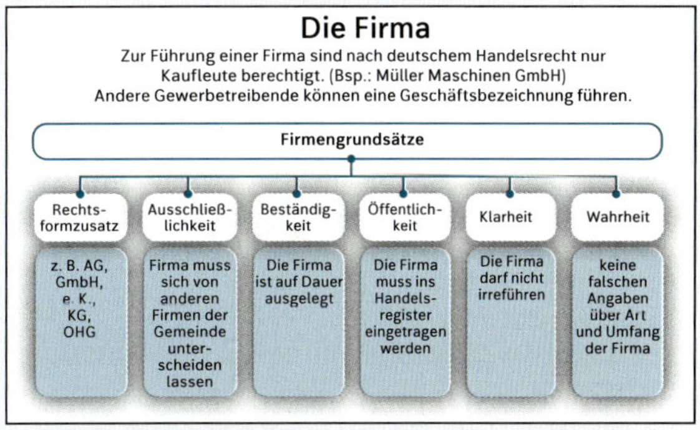

Kapitalgesellschaft

Personengesellschaft

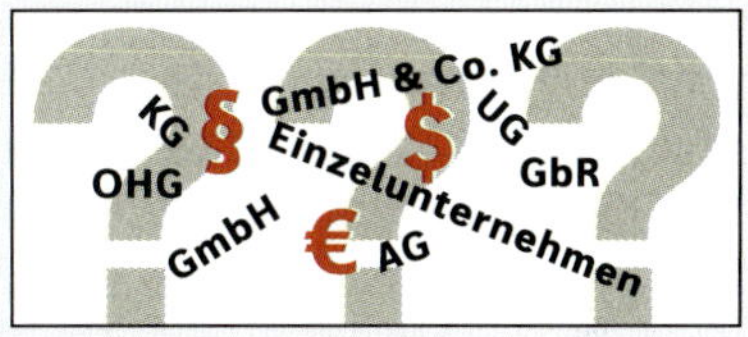

Wer nicht kooperiert – verliert

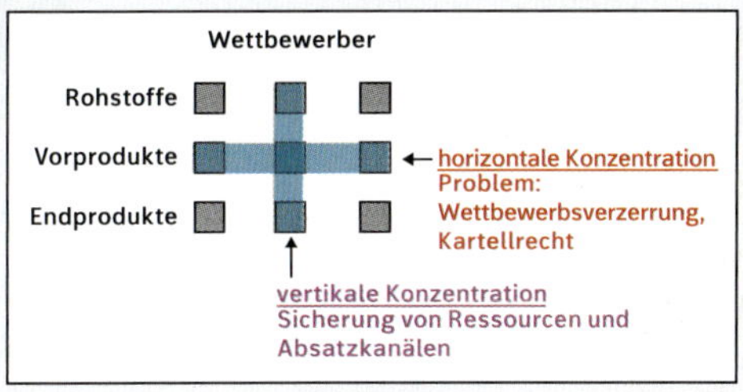

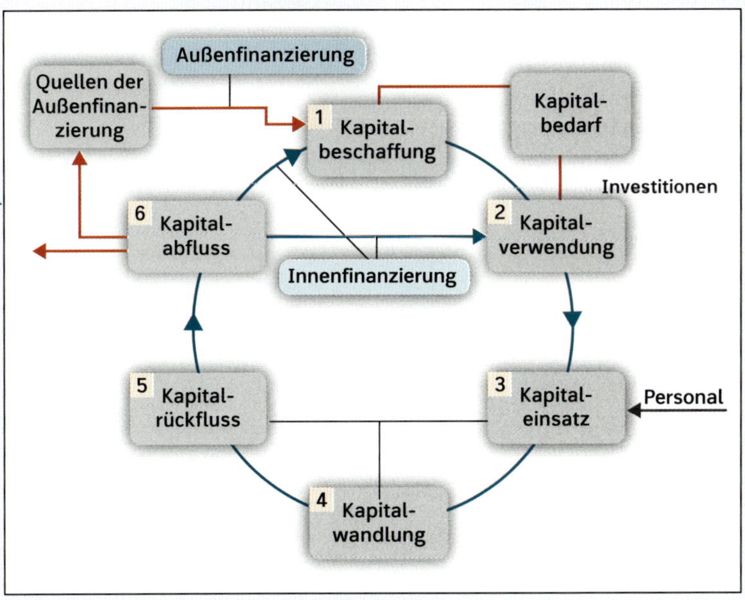

14.1 Gründung und Leitung eines Unternehmens

Die Auszubildende Svenja Jank und ihr Chef Andreas Müller, der Inhaber des Modehauses Müller GmbH, unterhalten sich am Ende einer arbeitsreichen Woche:

S. Jank: „Bis auf sonntags sind Sie ständig im Unternehmen. Obwohl Sie auch schon morgens weit vor unserer Öffnungszeit da sind, verlassen Sie häufig den Laden erst nach 22 Uhr. Warum nehmen Sie den Stress eigentlich auf sich?"

A. Müller: „Zunächst einmal macht mir die Arbeit Spaß. Außerdem: Wenn wir nicht auch die langen Öffnungszeiten anbieten würden, gingen die Kunden zur Konkurrenz. Denken Sie doch daran, welche Umsatzeinbußen wir hinnehmen müssten. Vielleicht hätten Sie dann keinen Ausbildungsplatz in unserem Unternehmen erhalten."

S. Jank: „Ja, das wäre schade. Aber ich meine so grundsätzlich, warum sind Sie Unternehmer geworden und haben sich nicht hochgearbeitet, z. B. zu einem Filialleiter in einer großen Modehauskette?"

A. Müller: „Ich habe das Unternehmen von meinem Vater übernommen, wir haben noch Kleider und Anzüge selbst gefertigt und maßgeschneidert. Mein Vater hat es von seinem Vater übernommen. Unser Name hat einen guten Ruf. Das Unternehmen befindet sich schon über 100 Jahre im Familienbesitz."

14.1.1 Unternehmerische Zielsetzungen

Neben der Vergrößerung des Marktanteils (Wachstum), Umsatz-, Produktivitätssteigerung und Kostensenkung spielen Ansehen in der Öffentlichkeit, Unabhängigkeit und Übernahme sozialer Verantwortung für die Mitarbeiter des Unternehmens eine große Rolle innerhalb unternehmerischer Zielsetzungen. Weitere Ziele können im Bereich der Umwelt liegen, z. B. Vermeidung von Umweltbelastungen.

Für die Erhaltung des Unternehmens und Existenzsicherung des Einzelhändlers ist jedoch langfristiger Gewinn unabdingbar. Gewinn bedeutet:

- Lohn für die geleistete Tätigkeit im Unternehmen.
- Zins auf das eingesetzte Eigenkapital; die Investition des Eigenkapitals in das Unternehmen hat sich dann gelohnt, wenn es für das Geld bei der Bank keine höhere Verzinsung gegeben hätte.
- Ausgleich für das unternehmerische Risiko.

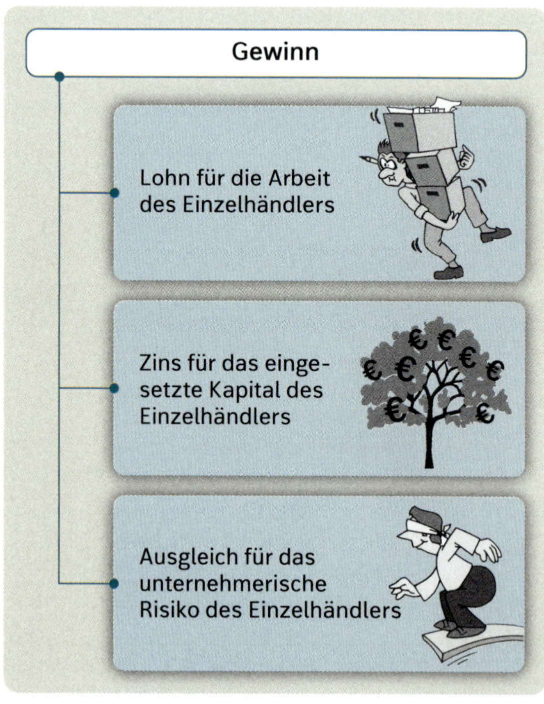

Abb. 1: Bedeutung des Gewinns für den Einzelhändler

222334196

14.1.2 Gründungsvoraussetzungen

In der Bundesrepublik herrscht der Grundsatz der Gewerbefreiheit. Bis auf wenige Ausnahmen ist es jedermann gestattet, ein Einzelhandelsunternehmen zu gründen. Die Ausnahmen dienen dem Schutz des Verbrauchers. Für den Verkauf von bestimmten Arzneimitteln, Waffen oder Pflanzenschutzmitteln ist ein besonderer Sachkundenachweis bzw. eine Prüfung der Zuverlässigkeit erforderlich.

Damit der Sprung in die Selbstständigkeit nicht mit einer Bauchlandung endet, muss jeder Schritt der Existenzgründung gut überlegt und geplant sein. Der zukünftige Einzelhändler sollte bestimmte Voraussetzungen erfüllen (vgl. Abb. 2).

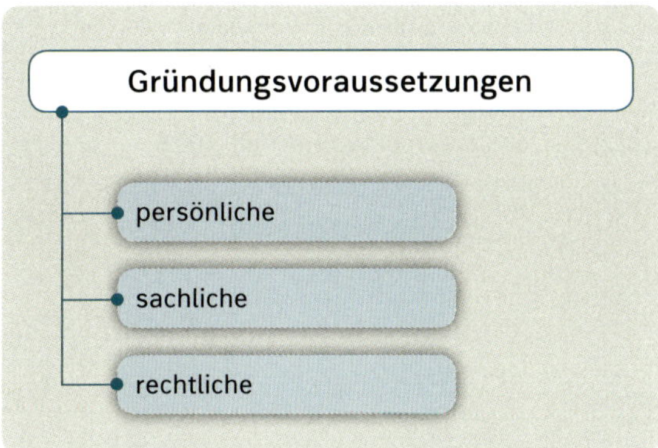

Abb. 2: Gründungsvoraussetzungen für den Einzelhändler

Die Anforderungen des Wettbewerbs erfordern als **persönliche Voraussetzungen** von dem Unternehmer u. a.

- Risikobereitschaft,
- umfassende Marktkenntnisse der Branche,
- Ideenreichtum,
- Kenntnisse der einschlägigen Verordnungen und Gesetze,
- Menschenkenntnis,
- Erfahrung in der Kundenberatung und Warenpräsentation,
- Führungsqualifikation,
- Belastbarkeit und
- Leistungsbereitschaft.

Bei der Gründung eines neuen Einzelhandelsunternehmens müssen darüber hinaus **sachliche Voraussetzungen** beachtet werden. Hierzu zählt, dass u. a.

- ausreichend Kapital zur Anschaffung des Anlage- und Umlaufvermögens vorhanden ist.
- ein geeigneter Standort ausgewählt wird.
- durch die Auswahl leistungsfähiger Lieferanten Menge und Qualität der zu liefernden Ware sichergestellt ist.
- qualifiziertes und motiviertes Personal eingestellt wird.

Nur wer voll geschäftsfähig ist, kann ein Gewerbe betreiben. Es gelten weitere **rechtliche Voraussetzungen.** So muss das Unternehmen bei einer Vielzahl von Institutionen angemeldet werden:

- Gewerbeamt,
- Finanzamt (Pflicht zur Zahlung von Steuern),
- Berufsgenossenschaft (Pflicht zur gesetzlichen Unfallversicherung),
- Industrie- und Handelskammer (IHK, Pflichtmitgliedschaft),
- Krankenkasse (sofern Arbeitnehmer beschäftigt werden),
- Handelsregister (wenn das Unternehmen nach Art und Umfang einen in kaufmännischer Weise eingerichteten Geschäftsbetrieb erfordert, vgl. Kaufmannseigenschaften),
- Gesundheitsamt (falls Lebensmittel angeboten werden).

Aufgaben

1. Begründen Sie, warum für den Verkauf bestimmter Waren ein besonderer Sachkundenachweis erforderlich ist.
2. Stellen Sie Vor- und Nachteile einer Existenzgründung im Einzelhandel am Beispiel eines Unternehmens Ihrer Branche dar und begründen Sie diese Entscheidung.
3. Entscheiden Sie, welche der unten aufgeführten Größen bei der Unternehmensgründung zu vernachlässigen ist. Begründen Sie Ihre Entscheidung.
   a) Betriebsgröße
   b) Rechtsform
   c) Umsatzplanung
   d) Personalbedarf
   e) Marketing
   f) Finanzierungsplan

14.2 Rechtliche Rahmenbedingungen unternehmerischen Handelns

Der 34-jährige gelernte Kaufmann im Einzelhandel Klaus Hoyer liest in dem Onlineportal „Unternehmensbörse: Nachfolger gesucht" die rechts abgebildete Anzeige. Klaus Hoyer hat schon seit langer Zeit vor, ein eigenes Unternehmen zu gründen. Diese Anzeige hat sein besonderes Interesse geweckt, da er in einem Tapetenfachgeschäft seine Ausbildung gemacht hat und auch jetzt noch in diesem Bereich beschäftigt ist. Er überlegt, ob er, wenn er das Geschäft übernimmt, ein „richtiger Kaufmann" ist.

Existenzgründer für Betriebsübernahme gesucht.

Kleines Einzelhandelsunternehmen am Anfang der Fußgängerzone einer großen Ruhrgebietsstadt mit Firmentradition aufgrund fehlender Nachfolge zu verkaufen. Es handelt sich um ein Unternehmen für Tapeten und Wandbeläge mit einer Verkaufsfläche von 250 m². Die Räumlichkeiten laden zum Verweilen ein und bieten genügend Platz für das umfangreiche Sortiment. Das Unternehmen ist in den letzten 60 Jahren ständig gewachsen und hat sich einen guten Ruf bei einem gehobenen und anspruchsvollen Kundenkreis geschaffen. Flexibilität und guter Service sind die Erfolgsbasis, dies beweist die sehr hohe Anzahl an Stammkunden. Der Verkäufer steht gern noch einige Jahre für einen reibungslosen Übergang zur Verfügung. Der Kaufpreis beträgt 70 000,00 €.

14.2.1 Kaufmannseigenschaften

Im allgemeinen Sprachgebrauch ist es üblich, Mitarbeiter eines Unternehmens, die eine kaufmännische Ausbildung abgeschlossen haben und eine kaufmännische Tätigkeit ausüben, als „Kaufleute" zu bezeichnen. Kaufmann im Sinne des Handelsgesetzbuchs (HGB) ist aber laut § 1 Absatz 1 nur derjenige, der „ein Handelsgewerbe betreibt".

In § 1 Absatz 2 HGB wird das Handelsgewerbe folgendermaßen definiert:

§ 1 Absatz 2 HGB

Handelsgewerbe ist jeder Gewerbebetrieb, es sei denn, dass das Unternehmen nach Art oder Umfang einen in kaufmännischer Weise eingerichteten Geschäftsbetrieb nicht erfordert.

Es ist gesetzlich jedoch nicht näher bestimmt, wann ein in kaufmännischer Weise eingerichteter Geschäftsbetrieb erforderlich ist. Die Kaufmannseigenschaft wird im Einzelfall geprüft. In einem Urteil des Bundesgerichtshofs ist festgestellt worden, dass dabei insbesondere folgende Punkte zu beachten sind:

- Beschäftigtenanzahl – mehr als fünf Mitarbeiter – und die Art ihrer Tätigkeit,
- mehrere Standorte,
- Umsatzhöhe,
- Vielfalt der erbrachten Leistungen und Geschäftsbeziehungen,
- Kapitalhöhe,
- Inanspruchnahme von Kredit.

Treffen ein oder mehrere Merkmale auf das Gewerbe zu, so ist der Unternehmer Kaufmann. Der Gewerbetreibende ist dann gemäß § 1 HGB **Istkaufmann** und zur Eintragung in das Handelsregister verpflichtet. Die Wirkung der Eintragung ist **deklaratorisch (rechtsbezeugend),** d.h., die Rechtswirkung besteht schon vor der Eintragung in das Handelsregister. Sie wird nur öffentlich bekannt gemacht. Die Kaufmannseigenschaft erlischt mit Aufgabe des Gewerbebetriebs und nicht durch die Löschung im Handelsregister.

222334198

Beispiel: Fabian Reinhard gründete vor fünf Jahren ein Unternehmen für Biolebensmittel. Er bietet Produkte aus der unmittelbaren Umgebung von zertifizierten Bio-Bauern zum Verkauf an. Die ersten beiden Jahre verliefen schleppend, nur durch eine bescheidene Lebensführung schaffte er es, den Geschäftsbetrieb aufrechtzuerhalten. Seit zwei Jahren hat sich die Situation verändert. Bedingt durch einen steigenden Bekanntheitsgrad, Zufriedenheit seiner Kunden und einen Bewusstseinswandel in der Bevölkerung nahmen die Umsätze zu. Schulen, Kindertagesstätten, Seniorenheime usw. zählen nun zu den Kunden. Fabian Reinhard musste einen Mitarbeiter einstellen. Seit Anfang des Jahres ist eine kaufmännische Organisation erforderlich.

Reinhard ist damit Istkaufmann, auch wenn sein Unternehmen noch nicht in das Handelsregister eingetragen ist. Er muss sich nun in das Handelsregister eintragen lassen. Die Wirkung der Eintragung ist **rechtsbezeugend, d. h. deklaratorisch.** Sie dient nur der Bekanntmachung.

Auch Kleingewerbetreibende, die die oben aufgeführten Merkmale nicht erfüllen, können die Kaufmannseigenschaft erhalten. Durch eine freiwillige Eintragung ins Handelsregister werden sie zum **Kannkaufmann.** Die Wirkung der Eintragung ist **konstitutiv (rechtserzeugend),** d. h., die Rechtswirkung entsteht erst durch die Eintragung. Einzelunternehmen führen danach die Bezeichnung „eingetragene Kauffrau“, „eingetragener Kaufmann“, „e. K.“, „e. Kffr.“ oder „e. Kfm.“

Beispiel: Manfred Möller ist Inhaber des Geschäfts „Schreibwaren Möller“. Von montags bis freitags steht er allein in seinem Laden und verkauft an Schülerinnen und Schüler des gegenüberliegenden Berufskollegs in den Vormittagsstunden Schreibwaren. Manfred Müller ist kein Kaufmann, da er ein Kleingewerbe betreibt. Es liegt keine Kaufmannseigenschaft vor. Lässt Möller seinen Schreibwarenladen ins Handelsregister eintragen, so wird er durch die Eintragung zum Kannkaufmann. Die Wirkung der Eintragung ist **rechtserzeugend, d. h. konstitutiv.** Sie schafft einen neuen rechtlichen Sachverhalt.

Auch **Land- und Forstwirtschaftsbetriebe,** sofern ihr Gewerbe einen in kaufmännischer Weise eingerichteten Geschäftsbetrieb erfordert, werden durch die freiwillige Eintragung ins Handelsregister zum Kaufmann, und zwar zum Kannkaufmann. Ab dem Zeitpunkt der Eintragung liegt die Kaufmannseigenschaft vor. Die Wirkung ist ebenfalls konstitutiv.

Beispiel: Franz Gerster in Münster besitzt einen Bauernhof mit 993 ha Ackerfläche und 300 ha Wald. Außerdem hat er 36 Pferde und 220 Kühe. Die Milch verarbeitet er auf seinem Hof zu Käse, Butter, Joghurt usw.

Gerster lässt sich ins Handelsregister eintragen und wird damit zum Kannkaufmann. Ab dem Zeitpunkt der Eintragung liegt die Kaufmannseigenschaft vor. Die Wirkung ist **rechtserzeugend, d. h. konstitutiv.**

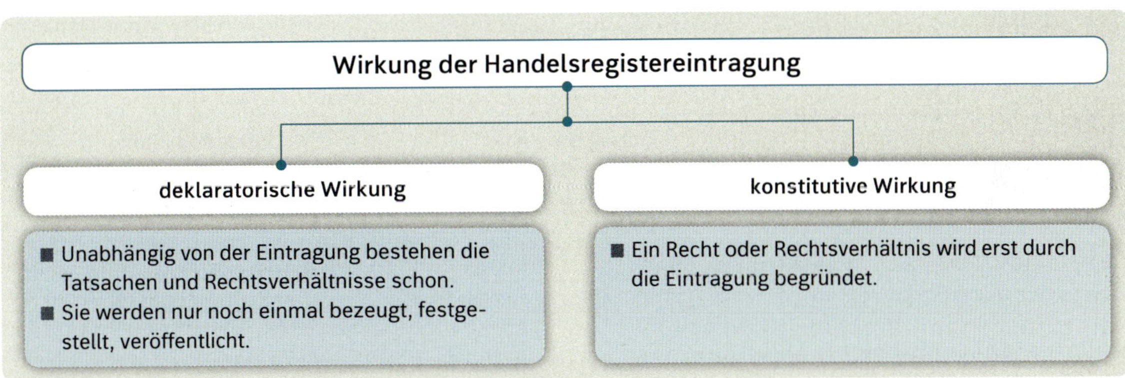

Abb. 1: Deklaratorische und konstitutive Wirkung

Aktiengesellschaften, Gesellschaften mit beschränkter Haftung und die eingetragene Genossenschaft sind **Kaufmann kraft Rechtsform,** d. h., sie sind ab Eintragung in das Handelsregister eine juristische Person und erhalten damit ohne Rücksicht auf den Gegenstand des Unternehmens die Kaufsmannseigenschaft **Formkaufmann.** Die Anforderungen an das Vorliegen eines kaufmännisch eingerichteten Geschäftsbetriebs müssen nicht gegeben sein. Die Wirkung der Eintragung ist auch konstitutiv.

Beispiel: In der Münchener Innenstadt entsteht ein neues Juweliergeschäft. Hier werden demnächst ausschließlich äußerst hochwertige Uhren, Ketten, Armbänder und Ringe bekannter Markenunternehmen verkauft. Zehn Mitarbeiterinnen/Mitarbeiter sollen eingestellt werden. Ein Umsatz in Millionenhöhe wird angestrebt. Gegründet wird dafür eine GmbH mit dem Namen Schmuckwerk GmbH.

Erst mit der Eintragung ins Handelsregister wird die Schmuckwerk GmbH zum Kaufmann, und zwar zum Formkaufmann. Der Kaufmannsstatus wird durch die Eintragung in das Handelsregister erreicht. Die Wirkung der Eintragung ist **rechtserzeugend, d. h. konstitutiv.**

Die wichtigste Pflicht eines Kaufmannes ist die Buchführungspflicht, d. h. die Grundsätze ordnungsgemäßer Buchführung sind zu beachten und es ist regelmäßig ein Jahresabschluss zu erstellen. Die Rechte eines Kaufmanns sind z. B.: er darf Prokura erteilen, mündlich bürgen, Handelsrichter werden und er hat das Recht, eine offizielle Firmenbezeichnung zu führen und diese im Handelsregister eintragen zu lassen.

Eine Besonderheit stellen die Angehörigen **freier Berufe** dar, z. B. Rechtsanwälte, Ärzte, Architekten, Künstler oder Steuerberater. Sie betreiben kein Gewerbe. Sie sind also keine Kaufleute.

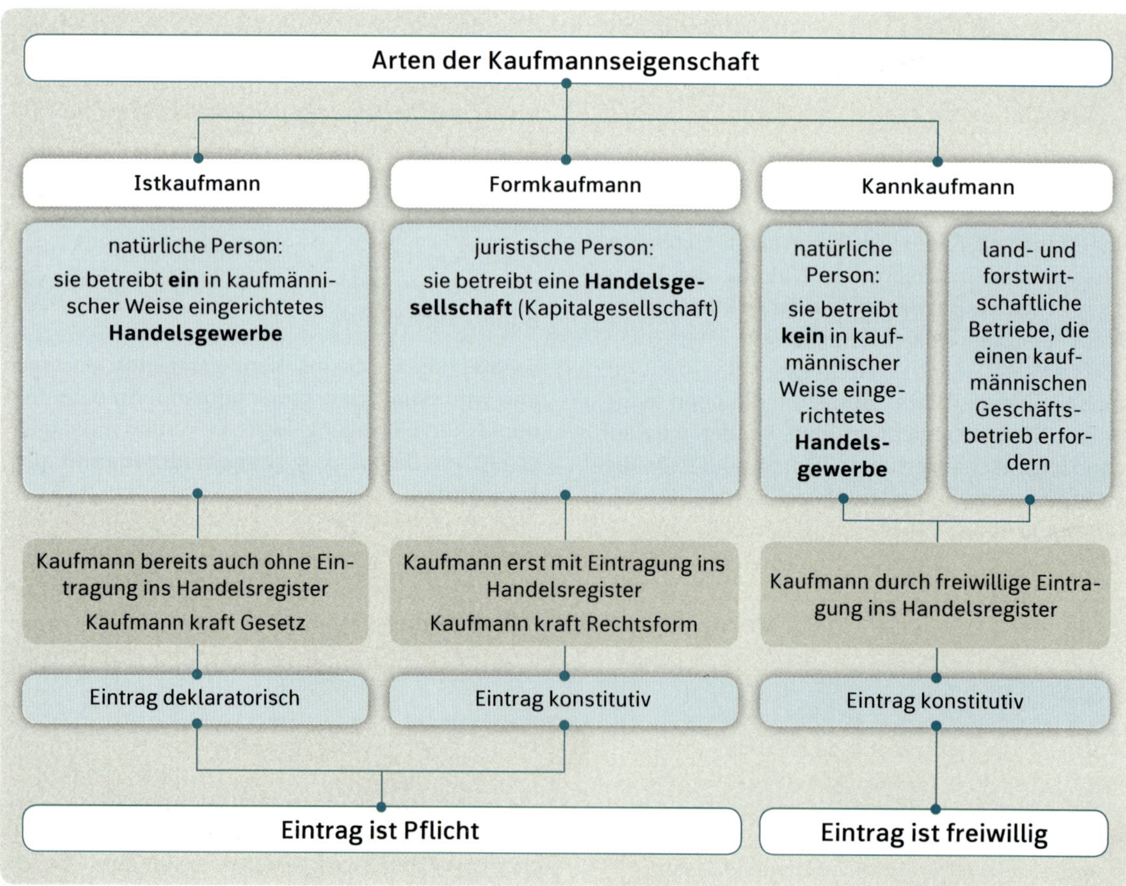

Abb. 2: Arten der Kaufmannseigenschaft

14.2.2 Firma

Umgangssprachlich werden die Begriffe Unternehmen, Betrieb und Firma gleichgesetzt. Was im juristischen Sinne eine Firma ist, regelt das HGB:

§ 17 HGB [Begriff Handelsfirma]

(1) Die Firma eines Kaufmanns ist der Name, unter dem er seine Geschäfte betreibt und die Unterschrift abgibt.
(2) Ein Kaufmann kann unter seiner Firma klagen und verklagt werden.

Beispiel: Klaus Hoyer hat sich entschlossen, das Tapetengeschäft zu kaufen und denkt mit seinen Freunden über einen neuen werbewirksamen Namen nach. Er erhofft sich dadurch noch mehr Zuspruch, Umsatzsteigerung und natürlich auch Gewinn. Letztendlich entscheidet er sich für den Namen Wandliebe Klaus Hoyer. Sollte sein Konzept aufgehen, plant er, weitere Mitarbeiter einzustellen.

Allen Kaufleuten (Ist-, Form- und Kannkaufmann) ist es überlassen, wie sie die Firma, d. h. den Namen ihres Unternehmens, festlegen. Die Firma ist nur der Name des Handelsgeschäftes und nicht das Unternehmen oder der Betrieb selbst.

Die Firma setzt sich aus dem Firmenkern und Rechtsformzusatz zusammen:

- Der **Firmenkern** besteht aus den jeweils vorgeschriebenen Mindestangaben: Name des Unternehmens, Gegenstand des Unternehmens oder Fantasiebezeichnung für das Unternehmen.

- Der **Rechtsformzusatz** ist die Ergänzung zum Firmenkern und ist rechtlich vorgeschrieben. Bei Einzelunternehmen muss z. B. die Bezeichnung „eingetragener Kaufmann", „eingetragene Kauffrau" oder eine allgemein verständliche Abkürzung (e. K., e. Kfm. bzw. e. Kffr.) in der Firma enthalten sein. Die Offene Handelsgesellschaft muss als Zusatz die Bezeichnung „Offene Handelsgesellschaft" bzw. wie bei dem Einzelunternehmen eine allgemein verständliche Abkürzung enthalten. Dies gilt auch für die Kommanditgesellschaft, Aktiengesellschaft, Gesellschaft mit beschränkter Haftung und Haftungsbeschränkte Unternehmergesellschaft sowie eingetragene Genossenschaft. Der Firmenzusatz ist u. a. auch auf den Geschäftsbriefen zu vermerken.

Zu unterscheiden sind folgende **Firmenarten:**

- **Personenfirma:** Die Firma besteht aus einem oder mehreren Namen und ggf. dem Vornamen, z. B. „Florian Hölscher e. Kfm."

- **Sachfirma:** Die Firma ist aus dem Gegenstand des Unternehmens abgeleitet, z. B. „Getränkehandel GmbH" oder „Gartencenter OHG"

- **Fantasiefirma:** Die Firma besteht aus einer Abkürzung oder einem Fantasienamen, z. B. „Ruhrlex GmbH" oder „HARIBO GmbH & Co. KG". Die Fantasiefirma ist hier gebildet aus Teilen des Inhabernamens = **Ha**ns **Ri**egel und des Orts der Unternehmensniederlassung = **Bo**nn.

- **Mischfirma:** Die Firma besteht aus dem Gegenstand des Unternehmens und Personennamen, z. B. „Meiers Backshop KG" oder „Schädlingsbekämpfungs-GmbH Milles"

Außerdem sind bei der Firmenwahl folgende Grundsätze zu beachten:

- **Firmenöffentlichkeit:** Dieser Grundsatz verpflichtet zur Bekanntmachung der Firma. Das bedeutet vor allem die Pflicht zur Eintragung ins Handelsregister und die Verpflichtung, auf den Geschäftsbriefen Firma, Rechtsformzusatz, Ort der Niederlassung, Registergericht und Handelsregisternummer anzugeben. Dadurch wird die Öffentlichkeit über die Gründung oder Änderung einer Firma informiert.

- **Firmenklarheit/Firmenwahrheit:** Die Firma darf keine Angaben enthalten, die für Außenstehende geeignet sind, über die geschäftlichen Verhältnisse des Inhabers falsche Schlüsse zu ziehen bzw. sie zu täuschen. So hat bei einer Sachfirma der Gegenstand des Unternehmens der Wahrheit zu entsprechen. Ein Einzelkaufmann darf nicht die Rechtsform OHG führen, da hierdurch ein Gesellschaftsverhältnis angedeutet würde, welches nicht besteht.

  Beispiel 1: „Tim Schlüter, Elektrogroßhandelsgesellschaft mbH" ist unzulässig, wenn er nur ein kleines Geschäft mit Haushaltswaren führt.

Beispiel 2: Murat Yavuz eröffnet ein Schuhgeschäft. Er gilt als Istkaufmann, wenn er ein Handelsgewerbe betreibt, das nach Art und Umfang einen in kaufmännischer Weise eingerichteten Geschäftsbetrieb erfordert. Er muss die Firma ins Handelsregister eintragen lassen. Die Bezeichnung „Internationaler Schuhhandel e. K." entspräche nicht der Wahrheit, wenn die Firma keine internationalen Handelsbeziehungen unterhält.

- **Firmenbeständigkeit** bei Erwerb bzw. bei Änderungen des Unternehmens: Die Firma darf mit Zustimmung des bisherigen Inhabers oder seiner Erben von einem neuen Inhaber weitergeführt werden. Ebenso kann die bisherige Firma fortgeführt werden, wenn ein Gesellschafter aufgenommen wird oder ein Gesellschafter ausscheidet.

Beispiel: Der Kaufmann Schiller führt das „Autohaus Christian Schiller e. K.". Er verkauft das Unternehmen aus Altersgründen an seinen Kraftfahrzeugmeister Tobias Tobinski. Tobinski darf das Unternehmen mit Zustimmung von Schiller unter der bisherigen Firma „Autohaus Christian Schiller e. K." weiterführen. Darüber hinaus wäre auch ein Nachfolgezusatz möglich, d. h. „Autohaus Tobias Tobinski e. K., vormals Autohaus Christian Schiller e. K." oder „Autohaus Christian Schiller e. K., Inhaber Tobias Tobinski".

- **Firmenausschließlichkeit:** Die Firma muss sich eindeutig von allen am gleichen Ort bereits bestehenden Firmen unterscheiden, damit die Verwechslungsgefahr ausgeschlossen ist. Dieses Prinzip erstreckt sich nicht nur auf den Firmenzusatz, sondern auch auf den Firmenkern.

Beispiel: Eine bereits im Handelsregister eingetragene Firma lautet: „Textilfachgeschäft Christiane Schneider e. Kffr." Die neue Firma könnte lauten: „Schneiders-Textilfachgeschäft OHG".

- **Firmeneinheit:** Zur Vermeidung von Täuschungen darf ein Kaufmann für ein und dasselbe Unternehmen nur eine Firma führen. Ausnahmen bestehen, wenn ein Kaufmann mehrere Unternehmen betreibt, die organisatorisch voneinander getrennt und selbstständig sind.

- **Veräußerungsverbot:** Die Firma kann nur mit dem Unternehmen zusammen und niemals selbstständig veräußert werden. Umgekehrt ist dagegen eine Veräußerung des Unternehmens ohne Firma möglich.

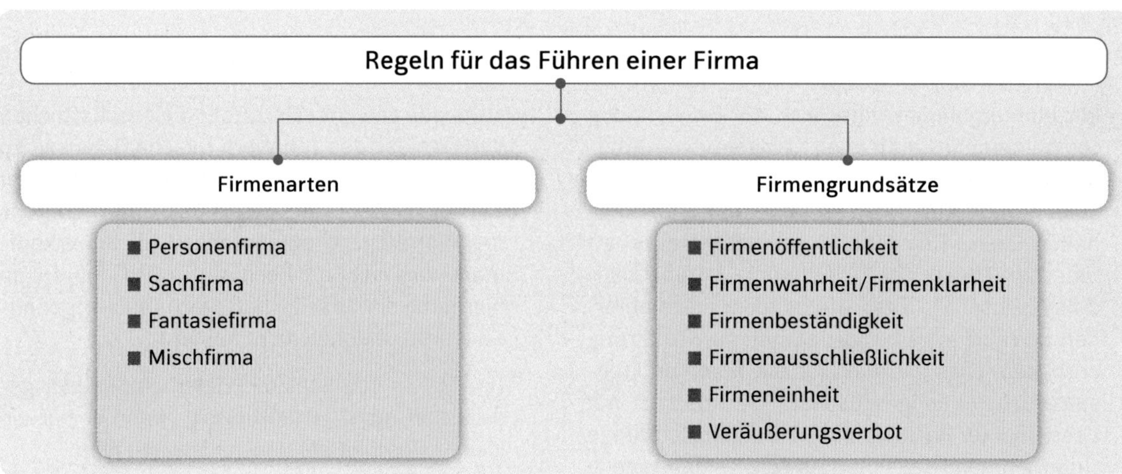

Abb. 3: Firmenarten und Firmengrundsätze

14.2.3 Handelsregister

Das Handelsregister ist ein amtliches Verzeichnis aller Kaufleute eines Amtsgerichtsbezirks. Anmeldungen, z. B. Neueintrag oder Veränderungen einer Firma, sind elektronisch in öffentlich beglaubigter Form einzureichen. Nach Prüfung der Unterlagen werden die Daten in das Register eingestellt.

> **!** *Das **Handelsregister** ist ein öffentliches Verzeichnis aller Kaufleute in einem bestimmten Gebiet.*

Die Eintragungen im Handelsregister können bundesweit von jedem abgerufen werden (www.handelsregister-online.net oder www.unternehmensregister.de). Das Unternehmensregister wurde vom Bundesministerium der Justiz für die Speicherung veröffentlichungspflichtiger Daten deutscher Unternehmen eingerichtet. Darüber hinaus ist auch die persönliche Einsichtnahme beim Handelsregister möglich.

Recherchen über einzelne Unternehmen sind kostenfrei. Auszüge aus dem amtlichen Register sind kostenpflichtig.

§ 8 a HGB [Eintragungen in das Handelsregister]

(1) Eine Eintragung in das Handelsregister wird wirksam, sobald sie in den für die Handelsregistereintragungen bestimmten Datenspeicher aufgenommen ist und auf Dauer inhaltlich unverändert in lesbarer Form wiedergegeben werden kann.
(2) ...

Auf die Eintragungen im Handelsregister darf man sich verlassen. So kann gegenüber Gerichten, Behörden, Privat- und Kaufleuten der Beweis bestimmter Rechtsverhältnisse einfach durch einen Handelsregisterauszug nachgewiesen werden. Das Handelsregister übernimmt neben der Auskunfts- und Informationsfunktion somit auch eine Schutzfunktion: Es kann auf die Richtigkeit der Eintragungen und Bekanntmachungen vertraut werden. Darüber hinaus vermitteln Handelsregistereintragungen den möglichen Vertragspartnern und Behörden einen ersten Eindruck vom Unternehmen.

Es werden u. a. übermittelt und eingetragen:

- Firma,
- Name des Inhabers,
- Geschäftssitz,
- Gegenstand des Unternehmens,
- Prokura,
- Eröffnung des Insolvenzverfahrens,
- Liquidation des Unternehmens.

Beispiel: Sabine Lassner, Klaus Hoyers ehemalige Freundin, hat von Bekannten gehört, dass Klaus Hoyer inzwischen ein äußerst erfolgreicher Ladenbesitzer ist. An ihrem Arbeitsplatz blättert sie die Zeitschrift „Wirtschaft im Revier" durch, um sich über unternehmerische Veränderungen im Einzugsbereich ihres Unternehmens zu informieren. Zufällig entdeckt sie den Firmennamen „Wandliebe Klaus Hoyer e. K." und liest:

Wandliebe Klaus Hoyer e. K. (HRA1652)
Bochumer Str. 178, 44892 Bochum
Gegenstand des Unternehmens: Verkauf von Tapeten und Wandbelägen

Unmittelbar darunter steht: „Weitere Einzelheiten erfahren Sie unter www.handelsregister-online.net." Neugierig geworden ruft sie diese Seite auf und erhält den in der Abbildung dargestellten kostenpflichtigen Auszug (vgl. Abb. 4).

Handelsregister **A** des Amtsgerichts Bochum — **Ausdruck** **Abruf vom 13.06.20.. 14:15** — Nummer der Firma: **HRA 1652** Seite 1 von 1

Nummer der Eintragung	**a) Firma b) Sitz, Niederlassung, Zweigniederlassungen c) Gegenstand des Unternehmens**	**a) Allgemeine Vertretungsregelung b) Inhaber, persönlich haftende Gesellschafter, Geschäftsführer, Vorstand, Vertretungsberechtigte und besondere Vertretungsbefugnis**	**Prokura**	**a) Rechtsform, Beginn und Satzung b) Sonstige Rechtsverhältnisse c) Kommanditisten, Mitglieder**	**a) Tag der Eintragung b) Bemerkungen**
1	2	3	4	5	6
1	a) Wandliebe Klaus Hoyer e. K. b) Bochum c) Verkauf von Tapeten und Wandbelägen	a) Klaus Hoyer e. K. b) Klaus Hoyer e. K.		a) Einzelunternehmen	a) 10.07.20.. Müller

Abb. 4: Auszug aus dem Handelsregister

Eintragungen im Handelsregister können:

- **konstitutiv (rechtserzeugend)** sein, d.h., die Rechtswirkung entsteht erst durch die Eintragung, siehe Formkaufmann, Kannkaufmann.
- **deklaratorisch (rechtsbezeugend)** sein, d.h., die Rechtswirkung ist schon vor der Eintragung eingetreten, sie wird durch die Eintragung lediglich bestätigt, öffentlich bekannt gemacht, siehe Istkaufmann, Prokura.

Das Handelsregister wird in **zwei Abteilungen** geführt:

- In Abteilung **A (HRA)** werden eingetragen:
  - Einzelunternehmen (e.K. oder e.Kfm. oder e.Kffr.),
  - Personengesellschaften (OHG, KG, GmbH & Co. KG).
- In Abteilung **B (HRB)** werden eingetragen:
  - Kapitalgesellschaften (AG, SE, GmbH, UG haftungsbeschränkt), vgl. Rechtsformen.

Beim Amtsgericht entstehen für die Eintragung in das Handelsregister Gebühren. Die Höhe der Gebühren für das Gericht und den Notar hängen z.B.

- von der Rechtsform,
- von der Anzahl der Gesellschafter und
- vom Gesellschaftskapital

ab, siehe dazu „Gesetz über die Kosten in Angelegenheit der freiwilligen Gerichtsbarkeit (KostO)".

Über die Anmeldung zum Handelsregister ist unverzüglich zu entscheiden, so kann z.B. die Eintragung einer GmbH in einem Zeitraum von wenigen Tagen veranlasst werden, sofern die eingereichten Unterlagen beanstandungsfrei sind und alle Kosten im Voraus an die Gerichtskasse bezahlt wurden. Das Handelsregister wird mehrmals täglich aktualisiert. Wird eine bestehende Eintragung gelöscht, da sie keine Gültigkeit mehr hat, erhält sie den Vermerk „von Amts wegen gelöscht".

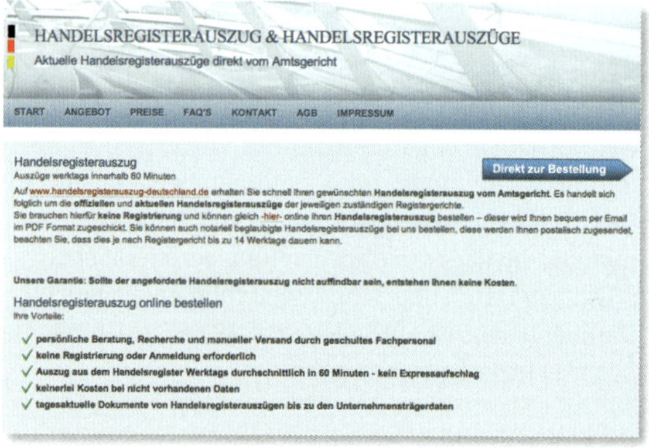

Abb. 5: Handelsregisterausdruck

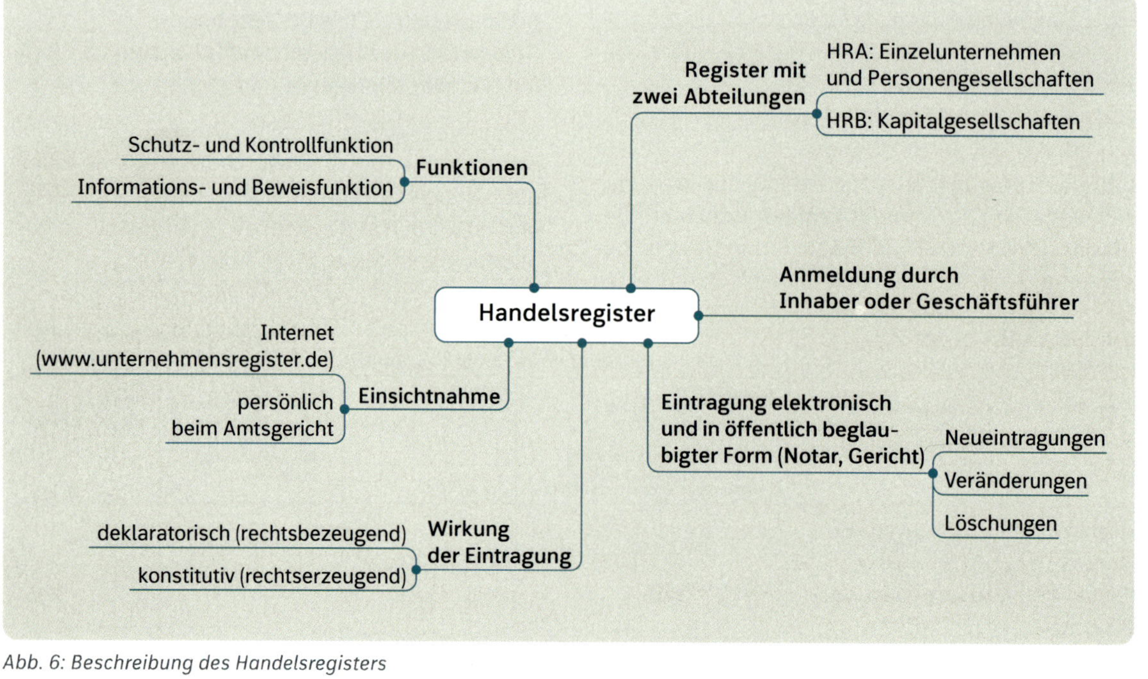

Abb. 6: Beschreibung des Handelsregisters

14.2.4 Vollmachten für Mitarbeiter

Aus dem Kreis der Mitarbeiter eines Unternehmens übernehmen bestimmte Angestellte besondere Verantwortung. Sie erhalten Vollmacht (Vertretungsbefugnis). Zu unterscheiden ist zwischen Handlungsvollmacht und Prokura.

Handlungsvollmacht

Hat ein Mitarbeiter Handlungsvollmacht, ist er ermächtigt, eine bestimmte Art von Geschäften oder einzelne zu dem Unternehmen gehörende Geschäfte vorzunehmen. Diese Vollmacht wird nicht ins Handelsregister eingetragen.

Beispiel: Klaus Hoyer, Inhaber der Wandliebe Klaus Hoyer e. K., hat zu seiner Entlastung seinen langjährigen Angestellten Marwin Wüstehoff ermächtigt, alle Geschäfte abzuschließen, die dieses Unternehmen gewöhnlich mit sich bringt.

Nach dem Umfang der Vollmacht werden unterschieden (vgl. Abb. 7):

Allgemeine Handlungsvollmacht: Sie erstreckt sich auf alle Geschäfts- und Rechtshandlungen, die im täglichen Geschäftsverkehr des Unternehmens anfallen, z. B. Waren ein- und verkaufen, Zahlungsgeschäfte erledigen, Mitarbeiter einstellen und entlassen. Filialleiter und Abteilungsleiter haben meist eine allgemeine Handlungsvollmacht. Der Handlungsbevollmächtigte darf das Unternehmen folglich nur bei gewöhnlichen, also unternehmenstypischen Geschäften vertreten. Die Unterschrift muss durch den Zusatz „i. V." (in Vollmacht, in Vertretung) gekennzeichnet werden und bedeutet, dass der Unterzeichnende für die vorgenommene Handlung die Verantwortung übernimmt.

Nur **mit einer besonderen Erlaubnis** darf der Handlungsbevollmächtigte:

- Darlehen aufnehmen,
- Grundstücke belasten oder verkaufen,
- Wechselverbindlichkeiten eingehen,
- Prozesse führen.

In keinem Fall darf der Handlungsbevollmächtigte:

- das Unternehmen verkaufen,
- Bilanzen, Steuererklärungen unterzeichnen,
- Gesellschafter aufnehmen,
- Insolvenzantrag stellen.

Einzel- oder Sondervollmacht: Sie wird nur für ein einzelnes Rechtsgeschäft erteilt und erlischt nach Durchführung des betreffenden Auftrages, z. B. Entgegennahme einer Warensendung, Einkauf eines Schreibtisches, Verkauf eines gebrauchten Pkws. Der Verantwortliche, der den Auftrag erteilt hat, unterschreibt nicht selbst, sondern ein mit der Vollmacht beauftragter Mitarbeiter. Die Unterschrift muss durch den Zusatz „i. A." (im Auftrag) gekennzeichnet werden. Dadurch wird kenntlich gemacht, dass der Unterzeichnende für den Inhalt keine Verantwortung übernimmt.

Artvollmacht: Sie gilt bis auf Widerruf für den Abschluss von Geschäften gleicher Art, z. B. Kassiervollmacht, Bestellung bestimmter Waren durch den Einkäufer. Der Unterschriftenzusatz ist „i. A."

Die **Erteilung** der Handlungsvollmacht kann formlos (stillschweigend, schriftlich oder mündlich) vom Kaufmann oder Prokuristen erfolgen. Jeder Bevollmächtigte ist berechtigt, innerhalb seiner Vollmacht beschränkte Untervollmachten zu erteilen. Ein Angestellter mit allgemeiner Handlungsvollmacht kann Einzel- oder Artvollmacht, ein Arthandlungsbevollmächtigter kann Einzelvollmacht erteilen.

Die Handlungsvollmacht **erlischt** durch

- Widerruf des Vollmachtgebers,
- Beendigung des Arbeitsverhältnisses,
- Auflösung des Unternehmens.

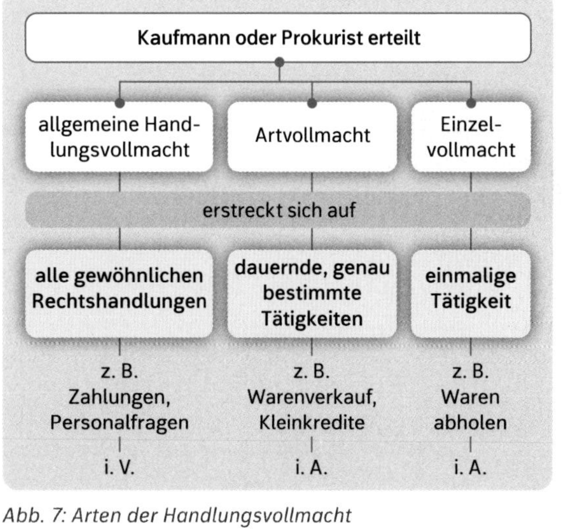

Abb. 7: Arten der Handlungsvollmacht

Prokura

Die Prokura ist die weitestgehende handelsrechtliche Vertretungsvollmacht. Sie ermächtigt über die allgemeine Handlungsvollmacht hinausgehend zu allen Arten von gerichtlichen und außergerichtlichen Geschäften und Rechtsgeschäften, die der Betrieb (irgend-) eines Handelsgewerbes mit sich bringt (§ 49 HGB). Der Prokurist kann also auch außergewöhnliche Geschäfte abschließen.

Beispiel: Der Prokurist der Trendino Computer-Shop GmbH kann das Sortiment des Geschäfts verändern und den Schwerpunkt auf Computerspiele setzen. Alle in diesem Zusammenhang geschlossenen Verträge sind für das Unternehmen bindend.

Arten der Prokura

Einzelprokura: Sie ermächtigt den Prokuristen, die Vollmacht allein in vollem Umfang wahrzunehmen; er darf allein vertretungsberechtigt handeln, z. B.

- Filialen errichten,
- Kredite aufnehmen,
- Prozesse führen,
- den Geschäftsbereich branchenmäßig erweitern, ohne die Zustimmung des Kaufmanns einzuholen.

Beispiel: Ein Prokurist kann für das Unternehmen ein Grundstück kaufen und zur Finanzierung des Kaufs einen Darlehnsvertrag abschließen.

Gesamtprokura: Sie wird von mindestens zwei Prokuristen gemeinsam ausgeübt.

Beispiel: Ein Prokurist kann nur dann für das Unternehmen ein Grundstück kaufen und zur Finanzierung des Kaufs einen Darlehnsvertrag abschließen, wenn der Prokurist zustimmt, der mit ihm gemeinschaftlich die Prokura ausübt.

Filialprokura: Sie beschränkt die Vollmacht des Prokuristen auf den Betrieb einer Niederlassung.

Beispiel: Für die BMW-Niederlassung Dortmund erhält der langjährige Mitarbeiter Wolfgang Kron Prokura.

Die **Erteilung** der Prokura muss

- durch den **Kaufmann** geschehen, also durch denjenigen, der im Handelsregister eingetragen ist. Für Handelsgesellschaften (z. B. GmbH, AG) handeln die vertretungsberechtigten Organe.
- **ausdrücklich** erfolgen (mündlich oder schriftlich).
- in das **Handelsregister** eingetragen werden. Dort hat der Prokurist seine Unterschrift unter Angabe der Firma und eines die Prokura andeutenden Zusatzes (ppa. oder pp. = per procura) zu hinterlegen. Die Eintragung der Prokura hat **deklaratorische Wirkung.** Auch die Löschung der Prokura ist eintragungspflichtig.

An das
Amtsgericht
– Registergericht –
____

Handelsregisteranmeldung ________________

Zur Eintragung in das Handelsregister melde ich als alleiniger Inhaber des im Handelsregister eingetragenen

Einzelunternehmens in Firma ____________________ an:

Ich habe meinem/meiner Angestellten Herrn/Frau ____________________ Einzelprokura/Gesamtprokura erteilt.
Der/die Prokurist/-in zeichnet für die Firma und seine/ihre Namensunterschrift ist wie folgt:

______________________-geschäft

ppa. ________________

____________________________ (Ort), ______________ (Datum)

____________________________________ (Unterschrift des Geschäftsinhabers)

(Notarieller Beglaubigungsvermerk der Firmenzeichnung und der Unterschrift)

Abb. 8: Vordruck für die Anmeldung einer Prokura-Erteilung beim Handelsregister

Die Prokura wird im **Innenverhältnis,** also innerhalb des Einzelhandelsunternehmens, mit der Erteilung wirksam.

Beispiel: Die Prokura wurde am 15. Mai erteilt und mit einem Rundschreiben den Geschäftspartnern mitgeteilt. Die Eintragung ins Handelsregister erfolgte aber erst am 2. Juni des gleichen Jahres.

Die Wirkung der Prokura im **Außenverhältnis** erfolgt nicht sofort mit der Erteilung. Der Begriff Außenverhältnis bezieht sich auf die Beziehungen zwischen Einzelhandelsunternehmen und Kunden, Lieferanten oder anderen externen Personen oder Behörden. Hier wird die Prokura erst wirksam, wenn ein Dritter Kenntnis davon hat oder wenn sie in das Handelsregister eingetragen und bekannt gemacht ist.

Im Innenverhältnis kann der Handlungsspielraum des Prokuristen beschränkt werden. Im Außenverhältnis ist diese Begrenzung allerdings unwirksam. Ein Außenstehender kann sich grundsätzlich darauf verlassen, dass der Prokurist mit Ausnahme bestimmter im HGB geregelter Vorfälle das Unternehmen vertreten darf.

Beispiel: Ein Prokurist mit Einzelprokura hat nur die Berechtigung, Verträge mit Lieferanten bis zu einer Höhe von 50000,00 € abzuschließen. Wenn er dennoch einen über die Summe hinausgehenden Vertrag eingeht, ist dieser für das Unternehmen bindend. Der Prokurist kann aber wegen Verletzung der Dienstpflicht zur Rechenschaft gezogen werden.

Grenzen der Prokura

Einem Prokuristen ist es gesetzlich verboten, z. B.

- Bilanzen und Steuererklärungen zu unterschreiben,
- einen Eid für den Inhaber zu leisten,
- die Firma aufzulösen oder zu verkaufen,
- die Eröffnung des Insolvenzverfahrens zu beantragen,
- Gesellschafter aufzunehmen bzw. zu entlassen,
- Prokura zu erteilen,
- Eintragungen ins Handelsregister vornehmen zu lassen.

Falls dem Prokuristen nicht eine zusätzliche Befugnis erteilt wurde, darf er auch keine Grundstücke verkaufen oder belasten.

Die Prokura **erlischt,** wenn

- sie vom Kaufmann widerrufen wird,
- das Unternehmen aufgelöst oder verkauft wird,
- das Arbeitsverhältnis aufgelöst wird.

Ebenso wie die Erteilung der Prokura ist die Löschung ins Handelsregister einzutragen. Erst dadurch ist die Prokura im Außenverhältnis gegenüber Dritten gelöscht. Die Prokura erlischt nicht mit dem Tod des Inhabers eines Unternehmens.

Aufgaben

1 Entscheiden und begründen Sie, welche der unten stehenden Unternehmen laut HGB

[1] als Istkaufmann

[2] als Formkaufmann

[3] weder als Istkaufmann noch als Formkaufmann

bezeichnet werden.

a) Handels-GmbH, ein Gesellschafter, keine Mitarbeiter

b) Industriekaufmann Sebastian Sondermann

c) Hotel „Zur Wolke KG“, 200 Betten

d) Steuerberaterbüro Dr. Sebastian Lendzian, zwölf Beschäftigte

e) Lebensmitteleinzelhändler REWO KG, fünf Filialen, 30 Beschäftigte

f) Würstchenbude in der Innenstadt von Osnabrück

g) Ravensburger Spiele AG

2 Der Auszubildende Ertan Utlas sagt, er müsse nach dem Berufschulunterricht noch in die Firma. Erläutern Sie, woran Sie erkennen, dass sich der Auszubildende nicht der korrekten Fachsprache bedient.

3 Erläutern Sie die Firmengrundsätze anhand Ihres Ausbildungsbetriebs.

Fortsetzung siehe nächste Seite.

4. Erläutern Sie den Unterschied zwischen
   a) deklaratorischer und konstitutiver Wirkung einer Eintragung ins Handelsregister.
   b) den Abteilungen A und B des Handelsregisters.
5. Stellen Sie dar, welche Auswirkung eine falsche Eintragung im Handelsregister hat.
6. Die Auszubildende Lara Bauer meint: „Ich weiß nicht, was das ganze Theater soll! Herr Maiwald war doch auch schon vor dem 1. Juni Prokurist. Schließlich hat er den Chef auch schon vorher vertreten, Mitarbeiter entlassen oder Verträge unterzeichnet." Entscheiden und begründen Sie, ob Herr Maiwald auch ohne eine besondere Erklärung, also durch Duldung oder Stillschweigen, schon vor dem 1. Juni Prokurist gewesen ist.
7. Der Prokurist Marvin Wüstehoff erteilt Ertan Utlas, der gerade seine Ausbildung beendet hat, die Allgemeine Handlungsvollmacht. Entscheiden Sie, ob der Prokurist Handlungsvollmacht erteilen darf.

Kompetenzraster, Kapitel 14.1 und 14.2

Kapitel	Ich kann ...	nein	un-sicher	recht sicher	ja
14.1	■ neben dem Streben nach Gewinn fünf weitere unternehmerische Ziele nennen und erläutern.				
	■ zwischen persönlichen, sachlichen und rechtlichen Gründungsvoraussetzungen unterscheiden und diese mit Beispielen belegen.				
	■ mindestens sechs Stellen nennen, bei denen ein neu gegründetes Einzelhandelsunternehmen angemeldet werden muss.				
	■ meine persönliche Entscheidung für bzw. gegen die Selbstständigkeit beschreiben.				
14.2	■ zwischen Handelsgewerbe und Handelsgesellschaft unterscheiden und dafür Beispiele nennen.				
	■ erläutern, was ein in kaufmännischer Weise eingerichteter Geschäftsbetrieb ist.				
	■ zwischen deklaratorischer und konstitutiver Wirkung einer Eintragung ins Handelsregister unterscheiden.				
	■ die Begriffe Ist-, Kann- und Formkaufmann erläutern und die Unterschiede darstellen.				
	■ erläutern, dass verschiedene Unternehmen keine Kaufmannseigenschaft besitzen.				
	■ den Begriff Firma erläutern.				
	■ vier verschiedene Firmenarten unterscheiden und entsprechende Beispiele anführen.				
	■ Firmengrundsätze anhand meines Ausbildungsbetriebs erläutern.				
	■ die zwei Abteilungen des Handelsregisters benennen und angeben, welche Kaufleute in den Abteilungen eingetragen werden.				
	■ zwischen Handlungsvollmacht und Prokura unterscheiden.				
	■ Rechtsgeschäfte benennen, die ein Prokurist nicht vornehmen darf.				
	■ Arten der Prokura erläutern, sie voneinander abgrenzen und Beispiele dazu anführen.				

222334208

14.3 Rechtsformen des Unternehmens

Neben der Trendino GmbH befindet sich ein kleiner, seit einigen Wochen leerstehender Blumenladen, in dem bislang abgepackte Schnittblumen und ein kleines Vasensortiment angeboten wurden. Frau Winkler, die Eigentümerin, hat ein Immobilienunternehmen mit dem Verkauf bzw. der Vermietung beauftragt.

Wie viele andere liest auch Jennifer Heisterkamp die Anzeige im Internet. Ihr Traum ist es, ein Porzellangeschäft für den gehobenen Bedarf zu eröffnen. Lev Kaya, Inhaber eines kleinen Bauunternehmens, denkt darüber nach, mithilfe eventuell neu aufzunehmender Partner das Grundstück zu erwerben, um einen Neubau mit mehreren Eigentumswohnungen und einem Ladenlokal zu errichten. Beide überlegen, welche Unternehmensform für ihr Vorhaben wohl geeignet sein könnte.

14.3.1 Wahl einer Rechtsform

Die eine, die „richtige" Rechtsform für alle Unternehmensgründungen gibt es nicht. Sie hängt von persönlichen, betriebswirtschaftlichen, rechtlichen und steuerlichen Kriterien ab. Jede Rechtsform hat Vor- und Nachteile. So können einzelne Gesichtspunkte bei der Auswahl weniger wichtig sein bzw. im Laufe der Zeit an Bedeutung gewinnen. Die wichtigsten Überlegungen, die die Wahl der Rechtsform beeinflussen können, sind z. B.:

- unternehmerische Unabhängigkeit,
- Geschäftsführungs- und Vertretungsrechte,
- Haftungsumfang,
- Kapitalbeschaffung,
- Kosten der Rechtsform (Notar, Eintragung Handelsregister),
- steuerrechtliche Bedingungen aufgrund der Rechtsform oder
- Image der Rechtsform.

Rechtsformen sind in der Regel langfristig bindend, sie können aber auch verändert werden. Daher ist es wichtig, langfristige Perspektiven für ein Unternehmen zu planen. Nicht nur bei der Gründung, sondern auch in den folgenden Situationen muss die Rechtsform des Unternehmens überdacht werden:

- Wachstum des Unternehmens,
- Änderung der Rechtsvorschriften,
- Veränderung der Gesellschaftsverhältnisse (Ausscheiden oder Aufnahme von Gesellschaftern),
- (Teil-)Verkauf des Unternehmens,
- Kooperation.

Es sollte die Rechtsform gewählt werden, die sich am besten für die Aufgaben eignet, die das Einzelhandelsunternehmen zu leisten hat. Der Einzelhändler kann das Unternehmen allein führen (**Einzelunternehmen**) oder aber mehrere Personen beteiligen sich an einem Unternehmen (**Gesellschaften**).

Bei den Gesellschaften ist zu unterscheiden zwischen

- **Personengesellschaft:** Hier handelt es sich um einen Zusammenschluss von mindestens zwei Personen. Eine dieser Personen haftet auch mit ihrem Privatvermögen.

- **Kapitalgesellschaft:** Die eingebrachten Kapitalanteile sind frei veräußerbar, also jederzeit zu verkaufen, oder vererbbar. Die Gesellschafter haften nicht mit ihrem Privatvermögen. Die persönliche Mitarbeit der Gesellschafter ist nicht notwendig.

- **Genossenschaft:** Dies ist ein Zusammenschluss beliebig vieler Mitglieder, wobei die Förderung der Mitglieder durch den gemeinschaftlichen Geschäftsbetrieb im Vordergrund steht, z. B. Wohnungsbaugenossenschaft.

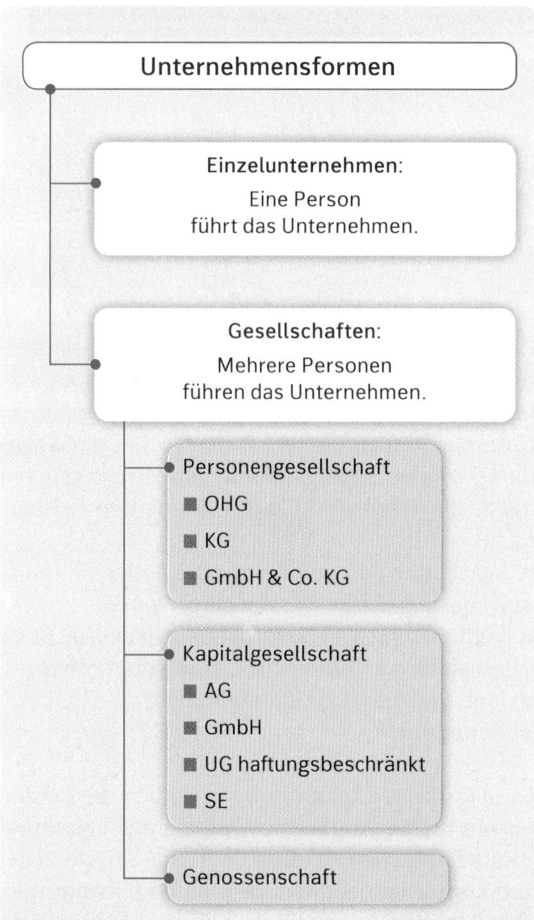

Abb. 1: Unternehmensformen

14.3.2 Einzelunternehmen

Gründung

Entschließt sich eine einzelne natürliche Person, ein Unternehmen zu gründen,
- ist die Anmeldung des Einzelunternehmens beim Gewerbeamt der zuständigen Gemeinde (Erteilen des Gewerbescheins) vorzunehmen.
- entstehen für die Anmeldung Kosten.
- erhält das Finanzamt eine Durchschrift der Gewerbeanmeldung.
- wird vom Finanzamt ein Fragebogen zur Betriebseröffnung übermittelt, auf dem die Möglichkeit der Kleinunternehmerregelung und damit ein Kleingewerbe anzuzeigen ist (vgl. Abb. 3).

Wird **kein in kaufmännischer Weise eingerichteter Geschäftsbetrieb** benötigt, steht dem Geschäftsbeginn als Kleingewerbetreibender dann nichts mehr im Wege. Das Unternehmen wird unter dem eigenen Namen geführt. Der Einzelhändler kann sich auch freiwillig ins Handelsregister eintragen lassen und ist dann Kaufmann.

Weitet sich das Unternehmen aus und es wird ein **kaufmännischer Geschäftsbetrieb erforderlich,** wird der Unternehmer Kaufmann. Er muss sich ins Handelsregister eintragen lassen, ist nun Kaufmann und erhält eine Firma mit dem Rechtsformzusatz „e. K.", „e. Kfm." bzw. „e. Kffr." oder „eingetragener Kaufmann" bzw. „eingetragene Kauffrau".

Für die Wahl der **Firma** gibt es folgende Möglichkeiten:
- Sachfirma, „Porzellan in voller Vollendung e. Kffr.",
- Fantasiefirma, „Tischlein deck dich e. K.",
- Personenfirma, „Jennifer Heisterkamp eingetragene Kauffrau", oder
- gemischte Firma, „Porzellanfachgeschäft J. Heisterkamp e. Kffr.".

Das **Kapital** wird von dem Einzelunternehmer allein aufgebracht. Ein vorgeschriebenes Mindestkapital ist bei dem Einzelunternehmen nicht erforderlich. Dadurch kann ein Einzelunternehmen mit einem geringeren finanziellen Aufwand als z. B. eine Kapitalgesellschaft gegründet werden.

Geschäftsführung und Haftung

Bei dieser Unternehmensform ist der Eigentümer uneingeschränkt „Herr im Haus“, der die Sachen selbst in die Hand nimmt, er will sein Schicksal selbst bestimmen. Erwirtschaftete Gewinne stehen ihm allein zur Verfügung. Sie stellen die Grundlage für eine Erweiterung des Eigenkapitals dar. Allerdings muss er dafür auch bei Verlusten oder Schäden in vollem Umfang (unbeschränkt) mit seinem Privatvermögen haften.

Der Einzelunternehmer übernimmt einerseits das volle unternehmerische und finanzielle Risiko, andererseits kann er schnell und ohne Rücksprache Entscheidungen treffen. Er hat das alleinige Recht, die Geschäfte zu führen und das Unternehmen gegenüber Dritten zu vertreten. Zu seiner Entlastung kann er Mitarbeitern Vollmacht erteilen.

Die Haftung mit dem gesamten Privatvermögen und das Tragen des vollen Risikos sind die entscheidenden Nachteile des Einzelunternehmens. Außerdem ist die Unternehmensvergrößerung begrenzt. Dies gilt ebenfalls für die Eigenkapitalaufbringung.

Abb. 2: Der Einzelunternehmer haftet mit seinem Privatvermögen.

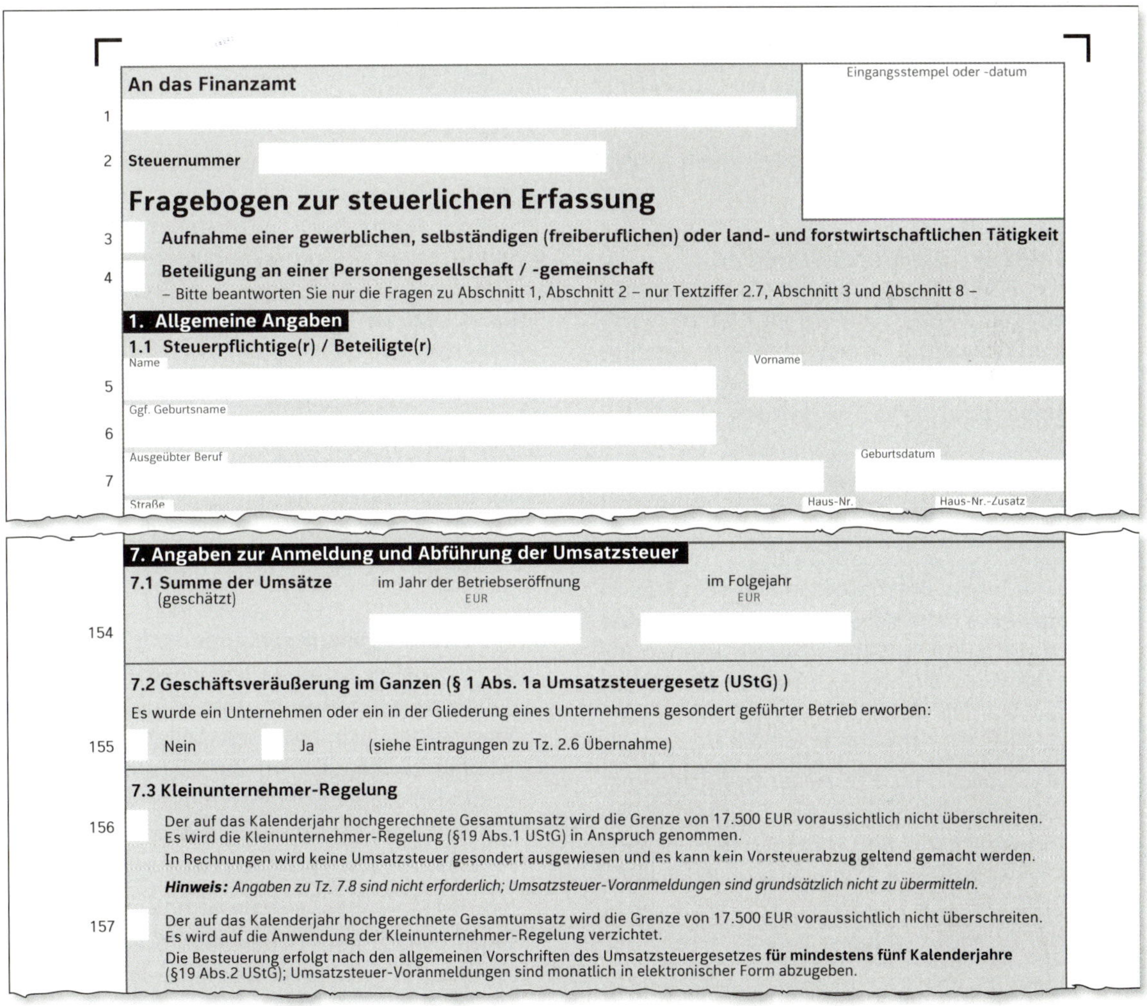

An das Finanzamt

Eingangsstempel oder -datum

1

2 Steuernummer

Fragebogen zur steuerlichen Erfassung

3 **Aufnahme einer gewerblichen, selbständigen (freiberuflichen) oder land- und forstwirtschaftlichen Tätigkeit**

4 **Beteiligung an einer Personengesellschaft / -gemeinschaft**
– Bitte beantworten Sie nur die Fragen zu Abschnitt 1, Abschnitt 2 – nur Textziffer 2.7, Abschnitt 3 und Abschnitt 8 –

1. Allgemeine Angaben

1.1 Steuerpflichtige(r) / Beteiligte(r)

5 Name | Vorname

6 Ggf. Geburtsname

7 Ausgeübter Beruf | Geburtsdatum

Straße | Haus-Nr. | Haus-Nr.-Zusatz

7. Angaben zur Anmeldung und Abführung der Umsatzsteuer

7.1 Summe der Umsätze (geschätzt) | im Jahr der Betriebseröffnung EUR | im Folgejahr EUR

154

7.2 Geschäftsveräußerung im Ganzen (§ 1 Abs. 1a Umsatzsteuergesetz (UStG))

Es wurde ein Unternehmen oder ein in der Gliederung eines Unternehmens gesondert geführter Betrieb erworben:

155 Nein Ja (siehe Eintragungen zu Tz. 2.6 Übernahme)

7.3 Kleinunternehmer-Regelung

156 Der auf das Kalenderjahr hochgerechnete Gesamtumsatz wird die Grenze von 17.500 EUR voraussichtlich nicht überschreiten. Es wird die Kleinunternehmer-Regelung (§19 Abs.1 UStG) in Anspruch genommen.
In Rechnungen wird keine Umsatzsteuer gesondert ausgewiesen und es kann kein Vorsteuerabzug geltend gemacht werden.
Hinweis: *Angaben zu Tz. 7.8 sind nicht erforderlich; Umsatzsteuer-Voranmeldungen sind grundsätzlich nicht zu übermitteln.*

157 Der auf das Kalenderjahr hochgerechnete Gesamtumsatz wird die Grenze von 17.500 EUR voraussichtlich nicht überschreiten. Es wird auf die Anwendung der Kleinunternehmer-Regelung verzichtet.
Die Besteuerung erfolgt nach den allgemeinen Vorschriften des Umsatzsteuergesetzes **für mindestens fünf Kalenderjahre** (§19 Abs.2 UStG); Umsatzsteuer-Voranmeldungen sind monatlich in elektronischer Form abzugeben.

Abb. 3: Auszug aus dem Fragebogen des Finanzamts zur steuerlichen Erfassung einer selbstständigen Tätigkeit

14.3.3 Personengesellschaften

Die Personengesellschaft ist der Zusammenschluss mehrerer Personen, mindestens zwei, die das Unternehmen gegründet haben (vgl. Abb. 4).

Alle Personengesellschaften haben weitere gemeinsame Merkmale. Dazu zählen z. B.:

- Mindestkapital ist nicht erforderlich,
- alle oder ein Teil der Gesellschafter haften persönlich, unbeschränkt und solidarisch mit ihrem gesamten Vermögen für alle Schulden der Gesellschaft,
- persönlich haftende Gesellschafter führen die Geschäfte,
- die Gesellschaft ist keine juristische Person,
- Abstimmungen finden zumeist nach der Anzahl der Gesellschafter statt (nicht nach dem Verhältnis der Kapitalanteile).

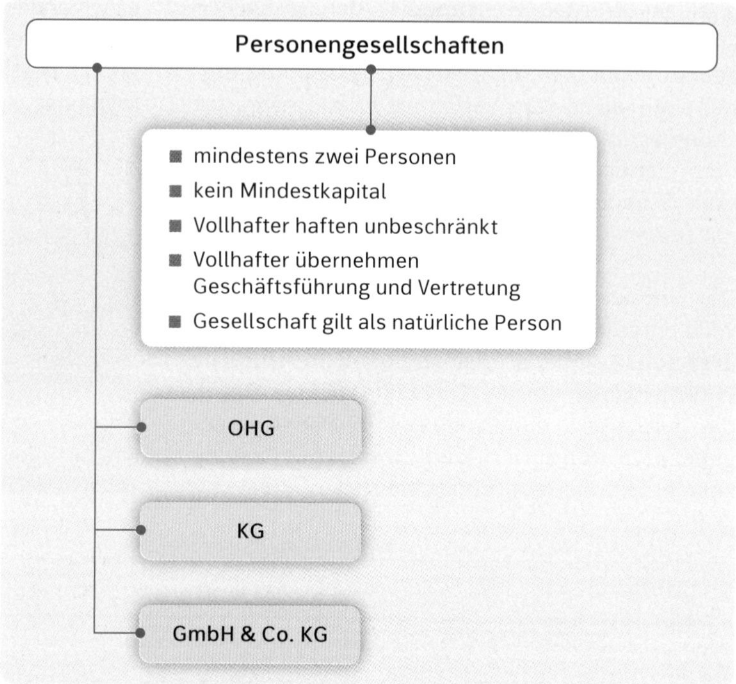

Abb. 4: Häufig vorkommende Personengesellschaften

Offene Handelsgesellschaft (OHG)

Die OHG ist eine Rechtsform, in die mindestens zwei Personen (Gesellschafter) ihr Kapital (Geld- und/oder Sachwerte), Wissen und ihre Arbeitskraft einbringen. Sie tragen gemeinschaftlich das unternehmerische Risiko: Die **Haftung** erfolgt

- **unbeschränkt,** d. h., jeder Gesellschafter haftet mit seinem Gesellschaftsvermögen und mit seinem gesamten Privatvermögen.

  Beispiel: Tobias Braunschweig und sein Freund Marcel Brand haben einen Lottogewinn in Höhe von 200 000,00 € erhalten. Endlich können sie sich selbstständig machen und eröffnen den Getränkehandel Brand OHG. Tobias Braunschweig beteiligt sich mit 80 000,00 € und Marcel Brand mit 55 000,00 € an der OHG. Den Rest des Lottogewinns sparen sie. Entgegen ihren Erwartungen gerät das Unternehmen in Zahlungsschwierigkeiten. Die Einlagen sind schnell aufgebraucht. Nun müssen sie auf ihr Spargeld, d. h. auf ihr Privatvermögen, zurückgreifen.

- **unmittelbar,** d. h., ein Gläubiger muss nicht zuerst die OHG in Anspruch nehmen, sondern kann sich an irgendeinen Gesellschafter der OHG wenden.

  Beispiel: Das Autohaus Racanter bekommt von der Brand OHG noch 4 500,00 € für die Reparatur eines Lieferwagens. Das Autohaus verlangt die Bezahlung der Rechnung direkt von Marcel Brand, ohne sich vorher an die Brand OHG oder an Tobias Braunschweig zu wenden.

- **solidarisch (gesamtschuldnerisch),** d. h., jeder Gesellschafter haftet für alle innerhalb der OHG entstandenen Schulden. Der Gläubiger hat die Möglichkeit, sich an einen beliebigen Gesellschafter zu wenden, der für die ausstehenden Verbindlichkeiten einstehen muss. Im Innenverhältnis hat der betroffene Gesellschafter selbstverständlich einen Ausgleichsanspruch.

  Beispiel (Fortsetzung): Marcel Brand kann nicht sagen: „Da gibt es noch den Gesellschafter Braunschweig, ich bezahle nur die Hälfte der Schuld."

Insgesamt ist die Möglichkeit, **Fremdkapital** (Kredite von Banken und Lieferanten) gewährt zu bekommen, leichter als bei dem Einzelunternehmen, da hier alle Gesellschafter solidarisch, unbeschränkt und unmittelbar haften. Die OHG ist daher grundsätzlich als besonders kreditwürdig anzusehen, insbesondere, wenn die Gesellschafter ein hohes Privatvermögen haben.

Für eine **Eigenkapitalerhöhung** gibt es folgende Möglichkeiten:
- Erhöhung der Kapitaleinlage der Gesellschafter,
- Verzicht auf Gewinnentnahme und/oder
- Aufnahme weiterer Gesellschafter.

Die **Gründung** einer OHG ist formfrei, üblich ist jedoch die Schriftform (Gesellschaftsvertrag). Die Personen-, Sach-, Phantasie- oder Mischfirma muss mit dem Rechtsformzusatz „Offene Handelsgesellschaft" oder einer allgemein verständlichen Abkürzung („OHG" oder „oHG") ins Handelsregister eingetragen werden.

Auf **Geschäftsbriefen** sind u.a. folgende Angaben vorgeschrieben:
- die Firma in Übereinstimmung mit dem im Handelsregister eingetragenen Wortlaut,
- Rechtsform (OHG),
- Sitz der Gesellschaft,
- Registergericht und die Nummer, unter der die Gesellschaft in das Handelsregister eingetragen ist.

Sobald die OHG im **Handelsregister** eingetragen ist, sind die Rechtsgeschäfte gegenüber Dritten (Außenverhältnis), z.B. Lieferanten, Banken, Kunden, gültig. Nimmt die OHG ihren Geschäftsbetrieb schon vor der Eintragung auf, sind die Rechtsgeschäfte ebenfalls verbindlich.

Das Recht zur **Vertretung** der Gesellschaft, d.h. im Außenverhältnis, ist gesetzlich festgelegt. Jeder Gesellschafter kann allein das Unternehmen vertreten (Einzelvertretungsmacht). Die gesetzliche Regelung kann eingeschränkt werden, indem nur ein bestimmter Gesellschafter allein oder mehrere Gesellschafter gemeinsam die OHG vertreten. Dann muss dies aber im Handelsregister stehen.

Beispiel: Jennifer Heisterkamp hat mit der langjährigen Verkäuferin Esther Friedrich eine OHG gegründet. Gesellschafterin Friedrich ist laut Gesellschaftsvertrag nur für den Verkauf zuständig. Sie nutzt aber eine gute Gelegenheit und kauft einen Sonderposten einer bestimmten Warengruppe ein. Widerspricht Jennifer Heisterkamp, so ist der Vertrag trotzdem gültig, da die Beschränkung der Vertretungsbefugnis nicht im Handelsregister eingetragen wurde.

Weitere **Rechte der OHG-Gesellschafter** neben dem Recht zur Geschäftsführung und -vertretung sind:
- ein Informations- und Kontrollrecht,
- ein Widerspruchsrecht gegen Maßnahmen der anderen Gesellschafter,
- ein Kündigungsrecht (mit einer Frist von sechs Monaten zum Geschäftsjahrsende),
- das Recht auf Privatentnahmen (bis 4 % vom Kapitalanteil),
- das Recht auf Gewinnanteil (nach HGB: 4 % vom Kapitalanteil und Rest nach Köpfen; andere Vereinbarungen sind möglich). In der Regel bekommen die Gesellschafter zuvor einen Unternehmerlohn. Der Gewinn eines Gesellschafters wird seinem Kapitalanteil zugeschrieben.
- Ein möglicher Verlust wird nach Köpfen verteilt und vom Kapitalkonto abgezogen.

Beispiel: In der Jennifer Heisterkamp OHG soll der Jahresgewinn in Höhe von 55 000,00 € verteilt werden (vgl. Abb. 5).

Gesellschafter	Heisterkamp	Friedrich	Summe
Einlage/Kapitalanteile (in €)	80 000	45 000	125 000
4 % Zinsen auf die Einlage (in €)	3 200	1 800	5 000
Rest nach Köpfen (in €)	25 000	25 000	50 000
Gesamtgewinn (in €)	28 200	26 800	55 000

Abb. 5: Gewinnverteilung in der Jennifer Heisterkamp OHG

Zu den **Pflichten der OHG-Gesellschafter** gehören:

- die vereinbarte Einlage zu leisten,
- in der OHG mitzuarbeiten; eine Ausnahme davon muss im Gesellschaftsvertrag geregelt sein,
- sich zu gleichen Teilen am Verlust zu beteiligen,
- sich an das Wettbewerbsverbot zu halten. Das bedeutet, ohne Einwilligung seiner Partner darf kein Gesellschafter im gleichen Handelszweig der Gesellschaft Geschäfte abschließen oder sich an einer anderen Gesellschaft als persönlich haftender Gesellschafter beteiligen.

Ein in die OHG eintretender Gesellschafter haftet auch für die Schulden, die bei seinem Eintritt bereits bestehen. Bei Austritt ist er verpflichtet, noch fünf Jahre für die bei seinem Ausscheiden vorhandenen Verbindlichkeiten einzutreten.

Die **Auflösung** der OHG erfolgt durch:

- Ablauf des Gesellschaftsvertrags,
- Beschluss der Gesellschafter,
- Eröffnung des Insolvenzverfahrens über das Vermögen der Gesellschaft oder
- Entscheidung eines Gerichts.

Bei der OHG führt der Tod eines Gesellschafters nicht zur Auflösung der Gesellschaft, sondern zu seinem Ausscheiden aus der Gesellschaft. Die Erben haben das Recht auf Abfindung. Sie zählt dann mit zum Nachlass des Verstorbenen.

Die **Bedeutung** der OHG

- ist von der persönlichen Verantwortung und Entscheidung der Gesellschafter geprägt.
- liegt in der Bereitschaft, für die Folgen unternehmerischer Tätigkeit auch privat zu haften.
- besteht in einem hohen Maße an Vertrauen, Kooperationsfähigkeit und Ehrlichkeit gegenüber den beteiligten Gesellschaftern.

Abb. 6: Verträge über die Gründung von Personengesellschaften sollten schriftlich festgehalten werden.

Kommanditgesellschaft (KG)

Die KG ist eine der OHG verwandte Rechtsform. Sie unterscheidet sich von der OHG dadurch, dass mindestens ein Gesellschafter unbeschränkt (Komplementär) und ein Gesellschafter beschränkt in Höhe seiner Einlage (Kommanditist) haftet. Die Zahl der Gesellschafter ist nicht begrenzt.

Der **Komplementär (Vollhafter)** der KG

- ist gleichzusetzen mit den Rechten und Pflichten eines Gesellschafters einer OHG.
- übernimmt allein die Geschäftsführung.
- vertritt die Gesellschaft nach außen, Dritten gegenüber.
- haftet unbeschränkt, unmittelbar und solidarisch (siehe OHG).

Der **Kommanditist (Teilhafter)** der KG

- haftet nur mit der in das Handelsregister eingetragenen Einlage. Sie kann in Geld- und/oder Sachwerten erfolgen. Die Beschränkung der Haftung auf die Einlage ist aber erst ab dem Zeitpunkt der Eintragung rechtswirksam. Die Haftung ist ausgeschlossen, soweit die Einlage geleistet ist.

  Beispiel: Memet Öztürk (Komplementär), Elif Özen (Komplementär) und Andreas Wossmann (Kommanditist) haben die Öztürk KG gegründet. Für A. Wossmann ist im Handelsregister eine Kapitaleinlage von 125 000 € eingetragen. Auf diese Einlage hat er bisher 85 000 € eingezahlt, d. h., er haftet noch mit 40 000 € persönlich.

- ist von der Geschäftsführung ausgeschlossen.
- hat aber bei außergewöhnlichen Geschäften ein Widerspruchsrecht, z. B. bei Änderung der Rechtsform des Unternehmens.
- hat das Recht, den Jahresabschluss zu prüfen. Das Recht einer laufenden Geschäftskontrolle besteht nicht.
- haftet bei Eintritt in die KG auch für bereits bestehende Verbindlichkeiten.
- kann mit einer Frist von sechs Monaten zum Ende des Geschäftsjahres kündigen. Er muss noch bis fünf Jahre nach dem Austritt für die zu diesem Zeitpunkt bestehenden Verbindlichkeiten haften (siehe OHG).

Die Kommanditgesellschaft wird durch den Abschluss eines Gesellschaftsvertrags zwischen den beteiligten Gesellschaftern gegründet.

Ein schriftlicher **Gesellschaftsvertrag** ist vom Gesetzgeber nicht vorgesehen, es herrscht Formfreiheit (siehe OHG). Für die Gründung ist wie bei der OHG **kein Mindestkapital** vorgeschrieben.

Die **Firma** der KG kann aus Personen-, Sach-, Fantasienamen oder einer Mischung davon bestehen und muss die Bezeichnung „Kommanditgesellschaft" oder eine allgemeine Abkürzung, „KG" oder „Kges.", enthalten.

Die Anmeldung zur Eintragung der KG in das **Handelsregister** ist beim zuständigen Registergericht in öffentlich beglaubigter Form (Notar) vorzunehmen. Die Eintragung hat zu enthalten:

- Namen, Vornamen, Geburtsdatum und den Wohnort jedes Gesellschafters.
- die Firma des Unternehmens und den Ort, an dem sie ihren Sitz hat, sowie den Unternehmensgegenstand.
- die Kommanditisten und die Höhe ihrer jeweiligen Einlage.

Die **Geschäftsbriefe** der Gesellschaften müssen ebenfalls die Angaben enthalten, die auch für die OHG zwingend vorgeschrieben sind.

Sofern im Gesellschaftsvertrag über die Verteilung von Gewinn bzw. Verlust nichts anderes bestimmt ist, erhält jeder Gesellschafter (Komplementär und Kommanditist) 4 % seines Kapitalanteils. Ein darüber hinausgehender **Gewinn** wird in einem angemessenen Verhältnis, das im Gesellschaftsvertrag festgelegt ist, verteilt. Da der Komplementär die Geschäfte führt und auch mit seinem Privatvermögen haftet, steht ihm ein größerer Gewinnanteil als dem Kommanditisten zu. Wie bei der OHG erhält der Komplementär der KG vom Gewinn des Unternehmens zunächst einen Unternehmerlohn.

Beispiel: In der Öztürk KG soll der Jahresgewinn verteilt werden. Er beträgt 150000,00 €. Die Kapitaleinlage (Öztürk 210 000,00 €, Özen 160 000,00 € und Wossmann 125 000,00 €) wird mit 4 % verzinst. Der Restgewinn wird im Verhältnis 2 : 2 : 1 verteilt. Memet Öztürk und Elif Özen erhalten vorab jeweils 40000,00 € Unternehmerlohn pro Jahr (vgl. Abb. 7).

Macht die Gesellschaft **Verlust,** werden diese im Verhältnis der Anteile verteilt und vom Kapitalanteil abgezogen. Zu beachten ist, dass die Verlustbeteiligung des Kommanditisten auf seine Einlagenhöhe beschränkt ist.

Gründe für die **Auflösung** einer KG sind:

- Ablauf der im Gesellschaftsvertrag vereinbarten Zeit,
- Insolvenz (vgl. Kap. 14.7),
- gerichtliche Anordnung oder
- Beschluss der Gesellschafter.

Beim Tod eines Kommanditisten wird die KG mit den Erben weiter fortgesetzt, wenn es keine abweichenden vertraglichen Regelungen gibt. Verstirbt ein persönlich haftender Gesellschafter (Komplementär), haben die Erben das Recht auf Abfindung (siehe OHG).

Gesellschafter	Öztürk Komplementär	Özen Komplementär	Wossmann Kommanditist	Summe
Einlage/Kapitalanteile (in €)	210000,00	160000,00	125000,00	495000,00
4 % Zinsen auf die Einlage (in €)	8400,00	6400,00	5000,00	19800,00
Unternehmerlohn (in €)	40000,00	40000,00		80000,00
Anteil am Restgewinn (in €)	20080,00	20080,00	10040,00	50200,00
Gesamtgewinn (in €)	68480,00	66480,00	15040,00	150000,00

Abb. 7: Gewinnverteilung in der Öztürk KG

14.3.4 Kapitalgesellschaften

Kapitalgesellschaften sind juristische Personen (vgl. BN 222331, LF 3, Kap. 3.1.2). Im Unterschied zu den Personengesellschaften steht die kapitalmäßige Beteiligung der Gesellschafter im Vordergrund. Eine Mitarbeit der Gesellschafter ist nicht erforderlich. Für die Verbindlichkeiten des Unternehmens haftet nur das Gesellschaftsvermögen, d.h., die persönliche Haftung der beteiligten Gesellschafter ist ausgeschlossen. Einen Überblick gibt die Grafik (vgl. Abb. 8).

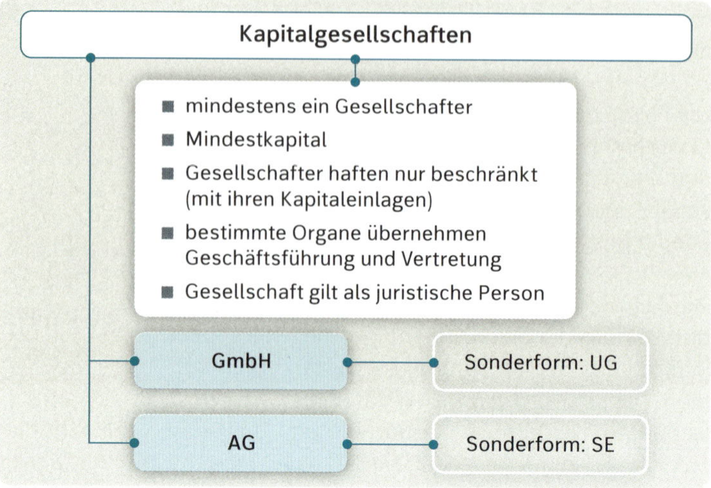

Abb. 8: Kapitalgesellschaften

Gesellschaft mit beschränkter Haftung (GmbH)
Die GmbH ist eine weitverbreitete Unternehmensform, da

- die persönliche Haftung der Gesellschafter ausgeschlossen ist,
- der einzelne Gesellschafter nur bis zur Höhe seiner Stammeinlage haftet,
- eine Mindestzahl von Gründern nicht vorgeschrieben ist. Das bedeutet, eine GmbH kann von einer oder mehreren Personen gegründet werden.

Für die Gründung einer GmbH ist der Abschluss eines Gesellschaftsvertrags (Satzung) gesetzlich vorgeschrieben. Der **Gesellschaftsvertrag (Satzung)** bedarf der notariellen Form und muss mindestens folgende Angaben enthalten:

- Firma und Sitz der Gesellschaft,
- Gegenstand des Unternehmens,
- Betrag des Stammkapitals,
- Höhe der von jedem Gesellschafter zu leistenden Kapitaleinlage (Stammeinlage).

Die GmbH als juristische Person (Formkaufmann) entsteht erst mit Eintragung ins **Handelsregister.** Werden vor der Eintragung Geschäfte abgeschlossen, haften die Gesellschafter persönlich und solidarisch (vgl. OHG, Kap. 14.3.3).

Die **Firma** der GmbH kann aus Personen-, Sach- oder Fantasienamen oder einer Kombination davon (Mischfirma) bestehen. Sie muss die Bezeichnung „Gesellschaft mit beschränkter Haftung" oder die Abkürzung „GmbH" enthalten.

Die **Stammeinlage** eines Gesellschafters muss mindestens 1,00 € betragen und auf volle Euro lauten, z. B. nicht 201,75 €. Die Einlage kann in Form von Geld- und/oder Sachleistungen erfolgen. Im Gegensatz zu den Personengesellschaften ist bei der GmbH ein **Stammkapital** (Gesellschaftskapital) von mindestens 25000,00 € gesetzlich vorgeschrieben. Die Anmeldung zum Handelsregister (Abteilung B) kann erst erfolgen, wenn mindestens ein Viertel der Stammeinlage des jeweiligen Gesellschafters erbracht wurde (Sacheinlagen müssen wertmäßig vollständig erbracht worden sein). Darüber hinaus muss insgesamt die Hälfte des Stammkapitals, hier 12500,00 €, erreicht worden sein. Geschäftsanteile können auch verkauft bzw. vererbt werden. Dafür ist ebenfalls die notarielle Form vorgeschrieben.

Beispiel: Fabian Scholz und Ertan Gürbürz gründen die system-software GmbH. Im Gesellschaftsvertrag steht:

- Fabian Scholz ist verpflichtet, 16000,00 € als Stammeinlage zu leisten, und zwar 13500,00 € als Geldleistung und 2500,00 € als Sachleistung in Form eines Gabelstaplers.
- Ertan Gürbürz hat eine Stammeinlage in Höhe von 32000,00 € zu leisten, wobei eine Geldleistung von 25000,00 € fällig ist, der Rest in Höhe von 7000,00 € erfolgt in Form eines Pkw als Sachleistung.

222334216

Fabian Scholz und Ertan Gürbürz rechnen aus, ob sie über die Sacheinlage und Mindeststammeinlage hinaus noch weiteres Geld für die erfolgreiche Anmeldung zum Handelsregister aufbringen müssen:

- Gesellschaftskapital der GmbH: 48 000,00 €
- ein Viertel der Stammeinlage von Fabian Scholz und Ertan Gürbürz: 12 000,00 €
- Sacheinlagen: 9 500,00 €
- verbleiben: 21 500,00 €

Bei Anmeldung zum Handelsregister muss mindestens die Hälfte des Gesellschaftskapitals vorhanden sein: 24 000,00 €. Die noch aufzubringende Geldeinlage für die Anmeldung zum Handelsregister beträgt 2 500,00 €.

Im Gesellschaftsvertrag kann zur Erweiterung der Eigenkapitalbasis eine beschränkte oder unbeschränkte **Nachschusspflicht** der Gesellschafter festgelegt werden. Weiterhin besteht die Möglichkeit, neue Gesellschafter in die GmbH aufzunehmen, die durch ihre Einlagen das Gesellschaftskapital erhöhen.

Neben den Pflichten hat ein Gesellschafter auch **Rechte.** Hierzu gehören u. a.:

- das Recht auf Gewinn, und zwar im Verhältnis der Geschäftsanteile, falls in der Satzung nichts anderes vereinbart wurde.
- das Stimmrecht in der Gesellschafterversammlung.

Die **Führung der Gesellschaft** liegt bei den Organen:

- Geschäftsführer (Leitungsorgan),
- Aufsichtsrat; er ist bei mehr als 500 Arbeitnehmern gesetzlich vorgeschrieben oder wenn es die Satzung vorsieht (Kontrollorgan),
- Gesellschafterversammlung (Beschlussorgan).

Der **Geschäftsführer**

- ist das leitende Organ der GmbH.
- übernimmt die Vertretung der juristischen Person „GmbH".
- kann ein Gesellschafter oder eine angestellte Person sein.
- ist ins Handelsregister einzutragen und auf den Geschäftsbriefen anzugeben.
- wird auf unbestimmte Zeit durch den Gesellschaftsvertrag oder den Beschluss der Gesellschafter bestellt, kann aber jederzeit abgerufen werden.
- kann im Innenverhältnis in seiner Vertretungsbefugnis eingeschränkt werden, im Außenverhältnis ist eine Beschränkung der Vertretungsbefugnis nicht möglich (siehe OHG und GmbH-Gesetz).
- ist verpflichtet, für die ordnungsmäßige Buchführung der Gesellschaft zu sorgen und er hat Weisungen der Gesellschafter auszuführen.
- hat bei Zahlungsunfähigkeit der Gesellschaft das Insolvenzverfahren zu beantragen.

Hat eine GmbH mehrere Geschäftsführer, so sind sie gemeinschaftlich zur Geschäftsführung und Vertretung berechtigt (Gesamtgeschäftsführungs- und -vertretungsbefugnis). Geschäftsführer werden durch die **Gesellschafterversammlung** bestellt bzw. abberufen. Weitere Aufgaben dieses beschlussfassenden Organs sind:

- Feststellung des Jahresabschlusses,
- Beschlussfassung über die Gewinnverwendung,
- Bestellung von Prokuristen und Allgemeinen Handlungsbevollmächtigten.

Die wesentliche Aufgabe des **Aufsichtsrats** besteht in der Überwachung der Geschäftsführer und in der Prüfung des Jahresabschlusses. Über die Prüfung des Jahresabschlusses hat der Aufsichtsrat der Gesellschafterversammlung Auskunft zu geben.

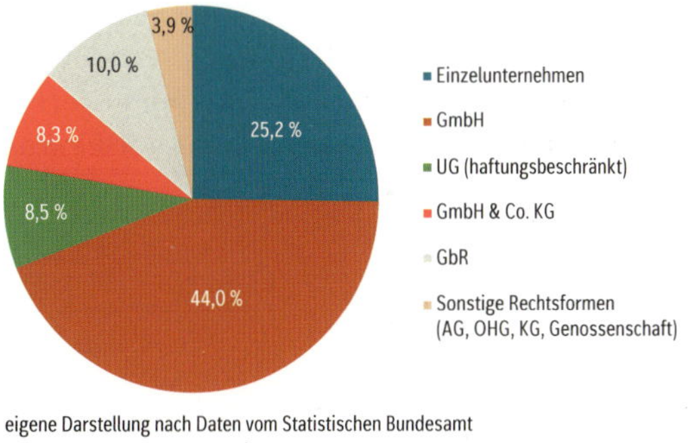

eigene Darstellung nach Daten vom Statistischen Bundesamt

Abb. 9: Gewählte Rechtsform bei eingetragenen Betriebsgründungen in Deutschland 2018

Die **GmbH & Co. KG** ist eine Sonderform der Kommanditgesellschaft und folglich damit eine Personengesellschaft. Anders als bei der KG ist der Vollhafter keine natürliche Person, sondern die GmbH als juristische Person ist der Komplementär, d. h., eine Person gründet zunächst eine GmbH. Diese Person ist gleichzeitig auch der Geschäftsführer der GmbH. Nach Gründung der GmbH wird eine KG beim Handelsregister angemeldet und eingetragen, bei der die natürliche Person der Kommanditist und die GmbH der Vollhafter ist. Durch diese Konstellation hat man die unbeschränkte Haftung der natürlichen Personen ausgeschlossen.
Für die GmbH & Co. KG finden in erster Linie die Vorschriften über die KG Anwendung.

Haftungsbeschränkte Unternehmergesellschaft (UG) als eine Sonderform der GmbH

Nicht alle Gründer eines Unternehmens haben zu Beginn ihrer Selbstständigkeit genügend Stammkapital, um eine GmbH mit 25000,00 € zu gründen. Aus diesem Grund ermöglicht es das GmbH-Gesetz, auch **ohne Einhaltung des Mindeststammkapitals** eine haftungsbeschränkte Unternehmergesellschaft zu gründen. Im Extremfall kann diese Gesellschaft mit einem einzigen Euro gegründet werden. Daher stammen auch die Bezeichnungen **1-Euro-GmbH** oder **Mini-GmbH.** Die UG gehört ebenfalls zu den Kapitalgesellschaften mit Haftungsbeschränkung. Die Anzahl der Gesellschafter ist unbeschränkt.

In den letzten Jahren hat die Gründung von haftungsbeschränkten Unternehmergesellschaften stark zugenommen (vgl. Abb. 10).

Die haftungsbeschränkte Unternehmergesellschaft ist keine neue Rechtsform, sondern eine besondere GmbH, für die z. B. auch die folgenden **Pflichten** bestehen:

- Handelsregistereintragung (konstitutiv),
- Satzung,
- Bestellung eines Geschäftsführers,
- Stammeinlage und -kapital. Das festgesetzte Stammkapital muss zum Zeitpunkt der Eintragung in voller Höhe einbezahlt sein. Sacheinlagen sind nicht erlaubt.

Der Name der **Firma** ist mit dem Zusatz

- „Unternehmergesellschaft (haftungsbeschränkt)“ oder
- „UG (haftungsbeschränkt)“

zu versehen.

Für die **Gründung** der UG ist beim Notar ein beurkundetes Musterprotokoll auszufüllen. Es ist zugleich **Gesellschaftsvertrag** und Gesellschafterliste. Über einen Aufsichtsrat wird diese Gesellschaft zumeist nicht verfügen. **Gewinn** darf die UG nicht voll ausschütten. Sie soll auf diese Weise das Mindeststammkapital der „normalen“ GmbH nach und nach ansparen. Wenn durch die Gewinnrücklage das Kapital auf 25 000,00 € angewachsen ist, kann die UG zur GmbH **umfirmiert** werden.

Ein wesentlicher Nachteil der UG ist darin zu sehen, dass das Unternehmen über ein niedriges Stammkapital verfügt. Daher sind das Ansehen und die Kreditwürdigkeit der UG bei Gläubigern und Lieferanten begrenzt.

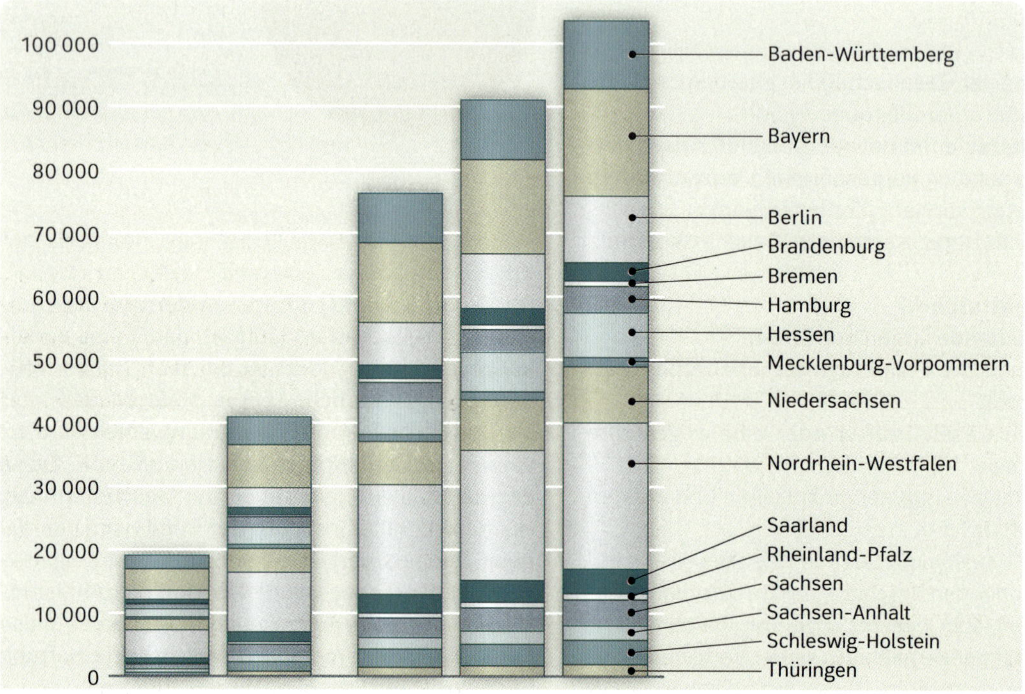

Abb. 10: Gesamtzahl der im Handelsregister eingetragenen Unternehmergesellschaften; Übersicht nach Bundesländern

222334218

Aktiengesellschaft (AG)

Ebenso wie die GmbH ist die Aktiengesellschaft eine juristische Person. Diese Kapitalgesellschaft eignet sich besonders für große Unternehmen. Beispiele sind die Volkswagen AG, Deutsche Lufthansa Aktiengesellschaft oder die SAP AG.

Abb. 11: Zur METRO AG gehören einige bekannte Handelsmarken.

Das **Eigenkapital (Grundkapital)** ist in Aktien (Anteilspapiere) gestückelt. Die **Aktie** ist eine Urkunde über die Beteiligung an dem Unternehmen, d. h., der Inhaber einer Aktie ist Teilhaber am Vermögen und den Erträgen der Gesellschaft. Seine Haftung beschränkt sich auf die von ihm geleistete Einlage. Das Unternehmen haftet, ebenso wie die GmbH, mit seinem gesamten Gesellschaftsvermögen.

Folgende Voraussetzungen sind für die **Gründung** einer Aktiengesellschaft erforderlich:

- Das Grundkapital muss mindestens 50000,00 € (Kapital- oder Sachleistungen) betragen.
- Das Grundkapital wird in Aktien aufgeteilt (Nennbetragsaktien oder Stückaktien). Eine oder mehrere Personen kaufen die Aktien.

Beispiele:

- Die Heureka AG hat ein Grundkapital von 50000,00 €. Auf jeder Aktie ist ein Geldbetrag von 1,00 € aufgedruckt (Mindestnennwert einer Aktie).
- Die Jäger AG hat ein Grundkapital von 50000,00 €. Das Unternehmen gibt 1000 Stück aus (Stückaktie), d. h. auf jede Stückaktie entfällt $^1/_{1000}$ des Grundkapitals. Im Gegensatz zur Nennwertaktie wird der Anteil nicht in einem Geldbetrag ausgedrückt. Der Anteil am Grundkapital wird nach der Zahl der Aktien bestimmt.

- Aktien vieler großer Aktiengesellschaften werden an der Börse gehandelt. Der Börsenpreis einer Aktie wird Kurswert genannt.
- Eintragung ins Handelsregister Abteilung B (Formkaufmann) hat konstitutive Wirkung, erst mit der Eintragung entsteht die AG.
- notariell beurkundeter Gesellschaftsvertrag (Satzung). In der Satzung sind u. a. Firma, Sitz, Gegenstand der Geschäftstätigkeit (siehe GmbH), Höhe und Stückelung des Grundkapitals enthalten.

Die AG besitzt drei vom Gesetz vorgeschriebene **Organe:**

- Vorstand (Leitungsorgan),
- Aufsichtsrat (Kontrollorgan),
- Hauptversammlung (Beschlussorgan).

Abb. 12: Organe einer AG

Der **Vorstand** kann aus einer oder mehreren Personen bestehen und erhält für seine Tätigkeit ein festes Gehalt und Gewinnanteile (Tantiemen). Besteht der Vorstand aus mehreren Personen, haben diese **Gesamtvertretungsmacht,** d. h., sie müssen alle Entscheidungen gemeinsam treffen. Die Satzung kann aber auch **Einzelvertretung** vorsehen. Mitglieder des Vorstands sind im Handelsregister einzutragen und auf allen Geschäftsbriefen anzugeben. Vorstandsmitglieder müssen aber keine Aktionäre sein.

Zu den Aufgaben des Vorstands gehören:

- Geschäftsführung und Vertretung,
- Einberufung der ordentlichen Hauptversammlung,

- regelmäßige Berichterstattung an den Aufsichtsrat über die beabsichtigte Geschäftspolitik, die Rentabilität der Gesellschaft,
- Erstellung des Jahresabschlusses (Schlussbilanz und Gewinn- und Verlustrechnung) und Vorschlag für die Gewinnverwendung,
- Anmeldung der Insolvenz.

Der **Aufsichtsrat** ist das Kontrollorgan der Aktiengesellschaft (vgl. auch GmbH). Die Mitglieder des Aufsichtsrats erhalten eine Aufwandsentschädigung und häufig noch Tantieme. Die Aufgaben des Aufsichtsrats sind:
- Wahl des Vorstands,
- Überwachung des Vorstands und dessen Geschäftsführung,
- Prüfung des Jahresabschlusses, des Geschäfts- und Lageberichts,
- Bericht an die Hauptversammlung über das Ergebnis der Prüfung des Jahresabschlusses und des Lageberichts,
- Einberufung einer außerordentlichen Hauptversammlung,
- Vorschlag für die Gewinnverwendung.

Die **Hauptversammlung** ist die Versammlung der Aktionäre. Zu den Aufgaben der Hauptversammlung zählen:
- Entscheidung über die Gewinnverwendung. Der Gewinnanteil der Aktionäre wird als Dividende bezeichnet.
- Wahl der Aufsichtsratsmitglieder der Anteilseigner.
- Beschlüsse über Satzungsänderungen, z. B. Kapitalerhöhung.
- Entlastung des Vorstands und des Aufsichtsrats. Mit der Entlastung wird dem Vorstand und Aufsichtsrat bestätigt, dass sie eine ordnungsgemäße Arbeit geleistet haben.

Europäische Aktiengesellschaft (SE)

Die Gründung einer Europäischen Aktiengesellschaft (Societas Europaea = SE) ist für Aktiengesellschaften weder verpflichtend noch soll sie die nationale Aktiengesellschaft verdrängen. Unternehmen, die in verschiedenen Mitgliedstaaten der Europäischen Union tätig sind oder grenzüberschreitend tätig werden wollen, können sich in dieser Rechtsform zusammenschließen. Sie treten dadurch als rechtliche Einheit mit unterschiedlichen Tochtergesellschaften auf.

Die **Entstehung** einer Europäischen Aktiengesellschaft erfolgt beispielsweise durch:
- Umwandlung einer bereits bestehenden nationalen AG in eine SE, sofern diese seit zwei Jahren Tochtergesellschaften in einem anderen Mitgliedstaat hat.
- Zusammenschluss von bestehenden Gesellschaften.

Gründe für die Schaffung einer Europäischen Aktiengesellschaft können sein:
- Die grenzüberschreitende Kooperation wird erleichtert.
- Es wird vermieden, dass in den verschiedenen europäischen Staaten Tochtergesellschaften nach unterschiedlichem Recht gegründet werden müssen.
- Alle in der SE zusammengefassten Unternehmensteile erhalten eine einheitliche rechtliche Ordnung.

Beispiel: Unter dem Namen DEICHMANN SE werden beispielsweise in Deutschland, Österreich, Großbritannien, Dänemark, Polen, Ungarn, Türkei, Schweden und Bulgarien Schuhe verkauft. Die Deichmann SE steuert mit ihrem Sitz in Essen ihr nationales und internationales Geschäft.

Der **Sitz des Unternehmens** muss in einem EU-Mitgliedstaat liegen und die Firma muss den Zusatz „SE" führen. Die SE
- muss in das Handelsregister des Landes eingetragen werden, in dem der Hauptsitz liegt.
- wird anschließend u. a. im Amtsblatt der europäischen Union veröffentlicht.
- benötigt zur Gründung mindestens 120000,00 €. Das Stammkapital ist in Aktien aufgeteilt.

Vorteile einer Europäischen Aktiengesellschaft sind z. B.:

- Der Sitz innerhalb der Gemeinschaft kann leicht verlegt werden, ohne das Unternehmen in einem Mitgliedstaat auflösen zu müssen, um dann in einem anderen Mitgliedstaat ein neues zu gründen.
- Mittelständische Unternehmen nutzen die SE zunehmend als Rechtsform, um international am Markt aufzutreten. Sie gewinnen dadurch Prestige.

Nachteile einer Europäischen Aktiengesellschaft sind beispielsweise:

- das hohe Stammkapital.
- die unterschiedlichen (nationalen) gesetzlichen Regelungen.

14.3.5 Eingetragene Genossenschaft (eG)

„Was einer alleine nicht schafft, das schaffen viele." Das vorrangige Ziel dieser Unternehmensform ist die Förderung der wirtschaftlichen Interessen ihrer Mitglieder durch den **gemeinschaftlichen Geschäftsbetrieb**. Jedes Mitglied ist zugleich Eigentümer (Kapitalgeber) und Nutznießer seiner Genossenschaft, d. h., durch den Zusammenschluss beziehen die Mitglieder Waren oder Dienstleistungen vom Gemeinschaftsunternehmen, für das sie selbst wiederum wirtschaften.

Traditionelle Genossenschaften findet man häufig als Einkaufs- bzw. Absatzgenossenschaften im Handel (Fleischer-Einkauf Westfalen e. G., INTERSPORT Deutschland eG) im Bankbereich (Volksbank Bochum Witten eG, Sparda Bank West eG), in der Landwirtschaft (Raiffeisen Ruhrgebiet eG) und im Wohnungsbau (Gemeinnütziger Wohnungsverein zu Bochum eG). Darüber hinaus gibt es auch Schülergenossenschaften, die jungen Menschen genossenschaftliches Handeln näherbringen und wirtschaftliche Grundkenntnisse vermitteln. Eine weitere bekannte Genossenschaft ist die DENIC (Registrierungsstelle der de-Domains).

Zur **Gründung** einer Genossenschaft

- sind mindestens drei Personen (**Gründungsmitglieder**) erforderlich.
- muss eine schriftliche Satzung aufgestellt, von den Gründungsmitgliedern unterzeichnet und dem entsprechenden Genossenschaftsverband zur Prüfung vorgelegt werden. Mindestinhalt der Satzung: z. B. Firma und Sitz der Genossenschaft; Gegenstand des Unternehmens; Bestimmungen über die Form der Bekanntmachung der Genossenschaft und mögliche Nachschusspflicht der Mitglieder (vgl. Kap. 14.2.3)

Durch den Genossenschaftsverband wird in regelmäßigen Zeitabständen auch die wirtschaftliche Entwicklung geprüft. Darüber hinaus berät er seine Mitgliedsgenossenschaften umfassend in betriebswirtschaftlichen, rechtlichen und steuerlichen Fragen.

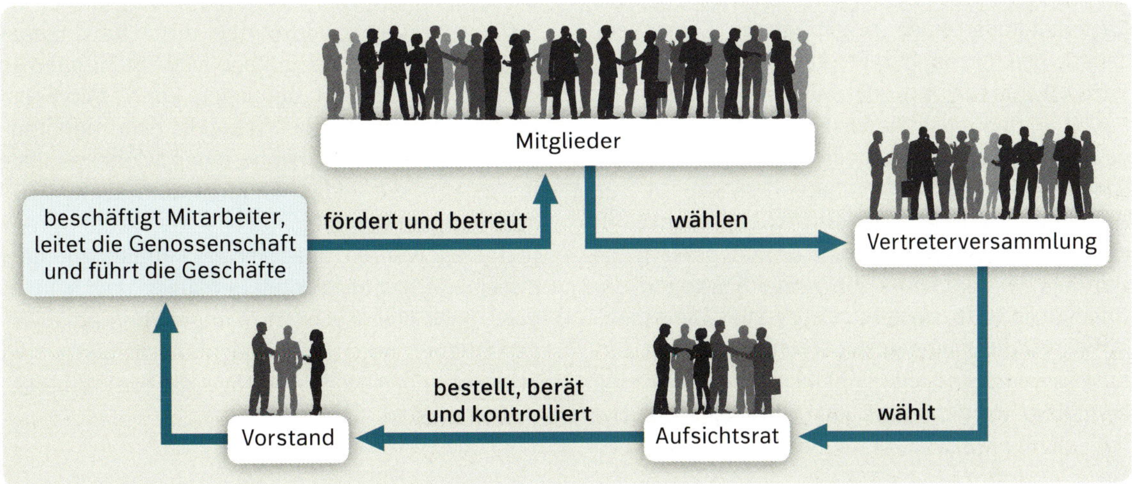

Abb. 13: Aufbau einer Genossenschaft

Abb. 14: Genossenschaftsbeispiele

Nach erfolgter Prüfung durch den Genossenschaftsverband ist das Unternehmen beim **Genossenschaftsregister** anzumelden, einzutragen und wird damit zur **juristischen Person** und zum **Formkaufmann** lt. HGB (vgl. Kap. 14.2.1). Das Register wird beim zuständigen Amtsgericht geführt. Die Eintragung wirkt rechtsbegründend (**konstitutiv**), das heißt, die Genossenschaft erlangt erst mit Eintragung ins Genossenschaftsregister die Rechtsstellung einer eingetragenen Genossenschaft. Die **Firma** der eG kann aus Personen-, Sach-, Fantasiefirma oder einer Mischung davon bestehen und muss die Bezeichnung „eingetragene Genossenschaft" oder eine allgemein verständliche Abkürzung („eG") enthalten (vgl. Kap. 14.2.2). Als juristische Person haftet die Genossenschaft mit ihrem Geschäftsvermögen. Eine persönliche Haftung der Mitglieder für Verbindlichkeiten der Genossenschaft besteht nicht. Die Genossenschaft haftet dagegen mit ihrem gesamten Geschäftsvermögen. Allerdings kann in der Satzung festgelegt werden, dass im Fall einer Insolvenz Nachschüsse bis zu einer festgelegten Haftungssumme zu leisten sind.

Das Aufbringen eines Mindestkapitals (vgl. Kap. 14.3.4, AG: Grundkapital bzw. GmbH: Stammkapital) ist für die Gründung einer Genossenschaft nicht erforderlich. Das Kapital setzt sich aus Geld- bzw. Sacheinlagen (**Geschäftsanteil**) der Mitglieder zusammen. Geschäftsanteile sind die in der Satzung festgelegten Beträge, durch die angegeben wird, mit welcher Einlage sich ein Mitglied an der Genossenschaft beteiligen kann. Mitglieder können mehrere Geschäftsanteile erwerben. Darüber hinaus wird die Höhe einer Mindesteinlage festgelegt, die jedes Mitglied auf seinen Geschäftsanteil einzahlen muss. In der Satzung kann festgelegt werden, dass sich ein Mitglied mit mehr als einem Geschäftsanteil beteiligen darf bzw. es kann auch eine Höchstzahl angegeben oder vorgeschrieben werden. Zu beachten ist, dass weder Mindest- noch Höchstbeträge gesetzlich vorgeschrieben sind.

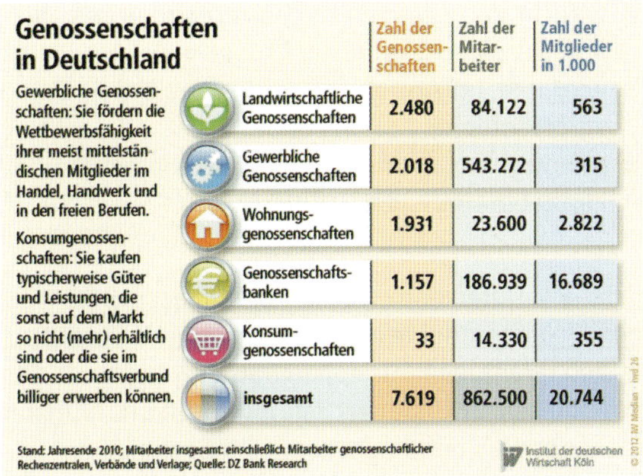

Genossenschaften in Deutschland

Gewerbliche Genossenschaften: Sie fördern die Wettbewerbsfähigkeit ihrer meist mittelständischen Mitglieder im Handel, Handwerk und in den freien Berufen.

Konsumgenossenschaften: Sie kaufen typischerweise Güter und Leistungen, die sonst auf dem Markt so nicht (mehr) erhältlich sind oder die sie im Genossenschaftsverbund billiger erwerben können.

	Zahl der Genossenschaften	Zahl der Mitarbeiter	Zahl der Mitglieder in 1.000
Landwirtschaftliche Genossenschaften	2.480	84.122	563
Gewerbliche Genossenschaften	2.018	543.272	315
Wohnungsgenossenschaften	1.931	23.600	2.822
Genossenschaftsbanken	1.157	186.939	16.689
Konsumgenossenschaften	33	14.330	355
insgesamt	7.619	862.500	20.744

Stand: Jahresende 2010; Mitarbeiter insgesamt: einschließlich Mitarbeiter genossenschaftlicher Rechenzentralen, Verbände und Verlage; Quelle: DZ Bank Research

Institut der deutschen Wirtschaft Köln

© 2012 IW Medien · iwd 26

Abb. 15: Genossenschaften in Deutschland

Geschäftsanteile sind an das Genossenschaftsmitglied gebunden, d. h., bei Beendigung der Mitgliedschaft wird der Geschäftsanteil ausgezahlt und somit verringert sich das Kapital der Genossenschaft. Die Kündigung kann nur zum Schluss eines Geschäftsjahres und mindestens drei Monate vor dessen Ablauf in schriftlicher Form erklärt werden. Die Kündigung eines einzelnen Mitglieds führt nicht zur Auflösung der Genossenschaft. Eine Besonderheit der eG besteht in ihrer nicht geschlossenen Mitgliederzahl, d. h., die Zahl der Mitglieder kann sich durch freien Wechsel ständig verändern. Dies geschieht durch eine schriftliche Beitrittserklärung.

Die Genossenschaft besitzt drei vom Gesetz vorgeschriebene **Organe** (vgl. Kap. 14.3.4, Aktiengesellschaft):

- Vorstand (Leitungsorgan) besteht aus mindestens zwei Mitgliedern
- Aufsichtsrat (Kontrollorgan) umfasst mindestens drei Mitglieder
- Vertreterversammlung (Beschlussorgan)

Genossenschaften mit weniger als 20 Mitgliedern benötigen keinen Aufsichtsrat und brauchen keinen mehrköpfigen Vorstand. Die Rechte der Mitglieder werden über die Generalversammlung wahrgenommen. Die Abstimmung erfolgt nicht nach Geschäftsanteilen, sondern nach **Köpfen**. Grundsätzlich hat jedes Mitglied nur **eine Stimme**.

Erwirtschaftet die Genossenschaft innerhalb eines Geschäftsjahres Gewinn oder Verlust, so ist dieser je nach **geleisteten Einzahlungen** auf den Geschäftsanteil eines jeden Mitglieds aufzuteilen. Alle Einzahlungen eines jeden Mitglieds bildet dessen Geschäftsguthaben in der Genossenschaft. Eventuelle Gewinne werden so lange dem jeweiligen Geschäftsguthaben zugeschrieben, bis der zu leistende Geschäftsanteil des Mitglieds in voller Höhe erreicht ist. Erst dann kommt es zur Gewinnauszahlung an das Mitglied, sofern in der Satzung nichts anderes festgelegt wurde.

Beispiel: Die Lebensmittel Bio eG erzielt in ihrem ersten Geschäftsjahr einen Gewinn von 35 000,00 €. In der Satzung der Genossenschaft ist der Geschäftsanteil pro Mitglied auf 20 000,00 € festgelegt und die Haftungssumme beträgt 30 000,00 €. Klaus Hoyer e. K., Chr. Schiller e. K. und J. Heisterkamp e. Kffr. sind Mitglied der Genossenschaft. Hoyer hat auf seinen Geschäftsanteil bislang 5 000,00 €, Schiller 6 000,00 € und Heisterkamp 9 000,00 € eingezahlt.
Als Gewinn erhalten Hoyer 8 750,00 €, Schiller 10 500,00 € und Heisterkamp 15 750,00 €. Diese Beträge werden auf die bislang geleisteten Einzahlungen angerechnet. Hoyer fehlen zur Erreichung des Geschäftsanteils noch 6 250,00 € und Schiller 3 500,00 €. Lediglich Heisterkamp erhält 4 750,00 € Gewinn ausgezahlt.

Auf Geschäftsbriefen ist neben der Firma mit Rechtsform

- der Sitz der Genossenschaft,
- das Registergericht und die Nummer, unter der die Genossenschaft in das Genossenschaftsregister eingetragen ist,
- alle Vorstandsmitglieder und, sofern der Aufsichtsrat einen Vorsitzenden hat, ist dieser mit dem Familiennamen und mindestens einem ausgeschriebenen Vornamen anzugeben.

Europäische Genossenschaft (SCE)

Diese neue europäische Rechtsform ist für Genossenschaften das, was für Aktiengesellschaften die SE ist. Die Europäische Genossenschaft soll dazu beitragen, dass die jeweiligen nationalen Genossenschaften die Vorteile des Binnenmarkts nutzen können und damit gleichzeitig zu einer Verbesserung der Wettbewerbsfähigkeit genossenschaftlichen Wirtschaftens in Europa führen. Ihnen wird ermöglicht, Geschäftsmöglichkeiten im Ausland zu nutzen, ohne dafür zeit- und kostenaufwendig ein Netz von nationalen Tochterorganisationen aufbauen zu müssen.

Abb. 16: Beispiel einer europäischen Genossenschaft

Die **Entstehung** einer Europäischen Genossenschaft erfolgt durch:

- Neugründung einer SCE, dazu sind mindestens fünf juristische oder natürliche Personen erforderlich, deren Wohnsitz in mindestens zwei EU-Mitgliedstaaten liegt.
- Umwandlung einer bestehenden nationalen Genossenschaft, die seit mindestens zwei Jahren eine Niederlassung oder Tochtergenossenschaft in einem anderen Mitgliedstaat hat.
- Zusammenschluss/Verschmelzung mehrerer Genossenschaften aus verschiedenen Mitgliedsländern.

Der Sitz dieser Genossenschaft muss in dem EU-Mitgliedstaat liegen, in dem sich die Hauptverwaltung der SCE befindet. Die SCE

- wird in das Genossenschaftsregister des Sitzstaates eingetragen.
- wird u. a. im Amtsblatt der Europäischen Union veröffentlicht.
- benötigt zur Gründung mindestens ein Grundkapital in Höhe von 30 000,00 €.

Beispiel: Unter dem Namen Westfleisch SCE werden Fleischprodukte in und nach Belgien, Bulgarien, Italien, Frankreich, Griechenland usw. verkauft. Die Westfleisch SCE steuert mit ihrem Sitz in Münster ihr nationales und internationales Geschäft.
Entsprechend zur eingetragenen Genossenschaft gibt es die Organe: Generalversammlung, Aufsichtsrat und Vorstand. Die Haftung bezieht sich auf die Geschäftsanteile, Ausnahmen sind in der Satzung geregelt. In der unternehmerischen Willensbildung ist die Generalversammlung das höchste Organ der SCE, bei der prinzipiell das Eine-Person-Eine-Stimme-Prinzip gilt. Vor- und Nachteile der SCE siehe SE: (vgl. Kap. 14.3.4, Europäische Aktiengesellschaft).

Aufgaben

1. Jennifer Heisterkamp hat die Kaufmannsgehilfenprüfung „Kauffrau im Einzelhandel“ beim ersten Versuch nicht bestanden und hat sich entschieden, nicht zu wiederholen. Erläutern Sie, ob dies ein Hindernis für die Gründung eines Einzelunternehmens ist.
2. Nehmen Sie zu der Aussage Stellung: „Selbstständigkeit ist eine Berufung, der Eigentümer ist mit Hingabe bei der Sache.“
3. Unterscheiden Sie Geschäftsführung und Vertretung.
4. Erläutern Sie die gesetzliche Gewinnverteilung bei der KG und bei der OHG. Begründen Sie anschließend die unterschiedliche Behandlung der Gesellschafter.
5. Im abgelaufenen Geschäftsjahr hat eine GmbH einen Gewinn von 350 000,00 € erzielt. Verteilen Sie den Gewinn, wenn in der Gesellschafterversammlung und in der Satzung darüber keine Regelung getroffen wurde.
6. Erläutern Sie, wann die Gründung eines Unternehmens in der Rechtsform einer Aktiengesellschaft angebracht ist.
7. Der Steuerberater der Lebensmittel Bio eG hat für das erste Geschäftsjahr einen erheblichen Verlust ermittelt. In der Satzung der Genossenschaft ist der Geschäftsanteil pro Mitglied auf 20 000,00 € festgelegt und die Haftungssumme beträgt 30 000,00 €. Klaus Hoyer e. K., Chr. Schiller e. K. und J. Heisterkamp e. Kffr. sind Mitglied der Genossenschaft. Hoyer hat auf seinen Geschäftsanteil bislang erst 5 000,00 €, Schiller 6 000,00 € und Heisterkamp 20 000,00 € eingezahlt. Ermitteln Sie im Falle einer Insolvenz die Zuzahlung der einzelnen Mitglieder.
8. In der Generalversammlung wird über die Gewinnverwendung abgestimmt. Wie viele Stimmen haben Hoyer, Schiller und Heisterkamp, wenn in der Satzung darüber keine Aussage getroffen wurde?

Kompetenzraster, Kapitel 14.3

Kapitel	Ich kann ...	nein	un-sicher	recht sicher	ja
14.3	■ verschiedene Gründe nennen, die die Wahl einer Rechtsform beeinflussen.				
	■ Vor- und Nachteile des Einzelunternehmens erläutern.				
	■ zwischen Personen- und Kapitalgesellschaft unterscheiden.				
	■ die Begriffe „unmittelbar", „unbeschränkt" und „solidarisch" erläutern.				
	■ Rechte der Gesellschafter einer OHG nennen und erläutern.				
	■ Kapitalaufbringung, Haftung, Geschäftsführung und Vertretung bei der OHG und KG erläutern und Unterschiede benennen.				
	■ die Gewinn- und Verlustverteilung in einer OHG und KG nach den Vorschriften des HGB vornehmen.				
	■ Argumente anführen, die für die Wahl einer GmbH bzw. Unternehmergesellschaft (haftungsbeschränkt) sprechen.				
	■ Stammeinlage, Stammkapital und Grundkapital erläutern und den Rechtsformen zuordnen.				
	■ die Organe der Aktiengesellschaft nennen und ihre Aufgaben beschreiben.				
	■ erläutern, aus welchen Gründen eine AG in eine SE umgewandelt wird.				
	■ die wirtschaftliche Bedeutung einer Aktiengesellschaft darstellen.				
	■ die Rechtsform der eingetragenen Genossenschaft erläutern.				
	■ Unterschiede zwischen einer AG und einer eG benennen.				
	■ die Notwendigkeit der Gründung einer Europäischen Genossenschaft erläutern.				

14.4 Kooperation und Konzentration

„Zusammenkommen ist ein Beginn, Zusammenbleiben ein Fortschritt, Zusammenarbeiten ein Erfolg."

Quelle: Zitat von Henry Ford (1863-1947). In: www.gutzitiert.de. https://www.gutzitiert.de/zitat_autor_henry_ford_thema_zusammenarbeit_zitat_3613.html [08.12.2021].

14.4.1 Gründe für die Zusammenarbeit von Unternehmen

Immer öfter erwarten Kunden komplette Problemlösungen mit umfangreichen Serviceangeboten: „Alles aus einer Hand". Vielen kleineren und mittleren Unternehmen ist dies im Alleingang nicht möglich.

Eine Kooperation mit anderen Betrieben hat viele Vorteile:

- Durch einen Zusammenschluss mit anderen Unternehmen kann ein Unternehmen sein Leistungsangebot erweitern. So können z. B. Kosten für Bewachung und Reinigung gemeinsam genutzter Parkflächen aufgeteilt werden.
- Kooperationspartner können sich gegenseitig Aufträge vermitteln; damit stärken sie sich untereinander.
- Partner lernen und profitieren vom Wissen und der Technologie anderer. Durch den Zusammenschluss wird weiteres Wissen dazugewonnen. Insbesondere für Existenzgründer ist dies vorteilhaft.
- Ein positives Image des Kooperationspartners färbt auf das eigene Unternehmen ab.
- Durch gemeinsame Werbung kann die Wirtschaftlichkeit und Rentabilität verbessert werden.
- Die Wettbewerbsfähigkeit und die Marktposition werden gestärkt.

Im Einkauf führen Zusammenschlüsse zu einer besseren Verhandlungsposition gegenüber den Lieferanten. Es lassen sich niedrigere Listeneinkaufspreise sowie verbesserte Liefer- und Zahlungsbedingungen durchsetzen. Zudem vergrößert sich die Chance, neue Lieferanten zu finden.

Innerhalb der Verwaltung und des Produktionsbereiches sind Vorteile von Unternehmenszusammenschlüssen z. B. die Erweiterung des Angebotsspektrums oder die Senkung der Personalkosten.

14.4.2 Kooperationsformen

Kooperation ist die freiwillige, vertraglich geregelte Zusammenarbeit rechtlich und wirtschaftlich selbstständig bleibender Unternehmen mit dem Ziel, ihre Leistungs- und Wettbewerbsfähigkeit zu verbessern. Dies kann sich z. B. auf eine gemeinsame Werbung oder die gemeinsame Nutzung eines Sicherheitsdienstes beziehen.

Trotz der Zusammenarbeit handelt es sich weiterhin um **eigenständige Unternehmen.** Es fließen keine Ausgleichszahlungen von einem Unternehmen zum anderen. Die Ergebnisverantwortung liegt bei dem jeweiligen Unternehmen. Insbesondere für mittelständische Unternehmen ist die Anbahnung, der Aufbau und die Umsetzung einer Kooperation eine anspruchsvolle Aufgabe.

> ! ***Kooperation** ist die freiwillige, vertraglich vereinbarte Zusammenarbeit rechtlich und wirtschaftlich selbstständiger Unternehmen.*

Eine Kooperation kann nicht nur die Wettbewerbsfähigkeit und Marktmacht stärken, sie beinhaltet auch **Risiken** und kann die Unternehmensexistenz gefährden. Dies droht, wenn

- unklare Vereinbarungen über die Aufteilung von Arbeit und Kosten oder über Termine getroffen werden.
- mangelnde Kommunikation zwischen den Partnern herrscht.
- unterschiedliche Erwartungen und Ziele bestehen.
- der Einfluss der Unternehmen auf die gemeinsamen Projekte unterschiedlich groß ist.

In der Praxis gibt es unterschiedliche Kooperationsformen. Beispiele verbandsmäßiger Kooperation sind Arbeitgeberverbände, Kammern und Wirtschaftsverbände. Sie bieten ihren Mitgliedern eigene Dienstleistungen an. Darüber hinaus ist zwischen der Zusammenarbeit von Einzelhändlern untereinander sowie von Herstellern, Groß- und Einzelhändlern zu unterscheiden (vgl. Abb. 1).

Horizontale Kooperation

Horizontale Kooperationen werden zwischen Unternehmen geschlossen, die derselben Produktions- oder Handelsstufe zuzuordnen sind, also oft derselben Branche angehören. Es entsteht ein Bündnis aus Unternehmen, die eigentlich in Konkurrenz zueinander stehen. Beispiele für die Zusammenarbeit auf der Beschaffungsseite sind Einkaufsverbände und Einkaufsgenossenschaften.

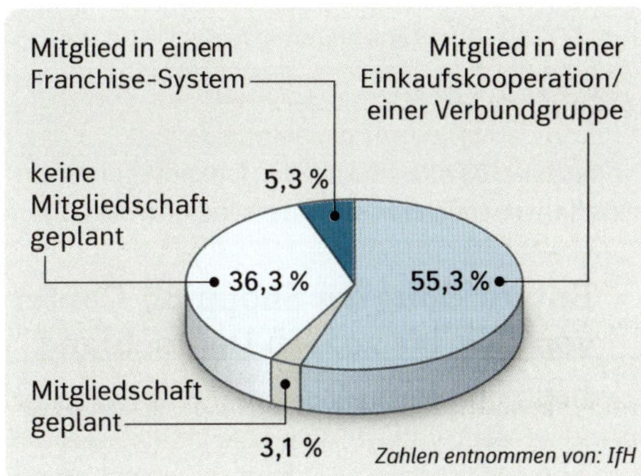

Abb. 2: Anteil von Handelsbetrieben mit Kooperation

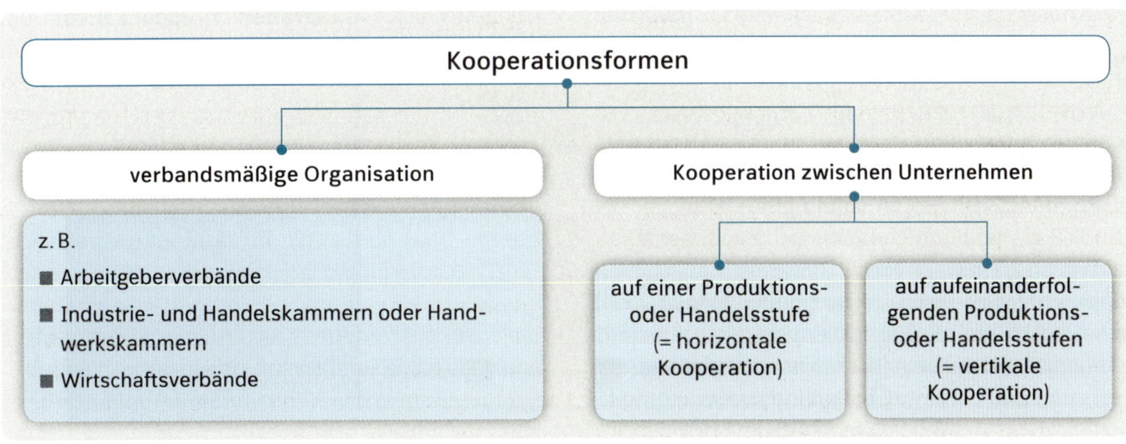

Abb. 1: Formen der Kooperation

Einkaufsgenossenschaften sind Zusammenschlüsse von Inhabern meist kleiner oder mittlerer selbstständiger Einzelhandelsunternehmen, die Bestellungen bündeln. Neben dem Einkauf bieten viele Einkaufsgenossenschaften heute weiteren Service (Full-Service-Kooperation) an, z. B.

- Entwurf zentraler Sonderangebots-, Werbe- und Verkaufsförderungsaktionen,
- Mitwirkung bei der Abfallbeseitigung,
- Entwicklung und Förderung von Eigenmarken,
- Weiterbildung,
- Unternehmensberatung oder
- Übernahme verschiedener Aufgaben der Datenverarbeitung.

Geführt wird dieser Unternehmenszusammenschluss in der Rechtsform der eingetragenen Genossenschaft (eG).

Beispiel: Typische Einkaufsgenossenschaften sind im Lebensmitteleinzelhandel die REWE-Gruppe und EDEKA, für Sanitätshaus-Artikel EGROH sowie TIFA für Tiefkühlkost und INTERSPORT für den Sportbereich.

Einkaufsverbände sind mit den Einkaufsgenossenschaften vergleichbar, sie unterscheiden sich durch die Rechtsform, z. B. die VEDES-Gruppe für den Spielwarenbereich oder die ANWR GARANT International GmbH für Schuh-, Sport- und Lederwaren.

In **Erfahrungsaustauschgruppen (Erfa-Gruppen)** treffen sich regelmäßig gleichartige Einzelhandelsbetriebe, die nicht direkt miteinander konkurrieren, um betriebliche Probleme, Erfahrungen, Daten und Zahlen auszutauschen und offen zu diskutieren. Damit wird das Ziel verfolgt, Erfahrungen und Problemlösungen anderer zu nutzen. Bei der Betriebswirtschaftlichen Beratungsstelle für den Einzelhandel (BBE) in Köln besteht eine Erfa-Leitstelle, die die Erfa-Gruppen-Arbeit koordiniert und die Bildung neuer Erfa-Gruppen fördert.

Ein **Einkaufszentrum/Shoppingcenter** ist ein Zusammenschluss von Einzelhandels- und Dienstleistungsbetrieben einer bestimmten Region, die als zusammengehörig empfunden werden. Diese Unternehmen erhöhen ihre Attraktivität durch Gemeinschaftswerbung sowie gemeinsame Nutzung von Parkplätzen oder Parkhäusern, wobei häufig den Kunden die Parkgebühren erstattet werden. Auch kulturelle Einrichtungen gehören oft zu dieser Kooperationsform.

Entwicklung der Shopping-Center von 1965 bis 2021 in Deutschland

Jahr/Stand 01.01.	Zahl der Shopping-Center	Gesamtfläche in qm	durchschnittliche Fläche je Center in qm
1965	2	68.000	34.000
1970	14	458.800	32.800
1975	50	1.545.000	30.900
1980	65	1.956.500	30.100
1985	81	2.413.800	29.800
1990	93	2.780.700	29.900
1995	179	6.019.500	33.600
2000	279	9.212.200	33.000
2005	363	11.449.600	31.500
2010	428	13.512.000	31.600
2012	444	13.883.900	31.300
2013	453	14.266.600	31.500
2014	460	14.434.630	31.400
2015	463	14.849.090	32.100
2016	476	15.363.070	32.300
2017	479	15.446.350	32.200
2018	479	15.449.250	32.300
2019	483	15.651.000	32.400
2020	489	15.793.000	32.300
2021	493	15.916.700	32.300

Quelle: EHI Shopping-Center-Report 2021

GERMAN COUNCIL OF SHOPPING PLACES EHI handelsdaten.de EHI Retail Institute®

Abb. 3: Entwicklung der Shopping-Center

Innerhalb größerer Städte befinden sich räumlich unmittelbar nebeneinander Einzelhandels-, Gastronomie- und andere Dienstleistungsbetriebe unterschiedlicher Branchen in einem (zumeist überdachten) Durchgang bzw. zwischen Gebäudekomplexen. **Einkaufsstraßen** werden gebaut, um

Menschen das Bummeln in angenehmer Atmosphäre zu ermöglichen.

In einem **Gemeinschaftswarenhaus** sind Fach- und Spezialgeschäfte verschiedener Branchen in einem meist mehrstöckigen Gebäude mit einer gemeinsamen Verwaltung unter einem einheitlichen Namen tätig. Diese Kooperationsform hat sich in Deutschland nicht durchsetzen können.

Beim **Shop-in-the-Shop-Konzept** werden Teile des Sortiments räumlich zu Bedarfsbündeln zusammengefasst und als Spezialabteilungen oder Spezialangebote herausgehoben, beispielsweise die Schmuckabteilung. Die Kooperationsform ergibt sich durch die Übernahme eines Shops, der von einem selbstständigen Einzelhändler betrieben wird.

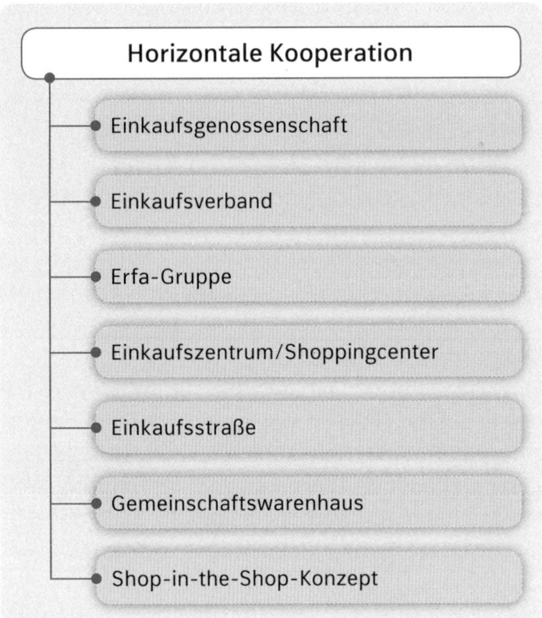

Abb. 4: Formen der horizontalen Kooperation

Vertikale Kooperation

Unter vertikaler Kooperation ist der Zusammenschluss aufeinanderfolgender Handelsstufen, z. B. Hersteller, Großhändler, Einzelhändler, zu verstehen.

Eine **freiwillige Kette** ist eine Form der Kooperation, bei der sich Groß- und Einzelhändler zusammenschließen, um gemeinsam unternehmerische Aufgaben zu bewältigen. Die beigetretenen Einzelhändler verpflichten sich, ihre Produkte beim zuständigen Großhändler zu beziehen. Lediglich die Waren, die der Großhändler nicht in seinem Sortiment führt, kann der Einzelhändler anderweitig einkaufen. Neben dem Warenbezug gehören der einheitliche Auftritt gegenüber den Verbrauchern sowie ein gemeinsames Logo zu den Kennzeichen der freiwilligen Kette. Ein allseits bekanntes Beispiel ist die expert AG, Fachhandelskooperation für Consumer Electronics, Informationstechnologie, Telekommunikation und Elektrohausgeräte (vgl. Abb. 5).

Bei diesem Modell bleiben die Kooperationspartner rechtlich selbstständig, werden aber über individuell ausgearbeitete Verträge der Kette gegenüber verpflichtet.

Ein **Rackjobber (Regalhändler)** mietet einzelne Regalflächen in einem Einzelhandelsunternehmen an, wobei der Rackjobber für die Anlieferung, Auszeichnung der Ware sowie Präsentation und Bestückung der Regale selbst sorgen muss. Als Beispiel ist zu nennen Herlitz Schreibwaren, Lindt oder Wenco in einem Lebensmittelgeschäft. Vorteile für den Einzelhändler sind:

- Verlagerung der Aufgaben der Beschaffung,
- risikolose Erweiterung des Sortiments um attraktive Artikel,
- Übernahme der Warenpflege vom Rackjobber sowie
- zusätzliche Mieteinnahmen für die vermietete Fläche.

Der Zusammenschluss zwischen Franchise-Gebern mit vielen rechtlich und wirtschaftlich selbstständig bleibenden Einzelhändlern (Franchise-Nehmern) wird als **Franchising** bezeichnet. Von den Franchise-Nehmern wird die völlige Unterordnung unter das Systemkonzept verlangt. Im Gegenzug wird den **Franchise-Nehmern** garantiert:

- Alleinvertrieb (Gebietsschutz),
- Nutzung des Rufs und Bekanntheitsgrads des Systems und der Marke (Know-how) sowie
- Nutzung der Dienstleistungen, beispielsweise des zentralen Rechnungswesens oder der Kalkulation.

Der **Franchise-Geber** entscheidet über die

- Ladengestaltung,
- Sortimentszusammensetzung,
- Personalschulung sowie
- Absatzpolitik.

Darüber hinaus ist es für den Franchise-Geber vorteilhaft, dass ein Vertriebsnetz ohne großen Investitionsaufwand aufgebaut wird, eine größere

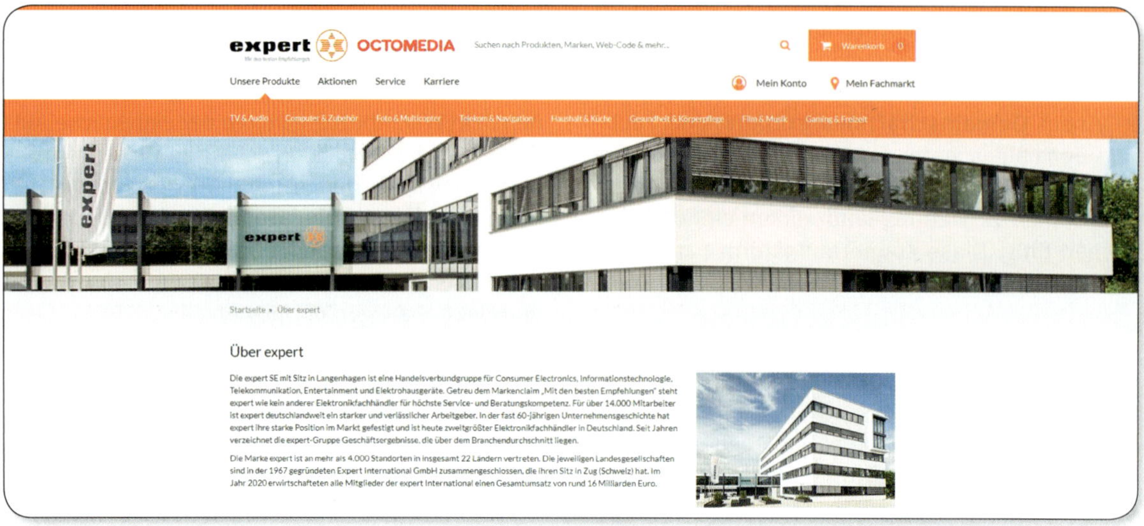

Abb. 5: Beispiel für vertikale Kooperation: Internetauftritt der expert AG

Marktnähe als Lieferant besteht und er sich auf ein großes Engagement der selbstständigen Vertriebspartner verlassen kann.

Der Franchise-Nehmer hat für die erworbenen Rechte und Dienstleistungen in der Regel eine einmalige Aufnahmegebühr (Franchise-Gebühr) zu leisten und später Umsatzprovision an den Franchise-Geber zu zahlen. Zudem ist er langfristig an den Franchise-Geber gebunden.

Abb. 6: Beispiel eines Franchise-Unternehmens: Barrique

Darüber hinaus ist im Absatzbereich durch die Übernahme des Reparaturdienstes (Kundendienstes) die Zusammenarbeit von Herstellern bzw. durch Vertragswerkstätten und den Einzelhändlern gegeben. Auch bei Werbemaßnahmen erfährt der Franchise-Nehmer durch den Franchise-Geber oftmals Unterstützung.

Abb. 7: Formen der vertikalen Kooperation

Diagonale Kooperation

Eine Zusammenarbeit zwischen Unternehmen, die weder auf der gleichen noch auf der vor- oder nachgelagerten Wirtschaftsstufe miteinander in Verbindung stehen (z. B. Reiseanbieter und Nahrungsmittelunternehmen), wird als diagonale (auch anorganische oder laterale) Kooperation bezeichnet.

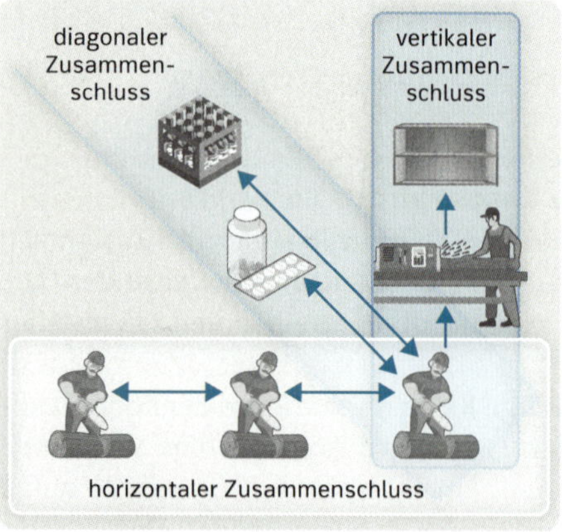

Abb. 8: Kooperationsformen

14.4.3 Konzentration

Unter Unternehmenskonzentration ist der Zusammenschluss von Unternehmen zu großen Wirtschaftseinheiten durch vertragliche und/oder kapitalmäßige Bindung zu verstehen. Die wirtschaftliche und rechtliche Selbstständigkeit wird dadurch eingeschränkt bzw. vollständig aufgegeben. Das entscheidende Kriterium ist die Unterordnung der zusammengeschlossenen Unternehmen unter einer zentralen Leitung.

> ! *Konzentration ist der Zusammenschluss mehrerer Unternehmen, die ihre wirtschaftliche und eventuell auch ihre rechtliche Selbstständigkeit aufgeben.*

Oberstes Ziel der Konzentration ist es, den Gewinn zu maximieren. Die einzelnen Schritte zu diesem Ziel sind:

- Verbesserung der Marktposition,
- Vergrößerung der Kapitalbasis,
- Erringung wirtschaftlicher Macht durch Ausschalten der Konkurrenz und des Wettbewerbs,
- Erzielung besserer Konditionen durch den Einkauf in großen Mengen,
- Risikoverteilung durch Angliederung branchenfremder Unternehmen (Diversifikation).

Unternehmen können sich auf verschiedenen Stufen zusammenschließen:

- **vertikal** (Zusammenschlüsse von Unternehmen, die auf vor- und/oder nachgelagerten Produktions- oder Handelsstufen tätig sind),
- **horizontal** (Zusammenschlüsse von Unternehmen derselben Branche zu größeren Einheiten),
- **anorganisch/diagonal** (Zusammenschlüsse branchenfremder Unternehmen)

Der **Konzern** ist ein Zusammenschluss (vertikal, horizontal oder anorganisch) rechtlich selbstständig bleibender Unternehmen, der unter einheitlicher Leitung wirtschaftliche Zwecke verfolgt. Die wirtschaftliche Selbstständigkeit wird stark eingeschränkt bzw. völlig aufgegeben, d.h., die einzelnen angegliederten Unternehmen sind vor allem in Bezug auf das Kapital abhängig. Die kapitalmäßig herrschende Gesellschaft bestimmt damit die Konzernpolitik. International tätige Unternehmen sind oft als Konzern aufgebaut und werden häufig als Gruppen bezeichnet, z.B. Tengelmann-Gruppe, REWE-Gruppe, Metro-Gruppe.

Abb. 9: Beispiel für einen Konzern: Oetker-Gruppe

Die **Holding-Gesellschaft** ist ein Zusammenschluss mehrerer rechtlich selbstständiger Unternehmen zu einer Organisationsform (Leitungsgesellschaft). Als Dachgesellschaft

- ist sie kapitalmäßig an den einzelnen Unternehmen beteiligt, aber nur mit so viel finanziellen Mitteln, dass keine Beherrschung entsteht.
- übt sie wirtschaftlichen Einfluss auf die beherrschten Unternehmen aus, ohne selbst an der Produktion oder am Handel beteiligt zu sein.
- verwaltet sie die Unternehmen, an denen sie eine finanzielle Beteiligung hat.

Der **Trust** ist ein Zusammenschluss von Unternehmen, die neben der wirtschaftlichen (kapitalmäßigen) auch die rechtliche Selbstständigkeit aufgeben. Durch diese Fusion (Verschmelzung) entsteht ein einziges Unternehmen. Eine Fusion liegt immer dann vor, wenn

- ein Unternehmen durch Aufnahme in ein bereits bestehendes Unternehmen eingegliedert wird.
- eine Neubildung erfolgt (Unternehmen A und B bilden ein neues Unternehmen C).

Solche Zusammenschlüsse sind vor dem Vollzug beim Bundeskartellamt anzumelden. Aufgabe des Kartellamts ist es, den Wettbewerb in Deutschland zu schützen.

Kartelle sind horizontale Unternehmenszusammenschlüsse, wobei die Unternehmen rechtlich und wirtschaftlich selbstständig bleiben. Die wirtschaftliche Entscheidungsfreiheit ist jedoch je nach Art des Kartells mehr oder weniger stark eingeschränkt. Das Ziel der Kartellbildung besteht in der Marktbeherrschung durch Einschränkung bzw. Ausschaltung des Wettbewerbs. Beispiele hierfür sind Preisabsprachen oder Aufteilung des Marktes unter den beteiligten Unternehmen. Durch solche wettbewerbsbeschränkenden Maßnahmen besteht die Gefahr, die Konkurrenz zwischen verschiedenen Anbietern auszuschalten. **Verboten** sind in Bundesrepublik deshalb beispielsweise

- **Preiskartelle:** Vereinbarungen über Verkaufs- oder Mindestpreise, z. B. gleiche bzw. einheitliche Preisgestaltung.
- **Produktionskartelle** (Quotenkartelle): Vereinbarungen über die Produktions- bzw. Absatzhöhe, z. B. Vorgabe einer bestimmten Absatzmenge für jedes Mitglied.
- **Gebietskartelle:** Vereinbarungen über die Marktaufteilung, z. B. Zuteilung eines bestimmten Absatzgebiets an jedes Mitglied.

Ausnahmen bilden z. B. Kartelle, durch die die Vereinheitlichung von Produkten angestrebt wird (Normen- und Typenkartelle). Beispiele dafür sind die Bemühungen um einheitliche Pfandflaschen oder um einheitliche Adapter für Handys.

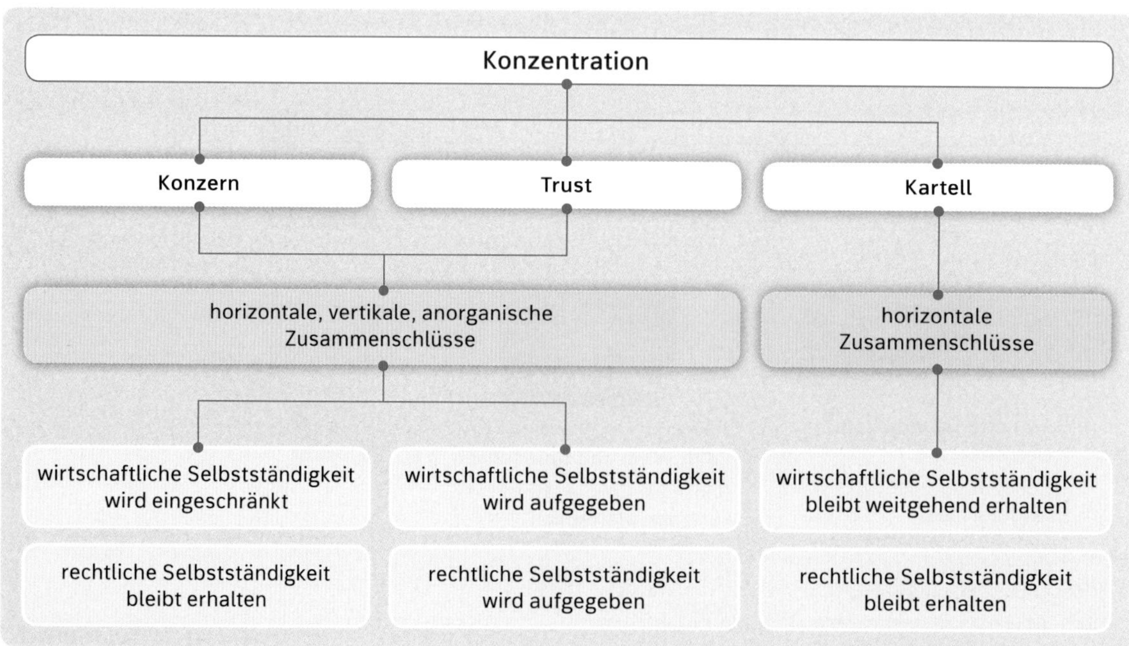

Abb. 10: Formen der Konzentration

222334232

14.4.4 Vor- und Nachteile von Unternehmenszusammenschlüssen

Ein Zusammenschluss mit anderen Unternehmen kann notwendig sein, um beispielsweise das Sortiment zu erweitern, die Wirtschaftlichkeit zu erhöhen oder das eigene Unternehmen zu vergrößern.

Darüber hinaus sind die durch einen Zusammenschluss entstandenen Unternehmen eher in der Lage (**Vorteile**):

- wirtschaftliche Schwierigkeiten zu überwinden,
- ihr Angebot auszuweiten, um wettbewerbsfähig zu bleiben,
- Zugänge zu neuen Märkten zu finden und
- eine stärkere Verhandlungsposition gegenüber Lieferanten einzunehmen.

Nachteile von Unternehmenszusammenschlüssen sind darin zu sehen, dass

- wenige Unternehmen einen Großteil des Marktes beherrschen,
- eine Verdrängung von Mitbewerbern stattfindet,
- die Vielfalt des Angebots an Waren und Dienstleistungen vermindert wird,
- ein erhöhter Koordinationsaufwand besteht und
- neuen Anbietern der Marktzutritt aufgrund der starken Machtposition der bestehenden Anbieter erschwert wird.

Für die Marktwirtschaft ist Wettbewerb wichtig, damit aufgrund der Konkurrenz zwischen den Anbietern den Verbrauchern marktgerechte Leistungen angeboten werden.

Aufgaben

1. Erkunden Sie im Internet, welche Kooperationsformen an Ihrem Wohn- oder Ausbildungsort vertreten sind. Stellen Sie Ihre Ergebnisse der Klasse vor.

2. Ein Einzelhändler sucht nach einer Form der Kooperation und liest folgenden Textauszug:

   „Wir überlassen Ihnen das Recht, unseren Markennamen und unser Warenzeichen zu nutzen. Ihr Vorteil besteht darin, dass wir für Sie Ladengestaltung, Sortimentszusammensetzung, Werbung und Verkaufsförderung für unsere Produkte übernehmen."

   Erläutern Sie, welche Kooperationsform der Textauszug beschreibt.

3. In einem Warenhaus wird die Schmuckabteilung von Frau Rettberg in eigenem Namen und auf eigene Rechnung betrieben. Das Warenhaus kann durch diese Zusammenarbeit die Vielfalt seines Angebots steigern und so für seine Kunden attraktiver sein, ohne jedoch weitere Kosten und Risiken zu tragen. Erläutern Sie, um welche Form der Kooperation es sich handelt.

4. In Deutschland sind Preisabsprachen zwischen Unternehmen verboten. Führen Sie Argumente an, die sich gegen Preisabsprachen richten.

5. Herr Rettberg, Herr Hoffmann und Herr Lendzian sind drei Unternehmer, die im Möbeleinzelhandel tätig sind. Sie diskutieren über die Möglichkeiten eines Zusammenschlusses ihrer Unternehmen. Dabei werden die folgenden Vorschläge gemacht:

   Vorschlag 1: Herr Rettberg regt an, dass sie den Einkauf von Polstermöbeln gemeinsam gestalten, um günstigere Einkaufskonditionen bei den Lieferanten zu erhalten.

   Vorschlag 2: Herr Hoffmann ergänzt, dass man die allgemeinen Geschäfts- und Lieferungsbedingungen vereinheitlichen sollte.

   Vorschlag 3: Herr Lendzian meint, dass man für bestimmte Produkte, z. B. Sitzmöbel, einheitliche Preise festlegen sollte.

   Entscheiden Sie bei den Vorschlägen jeweils,
   a) ob es sich um ein Kartell handelt.
   b) welche Art von Kartell angesprochen wird.
   c) ob dieses Kartell verboten ist.

14.5 Finanzierung

Jutta Fröhlich möchte eine neue Computeranlage für den Welt-Laden kaufen: Die Kasse und der Computer im Büro sollen miteinander vernetzt werden, damit sie die Bestellungen in Zukunft nicht mehr im Verkaufsraum eintippen muss. Außerdem hat sie von einer neuen Smartphone-App gelesen, mit der es möglich ist, den Warenbestand im Verkaufsregal zu scannen und per WLAN an den Computer zu senden. Diese Technik würde auch die Bestandsführung und Inventurarbeiten erheblich vereinfachen.

Allerdings hat der Techniker der Kfz-Werkstatt, die ihr Auto wartet, sie auf die fällige Inspektion und den anstehenden HU-Termin hingewiesen. Er meinte, man müsste wohl einige Verschleißteile an dem Wagen erneuern, damit am Motor keine Schäden entstehen und sie damit noch einige Kilometer fahren könnte.

Jutta überschlägt kurz die Ausgaben: Computeranlage ca. 12600,00 €, Smartphone ca. 640,00 €, für die Autoersatzteile hatte der Mechaniker ca. 2000,00 € genannt. Macht zusammen mehr als 15000,00 € netto.

Sie weiß, dass sie in diesem Jahr nur etwa 2500,00 € für Neuanschaffungen eingeplant hat.

14.5.1 Finanzierung und Investition

Für die laufenden Geschäftstätigkeiten und auch bereits vor Gründung eines Unternehmens wird Kapital benötigt. Sofern die eigenen Mittel (**Eigenkapital**) nicht ausreichen, wird Geld von Fremden (**Fremdkapital**) geliehen, z. B. von Banken, Privatpersonen oder Versicherungen. In der Bilanz eines Unternehmens wird dem Eigen- und Fremdkapital das Vermögen gegenübergestellt. Das Vermögen des Unternehmens besteht aus Sach- und Geldvermögen.

Beispiel: Jutta Fröhlich kauft die neue Computeranlage (Sachvermögen) und beteiligt sich finanziell an der Wandliebe Klaus Hoyer e. K. (Geldvermögen).

Damit das Unternehmen seine laufenden Ausgaben bezahlen und die für den Geschäftszweck notwendigen Vermögenswerte kaufen kann, müssen ihm entsprechende Geldmittel zur Verfügung stehen bzw. bereitgestellt werden. Die Zuführung von Geldmitteln in ein Unternehmen wird als Finanzierung bezeichnet.

! *Der Begriff **Finanzierung** umfasst alle Vorgänge, durch die ein Unternehmen Kapital (**Mittelherkunft**) erhält.*

Die Beschaffung und Verwendung des Kapitals ist der Bilanz des Unternehmens zu entnehmen. Das in ein Unternehmen eingebrachte Kapital wird dem Eigen- oder Fremdkapital zugeordnet.

Die Passivseite der Bilanz gibt darüber Auskunft, wie hoch das im Unternehmen vorhandene Eigen- bzw. Fremdkapital ist.

- Zum **Fremdkapital** werden die Geldmittel gezählt, die das Unternehmen innerhalb einer festgelegten Frist an den Kapitalgeber zurückzahlen muss, z. B. Darlehen oder Verbindlichkeiten gegenüber Lieferanten.
- Das **Eigenkapital** wird durch das Unternehmen selbst oder seine Eigentümer aufgebracht. Es steht dem Unternehmen dauerhaft zur Verfügung.

222334234

> *Die **Passivseite der Bilanz** zeigt, woher das im Unternehmen verwendete Kapital stammt **(Mittelherkunft)**.*

Mit seinen Geldmitteln kauft das Unternehmen die für den Leistungsprozess notwendigen Vermögenswerte. Die Vermögenswerte können danach unterschieden werden, ob sie

- **kurzfristig** im Unternehmen verbleiben sollen (z. B. Warenvorräte), dann gehören sie zum Umlaufvermögen,

oder

- **langfristig** im Unternehmen verbleiben sollen (z. B. Fuhrpark oder Ladeneinrichtung), dann gehören sie zum Anlagevermögen.

Der Kauf dieser Vermögensteile, also die Umwandlung von Kapital in Vermögen, wird als Investition bezeichnet.

> *Der Begriff **Investition** beschreibt die Verwendung von finanziellen Mitteln für die Anschaffung des Anlage- und Umlaufvermögens.*

Die zur Investition notwendigen finanziellen Mittel stammen aus dem Eigen- oder Fremdkapital.

Im Vermögen findet ein ständiger Umwandlungsprozess zwischen dem Sachvermögen und dem Geldvermögen statt (vgl. Abb. 1).

- Die Warenvorräte werden gekauft, um sie kurzfristig wieder zu verkaufen. Mit den dadurch erlösten Geldmitteln werden wiederum neue Waren gekauft.
- Die Sach- und Betriebsmittel im Anlagevermögen, z. B. die Ladeneinrichtung, werden gekauft, um den Warenverkauf zu unterstützen bzw. zu ermöglichen. Die für die Anschaffung der Sach- und Betriebsmittel notwendigen Finanzmittel müssen durch den Warenverkauf erwirtschaftet werden: in den Verkaufspreisen der Waren wird ein Anteil für die Bezahlung des Anlagevermögens berücksichtigt.

Die Beschaffung und Verwendung des Kapitals ist der Bilanz des Unternehmens zu entnehmen.
Das in ein Unternehmen einfließende Kapital kann also entweder zur Erhöhung der Geldmittel oder zur Anschaffung von Sachmitteln verwendet werden.

> *Die **Aktivseite der Bilanz** zeigt, wie das Kapital im Unternehmen verwendet wird.*

An den Veränderungen einer Bilanz, also dem Vergleich einer Bilanz mit der des Vorjahres oder Folgejahres, kann man erkennen, ob Finanzierungs- oder Investitionsvorgänge stattgefunden haben.

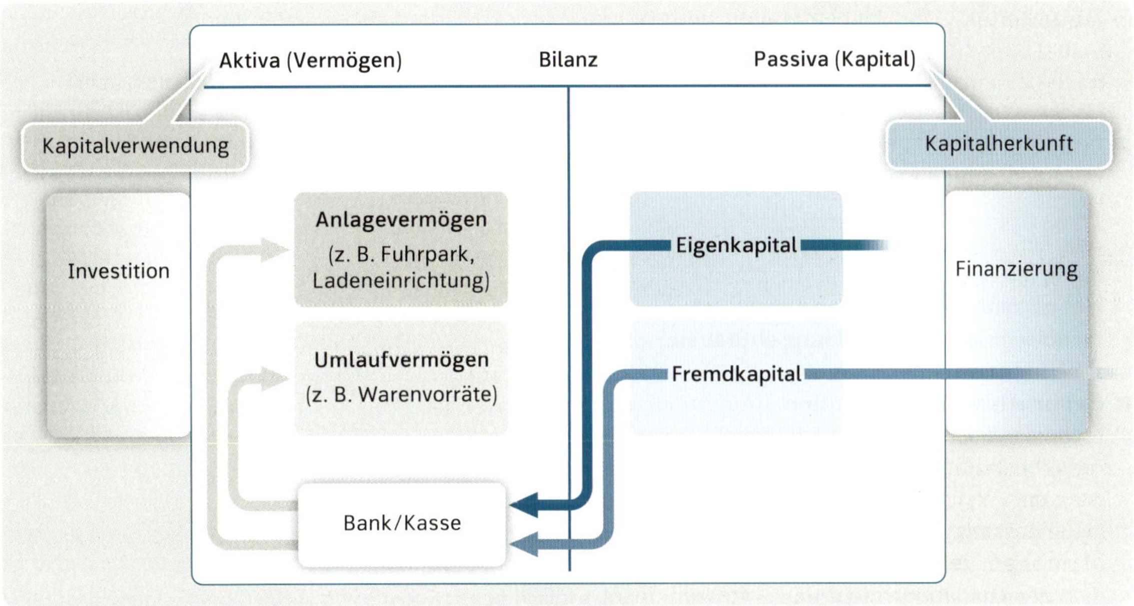

Abb. 1: Kreislauf der Umwandlung von Sach- und Vermögenswerten

14.5.2 Finanzierungsanlässe

Finanzierungsvorgänge und Investitionen sind in der Regel eng miteinander verknüpft. Durch sie soll u. a.

- die Verkaufsbereitschaft gesichert werden.
- der Gewinn erhöht werden.
- das Image verbessert werden.
- die Anpassung an den technischen Fortschritt erfolgen.
- die Arbeitsumgebung verbessert werden.

> **!** *Investitionen machen Finanzierungsvorgänge notwendig bzw. setzen sie voraus.*

Finanzierungsanlässe sind:

- **Gründungsinvestitionen:** Bereits die Gründung eines Unternehmens macht es erforderlich, dem Unternehmen finanzielle Mittel zur Verfügung zu stellen. Um das Geschäftsmodell im Einzelhandel verwirklichen zu können, müssen z. B. Waren beschafft und der Verkaufsraum eingerichtet werden. Die dafür notwendigen Geldmittel können erst danach durch Umsatzerlöse erwirtschaftet werden.

- **Erweiterungsinvestitionen:** Im Laufe der Unternehmensentwicklung kann es notwendig werden, die vorhandenen Kapazitäten auszuweiten. Der Einzelhändler vergrößert sein Lager, um die zunehmende Nachfrage nach seinen Waren decken zu können.

- **Ersatzinvestitionen:** Der dauernde Gebrauch der Sachmittel im Unternehmen führt zu ihrem Verschleiß: Sie müssen durch neue ersetzt werden, um die Leistungsfähigkeit des Unternehmens zu erhalten. Reine Ersatzinvestitionen gibt es selten, da z. B. neue Kassen immer auch technische Weiterentwicklung enthalten.

- **Rationalisierungsinvestition:** Aufgrund des technischen Fortschritts bedeutet die Investition in neue Betriebsmittel oft auch eine Steigerung der Leistungsfähigkeit des Unternehmens: Neue Kassensysteme werden dem Einzelhandel oft mit dem Verkaufsargument angeboten, dass sich der Kundendurchlauf damit steigern lässt, weil z. B. eine automatische Wechselgeldrückgabe erfolgt oder der Datenerfassungsvorgang mit dem Scanner sich verkürzt. Durch die Investition in neue, verbesserte Betriebsmittel lassen sich oft Betriebskosten verringern bzw. einsparen, sodass die Leistungserstellung insgesamt kostengünstiger wird.

14.5.3 Finanzierungsarten

Die Möglichkeiten zur Finanzierung eines Unternehmens können danach unterschieden werden,

- woher die dem Unternehmen zur Verfügung gestellten Mittel stammen:
  - sie werden entweder durch den Leistungsprozess im Unternehmen selbst erwirtschaftet (**Innenfinanzierung**) oder
  - sie werden von außen in das Unternehmen hineingebracht (**Außenfinanzierung**).

- in welcher Beziehung der Kapitalgeber zum Unternehmen steht: Wird die Finanzierung durch eine Erhöhung der Kapitalseite bewirkt, lässt sich unterscheiden,
  - ob sich das Eigenkapital (**Eigenfinanzierung**) oder
  - das Fremdkapital des Unternehmens erhöht (**Fremdfinanzierung**).

Es ergeben sich die in der Grafik dargestellten Kombinationsmöglichkeiten (vgl. Abb. 2).

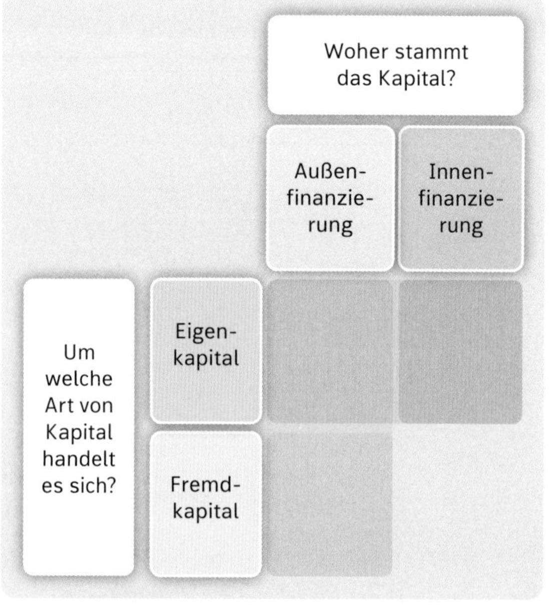

Abb. 2: Arten der Finanzierung

14.5.4 Außenfinanzierung

Finanzierung bedeutet eine Erhöhung des im Unternehmen gebundenen Kapitals. Auf der Passivseite der Bilanz wird das im Unternehmen vorhandene Kapital aufgeteilt in Eigenkapital und Fremdkapital. Zu beiden Kapitalarten kann Kapital von außen zugeführt werden. In der Bilanz führt das zur Erhöhung des Eigenkapitals oder des Fremdkapitals (vgl. Abb. 3).

> **!** *Im Rahmen der **Außenfinanzierung** wird dem Unternehmen Kapital von den Eigentümern oder Kreditgebern zugeführt.*

Eigenkapitalausstattung des Unternehmens

Bereits bei der Gründung stattet der Einzelunternehmer oder statten die Eigentümer einer Gesellschaft das Unternehmen mit finanziellen Mitteln, dem Eigenkapital, aus. Auf diese Weise wird der Beginn des Geschäftsbetriebs ermöglicht. Für die Überlassung des Kapitals werden keine Zinsen gezahlt, sondern es erfolgt eine Beteiligung am Unternehmenserfolg. Darüber hinaus kann der Inhaber bzw. können die Gesellschafter durch Privateinlagen in Form von Geld- oder Sachwerten das Eigenkapital erhöhen (Eigenfinanzierung als Außenfinanzierung).

Eine weitere Möglichkeit, das Eigenkapital zu erhöhen, ist die **Aufnahme neuer Gesellschafter.** Führen neue Gesellschafter dem Unternehmen Kapital zu, spricht man von einer Beteiligungsfinanzierung.

Die Erhöhung des Eigenkapitals durch Kapitalzufuhr von außen ist eine langfristig wirksame, für das Unternehmen kostengünstige Form der Finanzierung. Die Möglichkeit ist aber begrenzt durch die finanzielle Leistungsbereitschaft der Unternehmenseigentümer.

Fremdkapitalausstattung des Unternehmens

Erhöht sich das Eigenkapital, steht es dem Unternehmen dauerhaft zur Verfügung. Eine Fremdfinanzierung bedeutet jedoch immer eine **Verschuldung** des Unternehmens. Bei der Erhöhung des Fremdkapitals bleibt der Kapitalgeber Eigentümer des Kapitals, Fremdkapital steht dem Unternehmen nicht dauerhaft zur Verfügung. Die dem Unternehmen überlassenen Geldmittel müssen nach einer vereinbarten Frist zurückgezahlt werden.

Ein Fremdkapitalgeber ist zur Kapitalüberlassung bereit, wenn er

- dafür ein Entgelt (Zins) erhält und
- sicher sein kann, dass er am Ende der Laufzeit sein Kapital oder einen entsprechenden Gegenwert zurückerhält.

Mögliche **Formen der Fremdfinanzierung** sind:

- Bankdarlehen,
- Kontokorrentkredit oder
- Lieferantenkredit sowie
- Leasing und
- Factoring als Sonderformen der Fremdfinanzierung.

Bei der Wahl der Fremdfinanzierung ist zu beachten, dass Zinsen für einen bestimmten Zeitraum anfallen. Darlehen werden meist über Jahre von dem Kreditinstitut vergeben, Lieferantenkredite z. B. können für Monate oder Tage gewährt werden.

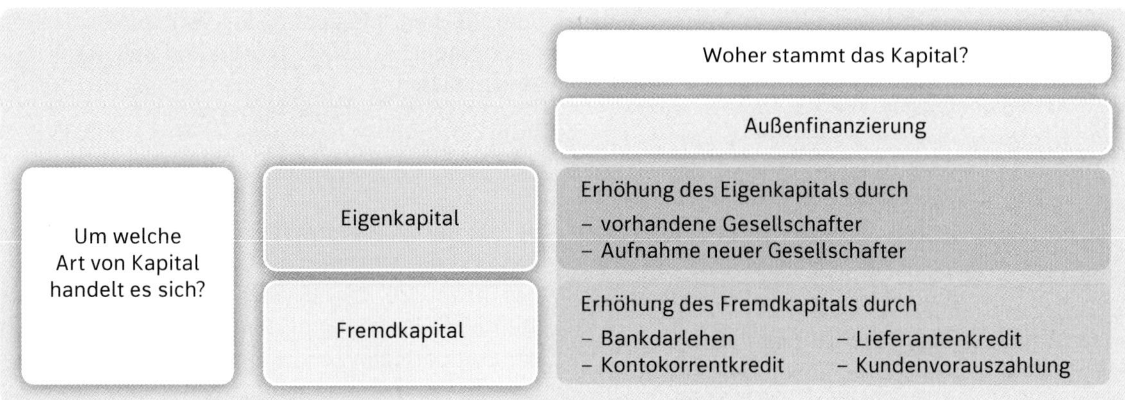

Abb. 3: Möglichkeiten der Außenfinanzierung

Jahreszinsen $Z = \frac{K \cdot p \cdot j}{100}$

Monatszinsen $Z = \frac{K \cdot p \cdot m}{100 \cdot 12}$

Tageszinsen $Z = \frac{K \cdot p \cdot t}{100 \cdot 360}$

K = Kapital
Z = Zinsen
P = Zinssatz
j = Zeit in Jahren
m = Zeit in Monaten
t = Zeit in Tagen

Abb. 4: Formelsammlung zur Zinsrechnung

Beispiel: Jutta Fröhlich plant, zur Finanzierung der neuen Computeranlage bei ihrer Hausbank einen Kredit mit einer Laufzeit von 5 Jahren in Höhe von 12 600,00 € aufzunehmen. Die Bank bietet den Kredit zu einem festen Zinssatz von 7,5 % p. a. an. Die Rückzahlung des gesamten Kredits erfolgt am Ende der Laufzeit. Jutta Fröhlich überlegt, wie hoch der Zinsaufwand für die 5 Jahre insgesamt ist.

$$\text{Jahreszinsen} = \frac{12\,600{,}00 \cdot 7{,}5 \cdot 5}{100} = 4\,725{,}00\ €$$

Mats Frenzel hat seit 8 ½ Monaten einen an die Jutta Fröhlich e. Kfr. fälligen Rechnungsbetrag in Höhe von 1 280,00 € noch nicht beglichen. Jutta Fröhlich überlegt, welchen Betrag Mats Frenzel ihr einschließlich 8 % Zinsen überweisen muss.

$$\text{Monatszinsen} = \frac{1\,280{,}00 \cdot 8{,}5 \cdot 8}{100 \cdot 12} = 72{,}53\ €$$

Überweisungsbetrag = 1 280,00 + 72,53 = 1 352,53 €

Bei der Kaufmännischen Zinsrechnung wird das Jahr mit 360 Tagen und der Monat mit 30 Tagen angesetzt. Sie ist die Zinsrechnung unter Kaufleuten. Der Monat Februar wird mit 30 Tagen angesetzt, wenn der Zinszeitraum über das Monatsende hinaus geht; fällt der Zinstermin auf das Monatsende, wird taggenau gerechnet.

Beispiel:

- 08. Sept. – 10. Nov. = 62 Tage
- 01. Jan. – 28. Febr. = 57 Tage
- 12. Dez. – 29. Febr. = 77 Tage (Schaltjahr)
- 01. Jan. – 01. März = 60 Tage
- 15. März – 31. Mai = 75 Tage

! *In der kaufmännischen Zinsrechnung*

- *wird der 1. Tag nicht mitgezählt,*
- *wird der Tag, bis zu dem gerechnet wird, mitgezählt,*
- *wird beim Überschreiten des Monats Februar der Monat Februar mit 30 Tagen gerechnet,*
- *wird taggenau gerechnet, wenn der Zinstermin auf das Monatsende fällt,*
- *wird der 31. eines Monats nicht berücksichtigt.*

Beispiel: Jutta Fröhlich erhält am 5. Februar von ihrer Kfz-Werkstatt eine Rechnung – zahlbar 10 Tage nach Rechnungserhalt – über eine durchgeführte Reparatur des Firmenwagens in Höhe von 2 380,00 €. In einem Telefonat bittet Jutta Fröhlich um Zahlungsaufschub bis zum 8. April. Der Inhaber der Kfz-Werkstatt stimmt zu, verlangt dafür aber 5 ¼ % Zinsen.

$$\text{Tageszinsen} = \frac{2\,380{,}00 \cdot 5{,}25 \cdot 53}{100 \cdot 360} = 18{,}40\ €$$

Neben der Kaufmännischen Zinsrechnung gibt es noch die **BGB-Zinsformel** (englische Methode) und die **Euro-Zinsformel**. Diese beiden Zinsformeln unterscheiden sich von der Kaufmännischen Zinsrechnung nur durch eine andere Berechnung der Tage.

Bei der **BGB-Zinsformel** wird das Jahr mit 365 (beim Schaltjahr mit 366) Tagen und die Monate mit der genauen Tagesanzahl (28, 29, 30 oder 31) angesetzt. Sie ist die Zinsrechnung unter Privatleuten und von Behörden.

Beispiel: Ole Krüger leiht sich in einem Schaltjahr vom 13. April bis zum 3. Juli von seinem Freund Felix Braun 5 520,00 €. Der Freund möchte 8 ½ % Zinsen haben.

$$\text{BGB-Zinsformel} = \frac{5\,520{,}00 \cdot 8{,}5 \cdot 81}{100 \cdot 366} = 103{,}84\ €$$

Bei der **Euro-Zinsformel** wird das Jahr mit 360 Tagen und die Monate werden mit der genauen Tagesanzahl (28, 29, 30 oder 31) angesetzt. Diese Methode wird häufig bei Finanzierungsgeschäften der Europäischen Zentralbank angewandt.

222334238

Beispiel: 5 % Zinsen werden vom 2. Januar bis 3. April (es liegt ein Schaltjahr vor) für einen Betrag von 10 000,00 € nach der Euro-Zinsformel berechnet.

$$\text{Euro-Zinsformel} = \frac{10\,000{,}00 \cdot 5 \cdot 92}{100 \cdot 360} = 127{,}78\ €$$

Nicht nur Zinsen lassen sich berechnen, sondern auch das Kapital, der Zinssatz und die Zeit. Dazu wird die allgemeine Zinsformel nach der jeweils geforderten Größe umgestellt.

Kapital	$K = \frac{Z \cdot 100 \cdot 360}{p \cdot t}$
Zinssatz	$p = \frac{Z \cdot 100 \cdot 360}{K \cdot t}$
Tage	$t = \frac{Z \cdot 100 \cdot 360}{K \cdot p}$

Abb. 5: Umgestellte Zinsformeln

Berechnung des Kapitals nach der Kaufmännischen Zinsrechnung

Beispiel: Die Trendino GmbH nimmt zum Kauf eines neuen Lieferwagens am 16. Januar ein Darlehen zu 8,5 % auf. Am 22. Juli zahlt die GmbH das Darlehen zurück und zahlt dafür 1 976,25 € Zinsen.

$$\text{Kapital} = \frac{1\,976{,}25 \cdot 100 \cdot 360}{186 \cdot 8{,}5} = 45\,000{,}00\ €$$

Berechnung des Zinssatzes nach der Kaufmännischen Zinsrechnung

Beispiel: Für die verspätete Zahlung einer Lieferantenrechnung in Höhe von 4 600,00 € muss Jutta Fröhlich für die Zeit vom 20.10. bis 15.12. Verzugszinsen in Höhe von 35,14 € bezahlen. Der Zinssatz wird wie folgt berechnet:

$$\text{Zinssatz} = \frac{35{,}14 \cdot 100 \cdot 360}{4\,600{,}00 \cdot 55} = 5\,\%$$

Abb. 6: Zinsrechnung

Berechnung der Zeit mithilfe der Kaufmännischen Zinsmethode

Beispiel: Das Modehaus Müller hat einem Kunden am 20. März eine Rechnung über 1 350,00 € zu einem Zinssatz von 6,5 % gestundet. Der Rückzahlungsbetrag einschließlich Zinsen beträgt 1 404,60 €. Grit Faust, die langjährige Mitarbeiterin im Modehaus Müller, möchte gerne wissen, für wie viele Tage die Stundung gewährt wurde und wann der Rechnungsbetrag zurückgezahlt wurde.

$$\text{Tage} = \frac{54{,}60 \cdot 100 \cdot 360}{6{,}5 \cdot 1\,350{,}00} = 224\ \text{Tage}$$

Der Rückzahlungstermin ist der 4. November.

Berechnung der Zeit mithilfe der Euro-Zinsformel

Beispiel: Die Kreissparkasse Münster gewährt Franz Gerster zur Finanzierung eines Pkw am 24. Juni ein Darlehen über 16 800,00 €. Die Kreissparkasse berechnet die Zinsen nach der Euro-Zinsformel. Hiernach sind einschließlich 6 % Zinsen 16 959,60 € zurückzuzahlen. Franz Gerster überlegt, wann er das Darlehen zurückzahlen muss.

$$\text{Tage} = \frac{159{,}60 \cdot 100 \cdot 360}{6 \cdot 16\,800{,}00} = 57\ \text{Tage}$$

Der Rückzahlungstermin ist der 20. August.

Berechnung des Effektivzinssatzes

Bei der Aufnahme von Krediten oder nicht pünktlicher Rückzahlung von Lieferantenverbindlichkeiten werden häufig nicht nur Zinsen, sondern auch

Bearbeitungsgebühren, Kosten für Porto usw. fällig. Banken vereinbaren gelegentlich einen geringeren Auszahlungsbetrag (z. B. nur 97 %) im Vergleich zur Höhe der abgeschlossenen Kreditsumme. Die Zinsen werden von der gesamten Kreditsumme berechnet, sie muss auch zurückgezahlt werden. Die Differenz zwischen Kreditsumme und Auszahlungsbetrag heißt Abschlag (Disago). Das Disagio wird immer in Prozent ausgedrückt und dann von der Kreditsumme berechnet. Der effektive Zinssatz wird hierdurch höher.

Beispiel: Für einen Kredit in Höhe von 4 000,00 €, der für ein halbes Jahr gewährt wird, berechnet die Bank Jutta Fröhlich 6 % Zinsen und 2 % Bearbeitungsgebühr.

Berechnung der tatsächlichen Kreditkosten:

6 % Zinsen von 4 000,00 € für 180 Tage	= 120,00 €
2 % Bearbeitungsgebühr von 4 000,00 €	= 80,00 €
Kosten für den Kredit insgesamt	= 200,00 €

Berechnung des effektiven Zinssatzes:

Effektiver Zinssatz

$$= \frac{(\text{Zinsen} + \text{Bearbeitungsgebühr}) \cdot 100 \cdot 360}{\text{Darlehen} \cdot \text{Tage}}$$

$$= \frac{(120{,}00 + 80{,}00) \cdot 100 \cdot 360}{4\,000{,}00 \cdot 180} = 10{,}00\ \%$$

Zur Umwandlung des Skontosatzes in einen effektiven Zinssatz siehe Seite 244.

Fremdfinanzierung durch Kredite von Banken

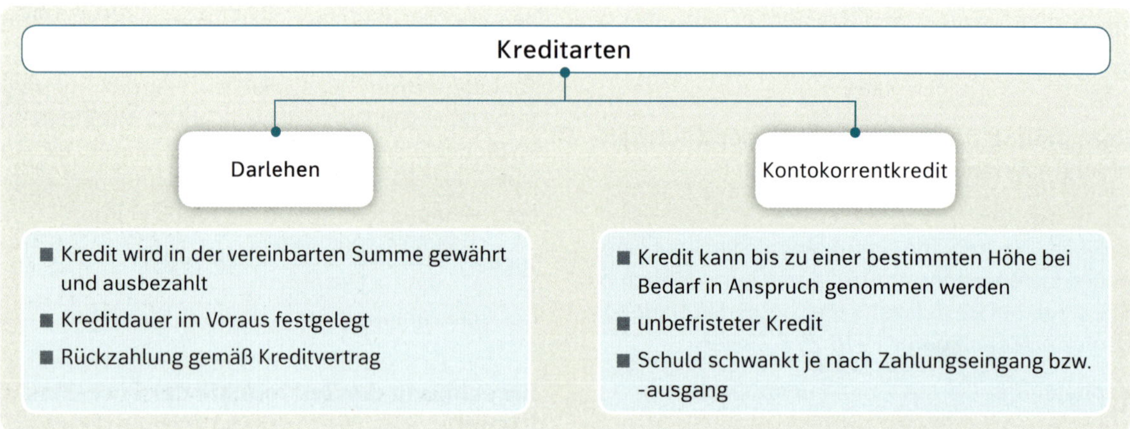

Abb. 7: Kreditarten

Bei einem Bankdarlehen überlässt ein Kreditinstitut dem Darlehensnehmer einen Geldbetrag, den dieser bis zum Ende einer vereinbarten Laufzeit ganz oder in Raten zurückzahlt. Für die Überlassung des Darlehensbetrags wird eine Zinszahlung fällig.
Nach ihrer Laufzeit werden Darlehen unterschieden in kurz-, mittel- und langfristige Kreditverhältnisse:

- kurzfristig: Restlaufzeit von unter einem Jahr
- mittelfristig: Restlaufzeit von einem Jahr bis zu fünf Jahren
- langfristig: Restlaufzeit von mehr als fünf Jahren

Darlehen eignen sich aufgrund ihrer relativ langen Laufzeit vor allem für die Finanzierung größerer Investitionen im Bereich des Anlagevermögens, da die Anlagegüter über einen langen Zeitraum im Unternehmen genutzt werden sollen.

Bei den Darlehensarten ist zwischen

- Zinszahlungsdarlehen (Festdarlehen)
- Annuitätendarlehen (Tilgungsdarlehen)
- Abzahlungsdarlehen (Ratendarlehen)

zu unterscheiden.

Bei dem **Festdarlehen** zahlt der Kreditnehmer das Darlehen am Ende der Laufzeit in einer Summe zurück. Während der Laufzeit des Darlehens sind lediglich die vereinbarten Zinsen zu zahlen. Diese Darlehensart wird häufig im Zusammenhang mit dem Abschluss einer Lebensversicherung vereinbart.

Beispiel: Die Trendino GmbH nimmt zum 1. Januar 2022 ein Festdarlehen mit einer Laufzeit von 5 Jahren (Tilgung in einem Betrag zum 31. Dezember 2027) in Höhe von 120 000,00 € auf. Der Zinssatz beträgt 5 % p. a.; die jährlichen Zinsen berechnen sich somit immer von 120 000,00 € = 6 000,00 €. An der Darlehenssumme ändert sich nichts. Sie wird erst am 31. Dezember 2027 insgesamt zurückgezahlt.

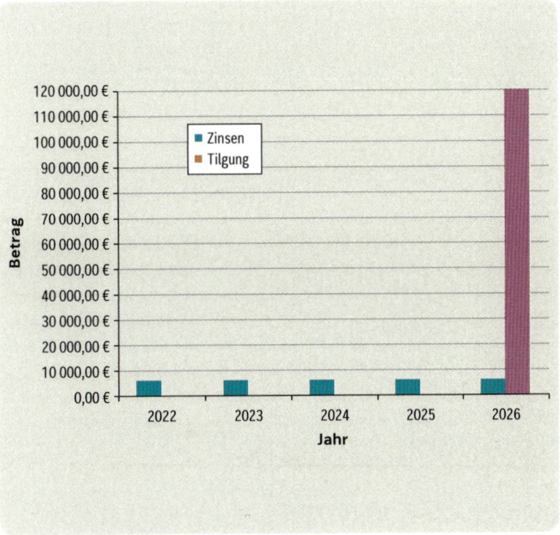

Abb. 8: Festdarlehen

Beim **Annuitätendarlehen** (Annuitätentilgung) wird über die gesamte Laufzeit des Darlehens ein gleichbleibender Betrag (Annuität/Raten), der sich aus Tilgung plus Zinsen ergibt, vereinbart. Mit jedem Rückzahlungsbetrag wird ein Teil des Darlehens getilgt, das Darlehen verringert sich, d. h., es entsteht eine immer geringer werdende Schuld gegenüber dem Kreditgeber. Von der verminderten Schuld werden die Zinsen berechnet. Bedingt durch die gleichbleibende Annuität steigt die jährliche Tilgung und die Zinsen verringern sich.

Beim **Abzahlungsdarlehen** oder Tilgungsdarlehen (Ratentilgung) bleibt die jährliche Tilgung gleich. Da die Zinsen für die verbleibende Darlehensschuld sinken, verringern sich die jährlichen oder monatlichen Zahlungen (gleichbleibende Tilgung plus Zinsen) an den Kreditgeber. Die Annuität nimmt gleichmäßig ab. Die Höhe der Zinsen hat keinen Einfluss auf die Laufzeit des Darlehens. Häufig dauert die Rückzahlung des Darlehens im Vergleich zum Annuitätendarlehen länger (bei sonst gleichen Bedingungen).

Beispiel: Jutta Fröhlich plant, das Auto für 2 000,00 € reparieren zu lassen und sich ein etwas preisgünstigeres Smartphone zu kaufen. Diese beiden Vorhaben kann sie mit dem vorhandenen eigenen Geldbetrag in Höhe von 2 500,00 € realisieren. Aber auch die Computeranlage im Wert von 12 600,00 € soll gekauft werden. Mithilfe ihres Bankberaters vergleicht sie beide Darlehnsarten. Für die Rückzahlung eines Annuitätendarlehens plant sie pro Jahr 2 405,00 € ein, für das Abzahlungsdarlehen will sie jedes Jahr eine Tilgung in Höhe von 1 200,00 € aufbringen. Die Bank bietet beide Darlehen zu einem Zinssatz von 10,5 % p. a. (per anno = pro Jahr) an.

Fremdfinanzierung durch Kontokorrentkredit

Die im Unternehmen erzielten Umsatzerlöse werden regelmäßig auf das Bankkonto eingezahlt, um u. a. fällige Rechnungen per Überweisung bezahlen zu können. Allerdings kann die Situation eintreten, dass die erzielten Umsatzerlöse nicht ausreichen, um alle fälligen Rechnungen termingerecht bezahlen zu können: Durch ausbleibende Umsatzerlöse kann ein **kurzfristiger Finanzierungsbedarf** entstehen. Die für die Rückzahlung der Verbindlichkeiten notwendigen Geldbeträge kann das Unternehmen meistens bereits innerhalb kurzer Zeit wieder durch die erzielten Umsatzerlöse erwirtschaften.

Tilgungsplan für das Annuitätendarlehen

Jahr	Darlehensschuld am Jahresanfang	Zinsen	Tilgung (= Annuität – Zinsen)	Annuität (über die Laufzeit gleichbleibender Betrag)	Darlehensschuld am Jahresende (Schuld Jahres-anfang – Tilgung)
1	12600,00 €	1323,00 €	1082,00 €	2405,00 €	11518,00 €
2	11518,00 €	1209,39 €	1195,61 €	2405,00 €	10322,39 €
3	10322,39 €	1083,85 €	1321,15 €	2405,00 €	9001,24 €
4	9001,24 €	945,13 €	1459,87 €	2405,00 €	7541,37 €
5	7541,37 €	791,84 €	1613,16 €	2405,00 €	5928,21 €
6	5928,21 €	622,46 €	1782,54 €	2405,00 €	4145,67 €
7	4145,67 €	435,30 €	1969,70 €	2405,00 €	2175,97 €
8	2175,97 €	228,48 €	2175,97 €	2404,55 €	0,00 €
Summe		**6639,45 €**	**12600,00 €**		

Abb. 9: Annuitätendarlehen

Tilgungsplan für das Abzahlungsdarlehen

Jahr	Darlehensschuld am Jahresanfang	Zinsen	Tilgung (über die Laufzeit gleichbleibender Betrag)	Zinsen plus Tilgung	Darlehensschuld am Jahresende (Schuld Jahres-anfang – Tilgung)
1	12600,00 €	1323,00 €	1200,00 €	2523,00 €	11400,00 €
2	11400,00 €	1197,00 €	1200,00 €	2397,00 €	10200,00 €
3	10200,00 €	1071,00 €	1200,00 €	2271,00 €	9000,00 €
4	9000,00 €	945,00 €	1200,00 €	2145,00 €	7800,00 €
5	7800,00 €	819,00 €	1200,00 €	2019,00 €	6600,00 €
6	6600,00 €	693,00 €	1200,00 €	1893,00 €	5400,00 €
7	5400,00 €	567,00 €	1200,00 €	1767,00 €	4200,00 €
8	4200,00 €	441,00 €	1200,00 €	1641,00 €	3000,00 €
9	3000,00 €	315,00 €	1200,00 €	1515,00 €	1800,00 €
10	1800,00 €	189,00 €	1200,00 €	1389,00 €	600,00 €
11	600,00 €	63,00 €	600,00 €	663,00 €	0,00 €
Summe		**7623,00 €**	**12600,00 €**		

Abb. 10: Abzahlungsdarlehen

222334242

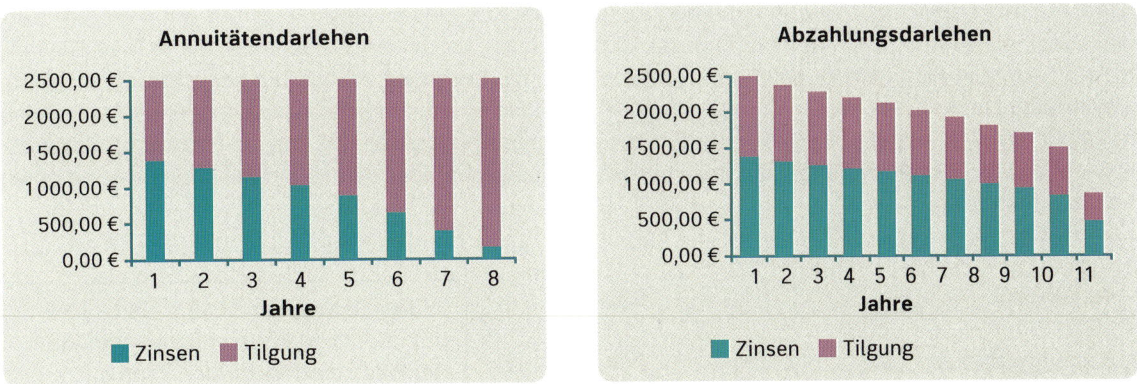

Abb. 11: Vergleich Annuitätendarlehen und Abzahlungsdarlehen

Die Kreditinstitute räumen den Unternehmen für kurzfristig auftretenden Finanzierungsbedarf einen **Überziehungsspielraum (Disposition)** auf dem Bankkonto ein. Innerhalb dieses Spielraums kann das Unternehmen kurzfristig und formlos einen Kredit aufnehmen. Nach der einmaligen Gewährung kann der Kontokorrentkredit sofort und ohne bürokratischen Aufwand genutzt werden. Allerdings ist zu beachten, dass der eingeräumte Kredit vergleichsweise gering ist, denn die zuständige Bank orientiert sich an den Geldeingängen auf dem Konto bzw. an der Umsatz- und Gewinnsituation des Unternehmens. Zinsen müssen nur dann bezahlt werden, wenn der Kredit in Anspruch genommen wird. Kontokorrent-Zinsen (zwischen 10 % und 18 %) sind meist höher als ein normaler Ratenkredit. Darüber hinaus gibt es keinen festen Rückzahlungstermin für diesen Kredit.

Privatpersonen sollten beachten, dass ein Kontokorrentkredit u. U. dazu verleitet, mehr auszugeben, als man sollte und die Gefahr besteht, durch die hohen Zinsen immer weiter in die Verschuldung zu rutschen. Guthaben und Dispositionskredit auf dem Bankkonto werden unterschiedlich verzinst.

Abb. 12: Skonto sollte immer in Anspruch genommen werden.

Fremdfinanzierung durch Lieferantenkredit

Zwischen Kaufleuten ist es üblich, Warenlieferungen nicht gegen sofortige Bezahlung auszuführen. Stattdessen wird dem Warenempfänger ein **Zahlungsziel** eingeräumt, also eine Frist, bis zu der er die Lieferung bezahlen muss. Der Lieferant kann einem Einzelhändler z.B. ein Zahlungsziel von 30 Tagen einräumen, um ihm die Möglichkeit zu geben, die gelieferten Waren an seine Kunden weiter verkaufen und den Rechnungsbetrag aus den erzielten Umsatzerlösen begleichen zu können.

Der Lieferantenkredit ist für den Kreditnehmer, d. h. also für den Käufer der Ware, mit keinen weiteren Kosten verbunden. Er kauft die Ware zum vereinbarten Preis, den er nach Ablauf der Zahlungsfrist bezahlen muss. Dem Käufer wird aber ein Teil des Kaufpreises erlassen, wenn er die Zahlungsfrist nicht ausnutzt und den Kaufpreis früher bezahlt. Dieser Preisabzug bei frühzeitiger Zahlung wird als **Skonto** bezeichnet. Im Kalkulationsschema ist die Skontogewährung durch den Verkäufer bereits berücksichtigt (vgl. BN 222331, LF 9).

Beispiel: Jutta Fröhlich hat eine Warenlieferung über 749,70 € einschließlich 19 % USt erhalten. Die Zahlungsbedingung lautet: Zahlbar innerhalb von 10 Tagen unter Abzug von 3 % Skonto oder 30 Tage rein netto. Um Skonto in Anspruch zu nehmen, reicht es, wenn die Rechnung am 10. Tag beglichen wird. Skonto gewährt der Lieferant als Anreiz, 20 Tage vor dem vereinbarten Zahlungsziel zu zahlen. Falls Jutta Fröhlich das Geld nicht hat, benötigt sie daher nur für 20 Tage einen Kredit, da am 30. Tag die Rechnung fällig wird. Stünde ihr das Geld auch dann nicht zur Verfügung, müsste sie über den vollen Rechnungsbetrag einen Kredit aufnehmen.

Jutta Fröhlich zahlt unter Abzug von Skonto nimmt dafür einen Dispositionskredit in Höhe von 10,5 % auf.

Warenwert	630,00 €
+ 19 % USt	119,70 €
= Rechnungsbetrag	749,70 €
– 3 % Skonto	22,49 €
= Zahlung (benötigter Dispositionskredit)	727,21 €

In dem Betrag von 22,49 € sind 3,59 € USt und 18,90 € Warenanteil enthalten. Der Finanzierungsgewinn kann auch netto berechnet werden, d. h. vom Betrag ohne USt.

Kosten des Dispositionskredites für 20 Tage:

$$Z = \frac{K \cdot p \cdot t}{100 \cdot 360} = \frac{727{,}21 \cdot 10{,}5 \cdot 20}{100 \cdot 360} = 4{,}24\ €$$

Skontoabzug bei vorzeitiger Zahlung **brutto**	22,49 €	Skontoabzug bei vorzeitiger Zahlung **netto**	18,90 €
– Kosten für den Kredit	4,24 €	– Kosten für den Kredit	4,24 €
= Finanzierungsgewinn brutto	18,25 €	= Finanzierungsgewinn netto	14,66 €

Da sich ein Zinssatz immer auf 360 Tage bezieht, sind die 3 % Skonto für 20 Tage in den Zinssatz für 360 Tage umzurechnen.

20 Tage entsprechen 3 %
360 Tage entsprechen x %

$$\text{Zinssatz} = \frac{3 \cdot 360}{20} = 54\ \%$$

Der Skontosatz von 3 % entspricht einem Zinssatz von 54 %.

Ebenfalls kann ein Unternehmen von seinen Kunden eine Vorauszahlung verlangen. Der Kunde leistet auf die von ihm getätigte Bestellung eine Anzahlung an den Einzelhändler vor Fertigstellung bzw. Abnahme der Ware. D. h., die Anzahlung dient neben der Finanzierung auch als Sicherheit bei Ausfall des bestellenden Kunden.

Beispiel: Für die Lieferung und Montage einer Einbauküche mit dem Warenwert von 17 500,00 € wird im Kaufvertrag eine Anzahlungsvereinbarung aufgenommen. Demnach muss bei Vertragsabschluss durch den Kunden sofort eine Anzahlung in Höhe von 20 % durch Banküberweisung geleistet werden.

Exkurs: Mezzanine-Kapital als Brücke zwischen Eigen- und Fremdfinanzierung

Für kleine und mittlere Unternehmen zeigt sich immer wieder, dass es schwierig für sie ist, für Gründungen und notwendige Investitionen Fremdkapitalgeber zu finden.

Seit 1990 werden von Kreditinstituten und Finanzierungsgesellschaften sogenannte „Mezzanine Finanzierungsinstrumente" angeboten. Dabei handelt es sich um Finanzierungen, die sich **nicht mehr eindeutig als Fremd- bzw. Eigenkapitalanteile** einordnen lassen: So ist zum Beispiel Kapital, das von außen dem Unternehmen befristet zur

Verfügung gestellt wird, eindeutig dem Fremdkapital zuzuordnen. Ist aber vertraglich vereinbart, dass die Geldüberlassung über einen sehr langen Zeitraum, z. B. 10 bis 15 Jahre, bestehen bleiben soll, kann das Unternehmen dieses Kapital zumindest in den ersten Jahren als Teil des Eigenkapitals betrachten. Der Zins für diese langfristige Kapitalüberlassung wird oft sehr niedrig angesetzt. Statt der Rückzahlung des Kapitals wird die Übertragung von Eigenkapitalanteilen an den Kreditgeber vereinbart. Fremdkapital nimmt dadurch wie Eigenkapital am wirtschaftlichen Erfolg des Unternehmens teil.

Umgekehrt gibt es auch Fälle, in denen die in der Bilanz ausgewiesenen Eigenkapitalanteile nur befristet dem Unternehmen zur Verfügung gestellt werden. Der Anteilseigner ist also nur für einen bestimmten Zeitraum bereit, an der wirtschaftlichen Entwicklung des Unternehmens teilzunehmen und plant in absehbarer Zeit den Verkauf seiner Anteile. Findet sich kein Käufer für seinen Kapitalanteil, müsste er einen Anteil des Unternehmensvermögens als Bezahlung erhalten.

Die Bezeichnung Mezzanine stammt aus dem Bereich der Barockarchitektur. Die Fassaden waren in dieser Zeit klar gegliedert, wie auch das Bilanzbild eine eindeutige Trennung zwischen Eigen- und Fremdkapital zieht. Allerdings befanden sich im Inneren der Schlösser der damaligen Zeit Zwischenetagen, die einen schnellen, unbemerkten Übergang zwischen verschiedenen Stockwerken erlaubten. Wer also nicht hinter die Fassade der Bilanz schauen kann, kann auch die doppeldeutige Zuordnung der Anteile von Mezzaninen-Kapital nicht erkennen.

14.5.5 Innenfinanzierung

Im Gegensatz zur Außenfinanzierung wird dem Unternehmen bei der Innenfinanzierung kein Geld von außen zugeführt. Vielmehr erhöhen sich seine finanziellen Mittel durch die betriebliche Tätigkeit. In der Bilanz können sich durch Innenfinanzierung Werte im Vermögen oder im Eigenkapital ändern. Es gibt verschiedene Möglichkeiten der Innenfinanzierung (vgl. Abb. 13).

> ! *Im Rahmen der **Innenfinanzierung** werden dem Unternehmen selbst erwirtschaftete Geldmittel zur Verfügung gestellt.*

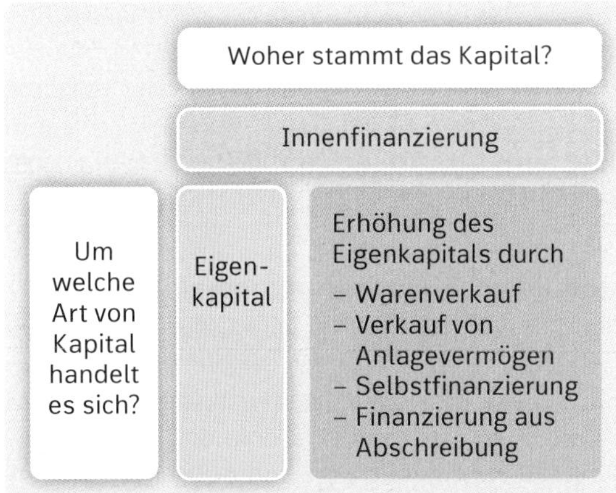

Abb. 13: Möglichkeiten der Innenfinanzierung

Innenfinanzierung durch Vermögensverkauf

Gebundenes Kapital wird durch die Veräußerung von **Anlagevermögen** in Geld umgewandelt, d. h. vorhandenes Kapital, das in das Unternehmen eingebracht bzw. durch Umsatz erwirtschaftet wurde und nicht mehr betriebsnotwendig ist, wird verkauft. Die bereits getätigte Investition wird somit aufgelöst (**Desinvestition**), um Liquidität zu gewinnen.

Beispiel: Die Schmuckwerk GmbH hat vor einigen Jahren ein Gebäude gekauft, das nun nicht mehr benötigt wird, daher wird es verkauft, d. h., das Gebäude wird in flüssige Mittel umgewandelt.

Innenfinanzierung durch Selbstfinanzierung

Der in einem Geschäftsjahr erzielte Unternehmensgewinn steht den Eigentümern zu. Sie können beschließen, ganz oder teilweise auf die Auszahlung des Gewinns zu verzichten und ihn im Unternehmen zu belassen (Finanzierung aus einbehaltenen Gewinnen). Dadurch erhöht sich das im Unternehmen vorhandene Eigenkapital.

Damit erhält das Unternehmen kein neues Geld von außen, sondern die bereits im Unternehmen vorhandenen Geldmittel werden fortan als Eigenkapital geführt. Sie stehen dem Unternehmen dauerhaft zur Verfügung. Diese Finanzierung aus den im Unternehmen erwirtschafteten Gewinnen wird als Selbstfinanzierung oder interne Eigenfinanzierung bezeichnet.

Beispiel: Das Feinkostgeschäft W. Lanfermann e. Kffr. hat sein Unternehmen um eine exklusive Weinabteilung erweitert. Daher hat W. Lanfermann von dem im abgelaufenen Geschäftsjahr erzielten Gewinn in Höhe von 60000,00 € lediglich 35000,00 € für private Zwecke entnommen.

Innenfinanzierung aus Abschreibungen

Ziel eines Unternehmens ist es, durch seine betriebliche Tätigkeit Gewinn zu erzielen. Um den betrieblichen Erfolg für eine Wirtschaftsperiode zu ermitteln, werden in der Gewinn- und Verlustrechnung die erzielten Erträge und Aufwendungen einer Wirtschaftsperiode einander gegenübergestellt. Zu den Aufwendungen gehören auch die Abschreibungen (vgl. Kap. 11.3.2).

Das Unternehmen muss durch die erzielten Umsatzerlöse nicht nur versuchen, seine tatsächlich in einer Periode zu bezahlenden Kosten (Miete, Löhne usw.) zu verdienen, sondern auch die Abschreibungen.

Da Abschreibungen keine Auszahlung verursachen, werden dadurch dem Unternehmen Finanzmittel zugeführt, die nicht sofort wieder ausgezahlt werden müssen. Es entsteht dadurch also ein Finanzierungseffekt.

Werden diese Zahlungsmittel über die Abschreibungsdauer gesammelt, entsteht bis zum Ende der Nutzungsdauer ein Kapitalstock, der für die Ersatzbeschaffung eines neuen Wirtschaftsgutes oder die Rückzahlung eines Investitionskredits genutzt werden kann.

Beispiel: Die Schmuckwerk GmbH kauft im Januar 20.. einen Pkw. Die Anschaffungskosten betragen 36000,00 €. Der Pkw wird linear über 6 Jahre abgeschrieben. Folglich beträgt die Abschreibung 6000,00 € pro Jahr. Da Abschreibungen Bestandteil der Handlungskosten sind, werden sie über die Umsatzerlöse hereingeholt und „angespart“, um nach 6 Jahren einen neuen Pkw zu kaufen. Bis zum Neukauf verfügt die Schmuckwerk GmbH zusätzlich über flüssige Mittel, die sie zur Finanzierung von unterschiedlichen Investitionen verwenden kann. Ohne neues Kapital bzw. Verwendung von Gewinnanteilen wird dadurch das Vermögen ausgeweitet.

Abb. 15: Das durch Abschreibungen einbehaltene Geld kann nach Ablauf der Nutzungsdauer für eine Ersatzbeschaffung genutzt werden.

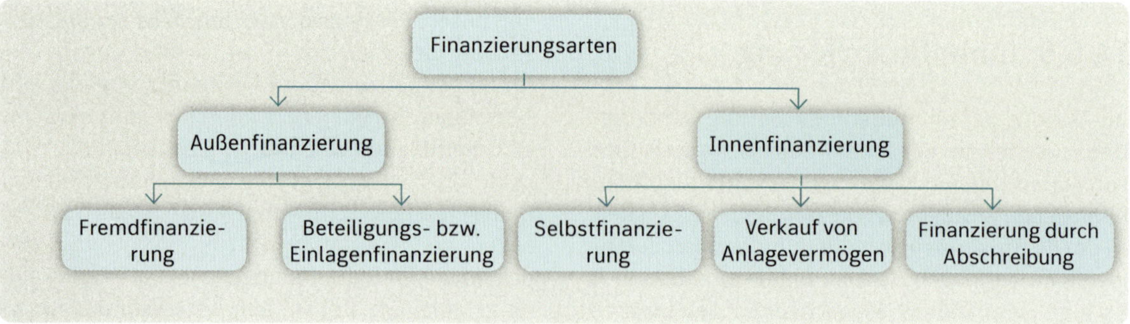

Abb. 14: Finanzierungsarten

14.5.6 Leasing und Factoring als Sonderformen der Finanzierung

Leasing

Der Kauf von Anlagegütern setzt die Bereitstellung von entsprechenden Mitteln voraus. Das Unternehmen muss danach die Kosten für Wartung und Instandhaltung übernehmen. Durch Gebrauch und technischen Fortschritt verliert das Anlagegut an Wert. Wird es nicht mehr benötigt, muss sich das Unternehmen um seinen Verkauf bemühen.

Als Alternative zum Kauf kann das Anlagegut aber auch gemietet werden, was als **Leasing** bezeichnet wird. Die **Mietzahlung (Leasinggebühr)** wird zumeist über einen festgelegten **Zeitraum (Leasingdauer)** an den **Vermieter (Leasinggeber)** gezahlt. Das Unternehmen erwirbt an dem Anlagegut kein Eigentum und kann es nach der festgelegten Leasingdauer an den Leasinggeber zurückgeben oder es kaufen.

Leasingformen können unterschieden werden

- nach dem **Leasinggeber:**
  - Beim **direkten Leasing** ist der Hersteller des Anlageguts auch der Leasinggeber.
  - Beim **indirekten Leasing** ist der Leasinggeber eine Leasinggesellschaft, die das Anlagegut vom Hersteller gekauft hat.
- nach der **Vertragsgestaltung:**
  - Beim **Operate Leasing** kann der Leasinggegenstand unter Einhaltung von vereinbarten, kurzen Kündigungsfristen zurückgegeben werden. Die Mietkosten sind dabei verhältnismäßig hoch.
  - Beim **Financial Leasing** wird eine feste Mietzeit vereinbart, die sich an der erwarteten Nutzungsdauer im Unternehmen ausrichtet. Während dieser Zeit ist keine Kündigung des Vertrags möglich.

Der Vorteil des Leasings gegenüber dem Kauf des Anlageguts besteht für das Unternehmen (Leasingnehmer) darin, dass es nicht den gesamten Kaufpreis zahlen muss, um das Anlagegut nutzen zu können. Es muss an den Leasinggeber stattdessen nur eine Mietzahlung leisten, die dem Wertverlust des Anlageguts während der Nutzungsdauer entspricht, zuzüglich eines Zuschlags für die unternehmerische Leistung des Leasinggebers.

Kostenvergleich zwischen Kredit und Leasing

Verfügt ein Unternehmen nicht über die für eine Investition notwendigen Geldmittel, kann es einen Kredit aufnehmen, der später zurückbezahlt werden muss. Die Kreditangebote unterscheiden sich in der Regel hinsichtlich des Zinssatzes und der Laufzeit.

Um einen Vergleich zwischen verschiedenen Kreditangeboten ziehen zu können, müssen alle im Zusammenhang mit den Krediten anfallenden Kosten berücksichtigt werden:

- Bei Abschluss eines Bankkredits werden oft einmalige **Abschlusskosten** fällig, die sich an der Höhe des Kreditbetrags orientieren.

Jahr	Restschuld am Jahresanfang	Zinsen	Tilgung	Restschuld am Jahresende	Zahlbetrag pro Jahr
1	13500,00 €	1417,50 €	982,50 €	12517,50 €	2400,00 €
2	12517,50 €	1314,34 €	1085,66 €	11431,84 €	2400,00 €
3	11431,84 €	1200,34 €	1199,66 €	10232,18 €	2400,00 €
4	10232,18 €	1074,38 €	1325,62 €	8906,56 €	2400,00 €
5	8906,56 €	935,19 €	1464,81 €	7441,75 €	2400,00 €
6	7441,75 €	781,38 €	1618,62 €	5823,13 €	2400,00 €
7	5823,13 €	611,43 €	1788,57 €	4034,56 €	2400,00 €
8	4034,56 €	423,63 €	1976,37 €	2058,19 €	2400,00 €
9	2058,19 €	216,11 €	2058,19 €	- €	2274,30 €
10		- €	- €	- €	- €
Summe		**7974,30 €**	**13500,00 €**		**21474,30 €**

Abb. 16: Aufwand für Zins und Tilgung des Kredits zur Anschaffungsfinanzierung

- Danach fallen regelmäßige **Zinszahlungen** an, die prozentual zur restlichen Kreditsumme gezahlt werden müssen. Die Zinsen können zum Beispiel monatlich oder vierteljährlich fällig werden.
- Gleichzeitig werden in einem festen Rhythmus **Tilgungszahlungen** auf den Kreditbetrag gezahlt.

Beispiel: Für die Finanzierung der Anschaffung des neuen Kassensystems wird dem Welt-Laden in Altstadt folgendes Kreditangebot gemacht:

- Bankdarlehen in Höhe der Anschaffungskosten von 13500,00 €,
- Abschlussgebühr in Höhe von 0,25 % des Kreditbetrags,
- monatliche Ratenzahlung in Höhe von 200,00 €.
- Der Zinssatz beträgt 10,5 % p. a.

Alternativ dazu kann das Kassensystem für die Dauer von zehn Jahren geleast werden. Die Leasingrate beträgt pro Monat 175,00 €.

Die für die Finanzierung zu zahlenden Kosten setzen sich aus den Kosten bei Vertragsabschluss und den fällig werdenden Zinsen bis zur Rückzahlung zusammen. Für den Abschluss des Kreditvertrags wird eine Bearbeitungsgebühr in Höhe von
$13\,500{,}00\text{ €} \cdot 0{,}25\,\% = 33{,}75\text{ €}$
fällig. Die jährlich zu zahlenden Zinsen werden aufgrund des Schuldenstandes am Jahresanfang berechnet. Der Kreditbetrag entwickelt sich aufgrund der Ratenzahlung, wie es die Tabelle zeigt (vgl. Abb. 16).

Der Gesamtaufwand für die Kreditfinanzierung beträgt also
$33{,}75\text{ €} + 7\,974{,}30\text{ €} + 13\,500{,}00\text{ €} = 21\,508{,}05\text{ €}$.

Die Zahlungen aus dem Leasingvertrag betragen
$10 \cdot 12 \cdot 175{,}00\text{ €} = 21\,000{,}00\text{ €}$.

Der Leasingvertrag ist beim Vergleich der Auszahlungen günstiger. Allerdings muss man beachten, dass am Ende der Leasingzeit die Anlagegüter, an den Leasinggeber zurückgegeben werden müssen. Der Welt-Laden müsste nach zehn Jahren ein neues Kassensystem anschaffen. Im Falle der Kreditfinanzierung kann das Kassensystem nach Ablauf der Kreditzeit weiterhin genutzt werden. Die Alternativen Kauf bzw. Leasing wären gleichwertig, wenn das Kassensystem nach der Leasingzeit zu einem Preis von unter 508,05 € vom Leasinggeber erworben werden kann.

Factoring (Verkauf von **Forderungen**)

Gewährt das Unternehmen seinen Kunden ein Zahlungsziel, ist es bereit, auf den Geldeingang für seine Forderungen zu warten. Um diese Zeit zu verkürzen, können Forderungen an eine Factoring-Gesellschaft verkauft werden, bevor sie fällig werden. Die Factoring-Gesellschaft zahlt dem Unternehmen den Nennbetrag abzüglich eines Abschlags. Der Vorteil für das Unternehmen besteht in der frühzeitigen Zahlung, durch die es wiederum in der Lage ist, neue Waren zu beschaffen. Darüber hinaus besteht kein Forderungsausfall.

Beispiel: Die Schmuckwerk GmbH verkauft am 15.09.20.. Waren im Wert von 7500,00 € an einen langjährigen Kunden auf Ziel. Die ausgestellte Rechnung räumt dem Kunden bei Zahlung innerhalb von 30 Tagen 2 % Skonto ein. Um das Geld schneller zu erhalten, verkauft die Schmuckwerk GmbH die Forderung bereits am 15.09.20.. an ein Factoring-Unternehmen. Dieses berechnet für den Vorfinanzierungszeitraum (30 Tage) und für das Ausfallrisiko der Kundenforderungen 1,5 % des Factoring-Umsatzes, d. h. der verkauften Forderungen. Die Schmuckwerk GmbH erhält 7387,50 € vom Factoring-Unternehmen am 15.09.20.. gutgeschrieben.

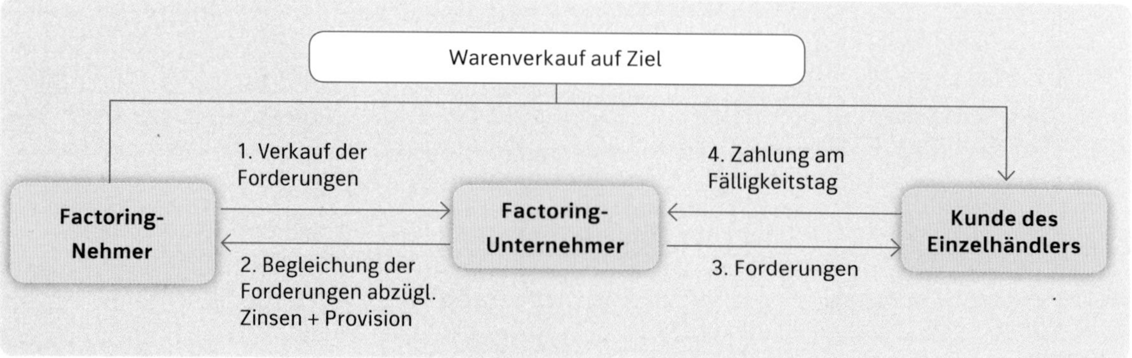

Abb. 17: Factoringablauf

222334248

14.5.7 Möglichkeiten der Kreditsicherung

Bei der Fremdfinanzierung erwartet der Kapitalgeber, dass er die von ihm überlassenen Mittel am Ende der vereinbarten Laufzeit zurückerhält. Je nach Art des Kredits werden während der Kreditlaufzeit noch Zinszahlungen des Kreditnehmers fällig. Der Kreditgeber muss abschätzen, wie hoch sein **Risiko** ist, diese erwarteten Leistungen des Kreditnehmers nicht zu erhalten. Das Risiko hängt davon ab, ob der Kreditnehmer bereit bzw. fähig ist, die vereinbarten Zins- und Tilgungszahlungen zu leisten.

Eigentumsvorbehalt

Nach dem Gesetz geht das Eigentumsrecht an einer beweglichen Sache durch Einigung und Übergabe an den Empfänger über (vgl. BN 222331, LF 3, Kap. 3.1.9). Im Kaufvertrag wird eine entsprechende Gegenleistung in Form der Kaufpreiszahlung vereinbart. Bezahlt ein Unternehmen eine erhaltene Warenlieferung nach der vereinbarten Zeit nicht, kann der Lieferant einen **Eigentumsvorbehalt** geltend machen: Das bedeutet, dass der Käufer das Eigentum an einer beweglichen Sache erst durch vollständige Zahlung des Kaufpreises erwerben kann. Der Verkäufer kann diese daher vom Käufer zurückfordern, wenn er den Kaufpreis nicht vereinbarungsgemäß bezahlt (vgl. BN 222331, LF 3, Kap. 3.1.9).

Beispiel: Der Welt-Laden kauft bei der Trendino Computer-Shop GmbH einen Laptop. Da der Kaufpreis recht hoch ist, wird Ratenzahlung über fünf Monate vereinbart. Im Kaufvertrag wird ein Eigentumsvorbehalt festgehalten: Der Welt-Laden wird erst mit Zahlung der letzten Rate Eigentümer des Laptops.

Allerdings gilt das nicht, wenn der Käufer die Sache weiterverkauft oder weiterverarbeitet. Will der Verkäufer in diesem Fall verhindern, dass er sein Eigentumsrecht bei Nichtzahlung verliert, muss im Kaufvertrag der **verlängerte Eigentumsvorbehalt** vereinbart werden. Dadurch erhält der Verkäufer einen Anspruch auf die durch die Weiterverarbeitung hergestellte Leistung oder die durch den Weiterverkauf entstehende Forderung.

Grundlagen des Kreditverhältnisses

Beim Abschluss eines **Kreditvertrags** muss der Kreditgeber neben der Kreditfähigkeit auch die **Bonität (Kreditwürdigkeit)** seines Vertragspartners abschätzen. Darunter versteht man die Zahlungsbereitschaft und Zahlungsfähigkeit.

> ! ***Bonität** ist die Fähigkeit und Bereitschaft, aufgenommene Schulden zurückzuzahlen.*

Je größer die Sicherheit ist, dass der Kreditnehmer seinen Verpflichtungen aus dem Kreditvertrag nachkommen wird, umso höher ist die Bonität.

Die Bonität ist eine persönliche Einschätzung des Kreditgebers über den Kreditnehmer. Kredite lassen sich danach unterscheiden, inwieweit für die Kreditgewährung die Bonität des Kreditnehmers oder eine Besicherung, z. B. durch Pfandrechte, ausschlaggebend sind. Man unterscheidet daher zwischen Personalkrediten und Realkrediten (vgl. Abb. 18).

Außerdem muss der Kreditnehmer kreditfähig sein.

> ! ***Kreditfähig** sind natürlich Personen, die voll geschäftsfähig sind, juristische Personen und Personengesellschaften.*

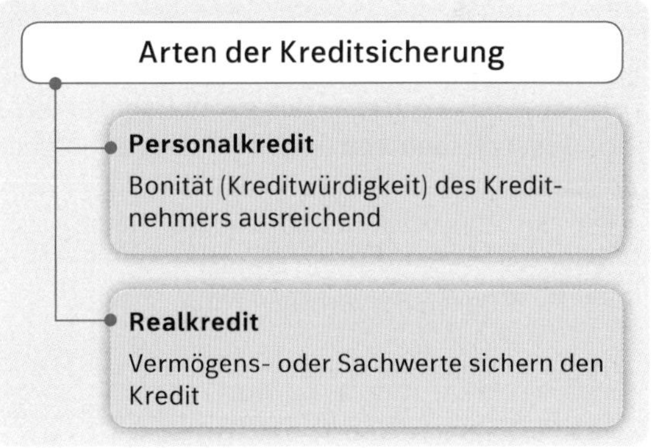

Abb. 18: Kreditsicherung

Personalkredite

Als reine **Personal- oder Blankokredite** werden Kreditverhältnisse bezeichnet, bei denen der Kreditgeber bei der Entscheidung über die Kreditvergabe sich allein von dem guten Ruf des

Kreditnehmers bzw. von seinen sichtbar guten Vermögensverhältnissen leiten lässt. Er verzichtet auf jede Form sonstiger Besicherung seiner Forderung auf Rückzahlung, weil er davon überzeugt ist, dass der (oder die) Kreditnehmer den Verpflichtungen zur Zinszahlung und Tilgung nachkommen werden. Ergibt die Bonitätsprüfung Zweifel an der Zahlungsbereitschaft des Kreditnehmers, kann der Kreditgeber sein Risiko dadurch minimieren, dass sich neben dem Hauptschuldner noch andere Personen zur Zahlung verpflichten.

Hierzu kann er verstärkte Personalkredite oder Realkredite nutzen.

Verstärkte Personalkredite

Folgende Formen von Personalkrediten sind möglich:

- **Bürgschaftskredit:** Hierbei verpflichtet sich ein Bürge gegenüber dem Kreditgeber, die Haftung für die Erfüllung der Verbindlichkeiten des Kreditnehmers zu übernehmen.
  - Bei einer **Ausfallbürgschaft** muss der Bürge erst dann zahlen, wenn alle Maßnahmen, auch die Zwangsvollstreckung, erfolglos waren, um den Hauptschuldner zur Zahlung zu zwingen. D. h., der Bürge kann das **Recht der Einrede der Vorausklage** geltend machen.
  - Bei einer **selbstschuldnerischen Bürgschaft** muss der Bürge sofort anstelle des Hauptschuldners zahlen, wenn dieser eine Zahlung versäumt. Kaufleute bürgen im Rahmen ihres Geschäftsbetriebs immer selbstschuldnerisch.

  Für die Bürgschaftserklärung bei Nicht-Kaufleuten ist die Schriftform zwingend. Andernfalls ist der Bürgschaftsvertrag nichtig.
- **Zessionskredit:** Hierbei tritt der Kreditnehmer Forderungen, die er Dritten gegenüber hat, an den Kreditgeber ab. Bei einer **stillen Zession** weiß der Drittschuldner von dieser Abtretung nichts, bei einer **offenen Zession** wird ihm die Abtretung mitgeteilt und er weiß, dass er fällige Zahlungen an den Kreditgeber leisten muss.

Beispiel: Die Müller e. K. nimmt bei ihrer Hausbank einen Kredit über 10 000,00 € auf. Zur Sicherheit tritt die Müller e. K. eine Kundenforderung in Höhe von 10 000,00 € an die Bank ab. Der Kunde wird von der Müller e. K. darüber informiert (offene Zession). Sollte der Kunde dennoch an die Müller e. K. zahlen und diese leitet das Geld nicht an die Bank weiter, kann die Bank vom Kunden nochmalige Zahlung verlangen.

Realkredite

Der Kreditgeber kann sein Rückzahlungsrisiko durch ein Pfandrecht an einer beweglichen (z. B. Schmuck, Wertpapiere, Lebensversicherungen) oder unbeweglichen (z. B. Grundstücke, Gebäude) Sache minimieren: Wenn der Kreditnehmer seinen Pflichten aus dem Kreditvertrag nicht nachkommt, ist der Kreditgeber berechtigt, das Eigentumsrecht an der als Pfand überlassenen Sache zu nutzen, um seine Zahlungsausfälle zu begleichen. Der Kreditgeber muss dabei beachten, dass die als Pfand überlassene Sache im Laufe der Zeit an Wert verlieren kann. Er wird als Pfandwert nicht den aktuellen Tageswert annehmen, sondern einen entsprechenden Abschlag vornehmen.

Kredite können durch bewegliche Sachen und durch unbewegliche Sachen gesichert werden (vgl. Abb. 19).

Kreditsicherung		Erläuterung	Beispiel
durch bewegliche Sachen	Lombardkredit (Faustpfandkredit)	Beim Lombardkredit übergibt der Kreditnehmer dem Kreditgeber eine bewegliche Sache (Schmuck, Edelmetalle, Kunstwerke, Wertpapiere, Lebensversicherungen). Der Kreditnehmer bleibt Eigentümer der Pfandsache, der Kreditgeber wird Besitzer. Der Kreditnehmer kann dadurch sein Eigentumsrecht an den Sachen behalten, kann sie aber nicht ohne Wissen des Kreditgebers verkaufen.	Ein Bauunternehmer will für sein Unternehmen ein neues Computersystem anschaffen. Sein Bruder ist bereit, ihm dafür 6500,00 € zu leihen, die in den nächsten zwei Jahren zurückgezahlt werden sollen. Als Pfand erhält er Wertpapiere (Aktien).
	Sicherungsübereignung	Bei der Sicherungsübereignung wird das Eigentum an einer beweglichen Sache an den Kreditgeber übertragen, der Kreditnehmer bleibt aber Besitzer. Der Kreditnehmer kann die Sache weiterhin nutzen, weil die Änderung der Eigentumsverhältnisse gegenüber Dritten nicht bekannt wird. Durch die Benutzung besteht für den Kreditgeber das Risiko, dass die Sache an Wert verliert und damit der Wert der Kreditbesicherung schwindet.	Der Bauunternehmer will für seinen Betrieb einen neuen Lkw kaufen. Die Bank ist bereit, 60 % des Kaufpreises zu finanzieren, wenn sie das Eigentum am Lkw als Sicherheit erhält.
durch unbewegliche Sachen	Hypothek	Die Hypothek ist ein Pfandrecht an einem Grundstück zur Sicherung einer Forderung. Der Kreditnehmer haftet dabei auch mit seinem übrigen Vermögen. Bleibt der Kreditnehmer seine Zahlungen schuldig, kann der Kreditgeber seine Forderungen durch Zwangsversteigerung des Grundstücks eintreiben.	Um ein Mehrfamilienhaus fertigstellen zu können, benötigt der Bauunternehmer noch ca. 150000,00 €. Als Sicherheit für einen Kredit lässt er im Grundbuch eine Hypothek auf das Baugrundstück eintragen.
	Grundschuld	Die Grundschuld ist ein Pfandrecht an einem Grundstück, das unabhängig von einer Forderung vereinbart werden kann. Die Verwertungsrechte des Kreditgebers beziehen sich nur auf das Grundstück und nicht auf das restliche Vermögen des Schuldners.	Um Erbstreitigkeiten aus dem Wege zu gehen, will der Bauunternehmer seinem Bruder dessen Anteil an dem Bauunternehmen abkaufen. Die Bank finanziert die Zahlung gegen Eintragung einer Grundschuld in Höhe von 70000,00 €.

Abb. 19: Arten der Kreditsicherung

14.5.8 Finanzierungsgrundsätze

Finanzierungsbedarf entsteht im Unternehmen, wenn die für die fälligen Auszahlungen notwendigen finanziellen Mittel nicht fristgerecht zur Verfügung stehen. Das Unternehmen muss jederzeit darauf achten, seine Liquidität zu erhalten (vgl. Abb. 20).

> ! ***Liquidität** ist die Fähigkeit eines Unternehmens, jederzeit seine finanziellen Verpflichtungen erfüllen zu können.*

Um die Liquiditätslage einschätzen und gegebenenfalls durch geeignete Finanzierungsmaßnahmen absichern zu können, kann eine Übersicht über die geplanten Ein- und Auszahlungen hilfreich sein (vgl. Abb. 20).

Kurzfristig auftretender Finanzierungsbedarf kann z. B. durch Kontokorrentkredite oder Factoring gedeckt werden. Langfristige Finanzierungen können durch die Erhöhung des Eigen- oder Fremdkapitals durchgeführt werden.

Die Möglichkeiten der Finanzierung durch Eigenkapital sind begrenzt,
- weil der Einzelunternehmer bzw. die Gesellschafter nicht über beliebig große Finanzmittel verfügen, die sie dem Unternehmen zur Verfügung stellen können, und
- weil Gewinne im Unternehmen nicht beliebig hoch ausfallen.

Die Finanzierung durch die Zuführung von Fremdkapital ist dagegen oft leichter zu realisieren. Allerdings bedeutet das in der Folge auch eine finanzielle Belastung für das Unternehmen durch Zins- und Tilgungszahlungen.

Das Unternehmen muss sich für eine zweckmäßige Teilung der Kapitalstruktur entscheiden. Dabei kann es sich an zwei Grundsätzen orientieren:

- Als **Goldene Finanzierungsregel** wird die Forderung bezeichnet, dass das aufgenommene Kapital erst dann fällig sein soll, wenn das damit finanzierte Anlage- bzw. Umlaufvermögen wieder zu Kapital geworden ist.
  Wird ein Anlagegut also per Kredit finanziert, sollte die vereinbarte Rückzahlung des Kredits nicht länger dauern als seine erwartete Nutzungsdauer.
- Als **Goldene Bilanzregel** wird daraus abgeleitet, dass Anlagevermögen und Umlaufvermögen der Bilanz entsprechend ihrem Verbleib im Unternehmen durch Eigen- oder Fremdkapital finanziert sein sollen.
  In einer strengen Fassung verlangt die Goldene Bilanzregel die wertmäßige Gleichheit zwischen Anlagevermögen und Eigenkapital und damit auch zwischen Umlaufvermögen und Fremdkapital. In der Praxis wird aber oft auch nur eine Gleichwertigkeit von Anlagevermögen und langfristig im Unternehmen verbleibendem Umlaufvermögen gegenüber dem Eigenkapital und dem langfristigen Fremdkapital gefordert.

Planperiode		**März**	**April**	**Mai**	**Juni**
Anfangsbestand		6400,00 €	2850,00 €	420,00 €	- 778,00 €
Einzahlungen					
	Umsatzerlöse	32000,00 €	35200,00 €	38720,00 €	42592,00 €
Auszahlungen					
	Wareneingang	17600,00 €	19360,00 €	21296,00 €	23425,60 €
	Miete	2250,00 €	2250,00 €	2250,00 €	2250,00 €
	Löhne	8500,00 €	8500,00 €	8500,00 €	8500,00 €
	Sonstige	7200,00 €	7520,00 €	7872,00 €	8259,20 €
Überschuss/Unterdeckung		**2850,00 €**	**420,00 €**	**- 778,00 €**	**- 620,80 €**

Abb. 20: Beispiel für einen Liquiditätsplan

222334252

Beispiel: Die Firma Leidinger & Brill KG prüft, ob die Goldene Bilanzregel in ihrer engen Fassung eingehalten wird (vgl. Abb. 21). Dem Anlagevermögen in Höhe von 91 300,00 € steht ein Eigenkapital von 90 400,00 € gegenüber. Bezieht man die Warenvorräte als langfristige Vermögensteile und die Bankdarlehen als langfristige Fremdkapitalanteile mit in die Betrachtung ein, ergibt sich ein Verhältnis von 134 600,00 € auf der Aktivseite zu 135 300,00 € auf der Passivseite. Die Goldene Bilanzregel wird nicht eingehalten.

Aktiva	Bilanz zum 31.12.20..		Passiva
Anlagevermögen		**Eigenkapital**	
Grundstücke und Gebäude	55 000,00 €	Eigenkapital	90 400,00 €
Fuhrpark	22 400,00 €		
Betriebs- und Geschäftsausstattung	13 900,00 €	**Fremdkapital**	
Umlaufvermögen		Bankdarlehen	44 900,00 €
Warenvorräte	43 300,00 €	Verbindlichkeiten	
Forderungen	3 400,00 €	aus Lieferungen und Leistungen	36 000,00 €
Kasse	11 800,00 €	Sonstige Verbindlichkeiten	1 900,00 €
Bank	23 400,00 €		
	173 200,00 €		173 200,00 €

Abb. 21: Bilanz der Firma Leidinger & Brill KG

Aufgaben

1 Nennen Sie fünf unterschiedliche Anlässe, bei denen ein Einzelhandelsunternehmen einen erhöhten Bedarf an Geldmitteln hat.

2 Begründen Sie für die folgende Situation, ob das Einzelhandelsunternehmen einen erhöhten Bedarf an Geldmitteln hat. Betrachten Sie jeweils die langfristigen und kurzfristigen Auswirkungen.

a) Der Lieferant kündigt für das kommende Jahr Preiserhöhungen an.

b) Die Jahresabrechnung der Stadtwerke weist eine Nachforderung in Höhe von 3 150,00 € aus.

c) Der Wettbewerber für unser Hauptprodukt senkt seinen Verkaufspreis.

3 Geben Sie an, ob bei den folgenden Vorgängen eine Außenfinanzierung oder eine Innenfinanzierung vorliegt.

a) Die Teilhaber einer GmbH zahlen zur Erhöhung des Grundkapitals auf das Unternehmenskonto jeweils 20 000,00 € ein.

b) Ein Unternehmen erzielt einen Jahresüberschuss von 28 500,00 €.

c) Zur Finanzierung eines Lkw-Kaufs nimmt ein Unternehmen einen Kredit auf.

d) Ein Unternehmen verkauft eine gebrauchte Maschine zum Buchwert.

4 Erläutern Sie die Vorteile einer Finanzierung durch Eigenkapital!

5 Unterscheiden Sie Kredite nach ihrer Laufzeit.

6 Welche Vorteile und Nachteile hat die Sicherungsübereignung für den

a) Kreditnehmer,

b) Kreditgeber?

7 Legen Sie begründend die Vorteile des Leasings für den Kreditnehmer dar.

8 Die Klaus Hoyer e. K. plant eine neue Regaltheke anzuschaffen. Der Kaufpreis beträgt 18 000,00 €. Die Finanzierung erfolgt durch die Aufnahme eines Darlehens bei der Hausbank am 30.06.20.. zu folgenden Konditionen:

Zinsen: 4,5 % p. a. (30/360), zahlbar halbjährlich

Tilgung: 3 % p. a., zahlbar halbjährlich

Ermitteln Sie den Überweisungsbetrag in Euro (Zinsen + Tilgung) zum Ende des Anschaffungsjahres 31.12.20..

9 Die Klaus Hoyer e. K. erhält eine Rechnung über 2 261,00 € einschließlich 19 % USt. Die Zahlungsbedingung lautet: „Zahlbar innerhalb von 10 Tagen abzüglich 3% Skonto, 30 Tage ohne Abzug". Klaus Hoyer nutzt den Dispositionskredit (Kontokorrentkredit) seiner Hausbank. Allerdings verlangt diese einen Zinssatz in Höhe von 12% p.a.

Ermitteln Sie

a) den Skontobetrag brutto,

b) den Überweisungsbetrag nach dem Abzug von Skonto,

c) die Zinsen für den Kontokorrentkredit,

d) den Finanzierungsgewinn netto.

10 Beschreiben Sie die Arten der Darlehenstilgung.

11 Welche Bedeutung hat eine Kreditauskunft und welche Kriterien bestimmen die Kreditauskunft?

Kompetenzraster, Kapitel 14.4 und 14.5

Kapitel	Ich kann ...	nein	unsicher	recht sicher	ja
14.4	■ den Begriff Kooperation erklären, Voraussetzungen sowie Vorteile und Nachteile der Kooperation zwischen Unternehmen darlegen.				
	■ Formen der Kooperation nennen und erläutern sowie Beispiele aus der Praxis einordnen.				
	■ den Begriff der Unternehmenskonzentration erläutern.				
	■ Formen der Unternehmenskonzentration nennen und beschreiben sowie Beispiele aus der Praxis zuordnen.				
	■ Vorteile und Nachteile der Unternehmenskonzentration darlegen.				
14.5	■ die Begriffe Finanzierung und Investition erläutern.				
	■ die Bedeutung von Finanzierung und Investition für den Einzelhändler darlegen.				
	■ Außenfinanzierung und Innenfinanzierung unterscheiden.				
	■ Möglichkeiten der Fremdfinanzierung nennen und erläutern.				
	■ Möglichkeiten der Innenfinanzierung nennen und erläutern.				
	■ Sonderformen der Finanzierung nennen und erläutern.				
	■ Möglichkeiten der Kreditsicherung bei Personalkrediten und Realkrediten beschreiben.				
	■ Finanzierungsgrundsätze erläutern und mit Beispielen belegen.				
	■ die Zinsrechnung sachgerecht anwenden.				

222334254

14.6 Sicherung der Liquidität

Michael Mai ist in der Buchhaltung der Trendino Computer-Shop GmbH beschäftigt und lässt sich einen Ausdruck über noch nicht beglichene Warenlieferungen (Offene-Posten-Liste) erstellen. Michael Mai stellt fest, dass die Kunden Akdak und Bauer auf die erste Mahnung vom 20. Oktober bislang nicht reagiert haben. Heute, am 10. November des gleichen Jahres, fertigt Michael Mai ein zweites Mahnschreiben an, in dem er die säumigen Schuldner auf die offenen Forderungen hinweist. Den Kunden wird zum Ausgleich der Schulden eine letzte Frist gesetzt. Außerdem werden in dem zweiten Mahnschreiben 5 % Verzugszinsen ab Fälligkeitsdatum verlangt.

Zwei Tage später ruft Janina Bauer Michael Mai wütend an und sagt, dass sie die fällige Zahlung übersehen habe und den Rechnungsbetrag gleich online überweisen werde. Verzugszinsen und Mahngebühren empfindet sie jedoch als unverschämt und wird diese nicht bezahlen.

14.6.1 Ursachen und Folgen der Nicht-Rechtzeitig-Zahlung

Zahlt der Käufer nicht rechtzeitig, nicht vollständig oder gar nicht, verringert er dadurch die Liquidität des Verkäufers und gefährdet dessen Zahlungsfähigkeit. Der Verkäufer kann gezwungen sein, einen Kredit aufzunehmen, um seine eigenen Verbindlichkeiten zu begleichen. Dadurch entstehen zusätzliche Kosten.

Verspätete oder ganz ausbleibende Zahlungseingänge von Kunden sind ein wesentlicher Grund für finanzielle Schwierigkeiten vieler Unternehmer (vgl. Abb. 1).

> **!** *Bezahlt der Käufer seine Schulden nicht fristgemäß, liegt **Zahlungsverzug (Nicht-Rechtzeitig-Zahlung)** vor.*

Ursachen für die Nichtzahlung oder verzögerte Zahlung sind z. B. finanzielle Schwierigkeiten aufseiten des Schuldners, Zahlungsunwilligkeit, absichtliche Zahlungsverzögerung, Streitigkeiten zwischen Gläubiger und Schuldner, mangelhafte Terminkontrolle, Vergesslichkeit oder Übermittlungsfehler beim Geldinstitut.

Abb. 1: Zahlungsverhalten von Kunden

14.6.2 Voraussetzung der Nicht-Rechtzeitig-Zahlung

Voraussetzung für den Eintritt der Nicht-Rechtzeitig-Zahlung ist die Fälligkeit der Zahlung. Dabei ist zu unterscheiden, ob eine Mahnung erforderlich ist oder nicht.

Ist auf der Rechnung kein Zahlungsziel angegeben, gerät der Schuldner erst durch eine Mahnung mit Fristsetzung in Verzug. Die Mahnung ist an keine bestimmte Form gebunden.

In einigen Fällen kann der Schuldner aber auch **ohne Mahnung in Verzug** geraten, und zwar dann:

- wenn der Schuldner die Zahlung ernsthaft und endgültig verweigert.

  Beispiel: „Von mir bekommen Sie kein Geld."

- wenn der **Zahlungstermin kalendermäßig bestimmt oder bestimmbar** ist. Der Geldschuldner kommt sofort in Verzug, wenn er bis zu dem festgelegten Termin nicht gezahlt hat.

  Beispiel:
  - „zahlbar bis zum 15. Dezember 2019"
  - „zahlbar 14 Tage nach Rechnungsdatum"
  - „zahlbar bis Ende Dezember 2019"
  - „zahlbar in der 45. Kalenderwoche"
  - „zahlbar im Laufe des Monats Dezember 2019"
  - „zahlbar spätestens 10 Tage nach Silvester 2019"

- wenn **30 Tage nach Rechnungseingang** vergangen sind. Der Verzug tritt in diesem Fall auch dann **automatisch** ein, wenn der Zahlungstermin kalendermäßig nicht bestimmt oder bestimmbar ist. Diese Regelung gilt für den einseitigen Handelskauf nur dann, wenn der Schuldner in der Rechnung oder Zahlungsaufstellung besonders darauf hingewiesen wurde. Zu beachten ist, dass im Streitfall der Gläubiger die ordnungsgemäße Zustellung der Rechnung beweisen muss. Kann kein Nachweis erfolgen, beginnt die 30-Tage-Frist mit dem Erhalt der Ware.

  Beispiel: Einem Unternehmen wird eine Rechnung am 20. Mai 2019 zugestellt. Automatisch wäre es dann am 21. Juni 2019 in Zahlungsverzug.

- wenn aus besonderen Gründen unter Berücksichtigung der Interessen des Schuldners und Gläubigers der **sofortige Verzugseintritt gerechtfertigt** ist.

  Beispiel: Der Schuldner teilt von sich aus mit, dass er zu einem bestimmten Termin zahlen wird, zahlt dann aber dennoch nicht.

Ein Schuldner kommt **nicht** in Verzug, wenn er die Zahlung aufgrund eines Ereignisses, das er nicht verschuldet hat, nicht leisten kann.

Beispiel: Der Käufer liegt nach einem schweren Unfall auf der Intensivstation eines Krankenhauses. Den Unfall hat er nicht verursacht.

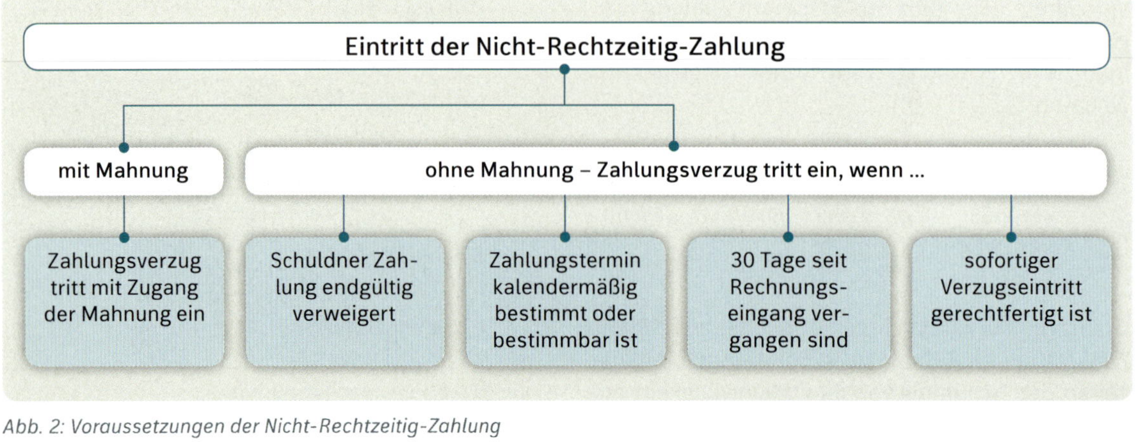

Abb. 2: Voraussetzungen der Nicht-Rechtzeitig-Zahlung

14.6.3 Rechte des Verkäufers bei Nicht-Rechtzeitig-Zahlung

Befindet sich der Schuldner (Käufer) mit der Zahlung in Verzug, stehen dem Gläubiger (Verkäufer) bestimmte Rechte zu. Zu unterscheiden ist zwischen vorrangigen und nachrangigen Rechten (vgl. Abb. 3).

Vorrangige Rechte (ohne Fristsetzung):

- **Bestehen auf Erfüllung des Vertrags (Nacherfüllung).** Es wird eine verspätete Kaufpreiszahlung verlangt, eventuell unter Einschaltung des Gerichts. Dies ist sinnvoll, wenn z. B. eine Sonderanfertigung in Auftrag gegeben wurde.
- **Bestehen auf Erfüllung des Vertrags (Nacherfüllung) und Ersatz des Schadens** fordern, der durch die Zahlungsverzögerung entstanden ist. Das können z. B. Verwaltungskosten oder Kreditkosten für einen wegen des Zahlungsverzugs aufgenommen Kredits sein.

Bei erfolgloser Nacherfüllung kann der Gläubiger nachrangige Rechte geltend machen. Hierfür ist eine Mahnung mit einer angemessenen Fristsetzung (= Nachfrist) notwendig, die es dem Schuldner ermöglicht, seinen Verpflichtungen doch noch nachzukommen. Eine Nachfrist ist überflüssig, wenn der Schuldner erklärt, nicht zahlen zu wollen.

Nachrangige Rechte (mit Fristsetzung):

- **Rücktritt vom Vertrag.** Der Gläubiger verlangt die Rückgabe der gelieferten Ware. Die Inanspruchnahme dieses Rechts ist dann angebracht, wenn die Zahlung vom Schuldner nicht mehr zu erwarten ist.
- **Ablehnung der Zahlung und Schadenersatz statt der Zahlung (Nichterfüllungsschaden).**

Beispiel: Der Gläubiger nimmt die Ware zurück und verkauft sie zu einem geringeren Preis an einen anderen Kunden. Die Differenz zwischen ehemaligem und erzieltem Preis plus in Rechnung gestellter Verzugskosten hat der in Verzug geratene Kunde zu zahlen.

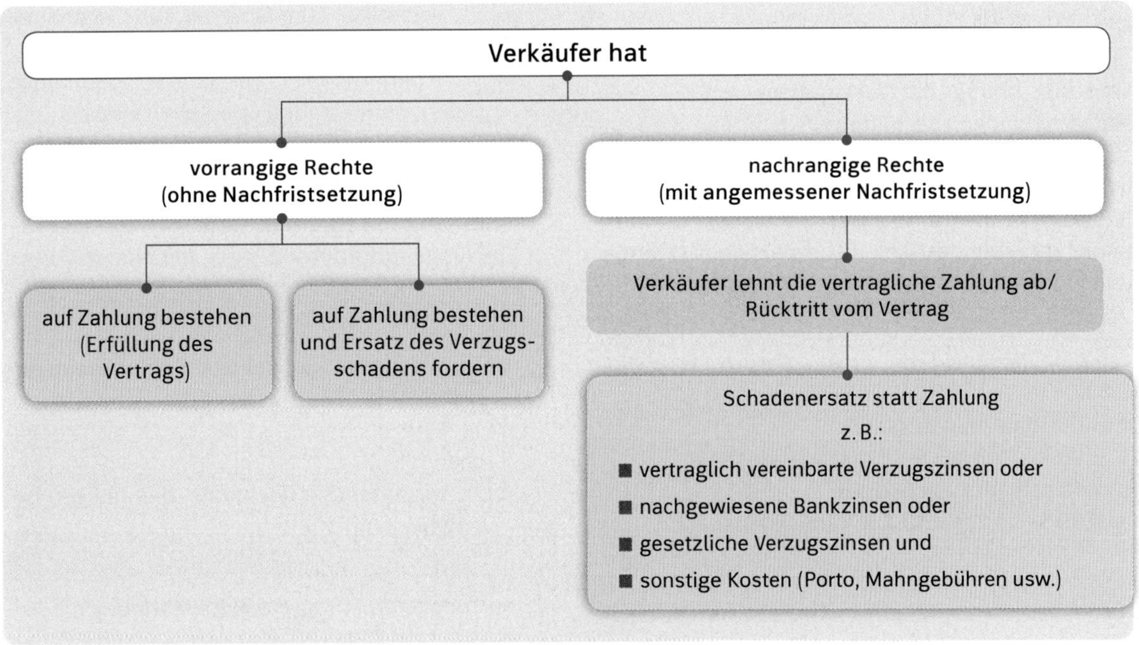

Abb. 3: Rechte des Verkäufers (Gläubigers) aus der Nicht-Rechtzeitig-Zahlung

14.6.4 Anwendung der Zinsrechnung bei der Nicht-Rechtzeitig-Zahlung

Ein Recht aus der Nicht-Rechtzeitig-Zahlung ist, auf Erfüllung des Vertrags zu bestehen und Schadenersatz zu verlangen. Der Schadenersatz kann u. a. Verzugszinsen umfassen.

Bei der kaufmännischen Zinsrechnung wird das Jahr mit 360 Tagen und jeder Monat mit 30 Tagen angesetzt. Ausnahme: Endet die Verzinsung „Ende Februar", so wird der Februar mit 28 Zinstagen (Schaltjahr 29 Zinstagen) berechnet.

Beispiel:

1. Februar–Ende Februar = 27 Tage
28. Februar–1. März = 3 Tage

Der erste Tag einer in Kalenderdaten angegebenen Zeit, z. B. 15. November, wird nicht als Zinstag gerechnet; der letzte Kalendertag ist ein voller Zinstag.

Die allgemeine Zinsformel lautet:

$$\textbf{Zinsen} = \frac{\text{Kapital} \cdot \text{Zinssatz} \cdot \text{Tage}}{100 \cdot 360}$$

$$\textbf{Z} = \frac{K \cdot p \cdot t}{100 \cdot 360}$$

Laut BGB beträgt der **Verzugszinssatz** bei zweiseitigen Handelsgeschäften 9 % p. a. über dem Basiszinssatz, bei allen anderen Rechtsgeschäften liegt er bei 5 % p. a. über dem Basiszinssatz. Der Basiszinssatz wird von der Deutschen Bundesbank (www.bundesbank.de) jeweils zum 1. Januar und 1. Juli eines Jahres bekannt gegeben.

Beispiel: Mahnung bei einem Basiszinssatz von 1,2 %:

- einseitiger Handelskauf:
  5,00 % + 1,2 % = 6,2 % Verzugszinssatz
- zweiseitiger Handelskauf:
  9,00 % + 1,2 % = 10,2 % Verzugszinssatz

14.6.5 Außergerichtliches Mahnverfahren

Kommt ein Kunde seiner Zahlungsverpflichtung nicht bzw. nicht pünktlich nach, kann der Verkäufer mithilfe des kaufmännischen und des gerichtlichen Mahnverfahrens versuchen, seine ausstehenden Forderungen einzutreiben.

Dem **kaufmännischen bzw. außergerichtlichen Mahnverfahren** kommt im Forderungsmanagement eines Unternehmens eine besondere Rolle zu. In der Regel wird aus Beweisgründen schriftlich gemahnt, obwohl Formfreiheit besteht. Bei der Abfassung des Mahnscheibens ist Fingerspitzengefühl erforderlich, denn

- der Kunde sollte nicht verärgert werden und
- die Geschäftsbeziehung sollte weiter bestehen bleiben.

Folgende Vorgehensweise ist beim außergerichtlichen Mahnverfahren möglich (vgl. Abb. 4):

1. ca. 14 Tage nach Überschreiten der Fälligkeit Versand einer Rechnungskopie, eines Kontoauszugs und/oder einer **höflich abgefassten Zahlungserinnerung.** Das Wort Mahnung fehlt.

   Beispiel:
   - „... Sie haben gewiss übersehen ..."
   - „... selbst bei aller Sorgfalt kann einmal ein Zahlungstermin in Vergessenheit geraten ..."
   - „... in dem Alltagsstress kann es vorkommen, dass eine Rechnung übersehen wird ..."

2. nach weiteren 14 Tagen Zusenden der **ersten Mahnung** mit einer nachdrücklich formulierten Zahlungsaufforderung, ggfs. mit Fristsetzung.

   Beispiel:
   - „... konnten wir keinen Zahlungseingang feststellen ..."
   - „... Ihre Rechnung ist bis heute nicht beglichen ..."
   - „... wir bitten Sie nochmals, den fälligen Betrag bis zum ..."

3. nach weiteren 14 Tagen **zweite Mahnung** mit Hinweis auf die Fälligkeit, den Betrag und die Folgen der Nicht-Rechtzeitig-Zahlung; u. U. Ankündigung

des Einzugs durch Postnachnahme (Höchstbetrag 1 600,00 €) oder durch ein Inkassoinstitut.

Beispiel:

- „... zahlen Sie bitte umgehend den offenen Rechnungsbetrag, wir werden sonst ein Inkassoinstitut mit der Einziehung der Forderung beauftragen. ..."
- „... überweisen Sie bitte den fälligen Betrag einschl. Mahnkosten bis spätestens ... Nach Verstreichen der Frist leiten wir den Vorgang an die Meyer-Inkasso GmbH weiter."

4. nach weiteren ca. 8 Tagen Zustellung einer **Postnachnahme oder Übergabe an ein Inkassoinstitut.** Wird die Annahme der Postnachnahme verweigert, wird sie an den Absender zurückgesandt.

5. nach weiteren 8 Tagen **dritte und letzte Mahnung** mit der Androhung, das gerichtliche Mahnverfahren einzuleiten oder Klage zu erheben.

Beispiel:

- „... sollten Sie diese Zahlungsfrist verstreichen lassen, werden wir das gerichtliche Mahnverfahren einleiten ..."
- „... wir fordern Sie zum letzten Mal auf bis zum ... die oben genannte Rechnung zu begleichen. Sollte ..., werden wir die Angelegenheit unserem Rechtsanwalt übergeben. Die entstehen Kosten haben Sie zu tragen. ..."

Bereits im ersten Schreiben kann eine Frist gesetzt und das gerichtliche Mahnverfahren angedroht und nach Ablauf der Frist eingeleitet werden. Es ist auch möglich, das gerichtliche Mahnverfahren einzuleiten, ohne den Gläubiger vorher gemahnt zu haben.

Den Zahlungseingang der Kunden überwacht und kontrolliert die Buchhaltung. Große Unternehmen haben oftmals auch eine eigene Mahnabteilung eingerichtet. Darüber hinaus versichern sich vielfach Unternehmen mithilfe einer **Kreditversicherung** gegen ausbleibende Zahlungen. Ist der Schuldner nicht in der Lage, seiner Zahlungsverpflichtung nachzukommen, zahlt die Versicherung.

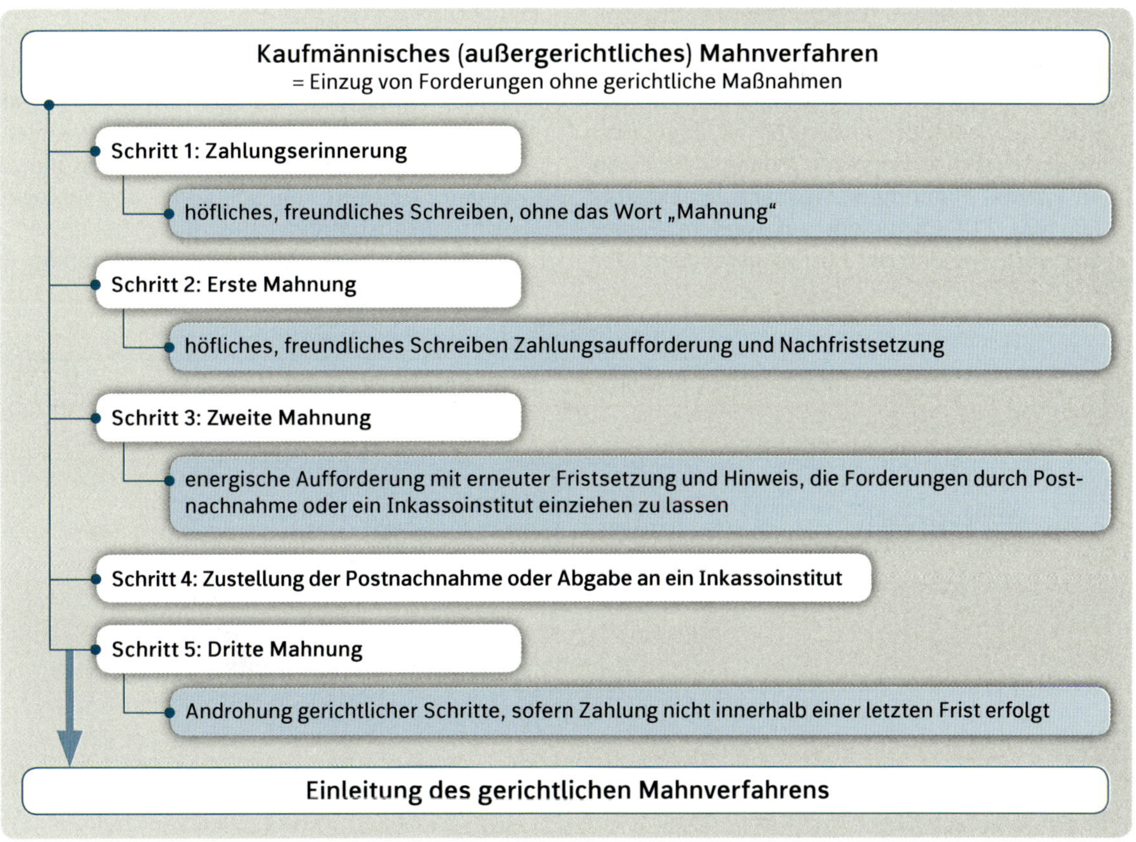

Abb. 4: Möglicher Ablauf eines außergerichtlichen Mahnverfahrens

14.6.6 Gerichtliches Mahnverfahren

Falls das kaufmännische Mahnverfahren nicht zum Forderungsausgleich geführt hat, kann der Gläubiger das gerichtliche Mahnverfahren einleiten. Dabei ist zu unterscheiden:
- Klageerhebung und Verfahren vor dem Richter oder
- Mahnverfahren, das vom Rechtspfleger durchführt wird.

Unabhängig vom Streitwert ist für das Mahnverfahren das zentrale Mahngericht des jeweiligen Bundeslandes zuständig, in dem der Antragsteller seinen Wohnort hat. So ist z. B. für Baden-Württemberg das Amtsgericht Stuttgart zuständig.

Das **gerichtliche Mahnverfahren** umfasst den
- Mahnbescheid und
- Vollstreckungsbescheid

und wird durch das Einreichen des Mahnantrags eingeleitet. Nicht geprüft wird, ob die Forderung des Antragstellers (Gläubigers) gegenüber dem Antragsgegner (Schuldner) berechtigt ist.

Es gibt zwei unterschiedliche Möglichkeiten der Antragstellung:
- **Papierform:** Hierzu kann ein im Fachhandel gekauftes Antragsformular ausgefüllt und per Briefpost versandt werden. Es ist aber auch möglich, beim zuständigen Mahngericht einen im Internet hinterlegten Mahnantrag auszufüllen, das PDF-Dokument auf weißem Papier auszudrucken und per Post zu versenden. Der Ausdruck besteht u. a. aus einem Barcode. Die verschlüsselten Daten kann das Gericht wieder auslesen.
- **Online:** Die im Internet eingegebenen Daten können auch elektronisch übermittelt werden (Versand per Internet an das elektronische Gerichts- und Verwaltungspostfach „EGVP"). Hierbei müssen besondere Sicherheitsvoraussetzungen beachtet werden, z. B. die Verschlüsslung der Daten und die digitale Signatur (www.mahngerichte.de; www.online-mahnantrag.de).

Stellt ein Rechtsanwalt oder ein Inkassobüro den Antrag auf Erlass eines Mahnbescheids, ist nur noch die Onlineform zulässig.

Das Gericht stellt dem Antragsgegner den **Mahnbescheid** zu. Dadurch wird die laufende Verjährungsfrist gehemmt (vgl. Kap. 14.6.7). Der säumige Zahler hat drei Möglichkeiten:
- er **zahlt den geforderten Betrag plus alle angefallenen Kosten.** Das Verfahren ist damit beendet.
- er **erhebt innerhalb von zwei Wochen nach Zustellung schriftlich Widerspruch.** Der Antragsgegner oder Antragsteller beantragt die Durchführung des streitigen Verfahrens. Das Mahngericht gibt den Rechtsstreit an das hierfür zuständige Gericht ab. Zuständig ist bis zu einem Streitwert von 5 000,00 € das Amtsgericht, ansonsten das Landgericht. Bei einseitigen Handelskäufen ist das Gericht zuständig, in

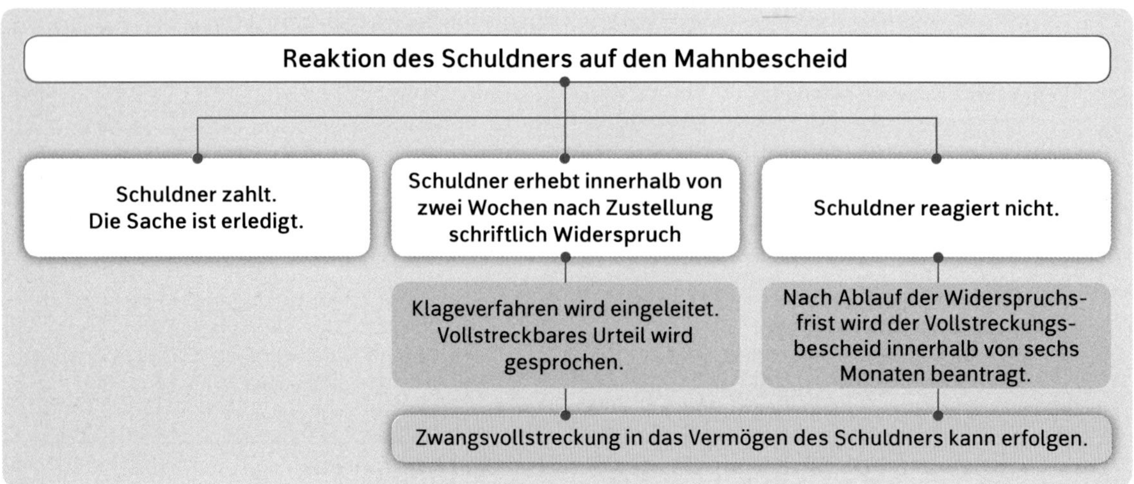

Abb. 5: Möglichkeiten des Schuldners, auf den Mahnbescheid zu reagieren

dessen Bezirk der Schuldner seinen Wohnsitz hat. Bei zweiseitigen Handelskäufen kann vertraglich auch ein anderer Gerichtsstand vereinbart werden. Am Ende des Verfahrens wird ein Urteil gesprochen und der Gläubiger kann seine Forderung durch den Vollstreckungsbeamten einziehen lassen.
- er **unternimmt nichts.** Dann kann der Gläubiger nach Ablauf der Widerspruchsfrist innerhalb von sechs Monaten einen Vollstreckungsbescheid beantragen.

Der **Vollstreckungsbescheid** wird dem Schuldner durch das Gericht automatisch oder durch einen vom Gläubiger beauftragten Gerichtsvollzieher zugestellt. Der Vollstreckungsbescheid ist ein sogenannter „vollstreckbarer Titel". Das bedeutet, der Gläubiger hat aufgrund einer gerichtlichen Entscheidung das Recht, eine Zwangsvollstreckung gegen den Schuldner durchführen zu lassen.

Mit der sogenannten **Vollstreckungsklausel,** z. B. „Vorstehende Ausfertigung wird dem Antragsteller/Kläger zum Zwecke der Zwangsvollstreckung gegen den Antragsgegner/Beklagten erteilt." wird das Bestehen des Vollstreckungstitels bezeugt. Der Schuldner hat drei Möglichkeiten, auf den Vollstreckungsbescheid zu reagieren:
- er **zahlt und das gerichtliche Mahnverfahren ist beendet.**
- er **erhebt innerhalb von zwei Wochen Einspruch.** Der Einspruch des Antraggegners führt zu einem Prozess, siehe Widerspruch gegen einen Mahnbescheid.
- er **unternimmt nichts.** Damit wird der Vollstreckungsbescheid nach Ablauf der Einspruchsfrist rechtskräftig. Der beauftragte Gerichtsvollzieher nimmt Geld, Schmuck und/oder Wertpapiere in seinen Besitz (Faustpfand) und verwertet sie zugunsten des Gläubigers. Auf andere verwertbare Gegenstände wird ein Pfandsiegel („Kuckuck") geklebt und damit als gepfändet gekennzeichnet. Gepfändetes Bargeld erhält der Gläubiger sofort. Die anderen Gegenstände werden öffentlich zwangsversteigert. Den erzielten Erlös erhält der Gläubiger.

Bestimmte bewegliche Sachen sind **unpfändbar.** Dazu gehören Gegenstände, die dem persönlichen Gebrauch oder dem Haushalt dienen, insbesondere Kleidungsstücke, Wäsche, Betten, Haus- und Küchengerät. Auch Sachen, die der Schuldner für seine Berufstätigkeit benötigt, sind unpfändbar, z. B. das Auto eines Vertreters oder eines Taxiunternehmers. Haben diese Gegenstände aber einen außerordentlich hohen Wert, können sie durch ein Ersatzstück ausgetauscht werden (Austauschpfändung).

Ab einer vom Gesetz festgelegten Höhe sind auch **Arbeitseinkommen** pfändbar. Der Arbeitgeber überweist dann einen bestimmten Geldbetrag an den Gläubiger der Forderung. Ferner können **unbewegliche Gegenstände,** z. B. Grundstücke und Häuser, gepfändet werden (vgl. Abb. 7). Die Zwangsvollstreckung erfolgt durch Eintragung einer Sicherungshypothek (Zwangshypothek): Zahlt der Schuldner nicht, hat der Gläubiger das Recht, Zwangsversteigerung oder die Zwangsverwaltung zu betreiben. Bei der Zwangsverwaltung wird der Gläubiger aus den laufenden Erträgen befriedigt.

Beispiel: Das Grundstück, das Haus oder die Wohnung bleibt im Eigentum des Schuldners, aber die Pacht bzw. Mieteinnahme daraus fließt an den Gläubiger.

Ist die Zwangsvollstreckung erfolglos, kann der Gerichtsvollzieher beauftragt werden, von dem Schuldner eine **eidesstattliche Versicherung/ Vermögensauskunft** (früher „Offenbarungseid" genannt) einzuholen. Der Gläubiger muss dann ein Vermögensverzeichnis anfertigen und die Richtigkeit sowie die Vollzähligkeit an Eides statt versichern. Vorsätzliche und fahrlässige Falschangaben sind strafbar. Verweigert der Schuldner die Abgabe der eidesstattlichen Versicherung, kann gegen ihn ein Haftbefehl erlassen werden. Die Haft beträgt bis zu sechs Monate. Die Ansprüche des Antragsstellers bleiben beim erfolglosen gerichtlichen Mahn- und Vollstreckungsverfahren 30 Jahre bestehen.

Die **Kosten des gerichtlichen Mahn- und Vollstreckungsverfahrens** hat der unterlegene Vertragspartner zu zahlen.

Abb. 6: Pfandsiegel

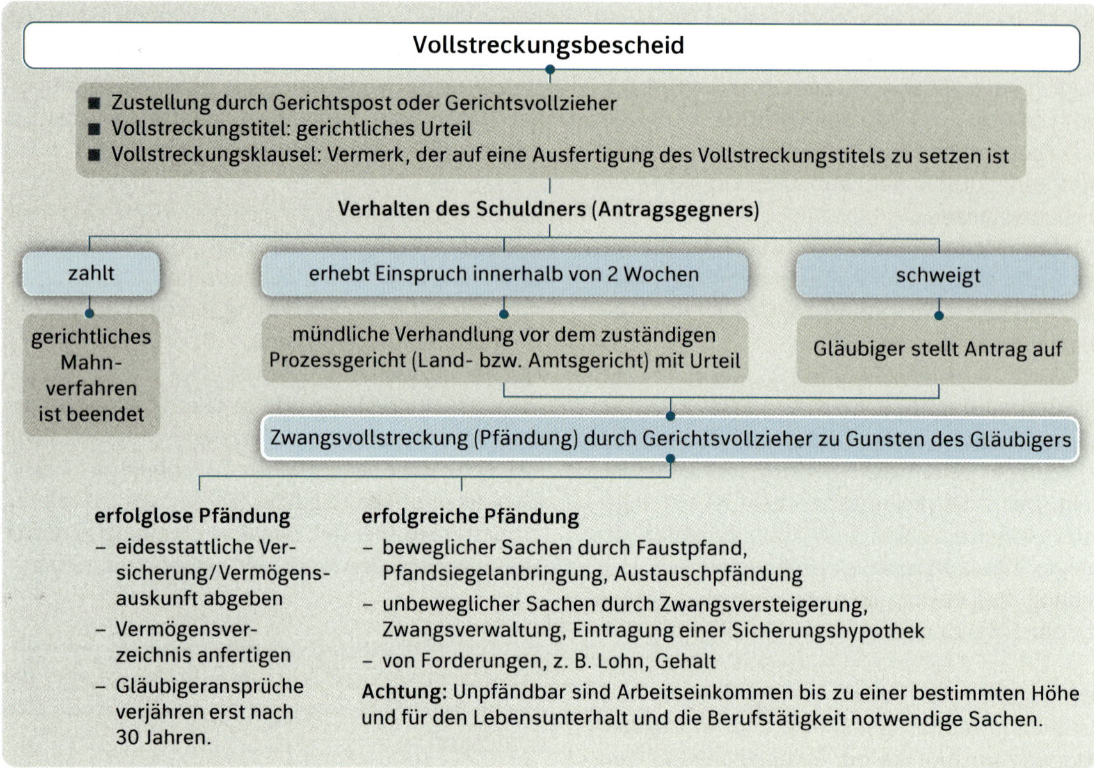

Abb. 7: Möglichkeiten des Schuldners, auf den Vollstreckungsbescheid zu reagieren

14.6.7 Verjährung von Forderungen

Gegenüber säumigen Schuldnern gehen durch Nichtbeachtung der Verjährungsfristen jährlich Zahlungsansprüche in Millionenhöhe verloren.

Unter Verjährung versteht man den Ablauf einer bestimmten Frist, innerhalb derer ein Anspruch gerichtlich geltend gemacht werden kann. Nach Ablauf der Frist hat der Schuldner das Recht, die Leistung zu verweigern **(Einrede der Verjährung),** obwohl die Forderung des Gläubigers weiter besteht. Eine geleistete Zahlung kann nicht zurückgefordert werden, auch wenn der Gläubiger in Unkenntnis der Verjährung gezahlt hat.

Beispiel: Die Forderung der Trendino Computer-Shop GmbH gegen die G. Mühlhausen OHG aufgrund einer Warenlieferung ist verjährt. G. Mühlhausen bezahlt die Schuld, da er nicht wusste, dass die Forderung bereits verjährt war. Die Trendino GmbH verweigert auf Nachfrage die Herausgabe des Geldes, da die Schuld trotz Verjährung weiter bestanden habe.

	3 Jahre (regelmäßige Verjährungsfrist)	**5 Jahre**	**10 Jahre**	**30 Jahre**
Es verjähren die Ansprüche	von a) Kaufleuten an Privatleute b) Kaufleuten untereinander	Gewährleistungsrechte aus Herstellung eines Bauwerks oder Arbeiten am Bauwerk	auf Übertragung des Eigentums an einem Grundstück	aus a) rechtskräftigen Urteilen b) Vollstreckungsbescheiden c) Insolvenzverfahren d) Darlehnsforderungen
Beginn der Laufzeit	am Jahresende	mit dem Datum der Fälligkeit	mit dem Datum der Fälligkeit	mit dem Datum der Fälligkeit

Abb. 8: Übersicht der wichtigsten Verjährungsfristen

Beispiel: Ein Einzelhändler stellt seinem Kunden am 24.08.2019 eine Rechnung für eine ordnungsgemäß erfolgte Warenlieferung aus. Der Kunde zahlt in der Folgezeit nicht. Die 3-jährige Verjährungsfrist beginnt am 31.12.2019 um 24:00 Uhr und endet am 31.12.2022 um 00:00 Uhr. Danach sind die Ansprüche des Einzelhändlers verjährt (vgl. Abb. 10).

Fälligkeitsdatum	18.06.2022	15.03.2022	26.02.2022
Frist	3 Jahre	5 Jahre	30 Jahre
Beginn	31.12.2022	15.03.2022	26.02.2022
Verjährung	01.01.2026	16.03.2027	27.02.2052

Abb. 9: Berechnung der Verjährung

Um den Eintritt der Verjährung zu verhindern, stehen unterschiedliche Möglichkeiten zur Verfügung, d. h., die Verjährung kann gehemmt bzw. erneut begonnen werden.

Hemmung der Verjährung

Die Verjährung wird z. B. gehemmt durch:

- höhere Gewalt (Stillstand der Rechtspflege), z. B. Naturkatastrophe, Krieg,
- Stundung der Forderung durch den Gläubiger,
- Zustellung eines gerichtlichen Mahnbescheids,
- Anmeldung des Anspruchs im Insolvenzverfahren; die Hemmung endet sechs Monate nach der rechtskräftigen Entscheidung.
- Verhandlungen zwischen Gläubiger und Schuldner über den Anspruch; die Hemmung tritt frühestens drei Monate nach Ende der Verhandlungen ein.
- Erhebung der Klage (z. B. auf Leistung, auf Erlass des Vollstreckungsurteils).

Hemmung bedeutet, der Zeitraum, in dem die Verjährung gehemmt war, wird nicht in die Verjährungsfrist eingerechnet, d. h., die Verjährungsfrist wird um den Zeitraum der Hemmung verlängert.

Beispiel: Fabian Holtmann kauft am 18. März 2019 für 80,00 € ein Armband und vereinbart, es am Ende des Monats zu bezahlen. Am 4. November 2021 verlangt der Verkäufer nun endlich die Zahlung des Kaufpreises. Fabian Holtmann erläutert ihm seine finanzielle Notlage, woraufhin ihm der Verkäufer den Kaufpreis für drei Monate stundet (vgl. Abb. 10).

Neubeginn der Verjährung

Die Verjährung beginnt erneut zu laufen z. B. durch:

- Schuldanerkennung durch den Schuldner in Form einer Teil-, Zinszahlung, schriftliche Bitte um Zahlungsaufschub (Stundungsbitte) oder durch einen Schuldschein.
- Beantragung oder Vornahme einer gerichtlichen oder behördlichen Vollstreckung.

Neubeginn bedeutet, dass die bereits abgelaufene Verjährungsfrist nicht mehr gilt, die Verjährung beginnt vom Tag der Unterbrechung neu zu laufen.

Beispiel: Fabian Holtmann kauft am 18. März 2019 für 80,00 € ein Armband und vereinbart, es am Ende des Monats zu bezahlen. Am 15. Juni 2021 verlangt der Verkäufer endlich Zahlung des Kaufpreises. Noch am gleichen Tag überweist Fabian Holtmann dem Verkäufer 10,00 € (vgl. Abb. 11).

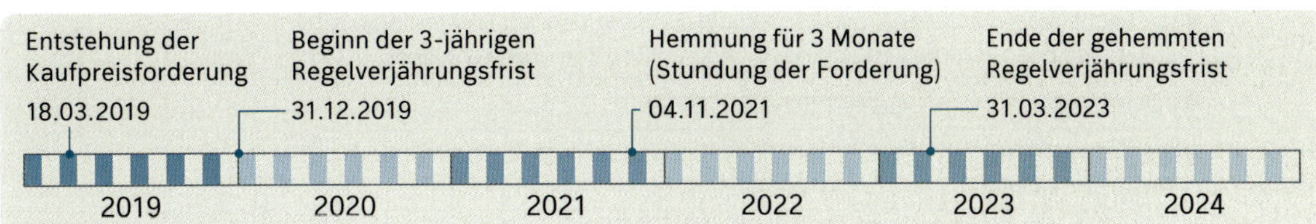

Abb. 10: Zeitstrahl Verjährung für erstes Beispiel Fabian Holtmann

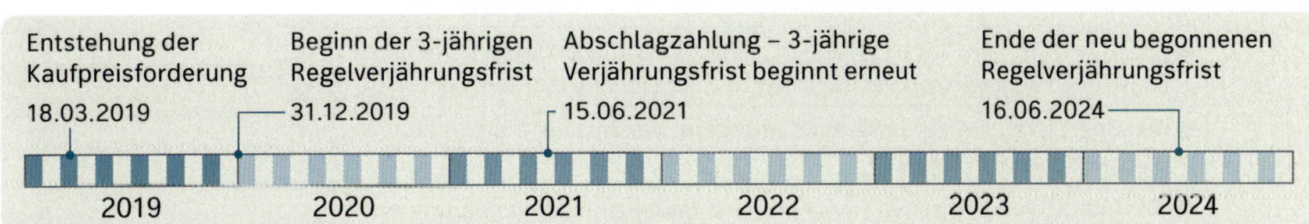

Abb. 11: Zeitstrahl Verjährung für zweites Beispiel Fabian Holtmann

Aufgaben

1 Sie erhalten von der Trendino Computer-Shop GmbH am 21.11.2022 eine Rechnung über 278,45 €. Auf der Rechnung steht der Vermerk „zahlbar sofort ohne jeglichen Abzug".

a) Erläutern Sie, ob Sie sich mit der Zahlung in Verzug befinden, wenn Sie bis zum 10.12.2022 nicht gezahlt haben.

b) Sie erhalten am 14.12.2022 eine Mahnung mit dem Hinweis, dass die Rechnung bis zum 20.12.2022 bezahlt werden muss. Begründen Sie, ab wann Sie im Verzug sind, sofern Sie nicht vorher zahlen.

2 Nennen Sie die Regelungen für die unterschiedliche Höhe bei der Berechnung von Verzugszinsen.

3 Ein Einzelhändler ist gegenüber seinem Lieferanten mit folgenden Beträgen in Zahlungsrückstand:

3 450,00 €, fällig am 20.01.

1 378,00 €, fällig am 17.02.

2 965,00 €, fällig am 31.03.

Am 21.04. begleicht er einschließlich 8,12 % Zinsen seine Verbindlichkeiten.

Ermitteln Sie

a) die einzelnen Zinstage für die drei Beträge.

b) die Zinsen für die drei Beträge.

c) den am 21.04. insgesamt zu zahlenden Betrag.

4 Erläutern Sie, aus welchen Gründen ein Unternehmen bestrebt ist, die noch ausstehenden Forderungen ohne Einschaltung des Gerichts zu erhalten.

5 Beschreiben Sie den möglichen Ablauf des kaufmännischen (außergerichtlichen) Mahnverfahrens und erläutern Sie, aus welchen Gründen unterschiedliche Mahnstufen angebracht sein können.

6 Erläutern Sie den Unterschied zwischen einem Mahn- und einem Vollstreckungsbescheid.

7 Erklären Sie, welche Folgen die Verjährung für den Gläubiger hat.

Kompetenzraster, Kapitel 14.6

Kapitel	Ich kann ...	nein	unsicher	recht sicher	ja
14.6	■ Ursachen der Nicht-Rechtzeitig-Zahlung aufführen und erläutern.				
	■ die Voraussetzungen der Nicht-Rechtzeitig-Zahlung nennen und erläutern.				
	■ Beispiele für kalendermäßig festgelegte oder bestimmbare Zahlungstermine bilden.				
	■ begründen und anhand von Beispielen darlegen, wann ein Schuldner auch ohne Mahnung in Verzug gerät.				
	■ die Rechtsfolgen aus der Nicht-Rechtzeitig-Zahlung nennen und erklären sowie zwischen vorrangigen und nachrangigen Rechten unterscheiden.				
	■ eine normgerechte Zahlungserinnerung verfassen.				
	■ die unterschiedlichen gesetzlichen Zinssätze nennen sowie Zinstage und Zinsen berechnen.				
	■ den Unterschied zwischen dem kaufmännischen und gerichtlichen Mahnverfahren aufzeigen und die Stufen des kaufmännischen Mahnverfahrens benennen.				
	■ den Ablauf des gerichtlichen Mahnverfahrens beschreiben und erläutern, unter welchen Bedingungen der Gläubiger den Schuldner sofort verklagen wird.				
	■ den Begriff Verjährung umfassend erläutern, Verjährungsfristen anführen und mit Beispielen belegen.				
	■ die Unterschiede zwischen Hemmung und Neubeginn der Verjährung nennen und Verjährungsfristen berechnen.				

222334264

14.7 Folgen finanzieller Fehlentscheidungen

Ehemaliger Trabant-Hersteller erneut pleite

In Zwickau ist Automobilbaugeschichte geschrieben worden. Das bekannteste Auto war wohl der Trabant von Sachsenring. Der Betrieb hat als Zulieferer überlebt – und ist wieder einmal in Schwierigkeiten.

Zwickau/Nürnberg (dpa) – Der ehemalige Trabant-Produzent Sachsenring ist abermals pleite. Der Insolvenzantrag sei schon in der vergangenen Woche gestellt worden, bestätigte ein Sprecher von Insolvenzverwalter Joachim Exner am Freitag einen Bericht der Chemnitzer «Freien Presse». «Ziel ist es, das Unternehmen fortzuführen und zu sanieren», sagte der Sprecher. Die Produktion laufe weiter.

Der 1958 gegründete Sachsenring-Betrieb war nach 1990 liquidiert und 1993 von den beiden sauerländischen Brüdern Ulf und Ernst Wilhelm Rittinghaus unter dem Namen Sachsenring Automobiltechnik GmbH als Zulieferer neu gegründet worden. Das Unternehmen ging 2002 pleite und kam 2006 an die Leipziger HQM-Gruppe. Es hat nach eigenen Angaben derzeit 240 Mitarbeiter und 50 Leiharbeiter und hatte in den vergangenen Jahre Verluste gemacht.

Das Unternehmen beliefert unter anderem das Zwickauer VW-Werk mit Teilen für die Golf- und Passat-Modelle sowie andere europäische Autohersteller mit Fahrwerkskomponenten und Karosseriebaugruppen. Um wieder profitabel zu werden, war eine Neustrukturierung geplant. Demnach sollten die Bereiche Fahrwerk, Montage, Mechanische Fertigung und Karosserietechnik eigene Gesellschaften werden. Für diese wurden strategische Partner gesucht. Ab 2014 solle das Unternehmen wieder profitabel werden und wachsen, hieß es Ende Februar.

Sachsenring steht für die sächsische Autoindustrie nach dem Krieg. Aus dem ehemaligen Horch-Werk war der Volkseigene Betrieb (VEB) entstanden. Er wurde 1958 mit dem VEB Automobilwerke Zwickau, einem ehemaligen Audi-Werk, zusammengelegt. In dem Betrieb wurde der legendäre «Trabi» gebaut; bis Ende April 1991 exakt 3 069 099 Exemplare. Das Sachsenring-Zeichen – ein geschwungenes «S» – zierte die Motorhaube.

Quelle: dpa: Ehemaliger Trabant-Hersteller erneut pleite. 17.05.2013. © dpa Deutsche Presse-Agentur GmbH.

14.7.1 Kennzeichen und Ursachen für Unternehmenskrisen

Umsatzrückgang, Gewinnrückgang, zunehmende Verschuldung oder Zahlungsprobleme sind oftmals Hinweise auf unternehmerische Schwierigkeiten.

Die Ursachen dafür können **außerhalb des Unternehmens** liegen, z. B.

- sinkende Nachfrage aufgrund geringerer Einkommen,
- Nachfrageveränderung aufgrund eines Modewandels oder technischen Fortschritts,
- Standortprobleme,
- Forderungsausfälle oder
- höhere Gewalt.

Es gibt jedoch auch **innerhalb des Unternehmens** Gründe, die Krisen verursachen können. Betriebsinterne Gründe können sein:

- finanzielle Ursachen, z. B. fehlende Finanzplanung, mangelndes Eigenkapital, zu hohe Zinsbelastung, Fehler bei der Mittelverwendung oder zu hohe Privatentnahmen.
- personelle Ursachen, z. B. mangelnde Unternehmerqualifikation, unqualifiziertes Personal, schlechter Führungsstil, unzureichende Marktkenntnisse oder mangelnde Praxiserfahrung.
- organisatorische Ursachen, z. B. mangelhaftes Rechnungswesen, falsche Preispolitik, fehlerhafte Beschaffungsmengen, fehlerhafte Personaleinsatzplanung oder mangelhafte Terminplanung.
- sachliche Ursachen, z. B. zu hohe Mietkosten.

14.7.2 Außergerichtliche Möglichkeiten zur Behebung von Unternehmenskrisen

Befindet sich ein Unternehmen in einer Krise, können zur Abwendung der aufgetretenen Schwierigkeiten außergerichtliche (= freiwillige) und gerichtliche Maßnahmen ergriffen werden.

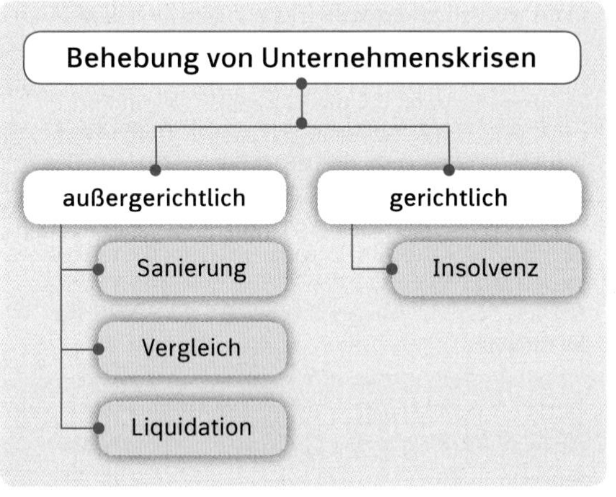

Abb. 1: Möglichkeiten zur Behebung von Unternehmenskrisen

Sanierung

Hierunter sind alle finanziellen und organisatorischen Maßnahmen zu verstehen, die ein in Schwierigkeiten geratenes Unternehmen **aus eigener Kraft** wieder leistungs- und wettbewerbsfähig machen. Dies können Veränderungen im Personalbestand bzw. im Sortimentsbereich oder die Durchführung von Rationalisierungsmaßnahmen sein. Eine Sanierung kann aber auch durch zusätzliches Eigenkapital erfolgen. In diesem Fall werden dem Unternehmen finanzielle Mittel zugeführt, z. B. durch

- Aufnahme weiterer Gesellschafter,
- Erhöhung der Einlagen oder
- Verkauf von nicht mehr benötigtem Anlagevermögen.

Die Liquidität wird verbessert. Alle Sanierungsmaßnahmen haben aber nur Sinn, wenn gleichzeitig die Ursachen der Krise erkannt und behoben werden.

Freiwilliger Vergleich

Ziel des außergerichtlichen (= freiwilligen) Vergleichs ist die **Abwendung der Insolvenz.** Bei dem Vergleich

- verzichten die Gläubiger auf einen Teil ihrer Forderungen oder
- stunden die Gläubiger die Schulden.

Bei dem freiwilligen Vergleich wird ohne Einschaltung des Gerichts versucht, das sich in wirtschaftlichen Schwierigkeiten befindliche Unternehmen zu erhalten.

Voraussetzung für das Zustandekommen des Vergleichs ist die **Zustimmung aller Gläubiger.** Ein Vergleich ist nur dann sinnvoll, wenn das notleidende Unternehmen seine Schwierigkeiten überwindet und in seiner Existenz erhalten werden kann.

Zu unterscheiden ist zwischen dem Stundungs- und Erlassvergleich (vgl. Abb. 2).

- Beim **Stundungsvergleich (Moratorium)** handelt es sich um einen Zahlungsaufschub. Hier stimmen die Gläubiger einem Tilgungsplan zu, der die Stundung der Forderungen beinhaltet.

Beispiel: Die Trendino Computer-Shop GmbH stundet einem Schuldner für zwölf Monate seine Zahlungsverpflichtung in Höhe von 14 400,00 €. Zudem wird ein Tilgungsplan aufgestellt, nach dem der Schuldner nach Ablauf des Jahres monatlich 1 200,00 € zahlen muss.

- Beim **Erlassvergleich (Quotenvergleich)** verzichten die Gläubiger auf einen Teil ihrer Forderungen.

Beispiel: Wie alle anderen Gläubigern verzichtet auch die Trendino Computer-Shop GmbH auf 30 % ihrer Forderung gegenüber der G. Mühlhausen OHG und hofft dadurch, dass das Unternehmen seine Geschäfte weiterführen kann und gesunden wird.

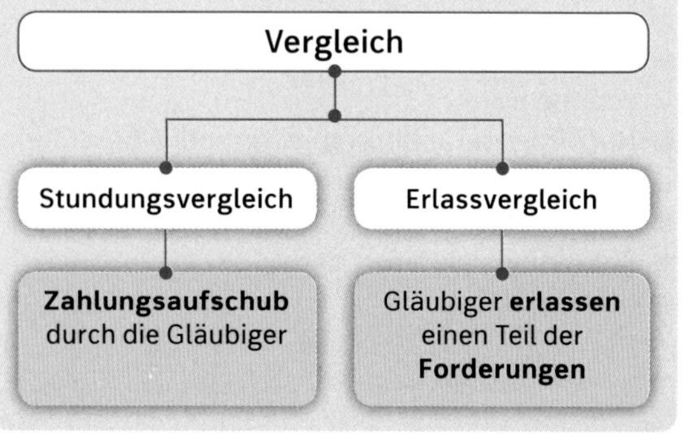

Abb. 2: Arten des Vergleichs

Die Gläubiger sollten nur dann einem Vergleich zustimmen, wenn
- alle Gläubiger gleich behandelt werden.
- der Schuldner alle Unterlagen vorgelegt hat.
- eine Besserungsklausel enthalten ist, d. h., sobald wieder Gewinn erwirtschaftet wird, sind Nachzahlungen erforderlich.
- eine Wiederauflebensklausel vereinbart wurde. Führt der Vergleich nicht zum Erfolg und es folgt ein Insolvenzverfahren, dann können die Gläubiger ihre Forderungen in voller ursprünglicher Höhe geltend machen und nicht nur die Restforderungen.

Vorteile des Vergleichs sind:
- schnelle Abwicklung,
- keine Gerichtskosten,
- keine Veröffentlichung im Handelsregister.

Liquidation

Die Liquidation ist die **freiwillige Auflösung des Unternehmens.** Sie bietet sich an, wenn aller Voraussicht nach keine Chance mehr besteht, das Unternehmen erfolgreich weiterzuführen. Liquidationsgründe können persönliche, aber auch wirtschaftliche Gründe sein, beispielsweise:
- schlechte Ertragsaussichten bzw. Unrentabilität,
- Konjunkturkrisen,
- Alter des Unternehmers oder
- Ausscheiden der Gesellschafter bzw. des Gesellschafters durch Tod oder Krankheit.

Alle Vermögensteile werden verkauft, „flüssig gemacht", um die Schulden damit zu begleichen und die Gläubiger zu befriedigen. Anschließend wird das noch verbleibende Vermögen an den Eigentümer bzw. die Gesellschafter ausbezahlt.

Abb. 3: Zahlungsunfähigkeit führt zum Insolvenzverfahren.

14.7.3 Gerichtliche Möglichkeiten zur Behebung von Unternehmenskrisen

Insolvenz

Kennzeichen der Insolvenz ist die **Zahlungsunfähigkeit** bzw. die drohende Zahlungsunfähigkeit eines Unternehmens oder einer Privatperson (Verbraucher). Von Zahlungsunfähigkeit wird in der Regel dann gesprochen, wenn der Schuldner seine Zahlungen eingestellt hat und seinen finanziellen Verpflichtungen nicht mehr nachkommen kann.

> ! *Eine **Insolvenz** liegt vor, wenn ein Schuldner seine Zahlungsverpflichtungen gegenüber seinen Gläubigern nicht mehr erfüllen kann.*

Bei einer juristischen Person (GmbH, AG, Genossenschaft) ist die **Überschuldung** ein Insolvenzgrund. Eine Überschuldung liegt vor, wenn das Vermögen des Schuldners die bestehenden Verbindlichkeiten nicht mehr deckt. Bei Zahlungsunfähigkeit oder Überschuldung können sowohl Gläubiger als auch Schuldner formlos den Antrag auf Insolvenz stellen. Bei drohender Zahlungsunfähigkeit kann dies nur der Schuldner. Im Rahmen eines Insolvenzverfahrens wird geprüft, ob das Unternehmen noch zu retten ist und die Schulden abzubauen sind, oder ob eine Schließung als einziger Ausweg bleibt.

Insolvenzverfahren

Ziel des Insolvenzverfahrens ist es, die Gläubiger durch ein gerichtliches Verfahren gleichmäßig zu befriedigen, indem
- das Vermögen des Schuldners flüssig gemacht wird. So werden z. B. Gebäude, Fuhrpark und Waren verkauft und der Erlös wird nach den Vorschriften der Insolvenzordnung an die Gläubiger verteilt **(Regelinsolvenzverfahren).** Das Regelverfahren trifft für juristische Personen und für Selbstständige mit mehr als 19 Gläubigern zu. Vom Regelinsolvenzverfahren zu unterscheiden ist das Verbraucherinsolvenzverfahren (vgl. Kap. 14.7.4). Beide Verfahren ermöglichen eine Schuldenbefreiung (Restschuldbefreiung) nach 3 Jahren.
- mithilfe eines **Insolvenzplans** Regelungen zur Erhaltung des Unternehmens getroffen werden. Ein wirtschaftlicher Neuanfang wird dadurch ermöglicht.

Zuständig für die Durchführung der Insolvenz ist das für Insolvenzen zuständige Amtsgericht (Abteilung Insolvenzgericht), d. h. dort, wo das Unternehmen seinen Geschäftssitz und seinen allgemeinen Gerichtsstand hat. Das Insolvenzgericht entscheidet nach Prüfung des Antrags, ob das Insolvenzverfahren abgewiesen oder eröffnet wird. Die Eröffnung wird abgelehnt, wenn die Verfahrenskosten nicht gedeckt sind oder das Vermögen des Schuldners voraussichtlich nicht reicht, um die Verfahrenskosten zu decken (Ablehnung mangels Masse). Eine Ablehnung mangels Masse kann zur Gewerbeuntersagung führen. Dann hat jeder einzelne Gläubiger die Möglichkeit, seine Forderungen durch Einzelverfahren einzuklagen und somit zu seinem Recht zu kommen.

Bereits bei **Antragstellung** kann das Gericht bestimmte Maßnahmen treffen, um das Vermögen des Schuldners zu sichern:

- Es kann ein vorläufiger Insolvenzverwalter bestimmt werden.
- Der Schuldner darf nicht mehr über sein Vermögen verfügen.
- Den Gläubigern wird untersagt, Zwangsvollstreckung gegen den Schuldner zu beantragen.

Die **Eröffnung des Verfahrens** bewirkt folgende Schritte:

- Der Eröffnungsbeschluss wird veröffentlicht und ins Handelsregister eingetragen. Besitzt der Schuldner Grundstücke bzw. Gebäude, erfolgt eine Eintragung ins Grundbuch.
- Es wird der endgültige Insolvenzverwalter benannt.
- Die Gläubiger müssen ihre Forderungen, ihre Rechte an beweglichen Sachen oder an Rechten schriftlich innerhalb einer bestimmten Frist anmelden. Daraus wird eine Insolvenztabelle erstellt.
- Schuldner des insolventen Unternehmens dürfen ihre Zahlungen nur noch an den Insolvenzverwalter vornehmen.
- Es wird eine Gläubigerversammlung einberufen, in der über die Ursachen der Insolvenz und die eingeleiteten Maßnahmen berichtet wird. Die Gläubigerversammlung entscheidet über Auflösung des Unternehmens bzw. Restschuldbefreiung (Insolvenzplan).

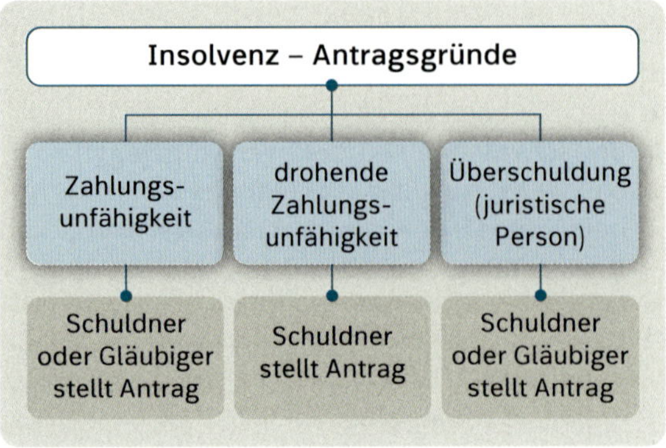

Abb. 4: Antragsgründe und Antragsberechtigte beim Insolvenzverfahren

Regelverfahren

Wird die Entscheidung getroffen, das Unternehmen zwangsweise aufzulösen, muss der Insolvenzverwalter das Vermögen flüssig machen. Nicht zur Insolvenzmasse gehören:

- Vermögen, das dem Lebensunterhalt und der Berufsausübung des Schuldners dient.

Beispiel: Dem Inhaber der in Insolvenz geratenen Sven Markmeier e. K. verbleiben alle Gegenstände, die zum gewöhnlichen Haushalt gehören und in seinem Haushalt gebraucht werden. Ebenfalls nicht zur Insolvenzmasse gehört sein Auto, das er zur Berufsausübung benötigt.

- Gegenstände, die dem Schuldner nicht gehören, werden dem Eigentümer zurückgegeben **(Aussonderung).**

Beispiel: Der geleaste Lieferwagen der Sven Markmeier e. K. gehört ebenfalls nicht zur Insolvenzmasse.

Steht danach die Insolvenzmasse fest, ist sie an die Gläubiger zu verteilen, dabei muss eine bestimmte Reihenfolge beachtet werden. Zuerst werden

1. **absonderungsberechtigte Gläubiger** befriedigt, da sie ihre Forderungen durch ein Pfandrecht, eine Sicherungsübereignung oder eine Hypothek abgesichert haben.

Beispiel: Die Hausbank des Einzelhändlers Sven Markmeier hatte dem Unternehmen vor drei Jahren einen Kredit in Höhe von 50 000,00 € gewährt und diesen durch eine Hypothek auf das Geschäftsgebäude abgesichert. Darüber hinaus hat Markmeier in dem gleichen Jahr einen neuen Lieferwagen für sein Unternehmen gekauft. Die Finanzierung erfolgte über das Autohaus. Zur Sicherheit hat er die Zulassungsbescheinigung Teil II an das Autohaus übereignet.

2. Hat ein Gläubiger die Möglichkeit, eine Forderung gegenüber dem Schuldner mit einer Verbindlichkeit gegenüber demselben Schuldner zu verrechnen, wird dieser Betrag von der Insolvenzmasse abgezogen **(Aufrechnung).**

Beispiel: Die Großhandlung Hoffmann KG hat eine Forderung an das Einzelunternehmen Sven Markmeier e. K. in Höhe von 4 000,00 €. Das Einzelunternehmen bekommt aber von der Hoffmann KG noch 2 500,00 € aufgrund einer mangelhaften Lieferung. Die Aufrechnung ergibt, dass der Gläubiger nur noch eine Forderung von 1 500,00 € hat. 2 500,00 € werden somit von der Insolvenzmasse abgezogen.

3. Anschließend sind aus der Insolvenzmasse die Verbindlichkeiten gegenüber den Massegläubigern zu befriedigen. **Massegläubiger** gehören zu den im Insolvenzverfahren bevorzugt zu befriedigenden Gläubigern. Sie erhalten ihr Geld vor allen anderen Insolvenzgläubigern. Hierzu zählen die Kosten des Insolvenzverfahrens und die sonstigen Masseverbindlichkeiten.

Beispiel: Der Insolvenzverwalter erhält für seine Tätigkeit 17 500,00 €. Darüber hinaus sind Gehälter für acht Mitarbeiterinnen in Höhe von 14 750,00 € seit Eröffnung des Insolvenzverfahrens und Miete für die Geschäftsräume in Höhe von 4 875,00 € zu zahlen.

4. Erst danach werden die Ansprüche der **Insolvenzgläubiger** berücksichtigt, die schon vor Eröffnung des Insolvenzverfahrens Forderungen an das nun insolvente Unternehmen hatten. Diese Ansprüche müssen aber bereits bei der Eröffnung des Insolvenzverfahrens geltend gemacht worden sein.

Beispiel: Hierzu zählen z. B. Verbindlichkeiten des Schuldnerunternehmens gegenüber dem Finanzamt, den Sozialversicherungsträgern und den Arbeitnehmern.

5. Zuletzt werden **nachrangige Insolvenzgläubiger** befriedigt. Diese erhalten ihr Geld, wenn alle anderen Insolvenzgläubiger voll befriedigt wurden und noch Masse vorhanden ist.

Beispiel: Hierzu zählen Zinsen auf Forderungen der Insolvenzgläubiger, Kosten, die den einzelnen Insolvenzgläubigern durch ihre Teilnahme am Verfahren entstanden sind usw.

Nachdem die bevorrechtigten Ansprüche (1. – 3.) aus der Insolvenzmasse vollständig befriedigt worden sind, werden die Forderungen der Insolvenzgläubiger aus der verbliebenen Restmasse beglichen. Bei nicht ausreichender Masse werden die Gläubiger anteilig befriedigt. Die Berechnung der Anteile und der jeweiligen Auszahlungsbeträge erfolgt mithilfe der Insolvenzquote.

Insolvenzquote

$$= \frac{\text{freie Insolvenzmasse}}{\text{Gesamtbetrag der festgestellten Tabellenforderungen}}$$

Auszahlungsbetrag

= Insolvenzquote · festgestellter Betrag

Beispiel: Der Insolvenzverwalter Philipp Gerwaldt hat das Vermögen des Einzelunternehmens Sven Markmeier e. K. ermittelt. Es beträgt 200 000,00 €. Nach Aussonderung, Absonderung, Aufrechnung und Abzug der Kosten des Insolvenzverfahrens bleibt eine Insolvenzmasse in Höhe von 80 000,00 € übrig. Die Summe aller von den Gläubigern angemeldeten Forderungen beträgt 320 000,00 €, die Insolvenzquote beträgt also 25 %. Beläuft sich die Forderung eines Insolvenzgläubigers auf 5 000,00 €, erhält er von der Summe 25 %, also 1 250,00 €.

Nach der Verteilung der Insolvenzmasse wird das Verfahren aufgehoben, die Firma des Schuldners ist erloschen.

Insolvenzplan

Ist jedoch davon auszugehen, dass die wirtschaftlichen Schwierigkeiten überwunden werden können, kann vom Schuldner oder vom Insolvenzverwalter ein Insolvenzplan aufgestellt werden. Hierin sind die Maßnahmen aufzuzeigen, die bereits nach der Eröffnung des Insolvenzverfahrens getroffen worden sind, um die Gläubiger zu befriedigen. Weiterhin muss dargelegt werden, welche Möglichkeiten in Zukunft ergriffen werden müssen, damit die Auflösung des Unternehmens vermieden werden kann.

Beispiel: Der Insolvenzplan für das Einzelunternehmen Sven Markmeier e. K. hat folgende Inhalte:

- Darstellung der Umsatzentwicklung seit Insolvenzantragstellung,
- Verhandlungen mit Lieferanten,
- Entlassungen von Mitarbeitern,
- Liste der Gläubiger, die auf einen Teil ihrer Forderungen verzichten bzw. die Forderungen stunden.

Wird der Plan von den Gläubigergruppen mehrheitlich angenommen, durch das Insolvenzgericht bestätigt und als rechtskräftig verkündet, ist das Verfahren aufgehoben. Der Schuldner kann wieder frei über sein Vermögen bestimmen. Kommt er aber mit einer seiner im Insolvenzplan festgelegten Leistungen gegenüber einem Gläubiger in Verzug, so muss er die gesamte Forderung (Wiederauflebensklausel) zahlen.

Die Insolvenzordnung bietet auch die Möglichkeit der Sanierung unter der Leitung des bisherigen Unternehmers oder Geschäftsführers. Das bedeutet, dass der Schuldner weiterhin über sein Vermögen verfügen kann. Die Eigenverwaltung geschieht aber unter Aufsicht eines vom Gericht bestellten Sachverwalters. Der Schuldner muss innerhalb von drei Monaten einen Insolvenzplan ausarbeiten. Das Gericht schützt das Unternehmen vor Vollstreckungsmaßnahmen durch die Gläubiger (Schutzschirmverfahren). Der Vorteil ist darin zu sehen, dass die Geschäfte wie bisher weiterlaufen können und – oftmals allerdings nur vorübergehend – die Arbeitsplätze erhalten bleiben.

222334270

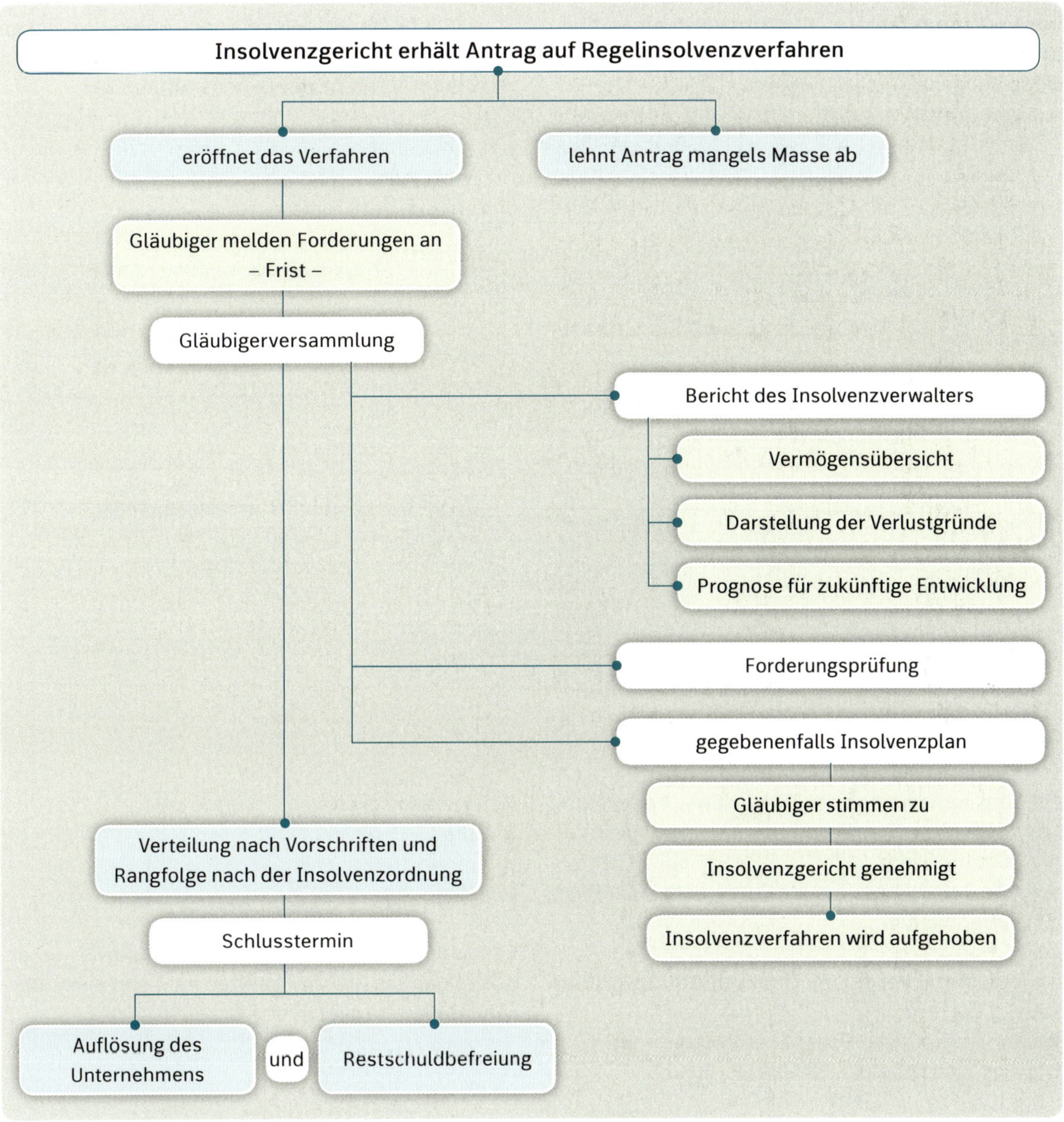

Abb. 5: Insolvenzverfahren

14.7.4 Verbraucherinsolvenz (Privatinsolvenz)

Die Verbraucherinsolvenz ist die gerichtliche Schuldenregulierung für Personen und dauert insgesamt drei Jahre (die sog. „Wohlverhaltensperiode“). Nach Ablauf dieser Zeit ist das Insolvenzverfahren beendet und die Schulden sind gelöscht, Gläubiger verlieren ihre Forderungsansprüche und die Grundlage für einen schuldenfreien Neuanfang ist gegeben. Allerdings ist zu beachten, dass Schulden aus „unerlaubter Handlung“, z. B. Bußgelder aus Straftaten, Ordnungswidrigkeiten oder Steuerhinterziehung, nicht davon erfasst werden. Geht der Schuldner während der drei Jahre neue Verbindlichkeiten ein, fallen diese ebenfalls nicht unter die Restschuldbefreiung.

Voraussetzungen zur Durchführung einer Verbraucherinsolvenz:

- Zahlungsunfähigkeit liegt vor,
- keine Selbstständigkeit bzw. die antragstellende Person hat höchstens 19 Gläubiger aus einer **früheren** ausgeübten Selbstständigkeit und
- Deutschland ist der Lebensmittelpunkt.

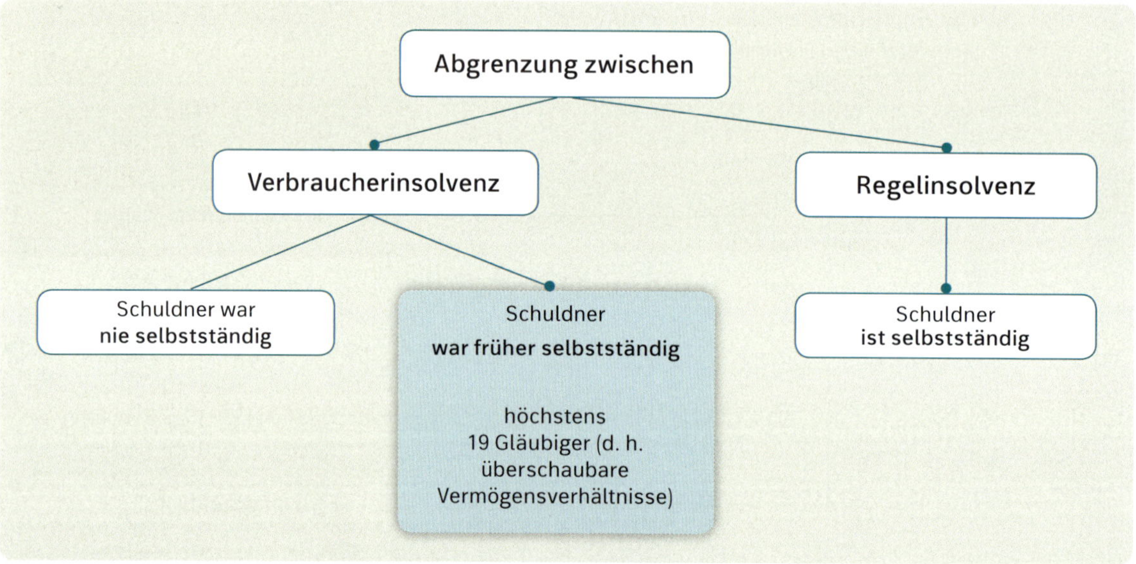

Abb. 6: Unterschied zwischen Verbraucherinsolvenz und Regelinsolvenz

Ein Einkommen aus einer Tätigkeit als Angestellter oder Arbeiter ist keine Voraussetzung für eine Verbraucherinsolvenz, d. h., z. B. auch bei Arbeitslosengeld I und II oder einer Rente kann Insolvenz beantragt werden.

Gründe/Auslöser für die Überschuldung können sein, z. B.:

- unwirtschaftliche Haushaltsführung
- gescheiterte Selbstständigkeit
- Arbeitslosigkeit
- Unfall
- Krankheit
- Scheidung

Besonders alleinstehende Mütter sowie unterhaltspflichtige Männer geraten häufig in eine Überschuldung.

Abb. 7: Gläubigergruppen von erwachsenen Schuldnern

Die Verbraucherinsolvenz besteht aus vier Schritten:

1. Außergerichtlicher Einigungsversuch

Eine Schuldenberatungsstelle oder ein Rechtsanwalt fordert die Gläubiger auf, eine aktuelle **Forderungsaufstellung** zu übersenden. Sie ist die Grundlage für den zu erstellenden **Schuldenbereinigungsplan.** Anschließend werden alle Schuldner wieder angeschrieben und ihnen wird angeboten, die Verbindlichkeiten in Raten zu begleichen, sofern die Gläubiger auf einen Teil ihrer Forderungen verzichten. Alle Gläubiger müssen dem Plan zu stimmen. Dann wird von einer **außergerichtlichen Einigung** mit den Gläubigern gesprochen, d. h. es kommt damit zu keinem weiteren Verfahren. Herauszustellen ist, dass nur wenige Gläubiger dazu bereit sind, auf Forderungen zu verzichten.

Beispiel: **Schuldenbereinigungsplan (Auszug)**

Die Sven Markmeier e. K. hat insgesamt 50 000,00 € Schulden. An alle Gläubiger kann das Unternehmen aber nur 9 000,00 € zurückzahlen, dies entspricht 18 % (Quote) der ursprünglichen Forderungen, wenn die Gläubiger einem außergerichtlichen Vergleich zustimmen würden.

Gläubiger	Forderungssumme	Zahlung bei außergerichtlichem Einigungsversuch	Quote
Hoffmann KG	5 900,00 €	1 062,00 €	18 %
Trendino Computer-Shop GmbH	5 200,00 €	936,00 €	18 %
G. Mühlhausen OHG	14 000,00 €	2 520,00 €	18 %
Finanzamt Bochum Mitte	3 400,00 €	612,00 €	18 %
Klaus Hoyer e. K.	12 200,00 €	2 196,00 €	18 %
Leidinger & Brill KG	2 000,00 €	360,00 €	18 %
Öztürk KG	3 300,00 €	594,00 €	18 %
Schiller OHG	4 000,00 €	720,00 €	18 %
	50 000,00 €	9 000,00 €	18 %

Abb. 8: Beispiel für einen außergerichtlichen Vergleich

Ist **keine Einigung** mit den Gläubigern **möglich**, benötigt der Schuldner für den weiteren Verfahrensablauf eine **Bescheinigung über den vergeblichen Versuch der außergerichtlichen Einigung**. Der Antrag zur Eröffnung des Insolvenzverfahrens **und** der Antrag auf Restschuldbefreiung sind jetzt beim zuständigen Insolvenzgericht zu stellen.

2. Gerichtliches Schuldenbereinigungsverfahren

Neben der Bescheinigung über das Scheitern der außergerichtlichen Einigung sind dem Insolvenzgericht noch vorzulegen:

- Vermögensverzeichnis sowie Vermögensübersicht,
- Verzeichnis der aktuellen Gläubiger,
- Verzeichnis der bestehenden Forderungen.

Das Insolvenzgericht prüft **vor** Eröffnung des Verfahrens, ob bei einem gerichtlichen **Schuldenbereinigungsplan** Aussicht auf Erfolg besteht (gerichtliche Einigung mit den Gläubigern). Falls ja, werden den Gläubigern der Schuldenbereinigungsplan sowie die Vermögensübersicht mit einer vierwöchigen Frist zur Stellungnahme zugesandt. Lehnt mindestens die Hälfte der Gläubiger den Schuldenbereinigungsplan ab, d. h., scheitern die Bemühungen, wird das Verbraucherinsolvenzverfahren eröffnet.

3. Verbraucherinsolvenz

Die Eröffnung des Verfahrens wird auf der Webseite www.insolvenzbekanntmachungen.de veröffentlicht. Nach der Eröffnung wird von einem gerichtlich bestellten Treuhändler das **pfändbare Vermögen (Insolvenzmasse)** des Schuldners aufgestellt, verkauft und der Erlös wird nach Abzug der Verfahrenskosten an die Gläubiger verteilt. Auch den pfändbaren Anteil des Einkommens der Privatperson erhält der Treuhändler, d. h., der Arbeitgeber hat Kenntnis von der Privatinsolvenz des Arbeitnehmers.

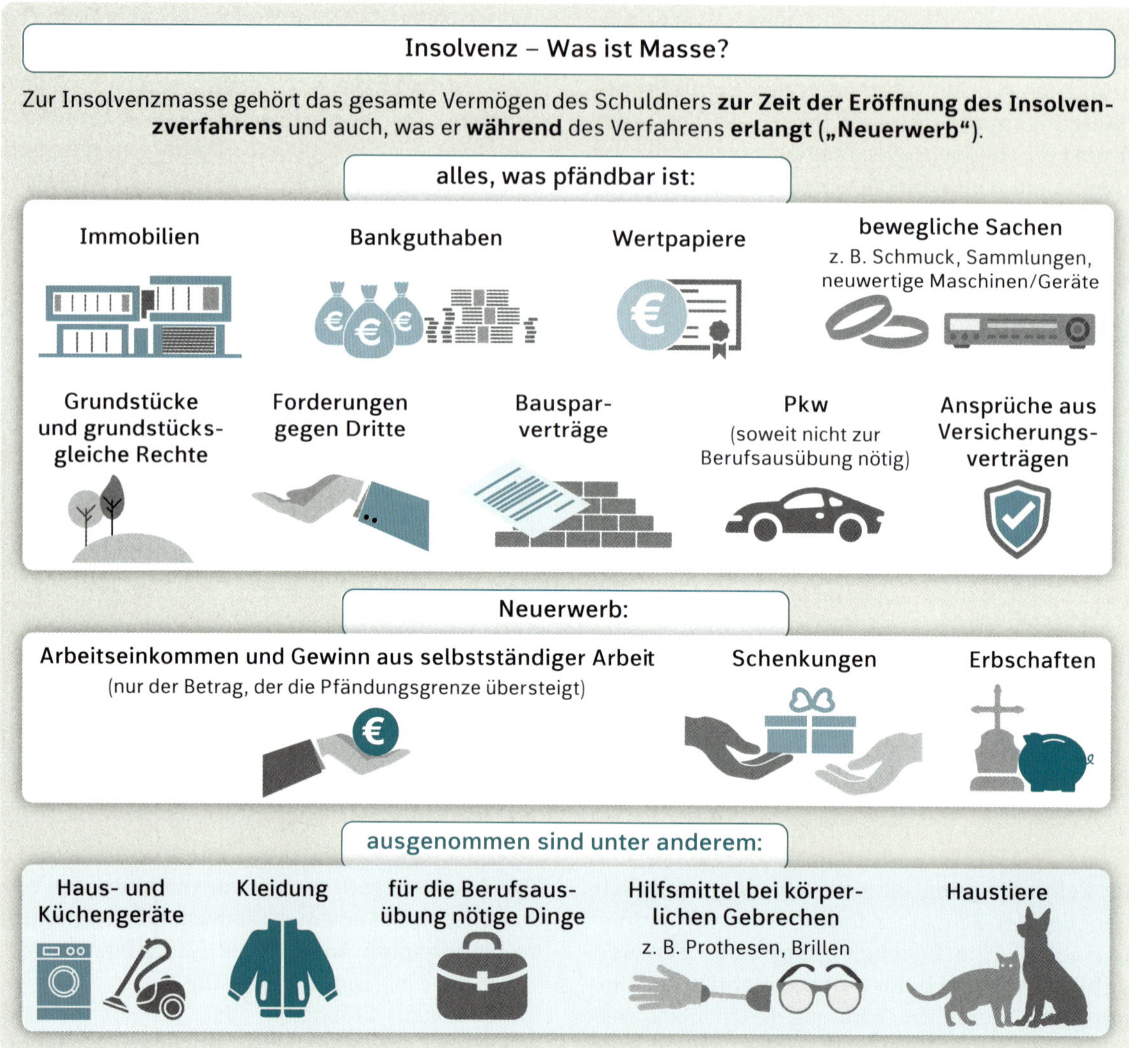

Abb. 9: Insolvenzmasse

4. Wohlverhaltensphase und Restschuldbefreiung

In der Wohlverhaltenszeit hat der Schuldner strenge Regeln zu beachten. Der Schuldner muss

- während der Wohlverhaltensphase eine angemessene Tätigkeit ausüben bzw. sich um eine entsprechende Tätigkeit bemühen.
- den pfändbaren Teil seines Einkommens an den Treuhändler abtreten.
- von einer möglichen Erbschaft die Hälfte an den Treuhändler herausgeben.
- einen Wohnungs- oder Arbeitsplatzwechsel dem Gericht mitteilen.
- einen Lottogewinn in voller Höhe abgeben.

Ihr Zahlungsplan

Schuldenbereinigungsplan

für Schuldner(-in):

Frau
Margarete Mustermann
Waldstraße 17
74599 Vohenlohe

Gesamtschulden:	**243.993,76 €**
verfügbares Nettoeinkommen:	**1.862,50 €**
unterhaltsberechtigte Personen:	**2**
Pfändungsfreigrenze:	**1.743,49 €**
pfändbares Gehalt:	**119,01 €**

Nr.	Gläubiger	Forderung	Kosten	Zinsen	berechnet bis	Summe	Quote	monatliche Zahlungsrate
1	Autovermietung Blitz-Car	1.419,56 €	0,00 €	284,50 €	15.03.20..	1.704,06 €	0,70 %	0,83 €
2	Banano Invest GmbH	12.727,00 €	1.546,01 €	2.560,89 €	17.03.20..	16.833,90 €	6,90 %	8,21 €
3	Gernot Bohrtief	19.510,97 €	0,00 €	3.017,67 €		22.528,64 €	9,23 %	10,99 €
4	Gernot Bohrtief	154,82 €	17,50 €	22,11 €	20.03.20..	194,43	0,08 %	0,09 €
5	DHL Worldwide Express	654,14 €	122,16 €	212,54 €	01.04.20..	988,84 €	0,41 %	0,48 €
6	Finanzamt Stuttgart	12.227,68 €	0,00 €	2.989,44 €		15.217,12 €	6,24 %	7,42 €
7	Fritz Häuser GmbH	8.695,65 €	364,69 €	1.864,52 €	28.02,20..	10.924,86 €	4,48 %	5,33 €
8	Linden GmbH	108.978,56 €	6.956,21 €	26.654,52 €		142.589,29 €	58,44 %	69,55 €
9	Rainer Piekser	1.419,91 €	25,65 €	129,75 €	28.02.20..	1.575,31 €	0,65 %	0,77 €
10	Qualle Versandhaus	1.268,17 €	154,66 €	214,17 €	16.03.20..	1.637,00 €	0,67 %	0,80 €
11	Qualle Versandhaus	164,19 €	22,80 €	46,12 €	16.03.20..	233,11 €	0,10 %	0,11 €
12	Christa Mustermann	25.000,00 €	0,00 €	4.567,20	15.03.20..	29.567,20 €	12,12 %	14,14 €

Abb. 10: Beispiel für einen Zahlungsplan zur Schuldenbereinigung

Sind innerhalb der drei Jahre alle Verpflichtungen erfüllt worden, wird der Schuldner durch das Insolvenzgericht von den rechtlichen Schulden befreit (Restschuldbefreiung = gerichtlicher Schuldenerlass). Der Schuldner muss nach der Privatinsolvenz noch nicht beglichene Schulden nicht mehr zurückzahlen. Sollten Gläubiger zu Beginn der Insolvenz keine Forderungen angemeldet oder etwas vergessen haben, können keine Zahlungen mehr eingefordert werden.

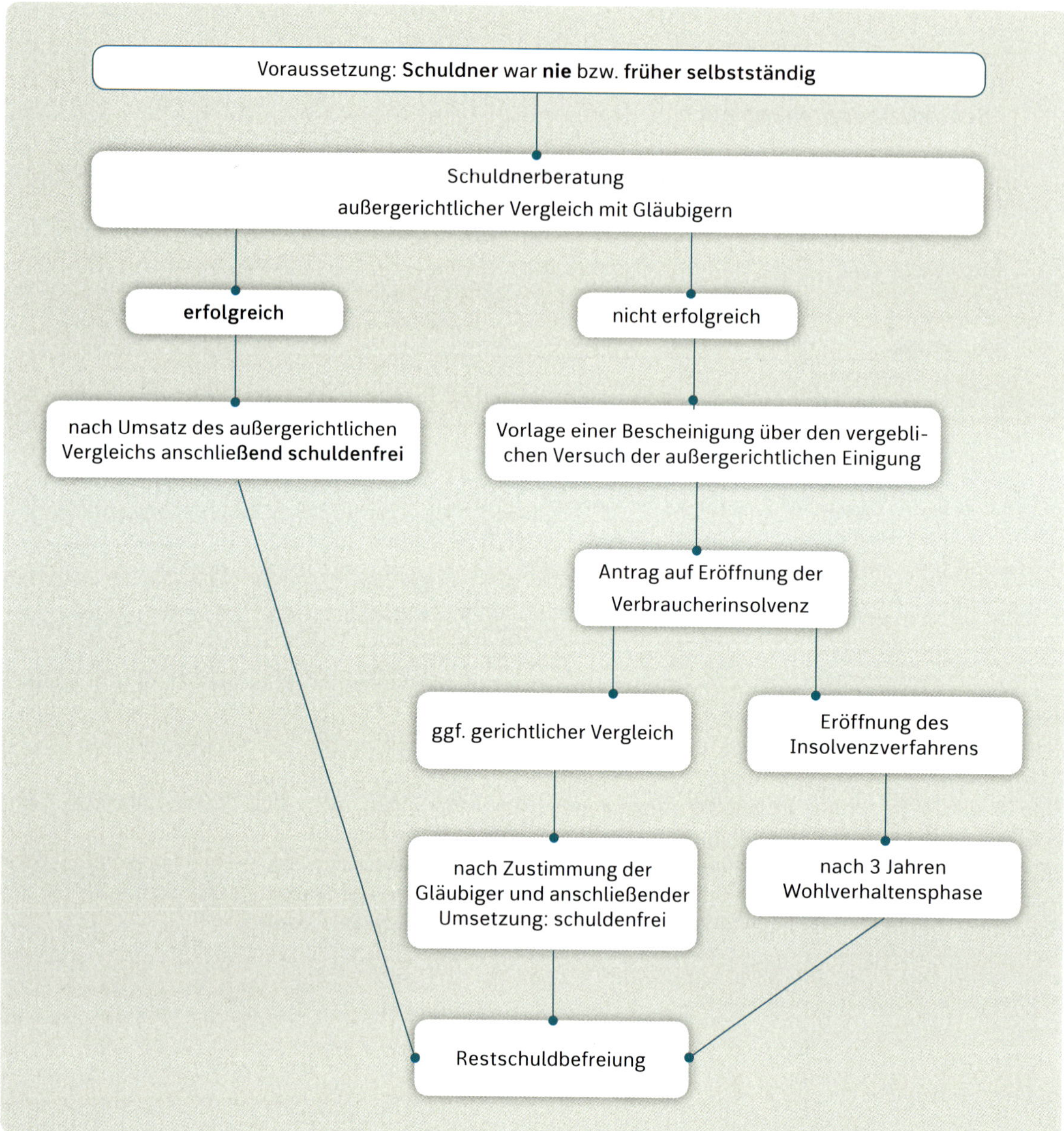

Abb. 11: Ablauf einer Verbraucherinsolvenz

Aufgaben

1. Erläutern Sie, ob anhand folgender Maßnahmen Unternehmenskrisen behoben werden können:
   a) Erschließung neuer Tätigkeitsfelder
   b) Kostensenkung
   c) Abhebung von den Mitbewerbern
   d) Überprüfung der Produkt- und Sortimentspolitik
2. Erläutern Sie, wodurch sich Liquidation, freiwilliger Vergleich und Sanierung unterscheiden.
3. Erläutern Sie den Unterschied zwischen Erlass- und Stundungsvergleich.
4. Nennen und begründen Sie Vorteile des Vergleichs für den
   a) Schuldner.
   b) Gläubiger.
5. Der Schuldner Max Wegener bittet die Trendino Computer-Shop GmbH um einen Forderungsverzicht in Höhe von 40 %. Simulieren Sie in einem Rollenspiel das Gespräch zwischen Gläubiger und Schuldner.

Kompetenzraster, Kapitel 14.7

Kapitel	Ich kann ...	nein	un-sicher	recht sicher	ja
14.7	■ typische Kennzeichen für Unternehmenskrisen benennen und Möglichkeiten aufzeigen, diese Schwierigkeiten zu beheben.				
	■ die verschiedenen Möglichkeiten zur Behebung von Unternehmenskrisen gegeneinander abwägen.				
	■ außergerichtliche Maßnahmen zur Gesundung eines Unternehmens beschreiben.				
	■ die Antragsgründe auf Eröffnung des Insolvenzverfahrens nennen, erläutern und voneinander unterscheiden.				
	■ die Wirkungen der Insolvenzeröffnung anhand von Beispielen erläutern.				
	■ Fachbegriffe für die Rangfolge der Gläubiger nennen, erläutern und anhand gegebener Zahlen die Insolvenzquote berechnen sowie deren Bedeutung darlegen.				
	■ die Bedeutung eines Insolvenzplans darstellen und ihn von der Zwangsauflösung des Unternehmens abgrenzen.				
	■ das Verbraucherinsolvenzverfahren umfassend beschreiben und mögliche Gründe für eine zunehmende Verschuldung natürlicher Personen anführen.				
	■ das Restschuldbefreiungsverfahren erläutern und die Bedeutung für den Schuldner benennen.				
	■ die Schwierigkeiten beschreiben, die in der Abtretung des pfändbaren Einkommens für einen bestimmten Zeitraum bestehen.				

Symbole

1-Euro-GmbH 218

A

abnutzbare Anlagegüter 27
Absatzwege 88
Absatzwerbung 83
Abschreibung 27
Abschreibungsprozentsatz 29
Absonderung 268
Absprungrate 108
Abzahlungsdarlehen 240, 241
AfA 27
AfA-Tabelle 28
Akkordlohn 167
Aktie 219
Aktiengesellschaft (AG) 219
allgemeine Handlungsvollmacht 205
Allgemeines Gleichbehandlungsgesetz (AGG) 131
Änderungskündigung 187
Angebot 67
Anlagegüter 25
Anlagevermögen 25
Annuitätendarlehen 240, 241
Anschaffungskosten 26
Anschaffungsnebenkosten 27
Anschaffungspreisminderung 26
App 104
Arbeitgeber 163
Arbeitnehmer 163
Arbeitsentgelt 164
Arbeitslohn 164
Arbeitslosenversicherung 172
Arbeitslosenversicherungsbeitrag 175
Arbeitsproben 135
Arbeitsunfähigkeit 139
Arbeitsvermittlung 129
Arbeitsvertrag 137
Arbeitszeugnis 138, 190
Artvollmacht 205
Assessment Center 135
Auflösung der OHG 214
Aufrechnung 269
Aufsichtsrat 217
Aufwandskonten 12
Aufwendungen 31
Aufwendungen für Waren 12
Auktion 104
Ausbildungsvergütung 165
Ausfallbürgschaft 250
Ausgaben 54
Außenfinanzierung 236
außergerichtliches Mahnverfahren 258
außerordentliche Kündigung 187
Aussonderung 268
Ausstellungen 87
Auszahlungen 54
autoritärer Führungsstil 144

B

B2B (Business to Business) 102
B2C (Business to Customer) 102
Bannerwerbung 85
Barbezüge 178
Basiszinssatz 258
Befragung 73
befristeter Arbeitsvertrag 137
Beitragsbemessungsgrenze 173
beitragspflichtiger Bruttolohn 180
Benachteiligungsverbot 131
berufsbegleitende Personalentwicklung 155
Berufsgenossenschaft 177
berufsverändernde Personalentwicklung 155
berufsvorbereitende Personalentwicklung 155
Beschwerdemanagement 100
Beschwerdestelle 131
Bestandskonten 13
Bestandsmehrung 14
Bestandsminderung 14
Bestandsveränderung 14
betriebliche Aufwendungen 35
betriebliche Erträge 35
betrieblicher Leistungsprozess 34
betriebliches Rechnungswesens 33
Betriebsergebnis 42, 45
Betriebsgewinn 45
Betriebs- und Geschäftsausstattung 26
Betriebsvergleich 61
Betriebsverlust 45
Beurteilungsgespräch 145
Beurteilungsmaßstab 153
Bewerbungsschreiben 133
Bewerbungsunterlagen 130, 132
Bezugskalkulation 41
Bezugspreis 13
BGB-Zinsformel 238
Bilanz 26
Bonität 249
Bounce Rate 108
Bruttoentgelt 164
Bruttolohn 164
Brutto-Personalbedarf 122
Bruttoumsatz 19
Bruttoumsatzrentabilität 58
Buchbestand 13
Buchwert 28
Bundesagentur für Arbeit 129
Bundesdatenschutzgesetz 84
Bundeskartellamt 232
Bürgschaftskredit 250

C

Callcenter 84
Cashflow 54
Conversion Rate 108
Cookies 105
Corporate Behavior 86
Corporate Communications 87
Corporate Design 87
Corporate-Identity-Politik 86
Cost per Action (CPA) 108
Couponing 99
Customer Relationship Management (CRM) 95

D

Darlehen 240
Datenrücksicherung 151
Datenschutz 150
Datensicherung 150
Deckungsbeitragsrechnung 44
deklaratorisch 198
Delivery Rate 108
Dialogmarketing 84
direkte Personalführung 142
direktes Leasing 247
Direktmarketing 83
Direktmarketing-Agenturen 84
Disposition 243
Distribution 88
Distributionspolitik 77
Diversifikation 79
dritte Mahnung 259

E

E-Business 102
E-Commerce 88, 102
eidesstattliche Versicherung 261
Eigenfinanzierung 236
Eigenkapital 26, 234
Eigenkapitalerhöhung 213
Eigenkapitalrentabilität 51
Eigentumsvorbehalt 249
Eignungsprüfung 135
einfaches Arbeitszeugnis 190
Einkaufsgenossenschaften 228
Einkaufsstraßen 228
Einkaufsverbände 228
Einkaufszentrum/Shoppingcenter 228
Einnahmen 54
Einrede der Verjährung 262
Einstellungstest 135
Einzahlungen 54
Einzelhandelspanel 74
Einzelkosten 38
Einzel- oder Sondervollmacht 205
Einzelprokura 206
Einzelunternehmen 209
E-Mail-Marketing 106
Entgeltfortzahlung 138
Erfahrungsaustauschgruppen (Erfa-Gruppen) 228
Erfolgskonten 12
Erholungsurlaub 164
Erinnerungswert 28
Erlassvergleich 266
ermäßigter Steuersatz 19
Ersatzinvestitionen 236
erste Mahnung 258
Ertragskonten 12
Erweiterungsinvestitionen 236
Europäische Aktiengesellschaft (SE) 220
Euro-Zinsformel 238
externe Personalbeschaffung 129
externes Rechnungswesen 34

F

Fake-Shop 103
Fantasiefirma 201
Feedbackgespräch 145
Feedbackmanagement 100
Festdarlehen 240
Filialprokura 206
Financial Leasing 247
Finanzamt 20
Finanzierung 234
Finanzierungsanlässe 236
Finanzierungsarten 236
Finanzierungsgrundsätze 252
Firmenarten 202
Firmenausschließlichkeit 202
Firmenbeständigkeit 202
Firmeneinheit 202
Firmengrundsätze 202
Firmenkern 201
Firmenklarheit 201
Firmenöffentlichkeit 201
Firmenwahrheit 201
fixe Kosten 43
flexible Arbeitszeiten 158
Formkaufmann 200
Fragebogen 74
Fragestellung 74
Franchise-Geber 89, 229
Franchise-Nehmer 89, 229
Franchising 88, 229
freiwillige Kette 229
Fremdfinanzierung 236
Fremdkapital 26, 234
Fuhrpark 26
Führungsmethoden 143
Führungsstile 144
Fürsorgepflicht 138

G

Gebietskartell 232
Gehalt 165
Gehorsamspflicht 139
Gemeinkosten 38
Gemeinschaftswarenhaus 229
Genossenschaft 210
gerichtliches Mahnverfahren 260
geringfügige Beschäftigung 140
Geringwertige Wirtschaftsgüter (GWG) 29
Gesamtbruttolohn 178
Gesamtgewinn 42
Gesamtkapitalrentabilität 51
Gesamtprokura 206
Geschäftsführer 217
Geschäftsführung 211
Gesellschafterversammlung 217
Gesellschaft mit beschränkter Haftung (GmbH) 216
Gesellschaftsvertrag 215
gesetzliche Abzüge 164
Gesprächsführung 162
Gewinn 30
Gewinnschwelle 45
Gewinn- und Verlustrechnung 12
Gewinnzuschlagssatz 41
Gläubiger 266
Gleitzeit 158
GmbH 216
GmbH & Co. KG 217
Goldene Bilanzregel 252
Goldene Finanzierungsregel 252
Grundkapital 219
Grundnutzen 96
Grundschuld 251
Grundstücke und Gebäude 26
Gründung 213
Gründungsinvestitionen 236
Gründungsvoraussetzungen 197

H

Haftung 211
haftungsbeschränkte Unternehmergesellschaft (UG) 218
Handelsregister 203
Handelsvertreter 88
Handlungskosten 17
Handlungskostenzuschlagssatz 41
Handlungsreisende 88
Handlungsvollmacht 205
Hauptversammlung 219
Haushaltspanel 74
Headhunter 129
Hemmung der Verjährung 263
Hochpreispolitik 82
Holding-Gesellschaft 232
Horizontale Kooperation 227
Hypothek 251

I

indirekte Personalführung 142
indirektes Leasing 247
indirekte Steuer 20
Influencer-Marketing 106
Inkassoinstitut 259
Innenfinanzierung 236
innerbetriebliche Stellenausschreibung 128

Insolvenz 266
Insolvenzgläubiger 269
Insolvenzmasse 269, 273
Insolvenzplan 267
Insolvenzquote 269
Insolvenzverfahren 267, 271
integriertes Marketingkonzept 91
interne Personalbeschaffung 128
internes Rechnungswesen 34
Investition 234
Istkaufmann 198

J

jährlicher Abschreibungsbetrag 28
Jobenlargement 159
Jobenrichment 159
Jobrotation 159
Jobsharing 158

K

Kalkulation 41
Kannkaufmann 199
Kapitalgesellschaft 210
Kapitalgesellschaften 216
Karrieremöglichkeiten 159
Kassenbon 19
Katastrophenverschleiß 27
Käufer 69
Käufermarkt 67
kaufmännisches Mahnverfahren 258
Kaufmann kraft Rechtsform 200
Kaufmannseigenschaften 198
Kaufverhalten 70
Kennzahlen 50
Kennzahlenmethode 123
Kernarbeitszeit 158
Kinderfreibetrag 170
Kirchensteuer 169, 170
Kleinbetragsrechnung 22
Kommanditgesellschaft (KG) 214
Kommanditist 214
Kommission 88
Kommissionär 89
Kommittent 89
Kommunikationspolitik 77
Komplementär 214
Konditionenpolitik 77, 81
Konfliktgespräch 145
Konfliktmanagement 160
Konkurrenzforschung 72
konkurrenzorientierte Preisgestaltung 81
konstitutiv 199
Kontokorrentkredit 241
Konzentration 231
Konzern 231
Kooperation 226
Kooperationspartner 226
kooperativer Führungsstil 144
Kosten 35
Kostenarten 37
Kostenartenrechnung 37
kostenorientierte Preisgestaltung 81
Kostenstelle 37
Kostenstelleneinzelkosten 39
Kostenstellengemeinkosten 39
Kostenstellenrechnung 37
Kostenträger 37
Kostenträgerrechnung 37
Kosten- und Leistungsrechnung 34
Krankenversicherung 172
Krankenversicherungsbeitrag 173
Kreditarten 240
Kreditsicherung 249
Kreditversicherung 259
Kritikgespräch 145
Kundenbeschwerde 100
Kundenbindung 94
Kundenbindungsmanagement 95
Kundendienst 81
Kundenkarten 96
Kundenklub 97
Kundenorientierung 67
Kundenproduktivität 54
Kundenzeitschrift 98
Kundenzufriedenheit 95
Kündigung 187
Kündigungsschutz 189
Kündigungsschutzgesetz (KSchG) 189
kurzfristige Erfolgsrechnung (KER) 57
kurzfristige Personaleinsatzplanung 123

L

langfristige Personaleinsatzplanung 123
Leasing 247
Lebenslauf 132
Leiharbeitnehmer 129
Leistungen 35
Leistungslohn 165
Lieferantenkredit 243
lineare Abschreibung 28
Liquidation 267
Liquiditätsplan 252
Lohnformen 165
Lohnsteuer 169, 170
Lohnsteuertabelle 169
Lombardkredit 251

M

Mahnbescheid 260
Mahnung 256
Management by Delegation 143
Management by Direction 143
Management by Exception 143
Management by Objektives 143
Managementmethoden 143
Marketing 66
Marketingcontrolling 93
Marketingdurchführung 93
Marketinginstrumente 77
Marketingkontrolle 93
Marketingkonzept 91
Marketing-Logistik 88
Marketing-Mix 92
Marketingvorbereitung 93
Marketingziele 68
Marktanalyse 72
Marktanteil 69
Marktbeobachtung 72
Markterkundung 71
Marktforschung 71
Marktpotenzial 69
Marktprognose 72
Marktsegment 69
Marktsegmentierung 69
Marktteilnehmer 71
Marktuntersuchungen 71
Marktvolumen 69
Massegläubiger 269
Mehrwert 22
Mehrwertsteuer 22
Messen 87
Mezzanine-Kapital 244
Mindestkapital 215
Mini-GmbH 218
Mischfirma 201
Mitarbeitergespräch 145
Mitarbeiterproduktivität 54

Mitbestimmung 137
mobiles Marketing 104
Monatslohn 165
Motivation 157
Motivationsgespräch 145
mündliche Befragung 73

N

Nachfrage 67
Nachfrageforschung 72
nachfrageorientierte Preisgestaltung 81
Nachschusspflicht 217
Nettoabzüge 182
Nettobezüge 182
Nettoeinkaufspreis 19
Nettolohn 164
Netto-Personalbedarf 122
Nettoumsatz 19
Nettoverkaufspreis 16, 19
Neubeginn der Verjährung 263
Newsletter 108
nicht abnutzbare Anlagegüter 27
Nicht-Rechtzeitig-Zahlung 255
Niedrigpreispolitik 82
Nutzungsdauer 28
Nutzungsverschleiß 27

O

Offenbarungseid 261
Offene Handelsgesellschaft (OHG) 212
Öffentlichkeitsarbeit (Public Relations) 83
Ökomarketing 91
ökonomischen Prinzip 52
One-to-one-Marketing 96
Onlinebefragung 73
Online-Marketing 83
Onlineshops 102
Operate Leasing 247
ordentliche Kündigung 187

P

Panel 74
Penetrationspolitik 82
Personalakte 146
Personalanforderung 127
Personalbedarfsplanung 118
Personalbeschaffung 118
Personalbetreuung 118
Personalbeurteilung 118
Personalbeurteilungsbogen 152
Personaleinsatzplan 124
Personaleinsatzplanung 118
Personalentlohnung 118
Personalentwicklung 118
Personalfreisetzung 118
Personalführung 118
Personalinformationssysteme (PIS) 148
Personalkredit 249
Personalleasing 129
Personalüberdeckung 122
Personalunterdeckung 122
Personalvermittler 129
Personalverwaltung 118
Personalwirtschaft 118
Personenfirma 201
Personengesellschaft 210, 212
Pflegeversicherung 172
Pflegeversicherungsbeitrag 176
Plan-Ist-Vergleich 61
Planstellenbestand 122
Planungsrechnung 34
Prämienlohn 166
Preisanalyse 59
Preisdifferenzierung 82
Preisgestaltung 81
Preiskartell 232
Preispolitik 77, 81
Preisstrategien 82
Preisuntergrenze 45
Premium-Preisstrategie 82
primäre Kennzahlen 107
Primärforschung 72
Privatinsolvenz 271
Probezeit 138
Productplacement 87
Produktionsergebnis 54
Produktionsfaktor 54
Produktionskartell 232
Produktivität 54
Prokura 206
Promotionspolitik 82
psychologische Preisgestaltung 82

Q

QR-Code 104
Qualifikationsgruppe 130
qualifiziertes Arbeitszeugnis 190
quantitative Personalbedarfsplanung 121

R

Rackjobber 229
Rahmenarbeitszeit 158
Ratendarlehen 240
Realkredit 250
Rechnung 22
Rechnungswesen 34
Rechtsform 209
Rechtsformzusatz 201
Regelinsolvenz 272
Regelsteuersatz 19
Regelverfahren 268
Reingewinn 17
Reklamationsmanagement 100
rentabel 51
Rentabilität 51
Rentabilitätskennzahlen 51
Rentenversicherung 172
Rentenversicherungsbeitrag 174
Restschuldbefreiung 274
Return on Investment (ROI) 108
Ruheverschleiß 27

S

Sachbezüge 178
Sachfirma 201
Sammelposten 30
Sanierung 266
Satzung 216
schriftliche Befragung 73
Schuldenbereinigung 275
Schuldenbereinigungsplan 273
Schuldenerlass 275
Scrollverhalten 108
sekundäre Kennzahlen 108
Sekundärforschung 72
Selbstfinanzierung 245
Selbstkosten 41
selbstschuldnerische Bürgschaft 250
Service 81
Servicepolitik 77
Shop-in-the-Shop-Konzept 229
Sicherungsübereignung 251
Skimming-Preisstrategie 82
Skonto 243
Social-Media-Marketing 106
Solidaritätszuschlag 169, 170

Solidarsystem 172
sonstige Aufwendungen 17
sonstige Erträge 17
Sortiment 78
Sortimentsbereinigung 79
Sortimentserweiterung 79
Sortimentspolitik 77
Sortimentsvariation 79
Sortimentsveränderung 79
Soziale Netzwerke 85
Sozialversicherungsbeiträge 168
Sponsoring 87
Stammeinlage 216
Stammkapital 216
Stammkunden 95
Statistik 34
Stellenanzeige 130
Stellenplanmethode 122
Steuerentgelt 19
Steuerklasse 169
steuerliche Abzüge 169
steuerpflichtiger Bruttolohn 180
Stundenlohn 165
Stundungsvergleich 266
Suchmaschinenwerbung 106

T

Targeting 105
Teamproduktivität 54
Teilerhebung 73
Teilzeitarbeit 158
telefonische Befragung 73
Tilgungsdarlehen 240
Tracking 105
trading-down 80
trading-up 80
Treuepflicht 139
Trust 232

U

Überschuldung 267
Umlaufvermögen 26
Umsatzanalyse 58
Umsatzerlöse für Waren 12
Umsatzrentabilität 52
Umsatzsteuer 18
Umsatzsteuererstattung 21
Umsatzsteuergesetz (UStG) 18
Umsatzsteuerpflicht 19
Umsatzsteuerzahllast 20
unbefristeter Arbeitsvertrag 137
Unfallversicherung 172
Unique Page Views 108
Unique Visits 108
Unternehmensformen 210
Unternehmenskrise 265
Unternehmensrentabilität 52
Unternehmensziele 68
Unternehmerrentabilität 51
URL 103

V

variable Handlungskosten 44
variable Kosten 43
Veräußerungsverbot 202
Verbraucherinsolvenz 271
Vergleich 266
Verjährung 262
Verkäufermarkt 67
Verkäuferproduktivität 54
Verkaufsflächenproduktivität 54
Verkaufsförderung (Sales Promotion) 83
Verkaufskalkulation 41
Verkaufskonzept 91
verlängerter Eigentumsvorbehalt 249
Vermögenswirksame Leistungen (VL) 178
Verschleiß 27
Verschleiß durch wissenschaftlichen und technischen Fortschritt 27
Verschwiegenheitspflicht 139
Versicherungspflichtgrenze 172
Verteilungsrechnung 40
Verteilungsschlüssel 40
vertikale Kooperation 229
Vertretung 213
Verweildauer 108
Verzug 256
Verzugszinssatz 258
virales Marketing 106
Vollerhebung 73
Vollstreckungsbescheid 260
Vorstand 219
Vorstellungsgespräch 136
Vorsteuer 20
Vorsteuerabzug 25

W

Warenanfangsbestand 13
Warenbestand 12
Warenbewegungen 12
Wareneinkauf 12
Wareneinsatz 15
Warengruppenanalyse 59
Warenkonten 12
Warenrohgewinn 16, 17
Warenschlussbestand 13
Warenverkauf 12
Warenwirtschaftssystem 56
Website 85
Wettbewerbsorientierung 67
Wettbewerbsverbot 139
Wirtschaftlichkeit 52
Wohlverhaltensphase 274

Z

Zahlungsarten 110
Zahlungserinnerung 258
Zahlungsmöglichkeiten 110
Zahlungstermin 256
Zahlungsverzug 255
Zahlungsziel 243
Zeitlohn 165
Zeitvergleich 60
Zessionskredit 250
Zielvereinbarungsgespräch 145
Zinsformel 239, 258
Zinszahlungsdarlehen 240
Zusammenschluss 226
Zusatznutzen 96
Zuschläge 180
Zuschlagskalkulation 41
zweite Mahnung 258

Bildquellenverzeichnis

Barrique GmbH, Groß Lobke (Algermissen): 230.2.

Bundesagentur für Arbeit (BA), Nürnberg: https://www.arbeitsagentur.de/, 21.02.2022 175.2.

Bundesverband Deutscher Inkasso-Unternehmen e.V., Berlin: 272.1.

Druwe & Polastri, Cremlingen/Weddel: 175.1.

EHI Retail Institute GmbH, Köln: 228.1.

expert SE, Langenhagen: 230.1.

fotolia.com, New York: 105670160 117.4; Africa Studio 153.1, 267.1; ag visuell 116.2; apops 136.1; Atkins, Peter 160.1; auremar 142.1; Ayala, Paco 124.1; Balk, Stefan 56.1; Bartussek, Ingo 222.11; beermedia.de 146.1; Bence, Ocskay 176.1; bloomua 50.1; by-studio 231.4; chalabala 222.3; cirquedesprit 119.1; Coloures-pic 117.3; contrastwerkstatt 128.1, 174.1, 255.1; De Bruyn, Kurt 222.1; Debus, Martin 67.2; deusexlupus 25.1; DeVIce 94.1; drubig-photo 159.1, 169.1; Engel, Jan 65.1; Eppele, Klaus 67.1, 231.1; Ernst, Andreas 194.9; Ernst, Daniel 134.2, 138.2; ferkelraggae 187.1, 189.1; fotodo 194.3; fotogestoeber 65.2; fotomek 61.1, 64.3, 150.1, 195.5; fovito 117.1; goodluz 33.1, 36.1, 70.1; Hempel, Shawn 122.1, 147.1; industrieblick 231.3; K.C. 116.4, 194.7; Kadmy 92.1; Kamende, Jakob 80.1; KateD 222.6; Kletr 43.1; Kneschke, Robert 10.1, 18.1, 29.1, 65.4, 72.1, 135.1, 163.1; Kzenon 214.1; Losevsky, Pavel 99.1; Lucky Dragon 116.1; Marco2811 64.4, 179.1; michaeljung 77.1; mmmg 12.1; monropic 222.5; Olson, Tyler 211.1; pashyksv 70.3; pathdoc 194.6; peshkova 63.1; PhotoSG 121.1; Pict, Brad 265.1; Picture-Factory 115.1, 139.1; pressmaster 172.3; rcx 195.2; rdnzl 148.1; Reimer, Thomas 194.4; rocketclips 222.4; Rodriguez, Andres 70.2; RRF 243.1; Sanders, Gina 132.1, 145.1, 166.1; Schindler, Michael 157.1; Schlierner 222.7, 234.1; Schon, Torsten 222.9; Sentello 194.5; shockfactor 83.1; stockpics 152.2; Thanner, Martina 118.1; Trueffelpix 64.2, 194.1; venimo 88.4; W. Heiber Fotostudio 117.5; WavebreakmediaMicro 152.1; WavebreakMediaMicro 160.2; Wolfilser 116.3; womue 222.2; Woodapple 154.2; Young, Steve 64.1.

Hild, Claudia, Angelburg: 19.1, 23.1, 23.2, 24.1, 33.2, 37.1, 37.2, 37.3, 50.2, 53.1, 53.2, 53.3, 56.2, 73.1, 75.1, 78.1, 79.1, 85.1, 91.1, 95.1, 95.2, 96.2, 104.1, 121.2, 127.1, 129.1, 130.1, 133.1, 138.1, 143.1, 144.1, 149.1, 168.1, 172.2, 183.1, 196.2, 203.1, 204.1, 204.2, 205.1, 206.1, 211.2, 212.1, 216.1, 218.1, 219.2, 221.1, 227.1, 230.3, 235.1, 236.1, 237.1, 245.1, 255.2, 262.1, 268.1, 274.1, 275.1.

Institut der deutschen Wirtschaft Köln, Köln: © 2012, IW Medien · iwd 26 223.1.

Interfoto, München: Sammlung Rauch 154.1.

iStockphoto.com, Calgary: Adivin 209.1; andresr Titel, Titel, Titel; Milos-Muller 88.6; mkos83 231.5; SDivin09 66.1.

LPV Media GmbH, Neuwied: Carsten Hoppen 226.1.

OKS Group, Delhi: 117.2, 134.1, 195.1, 195.3, 195.4, 195.6.

PAYBACK GmbH, München: 96.1.

Picture-Alliance GmbH, Frankfurt a.M.: 90.1, 172.1; akg-images 196.1; Bildagentur-online/Schoening 89.2; dpa / Effner, Jürgen 222.8; dpa-infografik 20.1, 99.2, 105.1, 110.1, 126.1, 158.1; dpa-infografik GmbH 103.1; dpa/Breloer, Gero 231.2; dpa/Global Crop Diversity Trust 88.5; dpa/Thieme, Wolfgang 222.10; dpa/Thissen, Bernd 190.1; Eibner-Pressefoto 246.1; Everett Collection 87.2; Foto Huebner 88.3; Gentsch, Friso 224.1; Goldmann, Ralph 65.5; imageBROKER 220.1; Schmuelgen, Thilo 219.1.

Shutterstock.com, New York: Allen.G 65.6; koya979 102.1; Paul McKinnon 87.1; Prokopiev Yuri 177.1; Staerk, Daniela 194.2.

stock.adobe.com, Dublin: Andrey Popov 193.1; auremar 88.2; Finanzfoto 194.8; Korta 71.1; M.Dörr & M. Frommherz 199.1; monticellllo 106.1; photowahn 180.1; Picture-Factory 89.3; Popov, Andrey 239.1; Raths, Alexander 1.1; Sergey Nivens 9.1; Torsten 88.1; wolterke 89.1; WrightStudio 65.3; Wylezich, Björn 261.1.

ullstein bild, Berlin: Oed 167.1.

YPS - York Publishing Solutions Pvt. Ltd.: 217.1, 241.1.